U0509002

中国近代文化史十讲

左玉河 著

人民出版社

目 录 CONTENTS

引　言 ……………………………………………………………………001

第一讲　西学东渐与中华文明结构的变化 ……………………………011

　　一、西方器物文明的输入　　　　　　　　　　　　013

　　二、西方制度文明的介绍　　　　　　　　　　　　022

　　三、西方近代文明的全面涌入　　　　　　　　　　029

　　四、西学东渐对中华文明的强力冲击　　　　　　　035

　　五、中华文明基本结构的变化　　　　　　　　　　039

第二讲　晚清时期的中西宗教文明碰撞 …………………………………049

　　一、明清之际中西文明的最初相遇　　　　　　　　050

　　二、反洋教背后的文明冲突　　　　　　　　　　　061

　　三、流言传播与文明之间的误解　　　　　　　　　072

　　四、"灭洋"背后的文化情结　　　　　　　　　　078

　　五、"孔子加耶稣"的模式　　　　　　　　　　　085

　　六、非基督教运动与收回教育权　　　　　　　　　093

第三讲　晚清时期的中西文化论争 ························099

一、同文馆招收科甲正途人员研习天文算学之争　099

二、修筑新式铁路之争　105

三、民权论与君主专制的冲突　108

四、平等观念与纲常名教之争　113

五、民主共和与君主立宪之争　116

六、"欧化"与"国粹"之争　120

第四讲　民国时期的东西文化论争 ····················125

一、新文化派与东方文化派之争　126

二、新旧思想能否调和之争　137

三、《东西文化及其哲学》引发的论战　144

四、学衡派对新文化运动的攻击　152

五、"科学与人生观"的论战　160

六、全盘西化与本位文化的论战　168

七、战时中西文化问题的论争　178

第五讲　从"西学中源"到"中体西用" ···············185

一、"西学中源"说的提出　186

二、"西学中源"说内涵的扩大　193

三、"西学中源"说的两面性　199

四、"中体西用"论的最初表述　204

五、"中体西用"论的经典表述　209

六、"中体西用"论的影响　213

第六讲 从"醉心欧化"到"全盘西化"···································219

    一、"欧化"思潮的兴起　　　　　　　　　219

    二、胡适与"全盘西化"的提出　　　　　　　227

    三、陈序经的"全盘西化"论　　　　　　　　234

第七讲 晚清时期儒学独尊地位的动摇·······················247

    一、太平天国的反孔排儒　　　　　　　　　248

    二、甲午以前士林的儒学观　　　　　　　　257

    三、康有为的孔子观及孔教构想　　　　　　262

    四、梁启超、章太炎等人的"订孔"论　　　276

    五、科举停废与儒学社会根基的动摇　　　　286

    六、"非圣排孔"思潮的兴起　　　　　　　　293

第八讲 尊孔读经与儒家思想的新开展·······················303

    一、民初孔教会与国教运动　　　　　　　　304

    二、袁世凯的尊孔复辟　　　　　　　　　　318

    三、《新青年》的反孔批儒　　　　　　　　323

    四、尊孔读经与恢复"固有道德"的努力　　338

    五、梁漱溟、张君劢与现代新儒家的兴起　　356

    六、熊十力、冯友兰对传统儒学的新阐释　　361

    七、贺麟的"新心学"与儒家思想的新开展　367

第九讲 近代中国的中西文明差异比较·······················375

    一、中西文明的接触与最初比较　　　　　　375

    二、戊戌维新前后的中西文明比较　　　　　383

　　三、五四文化论争中的东西文明比较　　　　　　387

　　四、五四以后文化论争中的东西文明比较　　　　393

　　五、中西文明既有"古今之异"又有"中外之别"　　401

第十讲　文化核心价值观念的转变 ⋯⋯⋯⋯⋯⋯⋯⋯⋯ 407

　　一、夷夏之辨与近代民族主义的兴起　　　　　　408

　　二、义利之辨与重商思潮的兴起　　　　　　　　423

　　三、公私之辨与个性主义的兴起　　　　　　　　438

结语　保持健全的文化心态，建设中华民族现代文明 ⋯⋯⋯ 451

主要参考文献 ⋯⋯⋯⋯⋯⋯⋯⋯⋯⋯⋯⋯⋯⋯⋯⋯⋯⋯ 457

引　言

　　在漫长的中国古代社会中，中华各族人民用自己的劳动和智慧创造了绚丽多彩、博大精深的中华古代文明。中华文明在人类文明发展史上源远流长，代有损益，各放异彩。众多的文化遗存，浩瀚的历史典籍，蔚为奇观的艺术创造，独特的社会历史风貌，名垂千古的文化巨匠，构成了无比丰富的文化宝库。古代中国与古巴比伦、古埃及、古印度被誉为世界四大文明古国，唯有中华文明一脉相承地传承并发展下来，堪称世界历史的奇迹。

　　先秦时期是中国文明史上最灿烂的时代。儒、墨、道、法、农、兵、纵横、小说诸家并兴，出现了"百家争鸣"的思想繁荣局面，奠定了中华文明的基础。秦始皇统一六国，建立了中央集权的封建帝国，特别是自从汉武帝实行"罢黜百家，独尊儒术"的文化政策之后，孔孟创立的儒家学说成为历代统治者的官方意识形态，也构成了中华文明的核心思想。儒家经典所确定的伦理纲常，渗透到中国古代社会的每个领域，成为长期以来中国古代文化的指导思想。文学、史学、哲学、教育、艺术、伦理等各个领域，以及各种流派、各种学说，都不能背离儒家经典。衡量政治的治乱得失，判断人物的功过是非，评判思想学说的正邪高下，观察社会风俗的醇陋优劣，都要以是否符合儒家经典所规定的纲常伦纪为标准。这样，儒家思想尤其是其所倡导的纲常伦纪，成为万古不变的"圣道"和人们遵循的社会规范。历久不衰、复杂多样的中华文明结构，就是以儒家思想为核心，并以其统率其他各个文化领域和文化形态。其明显的特点是，重伦理，轻科学；重政术，轻生产；重传统，轻创新；重保守，轻改革。概括而言就是重道轻器、重本轻末、重义轻利。

中国古代文明虽然在漫长的历史进程中也发生过数次变革，但其基本内核并未发生根本变化，儒家思想对人们的物质生活和精神生活均发生着持续而深刻的影响，从而形成了中华民族共同的文化心理。鸦片战争以前，尽管也有一些外来文明传入中国，但它们不仅不可能取代中国传统文明的统治地位，而且连自己的独立性都难以保持。如果它们要在中国传统社会存在下去，就必须与中国传统文明结合起来，被改造、被吸收，成为传统文明的补充（如东汉以来的佛教），否则，就会失去立足之地（如明末清初的基督教）。中国传统文明之所以有这样顽强的延续性和稳定性，其根本原因在于它是建立在自给自足的自然经济之上并与统治集团的政治需要相适应的。它既有利于古代社会制度和社会秩序的稳定，有利于统治阶级对民众的政治统治和精神统治，同时也满足了中国民众日常生活的需求。只要中国古代社会的经济基础和政治制度不发生重大变化，中华传统文明的深层结构就难有根本改变。实际上，进入近代以前的中华传统文明，是在与周边文明冲突协调中相对独立地发展演进的。

西方文明主要是从古希腊罗马文明，再经过以希伯来信仰为源头的中世纪基督教文明演变过来的。古希腊罗马文明与中世纪基督教文明不同，中世纪基督教文明与西方近代文明差异更大。欧洲中世纪的基督教会不仅干预人们的政治生活和社会生活，并且渗透到人们的深层心理意识中。但从文艺复兴开始，资产阶级新文化猛烈冲击中世纪神学，教会权威急剧衰落，古希腊罗马文明中的理性精神复活，人文主义复兴。经过文艺复兴和工业革命，西方文明迅速完成了向近代形态的转变，发展为以民主、科学、人权、个人主义等理念为核心的西方近代文明。明清以后传入中国的西方文明，正是这种比较先进的西方近代文明。

由此可见，中华文明与西方文明是在几乎彼此隔绝的情况下，独立地产生并发展起来的。不同的地理环境及社会经济状况，造成中西方文明具有截然不同的立足点和核心文化理念，并在此基础上形成不同的发展模式。两者各有其不同的历史发展特点，各有其独特的发展道路，各自形成了自己独特的行为系统和独特的价值观念。中西两种文明之间，确实存在着巨大的民族性差异，但同样走过了古典时代和中世纪文明而向近代文明转化的发展历程。西方文明经过文艺复兴、工业革命和资产阶级革命，逐渐完成了从中世纪文明向近代文明的形态转变，发展成为以民主、科学、人权、个人主义等理念为核心的西方近代新文明。这种新文明，既是一种代表世界文明发展趋向的近代形态的新文明，又是与资本主义制度密切相连的资本主义文明。这种双重特性，决定了它必然随着资本主义的扩张而得以广泛传播。

　　尽管中西文明之间存在着较大的差异，但因两种文明在地域上相隔甚远，很难有发生冲突的机遇。但16世纪以后，随着新航路的开辟，欧洲殖民者以强大的西方近代文明为后盾，开始向全世界扩张。这样，中西文明就像两条原先互不相交的河流，逐渐相交汇流了。

　　西方近代文明的大举东来，是与欧洲资本主义势力的扩张相伴的。欧洲殖民者携带着先进的洋枪大炮和廉价商品来到中国时，中国传统文明已经失去了生命的活力，仍在原有的轨道上徘徊。这就使中西文明的大规模相遇，是以一场激烈的冲突和震荡的方式来表现的。一方是挑战者，一方是应战者；一方咄咄逼人、步步紧逼，一方步步设防、逐渐撤退。西方近代文明与中华传统文明相遇后的此消彼长，展示着两种文明所处地位之逆转。

　　中国有着五千多年文明发展史，而且是独立的、连续不断的自成文明体系的，故中华传统文明保持着长期的连续性、统一性、包容性和相对的稳定性。它首先不是在沿海，而是在黄土高原上孕育和发展起来的，然后扩展到华北平原，进而扩展到长江流域和珠江流域。由于中原农业文明高于周边的游牧民族的草原文明，故尽管游牧民族一度征服过华夏汉族，建立过少数民族政权（北朝十六国、元、清），但为了稳固对中原地区的统治，不得不接受比自己高级的中原汉族文明，逐渐被汉族创造的华夏文明所征服。真正对华夏文明构成有力挑战的，是从印度传来的佛教文明。印度佛教文明通过罗什、达摩东来，法显、玄奘西访，通过取经、讲经、翻译、研究等方式，逐渐渗透到华夏文明的许多方面，尤其是对中国的哲学、艺术影响较大，甚至对儒家思想的发展也产生了一定影响。但中华文明的主干和基本内核并没有改变，佛教逐渐中国化，佛教的许多精华被宋明儒学吸纳。因此，中华文明数千年来并未遇到真正的强力对手，长期保持着文明的连续性、统一性和稳定性。中国士大夫及读书人从未想到在中华文明之外还有其他高等文明，在中华民族之外还有可与自己相比肩的拥有高等文明的民族。这种文化心理上的优势是强固的，几乎到了牢不可破的偏执地步。

西方近代文明不仅有古代文明所无法比拟的发达的科学技术，而且有着古代文明所不能容忍的民主、自由和科学精神。它是引领着世界文明发展方向的近代新文明，是远远高于中华古代文明的世界近代新文明。无论是在经济制度、政治制度还是在人的精神自由等层面，西方近代文明均高于中国传统文明。这种特性，决定了西方近代文明之东来，对处于落后地位的中国传统文明来说，是一个巨大的挑战和有力的冲击。因西方近代文明的大举东来与欧洲资本主义势力的殖民扩张相伴随，故武力征服、经济侵略和文明传播交织在一起，遂使中西文明的接触以激烈的冲突和震荡的方式展开。

鸦片战争之后西方列强入侵，清政府割地赔款，受尽屈辱，不仅使处于"数千年来未有之变局"中的中国人真正感受到遇"数千年未有之强敌"，而且使国人在日益严重的民族危机中，真切地感受到数千年的中华古老文明陷入了空前未有的危机之中。西方殖民者及其近代文明不仅没有被中华文明所同化，而是要来同化中华文明，要把古老的中华文明纳入世界近代文明的新轨道和新秩序之中。因此，中国近代民族危机，根本上是文化危机，是中华传统文明全方位的生存危机。

西方近代文明的强势冲击，使中华文明内部没有充分的时间酝酿和产生自己的近代文明，故中国近代文明不是从内部自然孕育和产生的，而是在西方近代文明冲击下经过中华古代文明的近代转型而逐渐建立起来的。中国现代文明的产生与形成，是与西方近代文明的输入及中西文明的冲突与融合密切相连的。中西文明的冲突与融合，自然成为中国现代文明发展和演进的主要方式，也自然构成了中国现代文明演进的历史主题。正如时人所指出的那样："中国如果不遇着西方文化，中国本身并无多大问题。无如西方文化的侵入是个必然之势，于是问题乃起。如何调和中西文化，使西方文化进来而又不致推翻中国固有的文化，这是一个大问题。"[1]这个"大问题"长期困扰着近代以来的中国人。

作为具有五千年独立发展历史的、高度成熟的中华文明，与另一种不同类型的西方文明猝然相逢，不可避免地要发生交汇和冲撞。鸦片战争之后，西方列强通过战争强行打开中国的大门，西方近代文明通过战争、暴力和对中国的疯狂掠夺强行向中国输入。这样，近代中西文明的交流与冲突，采用的便是"血与火"的暴烈方式。中西两大文明之间的冲突，主要围绕着三种矛盾展开，即帝国主义的侵略和中国人民反侵略的矛盾、西方工业文明和中国传统农业文明的矛盾、西方基督教文明和中国儒家文明的矛盾。这三种矛盾交织在一起，从而使近代以来的中西文明冲突显得格外猛烈和复杂。

从历史发展的角度看，西方近代文明带着侵略、掠夺与奴役的烙印，

---

① 张东荪：《思想自由与文化》，《文史月刊》第 1 卷第 10 期，1937 年 1 月 20 日。

逐渐变中国为半殖民地，给中国人民带来了巨大灾难，但同时也的确对封闭、守旧的中华传统文明给予巨大冲击，使之发生了深刻变化，推动着古老中国社会文化的深刻变革。在激烈动荡与复杂多变的时代，西方近代文明以十分激烈的方式快速进入，打乱了中国社会的固有秩序，动摇了中华传统文明的社会根基。

中国固有社会秩序的逐渐崩溃和"亡国灭种"的严重民族危机，使近代中国有识之士急于寻求中华文明的新出路，焦虑地寻求中华文明变革之道，并以一种爱恨交加的复杂心态对待中西文明：对中华传统文明要么痛心疾首地加以否定（文化虚无主义倾向），要么故步自封地予以坚守（文化保守主义倾向）；对西方近代文明要么全盘抗拒（文化复古主义倾向），要么全盘肯定（全盘西化趋向）。这种复杂而不健全的文化心态，严重影响了中国人对西方文明的理性认知和冷静选择，使中国现代新文明的建构历程显得格外曲折和坎坷。

晚清以降的中西文明冲突，最早体现为基督教文明与中国儒家文明的冲突，并且以"教案""反洋教"的暴烈方式逐次展开。两种文明的直接碰撞必然反映到国人的文化取舍和文化选择上。如果说晚清教案是中西文明直接碰撞与冲突的话，那么，近代中国的中西文化论争，则是西方文明输入后必然引起的中西文明冲突在中国朝野内部的集中反映。鸦片战争以后，随着西方文明的逐步输入，两种文明的冲突按照历史的和逻辑的必然由片面到全面地展开：一是传统的农业和手工业与近代科学技术的冲突；二是传统君主专制政体与近代君主立宪政体及民主政体的冲突；三是儒家纲常名教与西方自由平等观念的冲突。两种文明冲突的性质，不仅仅是所谓东方精神文明与西方物质文明之间的冲突，而是古老的东方与近代崛起的西方在物质文明与精神文明上的全面冲突，是传统农业文明与近代工业文明之争。

西方文明输入中国之后，不仅存在着严重的冲突与激烈的争论，而且也存在着中西文明之间的沟通融合。如何看待中西两种文明的特质、地位和关系，成为近代中国志士仁人无法回避的难题。对于他们而言，如何认识中西文明的关系不是一个单纯的学术问题，而是关乎中国传统文明以及中华民族生死存亡的现实问题。于是，晚清朝野相继提出了"西学中源"说、"中体西用"论、"全盘西化"论、"中西调和"论等沟通中西文明的思想主张。其直接目的，就是为中华文明的前途开药方，探寻中华文明在近代的新出路。

以儒家思想为核心的中国传统文明在近代以来所遭遇的挑战是全方位的，但最根本的是文明的核心——儒家的纲常名教受到空前未有的冲击。由于历代统治者大力提倡，使儒家思想与君主专制捆绑在一起，故近代以来人们对中国君主专制主义进行批判时，与其紧密相连的儒学也难免遭到质疑，其独尊地位开始动摇，并在五四新文化运动中彻底崩溃。面对西方近代文明的强力挑战和儒学独尊地位的根本动摇，中华文明面临着严峻的近代转型的使命。如何将中国传统文明进行创造性转化？如何吸纳中西文明之长而创造出中华民族现代新文明？这是近代以来中国人肩负的重大文化使命。

中华文明在近代的发展演变，基本上是两个过程的统一：一是中华文明在社会物质生活和社会结构转变的过程中，不可避免地发生自身蜕变与演进的过程。在这个过程中，西方近代文明的冲击不可避免地影响其演变的速率与形式。二是西方近代文明随着欧洲帝国主义侵略而大规模输入中国，从而发生西方文明与中华文明的碰撞与交融的过程。因此，中国近代文明所要解决的主要问题，是处理好"古今中外"问题。所谓"中"指中国传统文明，包括了"古"；"外"指西方近代文明，基本上代表了"今"。故"古今中外"的核心是"中"和"外"。所谓"古今"问题，就是中国传统文明的现代化问题；所谓"中外"问题，就是中西文明的关系问题，即如何妥善处理中西文明的冲突与融合，从而创建中华民族现代新文明。

中西文明之间的冲突与融合，乃为近代中国文化演进的基本特征。

由于中国传统文明是在西方文明冲击下开始进行近代转型的，并长期困扰于古今、新旧、中西等纠缠不清的文化纷争之中，故"变"是中国近代文明演进的突出特点。正因中国近代文化演进的变动不居，致使国人在追求中国近代文明发展的过程中，较长时间内并没有找到构成中国近代文明的核心准则。因此，国人提出的"西学中源"说、"中体西用"论、"全盘西化"论、"中西调和"论等文明建构方案，均不能引导中华文明走上现代复兴之路。直到五四新文化运动之时，中国先进分子才真正形成了民主、科学、人权、理性及个性主义等构建现代文明的新准则及核心价值。"民主与科学"，体现了古今的今、中西的西、新旧的新，但又冲出了古今、中西、新旧的框架，也越过了体用、本末、主辅之争。民主与科学是体用并包的，同时也内含古、中、旧之有用的内容。故民主与科学成为中国所要建构的现代新文明的核心价值理念。

尽管五四时期中华新文明的核心价值问题逐渐明确了，但中国现代文明发展道路问题并没有根本解决，因为仍然没有妥善处理好西方近代文明与中华传统文明的关系，存在着明显的否定或固守传统文明之"欧化"或"复古"倾向。无论是五四后的自由主义文化，还是以新儒家为代表的保守主义文化，抑或是所谓三民主义文化，都未能处理好"民主科学"的内容与"民族"文化传统的关系：或偏于"欧化"甚至极端主张"全盘西化"而忽视了文明的民族性，或趋于文化保守甚至主张文化"复古"而忽视文明的现代性及传统文明的现代化。以毛泽东同志为主要代表的中国共产党人，尝试将马克思主义基本原理同中国具体实际相结合，同中华优秀传统文化相结合，明确提出了民族的、科学的、大众的新民主主义文化纲领，将所要创建的中华现代新文明，定位为以"民主与科学"为核心而具有深厚"民族"文化根基和"民族"文化特色的现代新文明，正确处理了继承民族文化传统与吸收西方近代民主与科学内容之复杂关系，找到了中华文明现代转型的新目标和新路径，开辟了构建中国特色现代新文明形态的广阔道路。

总之，中华文明在近代遇到了空前未有的挑战和严峻的文化危机，也遇到千载难逢的复兴机遇。中华文明的现代复兴，不是儒家思想文化的复活，而是儒家思想文化的现代转化；中华文明的现代转型，不是笼统的中华传统文化的复兴，而是中华优秀传统文化的创造性转化和创新性发展。中华文明的现代转型必须建立在中西文明沟通与融合基础之上，必须寻找中西文明的结合点和切入点，将西方近代文明的"新枝"，嫁接到中华传统文明的"老根"上。这是需要几代中国人完成的任务。遗憾的是，这个伟大的历史使命没有能够在近代中国完成，而是落在了当代中国人的肩上。肩负着中华文明复兴使命的当代中国人，需要沿着前人的思想轨迹，在文化理论上开拓创新，继续推进中西文明的沟通与融合，加快建设以民主与科学为核心、以民族文化为根基并有着浓郁民族特色的中华民族现代文明。

在全球化的新形势下，如何大胆接受西方现代文明而不被其同化，如何在保持自己的民族特性的基础上与国际社会接轨，如何将中华文明融入世界文明发展的大潮之中而建设中华文明的现代形态，进而创建人类文明新形态，显然是一个非常现实而异常紧迫的伟大任务。

第一讲

西学东渐与中华文明结构的变化

中国古代文明在近代遇到了巨大挑战，发生了巨大转轨，这是不争的事实。但导致中华古代文明向近代文明转轨的动力何在？换言之，是什么力量推动了中华古代文明在近代的全方位转型？中华古代文明走上近代之路的动力，一方面来自嘉道以后兴起的经世思潮的内在推动，另一方面则来自鸦片战争后西学东渐的持续推助。可以肯定地说，西方文明持久而强劲的输入，为中国近代社会及文明的变革提供了源源不断的新因素。如果没有鸦片战争后西方近代文明的强势冲击，单靠自身内部的变革因素，中华古代文明难以发生根本性变动。

鸦片战争以后，西方列强用大炮打开了古老中国的大门，随之而来的是西方近代文明的传播。西方近代文明在中国传播并在社会生活中产生愈来愈大的影响，儒家独尊的文明一统格局受到西方文明的猛烈冲击，中华文明的内在结构发生了根本性变化。因此，考察中华文明在近代的转型，必须首先分析西学东渐的历程及其对中国近代社会文化的深刻影响。

所谓西学东渐，是指西方文明在近代中国传播的历史过程，是表述西方文明传入中国过程的形象节略语。西学东渐并不始于晚清。早在明末清初利玛窦、艾儒略、汤若望等欧洲传教士东来，便在传播基督教神学之同时，译介了若干有关天文、数学、物理、地理及哲学方面的书籍，带来了西方的天文、历法、数学、地理知识以及诸多西洋器物，肇始了意义深远的西学东渐历程。这次西学东渐前后持续达百年之久，因雍正帝的禁教及罗马教廷对在华传教政策的改变而中断。

这场持续百年的西学东渐，并未引起中国传统文明的重大变革。其主要原因为：一是此时欧洲还是工业革命前夜和工业革命的初期阶段，欧洲各国的殖民扩张虽扩展到了中国周边地区，并对中国东南沿海构成了一定的威胁，但对于幅员辽阔、文明较为发达的中国并未从总体上构成致命威胁，故西学对于中国社会的冲击是有限的，中国社会依然在原有的轨道上缓慢运行；二是欧洲传教士来华的目的是传教，介绍西学不过是要显示其独得之学，以冲击中国人的文明优越感，从而吸引信徒，西学仅仅是传教的一种工具和敲门砖；而中国朝廷对西学采取了"节取其技能而禁传其学术"的实用态度，从而影响了中国知识界对于西学的全面了解。明清士大夫长期认为西学只有天文、算学、天主教和"奇技淫巧"，至于道德教化则远逊于中华，故难以真正地对之予以重视。

因为对于来自西方的威胁缺乏真切的感受和深刻的预见，明清士大夫虽然承认并采纳了西方天文、算学的某些新成就，但传统的华夏中心主义文化观并未受到冲击，传教士带来的关于域外文明的知识被认为是不足为信的海外奇谈，而西洋器物不过是富贵人家的奢侈品，并未引发人们对于这些器物背后的近代科技文明的关注。当时输入的西方天文学、数学和地理学知识，传习的范围非常狭窄，仅限于皇室宫廷和少数上层士大夫，并没有得到广泛普及，对当时的中国社会难以产生较大影响。

西方近代文明大规模输入并真正对中华文明产生巨大冲击，是在鸦片战争之后。鸦片战争后，西方文明开始猛烈地撞击拥有五千年光辉历史的中华文明。从吸收西方文明的总趋势和西学传入的主要内容看，西方文明输入中国的确经历了由浅入深、由具体到抽象的演进过程。文明结构包含三个层面：外层是物的部分；中层是心物结合的部分，包括关于自然和社会的理论、社会组织制度等；核心层是心的部分，即文明心理状态，包括价值观念、思维方式、审美趣味、道德情操、宗教情绪、民族性格等。鸦片战争后所发生的中华传统文明的近代转型，无异于文明结构的逻辑展开：从鸦片战争至甲午战争，是在器物文明层面上"师夷之长技"时期；从甲午战争至辛亥革命，是在文明的制度层面进行维新变法时期；从辛亥革命至五四新文化运动，是从文明深层进行反思的时期。西学东渐之三个演进阶段，是中国传统文明承受了西方近代文明侵入的冲击而逐步蜕变、逐步吸收、逐步走向现代文明的乾旋坤转的转型时期。其变化之速，较之日本同期虽然显得有些缓滞，但在中华文明自身的发展历程中却是迅猛的；其变化之大，较之汉唐时代佛教文明东来而引起的波澜，乃是空前未有的；其变化意义之深远，足可比拟春秋战国时代"道术将为天下裂"之情景；其变化方式之独特，又使其与不受外来干扰的西方国家的近代化道路迥异，而在后发展国家中具有某种典型意义。

一、西方器物文明的输入

与印度佛教文明传入中国不同，西方文明（西学）是随着欧洲列强先进的坚船利炮和廉价的工业品进入中国的，其向中国输入带有强迫性。鸦片战争之后，西方殖民者以坚船利炮叩开了古老中国的大门。中国虽自居"天朝上国"，但是这种"天朝上国"在西洋枪炮之下不堪一击的现实，迫使少数先进的中国人开始注目这个陌生的"蛮夷"，认识到中国之败在于"技"不如人。中西两种文明的首次交锋，集中体现在"技艺"层面（即文明的浅层次）上。基于这种直观的体认，林则徐、魏源等人开始"开眼看世界"，提出了"师夷长技以制夷"口号，呼吁重视并研习西洋先进的器物技艺。

但这种"师夷长技以制夷"呼声只是中国少数先进者发出的微弱声音，并没有得到大清朝野上下普遍的认可与强有力支持。中西文明在鸦片战争中的首次交锋，并未使失败的清朝统治集团警醒，"技"不如人的大清王朝仍以"天朝上国"自诩，直至第二次鸦片战争的失败及火烧圆明园的耻辱，才真正打破清朝统治者的迷梦，才承认遇到了"数千年来未有之强敌"，意识到自己处于"数千年来未有之变局"之中。以曾国藩、李鸿章、左宗棠等为代表的洋务派认为，西洋之长在器物上的优良，在技艺、技巧和术数等方面，故为了抵御西洋列强之侵袭，当务之急自然是输入西洋器物技艺，主要采取"中学为体，西学为用"态度来面对西学，主要关注西洋先进的武器以及相关的器械运输等，并未试图对西方近代制度加以效法。因此，洋务时期西方学术文化之传入，主要借助了西方传教士创办的新式媒体以及洋务机构中为军事目的而译介的近代书籍来实现的。

鸦片战争后到甲午战争前，西学东渐之主体是西方来华传教士。早在第一次鸦片战争后不久，来华的传教士就在上海、广州等通商口岸创办了一些新式报刊、学堂和出版机构。第二次鸦片战争后，外国传教士取得了在中国内陆各地自由传教的特权。为了配合传教，他们在各地建立了大量各种近代文化设施，如新式学堂、报馆、学会和翻译出版机构等。新式学会方面最著名的，有由英国传教士韦廉臣、李提摩太等人主持的广学会。该学会在晚清40多年中仅编译出版的书籍就达2000多种，还发行有《万国公报》《大同报》等10多种中文报刊。

洋务运动兴起后，洋务派创办了一些洋务学堂和译书机构，如京师同文馆、江南制造局翻译馆等。由于当时中国人很少有精通西学者，故不少传教士被洋务派官员聘请到这些洋务学堂和译书机构中担任教习或译员。他们或单独、或与中国学者合作翻译了不少西方书籍。如英国传教士傅兰雅在任江南制造局翻译馆译员期间，先后译书77种，占全馆译书三分之一以上。除了为江南制造局译书外，傅兰雅还为上海益智书局译书30多种。据统计，傅氏一生共译西书 129 种，涉及基础科学、应用科学、军事科学、社会科学等各个方面。其中，基础科学 57 种，应用科学 48 种，军事科学 14 种，社会科学 10 种。其他传教士，如林乐知、丁韪良、李提摩太、伟烈亚力等亦译书不少。梁启超的《西学书目表》收录了鸦片战争后到 1896 年的西学译书 341 种。李善兰、徐寿、华蘅芳等中国学者也与来华传教士合作翻译过许多西书，对西学的传播做出过重要贡献。但从总体上看，甲午战争之前西学传播的主体，是西方来华传教士。

除了来华传教士之外，许多来华的欧洲官员、探险家也成为传入西学的重要媒介，例如洋枪队将领戈登来华，对于洋务时期的中国军事装备及技术的引入产生了较大影响；主持海关总税务司的赫德对于西方海关管理制度的引入，以及译介西方军事书籍、西方军乐队的引入有相当大的影响。

鸦片战争以后，自行出洋的中国人逐渐增多。这些留洋者以多种方式介绍西方文明的情况。19 世纪 40 年代，商人林针的《西海纪游草》，记述其至欧洲及美国的记游；1867 年，著名政治思想家王韬出游欧洲，并于 1870 年出版《法国志略》《普法战纪》二书；1876 年，商人李圭赴美国参与博览会，写成《环游地球新录》，成为近代国人首位环游地球的记述者，并对美国科技发展有所介绍。1866 年，斌椿等人考察欧洲 12 个国家，著有《乘槎笔记》；1868—1870 年，志刚出使欧洲及美国，著有《初使泰西记》。此外，京师同文馆学生张德彝多次出游欧洲，著有《航海述奇》等书，对欧洲社会文化的描写更加深入。光绪年间中国开始设立驻外公使之后，有更多政府官员出使欧美并撰写游记。由于政府驻外公使比一般旅游者在国外停留时间久，故其对西方近代文明的了解更加深入。其中对中国近代思想文化产生重大影响者，有郭嵩焘、曾纪泽、徐建寅、薛福成、黄遵宪等人。

近代新式传媒是将少数知识分子所习得的西学，快速地传布于较多国人知晓之便捷方式。在晚清西学东渐过程中，最主要的媒介有翻译西书、创办期刊及报纸等。国人对西学的了解，主要通过译介西书的方式得到。鸦片战争后最早出版的一批西学书籍，是由西方传教士与中国最早一批接触西学的学者（如李善兰、徐寿、王韬等）合作翻译的，英华书院、墨海书馆成为较为著名的翻译西书机构。1843 年，英国传教士麦都思在上海创建墨海书馆。有人统计，从 1843 年到 1860 年，香港及开放的五口出版的西方书籍达 434 种，其中纯属宗教类的有 329 种，占 75.8%；属于天文、地理、数学、医学、历史、经济等方面的有 105 种，占 24.2%。① 李善兰与伟烈亚力等人合作，从 1852 年续译《几何原本》开始，先后翻译了 6 种西方几何学、代数学、微积分、力学、天文学、植物学著作，这样，西方近代数学、物理学（当时称"格致学"）、化学、天文学（当时称"天学"）、地理学、植物学等一批重要著作传入中国，并在中国近代西学东渐史上创下很多重要纪录：《代数学》（1859 年），第一部符号代数学译著；《代微积拾级》（1859 年），第一部微积分学译著；《重学》（1859 年），第一部力学译著；《植物学》（1859 年），第一部植物学译著；《谈天》（1859 年），第一部近代天文学译作；《光论》和《光学图说》，最早的光学译作；《声论》，最早的声学译作；《六合丛谈》（1857 年），堪称近代科技期刊之雏形。

从 1844 年到 1860 年，墨海书馆翻译出版 171 种西书，其中有 138 种为宣传基督教内容的，占整个译书的 80.7%，属于近代数学、格致、天文、地理、历史等学科的西书，仅 33 种。② 这 33 种西学书籍，比较重要者为：数学方面有伟烈亚力、李善兰等人合译之《数学启蒙》（1853 年）、《续几何原本》（1857 年）、《代数学》（1859 年）、《代微积拾级》（1859 年）等；格致学方面有《重学浅说》（1858 年）、《重学》（1859 年）；天文学方面有

---

① 熊月之：《西学东渐与晚清社会》，上海人民出版社 1994 年版，第 8 页。
② 熊月之：《西学东渐与晚清社会》，上海人民出版社 1994 年版，第 188 页。

《谈天》（1859年）；地理学方面有《地理全志》（1853年）和《大英国志》（1856年）；植物学方面有《植物学》（1859年）；医学方面则有合信所著的《西医略论》（1857年）、《妇婴新说》（1858年）和《内科新说》（1858年）等；介绍西学的综合性书刊有《中西通书》《格物穷理问答》《科学手册》《六合丛谈》等。

在与西人合作译书过程中，李善兰、王韬等人对西学有了较深了解。王韬参与翻译了《中西通书》《格致新学提纲》《西国天学源流》等西书，并单独撰写了《西学图说》《西学原始考》《泰西著述考》等介绍西学的书籍。《西学原始考》对西方诸如数学、物理学、化学、天文、地理、地质、生物、医学、农学、哲学、法学等近代科学各方面的历程做了全面阐述，为国人提供了一套迥异于中国传统学术文化的新知识体系，对开阔国人的学术视野、更新中国学人的知识结构起了很大作用。

另一类重要的翻译出版机构，是由清政府在洋务运动推行下成立的。其中1865年成立的上海江南制造局译书最多，影响最大，尤以科学技术方面书籍最多；京师同文馆则以国际公法、化学、法律方面的书籍影响最大。除此之外，福州船政局、开平矿务局、天津机器局、上海广方言馆、广州同文馆等洋务机构，均设有翻译出版机构。

京师同文馆在其存在的40年间，先后译著西书26种。这些西书的翻译，多以洋教习为主，同文馆学生也适当参与。同文馆的许多课程，便是以翻译而来的西书为名称而开设的，如"万国公法""各国史略""富国策"等。如果将这些译著用近代分科方法加以分类，它们大致可分为八类：一是法律学之译著，包括《万国公法》《法国律例》《公法便览》《公法会通》《中国古世公法论略》《星轺指掌》《新加坡律例》等7种；二是历史学之译著，包括《各国史略》《俄国史略》等2种；三是经济学之译著，即《富国策》；四是格致学之译著，包括《格物入门》《化学指南》《化学阐原》《格物测算》《电理测微》《全体通考》等6种；五是算学之译著，包括《算学课艺》《弧三角阐微》《分化津梁》等 3 种；六是天文学之译著，包括《星学发轫》《中西合历》《坤象究原》《同文津梁》等 4 种；七是医学之译著，即《药材通考》；八是学习西方语言之工具书 2 种，即《汉法字汇》《英文举隅》。概括地说，同文馆所译之八类书籍，主要包括国际公法、历史学、天文学、数学、格致学、化学等西方近代学科。

从 1871 年开始，江南制造局翻译馆正式刊刻翻译过来的西书，到 1880 年共刊刻了 98 种。傅兰雅的《江南制造总局翻译西书事略》(1880 年)所录书目分类，主要包括兵法、工艺、造船、天文行船、汽机船、汽机等 16 类。到 1899 年，江南制造局翻译馆出版西书达 126 种。陈洙编辑的《江南制造局译书提要》(1909 年) 收录了江南制造局翻译的西书共 160 种。这些西书按种类大致分为：兵学 21 种；工艺 18 种；兵制 12 种；医学 11 种；矿学 10 种；农学 9 种；化学 8 种；算学 7 种；交涉 7 种；史志 6 种；船政 6 种；工程 4 种。此外还有政治、学务、商学、地学及格致诸学等。

从同文馆、江南制造局翻译馆及其他翻译机构出版的西书目录来看，甲午战争之前翻译出版的西书，以应用科学、工程技术方面的书籍所占比重最大（包括工艺、兵学、船政、工程等），其次是所谓"格致诸学"，至于政法、史志等社会科学书籍，则比较少。这种情况说明，中国学人在接触西方学术时，是抱着"经世致用"之观念，首先"采"的是西方"有用之学"，是"富强之术"。

甲午战争之前的西书翻译，主要采取"西译中述"模式。这主要是因为当时中国缺乏翻译人才，西书的翻译者主要是传教士。来华传教士虽略知中文，但仅通皮毛，故只能与中国学者合作，由他们先将西书的意思口译成中文，然后由不通西文的中国学者润色加工，条理成文。这种译书模式有两种弊端：一是传教士不是专门科学家，缺乏专业知识，他们所选译的科学书籍，多数不是西方第一流的学术著作，难以代表西方近代科学发展的水平；二是中西文明本属两种不同的文明系统，长久隔阂，翻译颇为不易，以仅通中文大意、难解个中奥蕴的西人来口译，已经打了不少折扣，加上不通西文、难以理解西方文明真谛的中国学者之笔述，则其准确性更是大打折扣。故以中文印刷符号呈现在晚清读者面前的西方近代科技译著，难免加进了许多中国固有文化成分，妨碍了国人对西方近代文明的准确理解。

在西书翻译出版的同时，西方近代生产及生活器物开始传入中国沿海城市，如洋布、洋火（火柴）、洋呢、洋毯、洋针线、洋纸、洋笔墨、洋伞、洋钉、玻璃、钟表等，还有纺纱机、织布机、缝纫机、蒸汽机、天平、酒精灯、煤气灯、显微镜等，甚至在西方刚刚出现的自行车也在上海街头出现。① 这些西洋近代生产及生活器物的传入，逐渐改变着国人的生产方式、生活方式和文化观念。

晚清时期最早的中文期刊，是英国耶稣会教士马礼逊和米怜 1815 年于马六甲共同创立的《察世俗每月统记传》。中国本土出现的最早中文刊物，当为 1833 年由荷兰传教士郭士立在广州创办的《东西洋考每月统计纪传》，主要介绍西方新闻、文学等方面的情况。其后数十年间，陆续有传教士创办各种中文期刊，但大多数延续时间不长，发行量和影响力也较小。1853 年，理雅各和麦华陀在香港创办《遐迩贯珍》；1854 年，美国传教士玛高温在宁波创办《中外新报》；1857 年，墨海书馆伟烈亚力刊印中文期刊《六合丛谈》；1862 年，英国耶稣会士在上海创办《中西杂述》；1868 年，由美国传教士林乐知创立的《中国教会新报》（1874 改名《万国公报》），广泛介绍西方各种知识，其延续时间长，发行量大，是晚清传播西学重要的媒介。1876 年由英国人傅兰雅、徐寿等人在上海创办的《格致汇编》，是晚清第一部科学专门期刊，对西方科学知识之传入具有重大

---

① 参见李长莉：《近代中国社会文化变迁录》第 1 卷，浙江人民出版社 1998 年版，第257—260 页。

影响力。该刊前后共刊行 60 期，论题内容包括西方近代科学技艺新知。据统计，到 1890 年，外国教会和传教士在中国出版的报刊达 76 种。①

相较于期刊而言，报纸虽多具有报道及商业性质而缺乏较为深入的知识，但由于印刷时间快而且发行量大，故更有助于知识和信息之传布。晚清时期影响力较大的近代报纸中，最早的是 1861 年由英商匹克伍德在上海创办的《上海新报》，其内容除新闻、商务消息之外，亦介绍西方科学技术知识。1864 年，香港连续出版了《中外新报》《近事编录》《华字日报》等报纸。1872 年，另一位西商美查在上海创办了近代中国影响巨大的中文报纸《申报》。这份报纸的内容，虽然以新闻、奇闻为主，但包含了对西方社会文化多方面的报道和介绍，并在读者投稿中对于中西文明接触时出现的诸多问题展开讨论（其中比较著名的有"铁路与风水"之争论），对西学在晚清之传播起了推进作用。1874 年，王韬在香港创办《循环日报》，刊载了大量介绍西学的文章。尽管这些早期报刊所介绍的西学知识大多是较粗浅的，且零碎不全，但无疑是晚清国人学习西学的最早窗口。

晚清时期仿效西方创建的新学堂，逐渐成为中国人研习西学之重要媒介。早期的西式学堂，多为在华传教士及其教会所创设。晚清时期最早的学堂，当为 1839 年在澳门成立的马利逊学堂，其后在广州也成立有类似的新式学堂。鸦片战争之后，教会学校开始在各个通商口岸城市广泛建立起来。《天津条约》签订后，教会学堂开始发展至内地，逐渐成为早期西学在民间传布的重要渠道。1876 年，徐寿、傅兰雅在上海创立的格致书院，是较早的一所传授西洋自然科学的新式高等学堂。在洋务运动推进过程中，为了培育相关近代人才，清政府开始效仿西方建立了许多新式学堂。最早创办的是京师同文馆以及上海广方言馆，其后在全国各地陆续创

---

① 参见方汉奇：《中国近代报刊史》上册，山西人民出版社 1981 年版，第 19 页。

立了天文、电气、医学、武备等专业学堂。这些新式学堂均按照西方近代教育方法设置课程，对西学在华传播起了较大促进作用。

西学东渐的历史进程，与清政府对外战争失败、中国民族危机加深有着紧密的关联。晚清时期对外战争每失败一次，国人对西学的认识就深化一次，引进西学的热情因而高涨一些，引进的内容也相应地深入一层。引入西学是为挽救民族危机、实现国家富强，这是近代中国西学东渐的突出特点。从鸦片战争到甲午战争前传入的西学，除了基督教义之外，主要是自然科学，如数学、天文学、物理学、化学、动植物学、地质学、地理学、医学等基础科学，以及与工业制造相关的冶炼、造船、化工、开采、纺织、驾驶、军械等应用科学。鸦片战争后到甲午战争以前传入的西学，之所以以自然科学为主，主要是由当时国人对西学的认识水平决定的。魏源在《海国图志》中主张"师夷之长技以制夷"，而他所认识的夷之长技，"一战舰，二火器，三养兵练兵之法"，即所谓西方"技艺"。冯桂芬撰《采西学议》中所理解的"西学"，也仅限于数学及格致学范围，认为"算学、重学、视学、光学等，皆得格物至理"，而算学是西学的基础，故中国自应加以效法。

值得注意的是，由于西方近代文明与代表这种文明的西方列强交混在一起，故部分国人一方面痛恨西方列强的强横侵略，引发了对西方近代文明的排拒；另一方面又因为挽救民族危机的需要，被迫采用西方富强之术。于是，国人先是陷于"仁义"与"富强"的两难选择，后因"仁义不敌富强"的残酷事实，逐渐放弃以"仁义"为"文明"的评判标准，而以"富强"为"文明"的主要标准。故晚清时期的西学东渐，一方面是被迫的，另一方面又是实用的，旨在挽救空前未有的民族危机。这种实用性的输入西学主旨，致使国人在相当长的时期内对西方文明缺乏总体上的体认。因此，国人对于西方文明的认识有一个逐渐深入的演进过程，起初是认识到西人有"船坚炮利"之长技，后来认识到此类长技基于格致之学，然后认识到西人于格致之学外，尚有政教之制。故近代中国人向西方学习的内容，起初停留在较低的物质层面上，是与时人对西学的认识水平相吻合的。这种现象表明：中国向西方学习刚刚开始，中国近代化刚刚起步，近代中西文明的交流刚刚启动，更艰难更复杂之研习过程尚未全面展开。

二、西方制度文明的介绍

甲午战争的惨败，是洋务运动失败的标志，国人对西学的认识亦随之发生重大变化。严复在甲午战争后发表《救亡决论》《论世变之亟》等文，反省洋务运动失败的原因，强调"大讲西学"之重要，批评洋务派对西学认识之片面。在他看来，商政、兵法、造船、制器，乃至天文、算学、格致并非西学的根本，西学之根本在"于学术则黜伪而崇真，于刑政则屈私以为公"。甲午战败同样使康有为、梁启超等人意识到，仅仅学习西洋的船炮、制械、科技、工艺等，远不足以挽救中国贫弱，必须变革中国的政教制度，才有望避免危亡之局，渐达独立富强之域。他们逐渐认识到，中国的落后是由于政治制度落后造成的，中国若要强盛，则"变法"实为第一要务。这样，中华文明对西方近代文明冲击之回应，开始由"器物文明"深入"制度文明"。

1895 年以后，由于对外交往的不断扩大及洋务时期派遣的留学生陆续学成归国，掌握西洋语言文字和科学知识者日益增多。中国留学生为了向西方寻找救国救民真理，积极传播西学，逐渐取代西方在华传教士成了甲午以后西学东渐之主体。

以译书为例，据梁启超《西学书目表》所收 1896 年前西学译书书目统计，传教士译书或与中国学者合译书占总译书量的 76%，中国学者译书仅占总译书量的 11%；另据顾燮光《译书经眼录》所收 1900 年至 1904

年 526 种西文和日文的译书统计，外国人译书 35 种，中外合译书 33 种，中国学者译书 415 种，未著姓名者 43 种，外国人译书和外国人与中国人合译书占总译书量的 13%，中国人译书占总译书量的 79%。从《西学书目表》与《译书经眼录》译书主体的比较可知，外国人及其与中国学者合译书的比重，与中国人独立译书的比重，在甲午前后已经发生了根本变化。时人撰文论及甲午前后译书者身份变化时说："前译书之人，教会也，朝廷也；前译书之目的，传教也，敷衍也。后译书之人，士夫也，学生也；后译书之目的，谋公利也，谋私利也。"① 这种情况表明，甲午战争后国人逐渐成为西学传播的主体。而这些传播西学的中国人，其身份虽然各异，有外交官、政治家、学堂教习、新旧学者，但多为接触过西方文明、对西学有相当了解的开明"士大夫"，如严复、梁启超、章太炎、蔡元培、马君武、黄遵宪、王国维、张相文、丁福保、林纾等。

1897 年，中国近代最有影响的出版机构——商务印书馆创办。它的活动情况，可从一个侧面窥见新兴的近代出版业对西学东渐的促进作用。有人统计，1902 年至 1910 年，商务印书馆总计出版 865 种书，其中社会科学类 279 种，占 32%。社会科学类书籍被重视，可在某种程度上反映出戊戌以后政治思想文化被人们重视的倾向。② 清政府于 1906 年宣布预备立宪之后，政法类的译书数量猛增，国人根据现实需要而自著自编的政法类书籍亦大量出现，商务印书馆刊印了大量有影响的政法书籍。此时期的翻译与著述之书，论及宪法问题、国会问题、警政与财政问题、地方自治问题者尤多。这些问题正是清季政治制度变革最为密切的部分。

新式印刷设备及新式技术引入后，刊印书籍变得极为便利，书籍从形式到内容均发生了重大转变：横排、新式标点之近代平装书，逐渐取代

① 《译书略论》，张静庐辑注：《中国出版史料补编》，中华书局 1957 年版，第 62 页。
② 参见李家驹：《商务印书馆与近代知识文化的传播》，商务印书馆 2005 年版，第 147 页。

竖排之传统线装书。1901年，张元济创办商务印书馆编译所，逐渐将该馆业务从以印刷为主，转变为以出版图书为主。他为该所确定的方针为："一面发扬我国旧文化，一面介绍西洋文化，使中西沟通，促进祖国整个文化的发展和光大。"① 商务印书馆本此宗旨，迅速向新式出版机构转变，逐渐承担起近代中国介绍西方新学、沟通中西学术文化之重大使命。清末废除科举制度后，各地纷纷创办新式学堂，但缺乏适应新学制的新式教科书。1902年初，张元济邀请杜亚泉编订蒙童教科书《文学初阶》第一、二卷，蔡元培制定国文、历史、地理三种教科书之编辑体例。这套"最新教科书"着重会通中西文化知识，编纂者字斟句酌，苦心编修，开创了近代中国新式学堂用书之新纪元。据统计，辛亥以前，商务印书馆出版各种教科书375种，成为当时最大的教科书编辑出版机构。

商务印书馆在编印各种中小学教科书外，还着力于西方新知识之译介。商务印书馆不仅编印了《汉译世界名著》，出版了严复所译《群学肄言》《天演论》《法意》等西学著作，出版了林纾等人翻译的《伊索寓言》等欧美小说，而且代印了《外交报》，创办了《绣像小说》《东方杂志》《教育杂志》《小说月报》《少年杂志》等颇有影响的综合期刊。

戊戌时期创设的各种新式学会，将设立"藏书楼"作为重要事业加以办理，并仿效西方图书馆制度，制定相应的藏书、借书章程，传播西学知识。中国传统藏书楼迅速改造并转化为近代图书馆，在很大程度上得益于清季有关设立图书馆之立法措施。清末民初各种规范性章程之颁布，是西方引入的图书馆制度形成之重要标志。近代各类各级图书馆的章程规则，各种完备的藏书、借阅、服务规章的制定、颁布及实施，使近代图书馆事业成为一种制度化工作，进而形成了一套较完善的近代图书馆制度。1909

---

① 顾廷龙：《回忆张菊先生二三事》，商务印书馆编：《商务印书馆九十年》，商务印书馆1987年版，第13页。

年 12 月，清政府颁布《京师图书馆及各省图书馆通行章程》，对中央、省、州、县图书馆之设立程序、收藏范围、职责、管理制度及图书管理与流通方法等做了明确规定，为传统藏书楼向近代图书馆的转变提供了制度性保障。从 1909 年始，吉林、黑龙江、河南、山东、陕西、云南、湖南等省相继建立了公共图书馆。经过三年筹建，京师图书馆于 1912 年正式对外开放。该馆系按近代图书馆理念及西方图书馆制度创建的国家图书馆，在图书之收藏、管理及借阅等重要环节，均借鉴了西方近代图书馆的方法。据统计，1916 年全国有公共图书馆 293 所，1918 年增至 725 所，其中通俗图书馆 286 所，其他图书馆 170 余所。[①] 这些新式图书馆，成为清末民初西学东渐的重要文化机构。

甲午战争后，中国士人对报刊这种新式传媒的功效多有体悟，并加以仿效，纷纷筹设报馆、创办报刊。国人所创的期刊兴起，多用于宣传西方政治思想及学术，最早包括康有为 1895 年创办的《万国公报》（与林乐知所创同名），1896 年创办的《强学报》，同年梁启超创办的《时务报》等，这些刊物的发行量及影响力都远超早期的教会期刊。1899 年，梁启超在日本横滨创办了《清议报》；1901 年又创立《新民丛报》。丁守和主编的《辛亥革命时期期刊介绍》中，介绍清末报纸、杂志等 170 余种，其中政论性报刊占绝大多数，约占 88%。即使非政论性刊物，例如《新小说》，其所刊载的小说亦多含有明显的政治旨趣。可见，此时期报刊舆论之以政治为主导是不争的事实。无论其谈反满革命，或谈立宪；无论其取激进态度，抑或取温和态度，其根本焦点都在于要以某种形式的近代民主制度（君主立宪或民主共和）取代原有的君主专制制度。

1904 年 3 月，商务印书馆创刊《东方杂志》，为近代中国学术文化界影响颇大的综合性刊物。该杂志以"启导国民，联络东亚"为宗旨，先后

---

① 参见李雪梅：《中国近代藏书文化》，现代出版社 1999 年版，第 148 页。

由徐珂、孟森、杜亚泉、陶惺存、钱智修、胡愈之等出任主编，辟有社说、时评、选论、谕旨、内务、外交、军事、教育、财政、实业、交通、商务、宗教、小说等栏目，有"杂志的杂志"之称，颇受广大读者青睐，迅速风行海内外。据统计，1905—1911 年，全国先后发行报刊 600 余种，其中传播西学及刊布学者成果之专门报刊有《译书汇编》《普通学报》《政法学报》《教育杂志》《北洋学报》《科学世界》《理学杂志》《光华医事杂志》《地学杂志》等。

1895 年以前，新式报纸的影响力仍然仅限于沿海口岸地区。但在甲午战争以后，这些报纸的发行量大增，有更多的报纸开始出现竞争，包括上海的《新闻报》《时报》、天津的《大公报》等。各报纸渐由早期以文言为主，转而以较多接近口语的文字来吸引更多的读者。不少白话报刊也在晚清各地出现，对于西方新思潮的传布产生重大影响。

甲午战争以后的西学东渐，主要途径仍然是翻译西书（包括来自日文的西书）。梁启超在《西学书目表序例》中指出："故国家欲自强，以多译西书为本，学子欲自立，以多读西书为功。"[①] 在这种思想指导下，晚清有识之士，尤其是数量可观的留日学生，纷纷投入翻译西书的行业，掀起了西译热潮。据统计，从 1811 年马礼逊在中国出版第一本中译西书，到 1911 年清朝灭亡的近百年间，共翻译出版西学书籍 2291 种。

甲午战争到辛亥革命前夕传入的西学，除自然科学外，社会科学日益增多。西学传入的这种变化，可以从时人编撰的《西学书目表》《东西学书目》《译书经眼录》所收的书目窥出。梁启超 1896 年所著的《西学书目表》共收西学书目 352 种，其中自然科学 259 种，占总数的 73.6%，社会科学 93 种，占总数的 26.4%。徐维则 1899 年出版的《东西学书目》收书

---

① 梁启超：《西学书目表序例》，《中西学门径书七种》，上海大同译书局光绪二十四年石印本。

目 534 种，其中自然科学 387 种，社会科学 126 种，报章 21 种，就自然科学书目与社会科学书目比较，前者占 72.5%，后者占 23.4%。两者的比较与《西学书目表》反映的情况大致相符。这种情况在顾燮光所编《译书经眼录》中有了根本改变。《译书经眼录》收 1900—1904 年所译书目 491 种，其中自然科学 164 种，占总数的 33.4%；社会科学 327 种，占总数的 66.6%。据谭汝谦主编的《日本译中国书综合目录》统计，1868—1895 年，中译日文书共 8 种，而 1896—1911 年出版的中译日文书激增到 958 种，其中自然科学和应用科学 172 种，哲学社会科学 786 种。福泽谕吉、中江兆民、幸德秋水等日本思想家的著作受到当时中国有识之士的重视。

近代著名翻译家严复所译之书，号称严译八大名著，其中有关政法类书有 3 种（《群己权界论》《社会通诠》《法意》），占 37%。其翻译之《天演论》本来是讲生物进化之理的书，但此书刊印后立即成为呼唤国人觉醒、急图自强、以求避免亡国灭种厄运的动员书。胡适回忆道："《天演论》出版之后，不上几年，便风行到全国，竟做了中学生的读物了。读这书的人，很少能了解赫胥黎在科学史上和思想史上的贡献。他们能了解的只是那'优胜劣败'的公式在国际政治上的意义。在中国屡次战败之后，在庚子、辛丑大耻辱之后，这个'优胜劣败，适者生存'的公式确是一种当头棒喝，给了无数人一种绝大的刺激。几年之中，这种思想像野火一样，延烧着许多少年人的心和血。"①

甲午战争以后西方近代政治、法律、史传、兵制、医学、农、矿、工、商、天文、地质、声、光、化、电等书籍之翻译，西方大量自然科学、历史、文学、社会科学著作，如卢梭的《民约论》、孟德斯鸠的《法

---

① 胡适：《四十自述》，耿云志等编：《胡适传记作品集》第 1 卷（上），上海东方出版中心 1999 年版，第 44 页。

意》、亚当·斯密的《原富》、斯宾塞的《群学肄言》、约翰·穆勒的《群己权界论》和《名学》等被译介到中国，对传统士绅的知识结构产生了重大影响。

20世纪初，对西学东渐起过重要作用的"西译中述"译书模式，逐渐被"梁启超式"的译书模式所取代。所谓"梁启超式"的译书模式，是指通过日本转口输入西学，而且这种输入因译者持急功近利态度及对西学缺乏全面系统的了解，带有明显的"本末不具，派别不明，惟以多为贵"特点。通过日本渠道，西方近代政治学著作大批介绍到中国。1902年，贺长雄编的《国家学》出版，该书分为国家全体、立法、元首、行政四部分，在当时影响较大。这些译著，重点介绍西方近代政治学和法学的许多门类（如国家学、国法学、法律学、警察学、国际公法等），对近代意义上的政治学和法学之初创起了很大作用。

既然学习西方是为了尽可能快地抵御西方，那么，国人对西学之取舍自然以最能为目前所用作为衡量标准。他们在鸦片战争后之所以提出师夷长"技"，而不是师夷长"政"，固然与囿于对西学之认识有关，但明显地受到"制夷"之急功近利态度的影响。在此之前，守旧派信奉的教条是"立国之道尚礼义不尚权谋，根本之图在人心不在技艺"，国人师法西方从曾被视为与"根本之图"格格不入的技艺开始，除了表明他们具有"虽冒天下之大不韪亦所不辞"的强烈历史感之外，还体现了洋务派在西学取舍上带有强烈的急功近利趋向。这种功利实用的趋向，决定了近代中国的西学输入一开始就是主次不分、本末倒置的。这种本末倒置的西学引进，使近代中国的"法西"求强之路充满了曲折和坎坷。

如果说戊戌变法是中国人学习西方制度文明的开端，那么，孙中山等人领导的早期资产阶级革命则是这一"回应"的高潮。戊戌变法的失败使越来越多的中国人不再寄望于清朝统治者，而开始准备通过暴力革命来建立西方式的政治制度——开议会、定宪法。由此，他们着手从西方文明的深层寻找理论依据。西方近代政治思想大规模涌入中国，对中国传统思想文化产生了更为猛烈的冲击。戊戌变法后，西方大量译著陆续传入中国，西方启蒙思想也开始传播。晚清启蒙思想家为了能够更好地学习西方制度，开始着手从西方文明的深层寻找理论依据，西方的"民主""平等""自由"的思想（文明深层领域）深深地吸引着他们，并由此引导他们投入推翻清朝、创建民国的革命运动。

三、西方近代文明的全面涌入

如果说 1894 年前传播的主要是西学中的"艺学"，亦即自然科学，1895 年以后是"政艺兼学"，而以"政学"亦即社会科学为主，那么，从五四新文化运动开始，几乎所有的西学门类，诸如西方政治、经济、军事、法律、哲学、宗教、心理学、地理学、史学、文学、美学、语言、文字、艺术、科技、医学、教育，以及各种各样的西方思潮、学说先后传入中国。以西方哲学的输入为例，虽然西方哲学从戊戌时期开始传入，但真正对西方哲学进行全面系统的介绍，则是在五四新文化运动之后。该时期学术界对西方哲学的输入有两个显著特点：一是规模宏大，西方哲学的所有流派，几乎于同一时期一并涌入中国；二是全面系统，超出了以往零星稗贩式的介绍。因此，五四时期西学东渐的规模和深度都达到了空前未有的地步。从引进西方文化所属的时间跨度上看，自古希腊、罗马文化，到 20 世纪初的现代西方文化，都程度不同地传入中国；就文化部门种类而言，则西方政治、经济、军事、法律、哲学、文学艺术、科技、教育，以及各种各样的思潮、学说，甚至各种风俗习惯、生活方式都被介绍和传播到神州大地。从输入方式上看，虽然原先从日本转运西方思想的情势继续有所发展，但直接从西方引进文化成果的工作更呈直线上升趋势。

为探索摆脱民族危机、实现国家富强的道路，中国先进分子在五四时期大量输入西方各种社会思潮，从中寻找、分析、比较和综合，以提出各种改造中国社会的方案，一时间形成了"百家争鸣"局面。社会主义成为当时最时髦的新思潮，引起了人们的广泛关注。除了马克思、恩格斯的科学社会主义之外，西方社会主义各种流派，如施蒂纳的个人无政府主义、蒲鲁东的社会无政府主义、巴枯宁的团体无政府主义、克鲁泡特金的无政府共产主义和无政府工团主义，还有武者小路实笃的新村主义、托尔斯泰的泛劳动主义、柯尔的基尔特社会主义、伯恩施坦和考茨基的社会民主主义等都在中国得到传播。西方社会科学成为五四以后西学传播的主要内容。除了马克思主义哲学以外，西方古典哲学和现代西方哲学思想和流派，如康德的批判哲学、尼采的唯意志论、杜威的实用主义、罗素的新实在论、柏格森和杜里舒的生机哲学等等，都在中国得到广泛传播，对中国思想文化界产生了较大影响。

　　引进西方文学艺术成为五四时期西学输入的热点之一。文学研究会、创造社、未名社等文学社团以引进西方文学为己任，竞相翻译介绍外国文学作品，形成了队伍宏大、范围广泛、翻译语言与风格丰富多样的新局面。据不完全统计，仅1918—1923年，先后有30多个国家的170多位作家的文学作品被翻译介绍到中国，其中以俄国作家的作品最多，其次为法国、德国、英国、印度和日本的作家作品。大量西方文艺作品的被翻译发表，给闭塞的中国文坛吹进了新鲜的现代气息，推动了五四以后新文学运动的发展。如挪威作家易卜生的作品，特别是"社会问题剧"《娜拉》，以冲破家庭束缚，寻找个性自由发展，成为五四时期中国妇女争取自由解放的象征。

　　在西方文艺作品被大量地翻译介绍到中国的同时，西方文艺复兴以来各种各样的文艺思潮、创作方法和文学体式也涌进中国，如现实主义、自然主义、浪漫主义、唯美主义、象征主义、印象主义、心理分析派、意象派、立体派、未来派、问题剧、问题小说、短篇小说、杂文、随笔、杂感小品等。西方文艺思潮、创作方法和文学体式的大量涌入，促进了新文学社团和文艺刊物的蜂起。据统计，1921—1923 年，全国有各种文学社团40 多个，文艺刊物 50 多种，而到 1925 年，文学社团和文艺刊物猛增到100 多个，其中文学研究会和创造社影响最大。

辛亥革命以后，随着留学生的大量回国，西学东渐的主体再次发生变化。据初步估计，清末至民国，中国官费或自费到欧美、日本留学的学生在 10 万人以上。这 10 多万留学生除少数人滞留未归外，多数学成后回到国内。由于留学生接受过系统的新式教育，又有长期国外生活的经历，无论是对西方（包括日本）语言文字的掌握，还是对西方文化学术的了解，都是清末士大夫们所不能比拟的。因此，他们在引介西方哲学、社会科学及人文学说方面，便很快取代严复、梁启超、林纾等前辈学者，成为五四以后传播西学的主体。以哲学为例，民国时期有影响的西方哲学流派，几乎都是留学生首先或主要介绍到中国来的。如杜威实验主义哲学的主要介绍者是留美的胡适，倭伊铿精神哲学、杜里舒生机主义哲学的主要介绍者是留德的张君劢，黑格尔哲学的主要介绍者是留美留德的贺麟，罗素新实在论哲学的主要介绍者是留法的张申府，柏格森生命哲学的主要介绍者是留日的张东荪，等等。五四以后涌现出来的著名思想家、文学家、教育家、科学家和社会科学家，多数是留学生出身。如思想家胡适、陈序经、冯友兰、贺麟，文学家鲁迅、郭沫若、梁实秋、闻一多、林语堂、徐志摩，教育家陶行知、张伯苓、蒋梦麟、晏阳初、梅贻琦、陈鹤琴，科学家李四光、竺可桢、吴有训、严济慈、周培源、苏步青，社会科学家金岳霖、陈寅恪、汤用彤、钱锺书、傅斯年等。

如果说戊戌学会之发起者及骨干均为转型中之"士绅"，那么，民初发起组织新式学会者乃为转化后的新式知识人（尤其是大批留学生）。创办主体之变化，导致民初学会日趋制度化和规范化，更具有西化色彩和近代特色。戊戌学会带有的那种浓厚的政治色彩及传统士人结社倾向，得到较大改变。与晚清相比，民初学会之政治色彩大为减弱。时人逐渐认识到学会与政党之区别，各种政党从学会中分离出来单独组建，无疑净化了新式学会。民初学会多为纯粹之学术社团，与现实政治保持着相当大的距离，基本划清了学术研究团体与政治性政党之界限。各学会领导及骨干多为各学科专家，保持着学术团体相对的独立性，警惕着政治势力之渗入，使新式学会成为学者自己的学术组织。

从综合类学会向专业性学会转变，各种专业性学会普遍建立，是民初学会发展的突出特点。这类学会在清末已经出现，其中较重要者有中国医学会、中华工程师学会、中国地学会等。1910 年，张相文、白毓崑等人在天津成立中国地学会，以"联合同志，研究本国地学"为宗旨，有研究、讲演、旅行、编辑四项事业，是较为纯粹之专门学术团体。

民国初年，由于西方现代学科体系及近代知识体系在中国基本定型，加上大批对欧美学术有所了解的留学生归国，中国现代专业性学会开始陆续建立。几乎每个现代分科意义上的学科门类均开始筹建自己的学术团体，以学会聚集同人、交流学术。1912 年初，詹天佑在广州发起创立的中华工程师学会，是中国第一个工程学术团体，也是中国现代第一个功能专业化的新式学会。除了自然科学方面的新式学会外，人文社会科学方面的专门性学会亦相继创建。其中重要者有中国社会学会、中国经济学社、中国哲学会等。这些学术社团，或以探索社会改造真理为己任，或以"昌明学艺"为宗旨，或以发扬国粹为目标，或举办学术活动，或创办学术刊物，既为学者创造必要之学术氛围，推动学术研究之深入，又以研究实绩展示学会本身之学术底蕴。

据 1930 年国民政府教育部统计，在教育部登记并经认可之学术研究机构有 18 家：中华工业化学研究所、热带病研究所、北平静生生物研究所、中国科学社、中华职业教育社、中国工程学会、中国矿冶工程学会、中国学术团体协会、中华农学会、中华林学会、学术研究会、中华民国药学会、新中华农学会、中国天文学会、中华图书馆学会、中华平民教育促进会、中国学术团体协会西北科学考察团、一九学术考察团。① 除了中华工业化学研究所、热带病研究所和北平静生生物研究所外，其余 15 家均为全国性新式学会。至于未在教育部登记之学术社团，则远远多于此数。另据《第二次中国教育年鉴》统计：1912—1925 年在教育部备案登记之学术团体有 44 家；1927—1933 年在教育部备案者有 80 余家。②

翻译西书仍是五四以后西学东渐之重要途径，但此时译书的主体已经转变为归国留学生。他们既精通西方语言文字，又对西方文明学术有比较深入的了解，因此，他们不仅彻底抛弃了"西译中述"的模式，同时也远远超越了"梁启超式"的译书水平。作为某一学科领域的专家，他们的翻译克服了"梁启超式"的模式，西方哲学发展过程中一些主要思潮有代表性哲学家的著作，都有选择地被翻译过来。有学者研究后指出，仅在1927—1949 年间，被翻译的古希腊、罗马哲学家的著作，有《柏拉图五大对话》《柏拉图对话六种》《巴门尼德篇》，亚里士多德的《伦理学》《政治学》《赫拉克利特哲学思想集》《赫拉克利特哲学道德集》等；被翻译的经验派与理性派的著作，有培根的《新工具》《道德哲学论文集》，洛克的《人类悟性论》，巴克莱的《哲学对话三篇》《人类知识原理》《视觉新论》，休谟的《人类理解研究》《人之悟性论》，笛卡尔的《方法论》《哲学原理》《沉思集》，爱尔维修的《精神论》，霍尔巴赫的《自然之体系》，孔狄亚克的《认识论起源》，斯宾诺莎的《伦理学》《致多篇》《论知性之改进》，莱布尼茨的《形而上学序论》等；被翻译的德国古典哲学家的著作，有康德的《实

---

① 《教育部成立二年来的工作概况》，《中华民国史档案资料汇编》第 5 辑《教育》，江苏古籍出版社 1994 年版，第 131 页。

② 教育年鉴编撰委员会编：《第二次中国教育年鉴·第六编学术文化》，近代中国史料丛刊三编第 11 辑，文海出版社有限公司刊印本，第 796 页。

践理性批判》《纯粹理性批判》，费希特的《对德意志国民讲演录》，黑格尔的《逻辑学大纲》等；被翻译的现代西方哲学著作达到 60 多部，西方哲学在五四时期形成了传播高潮。

除直接翻译西书之外，著书介绍亦为西学东渐的重要途径，很多对西方文明有相当了解的中国学者加入著书介绍西学的行列。如胡适、蒋梦麟、陶行知等人对杜威实验主义哲学的介绍，张君劢、瞿世英、李石岑等人对倭伊铿精神哲学、柏格森生命哲学和杜里舒生机主义哲学的介绍，张申府、张东荪、王星拱、杨端六等人对罗素数理逻辑和社会主义学说的介绍，丁文江、王星拱等人对马赫主义学说的介绍，沈志远、严群、李石岑、陈康等人对古典西方哲学的介绍，张铭鼎、范寿康、郑昕等人对康德哲学的介绍，瞿世英、张君劢、周谷城、贺麟等人对黑格尔哲学的介绍，倪青原等人对胡塞尔现象学的介绍，洪谦对维也纳学派的介绍，朱光潜对克罗齐哲学的介绍，张君劢对汤因比文明哲学的介绍，吴宓、梅光迪等人对白璧德新人文主义的介绍，李大钊、李达、艾思奇等人对马克思主义哲学的介绍，茅盾、孙席珍等对西方文艺思潮的介绍，等等。这些介绍对西学东渐起过非常重要的作用。胡适的《实验主义》，是介绍杜威实用主义有代表性的名篇；张申府撰写的《罗素》《老罗素》等文是介绍罗素学说的名篇；柏格森的代表作《创化论》和《物质与记忆》由张东荪翻译出版。1922 年，《民铎》杂志出版了"柏格森号"。1924 年 4 月，康德诞辰 200 周年，《学灯》和《晨报》副刊均开辟专栏介绍康德学说。同年的《学艺》和1925 年的《民铎》杂志为纪念康德诞辰 200 周年，用"康德专号"的形式发表了 30 多篇介绍和评论文章，把康德哲学在中国的传播工作推向高潮。西方哲学发展过程中各个时期的哲学，从古希腊柏拉图哲学到近代培根、笛卡儿、休谟哲学，再到康德、黑格尔哲学，都被广泛地介绍到中国来。

邀请西方学者来华讲学，成为五四以后西学东渐的重要途径。五四时期应邀来华讲学的西方学者，有美国著名哲学家杜威、英国著名哲学家罗素、德国著名哲学家杜里舒等人。杜威于 1919 年 4 月底到达上海，次年 7 月离去，在中国前后逗留 1 年 3 个月，到过 11 个省市，发表讲演 100 多场。全国各大报刊对杜氏的讲演活动和讲演内容作了大量报道。后来这些讲演经过整理又由知新书店以《杜威五大讲演》为名正式出版。通过杜氏的讲演和胡适等人的积极介绍与宣传，美国实验主义哲学在中国得到广泛传播，成为民国时期对中国文化界产生过重大影响的西方哲学思想之一。罗素访华期间先后在北京、长沙、上海等地就数理逻辑、哲学问题、物的分析、心的分析和社会问题发表系列讲演，向当时渴求新知的中国文化界系统地介绍西方相对论、量子论、精神分析说、数理逻辑等崭新的科学知识，受到热烈欢迎。杜里舒在华讲学期间，除介绍康德哲学外，主要是向中国文化界宣讲和介绍他的生机主义哲学，当时不少报刊发表过他的讲演稿，有的讲演稿又经整理，被收入《杜里舒讲演录》。除杜威、罗素和杜里舒外，五四以后到中国从事过讲学或文化交流的西方学者，还有伯希和、萧伯纳、海明威、爱因斯坦、魏特夫、罗伯特·帕克、布朗等人。西方学者来华直接向中国思想文化界介绍和传播西学，成为民国时期西学东渐的重要特点。

四、西学东渐对中华文明的强力冲击

中华文明的近代演进，在某种程度上是两种文明相互碰撞之结果，即西方文明对中华文明的冲击，以及中华文明在这种冲击下所作之回应。正是在这种"冲击—回应"过程中，中华文明在近代发生了重大转型。

首先，西学东渐为近代中华文明转型提供了新的知识体系和学理动力。人是社会变革运动中的首要因素，拥有新的知识结构的人才，是社会变革和文明发展的前提之一。洋务新政伊始，就与新学人才的培养密切相关，

1862—1904 年约有 40 多个新式学堂建立，其中外语及西学学堂约 15 个，军事等专业学堂约 30 个。这些旨在培养新式人才的各类新学机构，突破了中国旧学规制和教育内容，开始按照近代社会分工和学科分类的特征设置教学内容。新学人才也逐步脱离了"学而优则仕"的封闭式社会流动轨道，主要以其技能和专业知识背景进入社会。到清末新学体制形成后，新学的知识结构及其学科分类覆盖已经比较全面，科学技术专业的新学人才明显增多。清末 127 所高等专门学校中，理工农医类学校共 23 所，学生达 2195 人，占全部专科学生总数的 9.2%。据 1915 年统计，在 94 所专科学校中有工农医类学校 29 所，学生 4763 人，占学生总数的 19.8%。[1]

随着新学兴起和新式学堂的创建，一批拥有西学新知的人才群体开始活跃于社会生活的各个领域。科举制度的废止使他们的社会流动与清王朝失去了制度上的关联，因此他们扮演了晚清社会变革的推动者。清廷规定："科举既议停减，旧日举贡生员年在三十岁以下者，皆可令入学堂之简易科。"[2]各省数万举贡、数十万生员，纷纷流向与社会分工相联系之各种社会新职业。企业、公司、商务、学堂、报馆、学会、谘议局等新兴社会职业，为转变中之士绅们提供了容身之所。新式学堂将有"功名"之士绅作为重要接纳对象。新学体制下的实业教育发展迅速，为此提供了基本的人才资源。1905—1909 年，全国已有农业、商业、理工等专业学校 16 所，学生 1881 人；实业学校 254 所，学生 16649 人。至 1909 年，全国共有 2651 名工商类毕业生，多数对口供职。民初，各级各类专业专科学校达 30 多所，每年在校学生约 6000 人；实业学校 500 多所，每年在校学生约 30000 人。[3]据陈启天统计，1909 年全国小学教员为 85213 人，学生 1532746 人；中学教员 3266 人，学生 40468 人；专门学堂教员 1171 人，

---

① 据《第一次中国教育年鉴》丙编，"教育概况"第 144—146 页统计表计算。
② 《管学大臣等奏请递减科举注重学堂折》，《东方杂志》第 1 年第 1 期。
③ 参见王先明：《近代新学与社会文明转型的几点思考》，《天津社会科学》2001 年第 6 期。

学生 20672 人；各种实业学堂教员 1541 人，学生 16649 人；各省师范学堂教员 2299 人，学生 28572 人；总计教员 93490 人、学生 1639107 人。①这尚不包括留学生。据张朋园对清季留学生之估计，1904 年赴日留学者 1300 多人，1905 年 2400 多人，1906 年 8000 多人；总数业已超过 15000 人。②这样看来，清末接受新式学堂教育者约 200 万人。

如果说科举时代的书院课程以"四书五经"为主的话，那么，科举废止之后的新式学堂则以西方新学为主。在 1903 年《奏定学堂章程》规定的 21 种理工农医诸科中，开设 465 种完全由西方传入的自然科学课程。新学内容不仅改变了学生的知识结构，而且改变了学生的思维方式，为近代社会变革和发展造就了主体力量。台湾学者张朋园根据陈启天著《最近三十年中国教育史》，将小学、中学、师范三类学校在清季及民国两阶段相互比较后，得出这样的结论："由新式学堂的兴起而知有新知识的兴起，由新知识的兴起而知有知识阶级的蜕变。中国的传统社会由知识阶级与非知识阶级所组成，前者领导后者。自科举考试之废除，旧的绅士阶级不再有继起者，新式学堂的兴起，知识阶级的内涵亦为之一变。"③新学及其新学群体的发展，导致了社会价值取向和生活方式的变化。时人指出："近年来为学之士，竞分两途，一曰守旧，一曰维新。……守旧则违于时而为时人所恶，维新则合于时而为时人所喜，所以维新者日益多，守旧者日渐少也。人心风俗将有不堪设想者矣。"④这些接受西方近代知识和理念的新式知识分子，成为创建中华现代"新文明"的社会力量。

其次，持续不断的西学东渐，直接推动中华文明的全方位变化，使中

---

① 参见陈启天：《近代中国教育史》，（台北）中华书局 1979 年版，第 131—180 页。
② 参见张朋园：《清末民初的知识分子》，徐复观等：《知识分子与中国》，时报文化出版事业有限公司 1980 年版，第 333 页。
③ 张朋园：《湖南现代化的早期进展》，岳麓书社 2002 年版，第 380 页。
④ 刘大鹏：《退想斋日记》，山西人民出版社 1990 年版，第 143 页。

华传统文明在政治、经济、军事、社会和思想观念等方面都发生前所未有的转轨。

西学东渐首先带来了器物层面的变化，促进了社会生产方式和生活方式上的变化。新的西方近代科技事物如电、自来水、电影、广播等逐渐改变了城市民众的日常生活，接着，新的思想改变了许多传统日常生活中的习俗，包括一些被视为迷信的民间信仰、缠足风俗，传统婚姻丧葬习俗受到挑战。随后，西方政治思想的传入和政治制度的移植，议会制、民主制度、新的国家概念、无政府主义、社会主义思想等对于近代中国政治产生了重大影响。戊戌维新的发起、晚清新政的推展、立宪运动的尝试、辛亥革命的爆发、民初议会制的推行、联省自治运动及北伐统一，以及中国共产党领导的现代革命运动等，都可视为西方近代政治思想影响的结果。

西学在社会方面最大的影响，是由于西方文明的优势逐渐超越中国传统文明，使得传统的教育制度发生了改变。八股文和科举制度的废除，使得传统四民社会中最顶层的士阶层，失去了其"学而优则仕"的渠道，其所掌握的传统儒学知识的作用也下降，因此有被边缘化的危险，而同时晚清西方商战思想的传入，提高了商人在社会上的地位，促成传统四民社会秩序的逐渐瓦解，产生了新的社会阶级——中国资产阶级和工人阶级，为近代中国社会的变革奠定了物质基础和阶级基础。

西方近代文明的引进，对中国传统文明是强有力的冲击，导致了人们思想观念的根本变化。伴随着新式人才的出现、各种新学科的建立以及新的思想的传入，开始出现了新的社会风尚和新的价值观念，进而对儒学构成了严峻的挑战。自鸦片战争至甲午战争的50余年间，中国传统的夷夏之辨、重义轻利、崇本抑末、重农轻商、崇俭抑奢等核心文化价值观念，在人们的思想中逐渐发生了动摇；自甲午战争至五四新文化运动的20余年间，中国传统的君权神授、君贵民贱、男尊女卑、纲常名教等观念，也相继受到严厉批判，儒学及孔子的独尊地位随之发生动摇，中华文明受到空前的冲击，不得不发生转轨。以个人主义、民主与科学为核心的中国近代新文明逐渐成形。

应该指出的是，西方近代文明给予近代中国之影响是全方位的，但最突出的变化还是器物层面的变革，是西方近代工艺、技术和科学传入中国，并与中国的物质文明基础逐渐融合形成中国近代物质文明。而在制度文明层面，西方近代文明虽对中国传统制度文明有过猛烈的冲击，但很长时间在中国的传播及接受充满了艰辛和曲折，始终难以找到恰当的接合点。至于精神文明层面，则并未被晚清时期的中国人全面接受。因此，鸦片战争后引进西方近代工艺技术和自然科学，开始了中西物质文明的融合，并奠定了中国近代科学技术的基础；从戊戌维新运动到五四新文化运动，西方近代制度文明冲击了中华古老的制度文明，致使中国的传统社会逐渐瓦解，并开始仿照西方近代政治制度在中国进行尝试。但由于中西国情、政情与民情之差异，加上其他诸多因素的影响，中国并没有真正建立起西方近代式的制度文明，也没有建构起近代意义上的中国现代文明秩序。

五、中华文明基本结构的变化

中国有着五千多年的灿烂文明，中华先民在宗法血缘关系与小农经济相结合的社会生活中，创造了发达的农业文明，同时造就了不同于西方的伦理—政治型文明模式。从先秦儒、道、墨、法等诸子百家，到汉代独尊儒术，再到宋明理学，使这种伦理—政治型文明模式日趋成熟，并塑造了中国人的文明观念。其价值趋向就是注重伦理道德，追求社会的安定和人际的和谐，注重心理情感的安逸，注重内在超越的精神价值。这种传统文明观念，与中国自给自足的小农经济和大一统的政治制度相适应，维系着古代中国社会生活平稳地运行。

中国古代文明的基本结构，是以儒学为中心的文明模式，儒学在意识形态领域里占据统治地位。它既是中国古代文明的指导思想，又是中国古代文明构成的主干。儒家思想归结起来有三个主要内容：（一）天道的观念。儒家信天，言天，天既指自然界的天，又指主宰人世之天。儒家所谓的天不像基督教的上帝，有一个具体的形象，但它在冥冥之中安排人世间的一切，天有五行，木火土金水，木生火、火生土、土生金、金生水，木为春、火为夏、土为季夏、金为秋、水为冬，春主生、夏主长、季夏主养、秋主收、冬主藏。天的意志为天命，人道和天道是相通的。在这种观念下，儒家借助于天的权威进而树起皇帝的权威，皇帝自称天子，即上天的儿子，为天子受命于天。故皇权在观念上同天道连在一起，皇帝就是上天在人间的代表，在世代承袭的过程中积淀而成为传统。（二）大一统的思想。儒家认为，"春秋"中国的大一统是"天地之常经，古今之通谊也"，大一统是天经地义不可违背的事情。（三）纲常伦理。这是儒家政治文明的核心，自西汉以来成为维系封建制度的精神力量。它关注的不是每个个体的人，而是人与人之间的义务关系。它强调人应当遵守他在社会关系中所承担的角色和规范。而中国传统社会从来就承认人与人的不平等，正是在承认不平等的前提下儒家提出了调整人际关系的"三纲五常"的思想，三纲即君为臣纲、父为子纲、夫为妻纲。五常指君臣、父子、夫妇、兄弟、朋友五种伦常关系，即君臣有义、父子有亲、夫妇有别、长幼有序、朋友有信。这种社会人伦关系是建立在宗法血缘关系与小农经济相结合的社会之上的。古代中国实际上是家族的扩大，儒家将家族的人伦关系政治化，提出忠孝合一、家国合一、道德教化的政治思想。既然国家是建立在三纲五常的人伦关系之上的，那么治理国家就不能依靠武力，而要靠统治者的道德教化，靠统治者自身的道德修养，即所谓诚心、正意、修身、齐家、治国、平天下。

古代中国的纲常伦理如"日月经天，江河行地"，是"万古不易之常经"，是"万事之根本，百川之源头"。这种以纲常伦理为核心的中华文明体系，具有单一性、凝聚性、稳定性，对于外来文明或是抵拒排斥，或是吸收消融。因此，虽有几次较大的外来文明的输入，但始终没有改变中华文明的内在结构，而只是儒家文明体系自身的衍变发展。但鸦片战争后西方近代文明逐渐在中国传播之后，则根本改变了中国传统文明的基本结构，以儒家独尊的文明一统格局受到"西学"的强力冲击，导致中华文明结构在两方面发生了重大变化。

首先，中华文明构成的核心，从纲常伦理转向自由平等。以儒家伦理纲常为核心的中国古代文明，也有着漫长的发展变化。宋明时期以儒学融合释、道而成的理学，是以新儒学的面貌出现的，并非根本性的变化，只是纲常伦理的体系化和严密化。纲常伦理作为这个文明体系的核心，支配或影响着中华文明的各个部门。纲常伦理贯穿在这个文明的各个领域，成为它们的指导思想；意识形态的其他领域均是为了"扶持名教，砥砺气节"。在传统士大夫的文明观念中，纲常伦理既是最美好的，又是最根本的。在鸦片战争以后的较长时间里，西方文明虽然开始在中国传播，中国开始萌生近代新文明，但他们仍然固守这种文明观念，鼓吹"五伦之要，百行之原，相传数千年，更无异义。圣人所以为圣人，中国所以为中国，实在于此"。①

正因如此，当中华传统文明的核心价值观念——纲常伦理受到西方文明的冲击时，就不能不使士大夫们忧心忡忡，忧虑彼教"夺吾尧舜孔孟之席"，担心"孔子之道将废"。他们殚精竭虑地保卫"圣道"，同时又不无自信地认为儒学必将盛行于西方各国，而"大变其陋俗"。但西学之输入则给传统儒学带来了极大挑战，进而动摇着儒学的核心价值观念。维新派从西方近代文明中吸收了"天赋人权"的思想武器，尖锐地批判君权，批

---

① 张之洞：《劝学篇·内篇》，明纲第三，两湖书院 1898 年刊印本，第 13 页。

判纲常名教，指出"三纲五伦之惨祸烈毒"，必须"冲决伦常之网罗"，主张"兴民权""君末民本"，宣传"人人平等"思想。以西方近代民权、平等观来反对儒家的纲常伦理，正是戊戌时期新旧文明冲突之焦点。守旧势力所极力维护的是纲常伦理，"舍名教纲常别无立足之地，除忠孝节义亦岂有教人之方"；所猛烈攻击者为西方近代民权平等。故民权平等思想之提倡，根本动摇了封建纲常伦理之权威，削弱了它支配意识形态领域的地位，使中国文明结构的核心价值理念发生了变化。

其次，随着西方近代新学科的引入，中华文明的部门结构发生了空前变化。文史哲融为一体，学科分类不明显，自然科学与社会科学交织在一起，是中国传统学术之明显特色。中国传统学术内部虽然也有分类，但并不是以研究对象为分类标准，而是以研究性质作为分类的标准。中国传统学术从性质上主要分为义理之学、考据之学、辞章之学、经世之学。这四类学问，以经世之学为主，包括经学、史学、诸子学、小学、天文历法之学、算学、舆地学等。

西方近代学术，大致分为自然科学和社会科学两大门类。自然科学主要包括数学、物理学、化学、天文学、地理学、地质学、生理学、生物学等学科，社会科学主要包括文学、历史学、哲学、政治学、法学、经济学、逻辑学、社会学、伦理学和教育学等学科。这些近代西方的学科门类，与中国传统的学术门类之间，存在着较大的差异。两者间既有相似的学科门类，也有不同的学科门类。中国之算学、天文、舆地、史学，与西方之数学、天文学、地理学、历史学比较相似，有着进一步发展成为近代数学、天文学、地理学、史学的学术基础。实际上，当西方近代数学、天文学、地理学、历史学"移植"到中国后，很快便在这些中国传统学术门类上找到了结合点和嫁接点，使传统的算学、天文学、舆地学、史学发展为近代数学、天文学、地理学和历史学。当然，这种"结合"和"嫁接"，更多的不是以中国传统的学术为主干，而是以西方近代学科为主干的。

但在西方近代学术门类中，却有不少中国传统学术门类中没有的学科，如近代物理学、化学、生理学、生物学、地质学、政治学、经济学、社会学等，也有一些中西学术根本不同的学科，如哲学、逻辑学等。对此，近代西人在翻译西方格致诸书时曾说："况近来西国所有格致门类甚多，名目尤繁，而中国并无其学，与其名焉，能译妥诚属不能越之难也。"①如果没有西学的传入，仅仅靠中国传统学术自身的演变，能否创化出这些中国所缺乏的学术门类？答案显然是否定的。对此，梁启超指出，清代学者之研究法，近于"科学的"，但并没有发展为近代科学。正因如此，当西方学术在近代传入时，这些中国所没有的学术门类，是通过翻译西书，逐步地"移植"到中国来，使中国增添了这些新学术门类。这些新学术门类，无论是形式上还是内容上，都来自西方，是被西方传教士和中国学者以翻译西书、开设课程、设置学科科目等方式"移植"到中国来的。换言之，中国近代意义上的物理学、化学、生理学、生物学、地质学、政治学、经济学、社会学等学科门类，不是中国学术自身发展演变的产物，而是西学东渐之结果，是从西方"移植"而来的。

大致说来，到19世纪90年代，中国学人所了解的西方近代学术门类，主要有天文学、算学、重学、天学、地学（地质学）、地理、矿学、化学、电学、光学、热学、水学、气学、医学、画学、植物学、动物学等，也就是后来的数学、物理学、化学、天文学、地质学、地理学、医学等学科。到20世纪初，近代意义上的自然科学各学科门类开始在中国确立下来。其最重要标志，便是这些学科门类在清末颁定的新学制中得到明文确定。1898年，京师大学堂分为溥通学、专门学两类。溥通学包括经学、理学、中外掌故、诸子学、初级算学、初级格致学、初级政治学、初级地理学、文学、体操学等10门。专门学包括高等算学、高等格致、高等政治学（法

---

① 傅兰雅：《江南制造局翻译西书事略》，《格致汇编》1888年刊印本。

律学归此门)、高等地理学(测绘学归此门)、农学、矿学、工程学、商学、兵学、卫生学(医学归此门)等15门。[①]

1903年,张之洞在《奏定大学堂章程》中提出"八科分学"方案,其中"格致科"分为六门:算学、星学、物理学、化学、动植物学、地质学。算学包括微积分、几何学、代数学、函数论、整数论等分支科目;星学包括球面星学、实地星学、天体力学、光学等分支科目;物理学则包括理论物理学、数理结晶学、应用力学、物理实验法、气体论、音论、电磁学、电气学等分支科目;化学则包括无机化学、有机化学、分析化学、应用化学、化学平衡论、物理化学等分支科目;动植物学则包括普通动物学、骨骼学、普通植物学、植物分类学、人类学、霉菌学、组织学及发生学、生理学、寄生动物学等分支科目;地质学则包括岩石学、矿物学、古生物学、晶象学、矿床学等分支科目。这样,晚清时期"移植"到中国之自然科学主要学术门类(数学、物理学、化学、天文学、地质学和动植物学)及其所属的学术科目,便正式确立下来。《奏定大学堂章程》中的"政法科",包括政治学和法律学两门。这两门学科,又包括政治总义(政治学)、政治史、统计学、行政机关学(行政学)、警察监狱学、法律原理学(法理学)、泰西各国法等10多种分支科目。这些科目,基本上将当时"移植"到中国的法学、政治学各科目明确规定下来。在"文学科"中,历史学科及其所属的分支科目(如史学研究法、泰西各国史、亚洲各国史、西国外交史、年代学、外交史、科学史等),地理学科及其所属的分支科目(如地理学研究法、中国今地理、外国今地理、政治地理、商业地理、交涉地理、历史地理、地文学、地图学、气象学等),文学学科及其分支科目(如文学研究法、各国近世文学史、声音学等),都被明确确定下来。

---

① 《军机大臣、总理衙门遵筹开办京师大学堂折》,陈学恂主编:《中国近代教育史教学参考资料》上册,人民教育出版社1987年版,第438页。

同时，西方的辨学、教育学、心理学、伦理学、公益学、人种及人类学、金石文字学等学科及其分支科目，也被作为大学所要开设的"随意科目"确定了下来。

从总体上看，中国近代学科体系是经过两个渠道创立起来的：一是"移植之学"，即直接将西方学术门类移植到中国来，这主要是那些中国传统学术中缺乏之学术门类，如自然科学中之数、理、化、生、地等门类，以及社会科学中之政治学、经济学、社会学、逻辑学、法学等；二是"转化之学"，即从中国传统学术中演化而来的，这主要是那些中国学术传统中固有之学术门类，如文学、历史学、考古学、哲学、文字学等。在传统学术门类向现代学术门类转型过程中，中国学术必须从两个方面进行学科整合：一是文史哲分家、自然科学与社会科学分离；二是引进西方近代学术门类、创立中国近代新学科。西方近代分科性质的日益专门化的学术文化，代表着中国近代学术文化发展的方向和趋势。这个学术转型及学科整合的过程，从19世纪60年代开始，到20世纪初期基本形成。

1912年10月，以蔡元培为总长的中华民国教育部颁布《大学令》，明令大学不再以"经史之学"为基础，应以教授高等学术为宗旨。1913年初，教育部公布《大学令》《大学规程》，对大学所设置的学科及其门类做了原则性规定："大学以教授高深学术、养成硕学闳材、应国家需要为宗旨。"① 大学取消"经学科"，分为文科、理科、法科、商科、医科、农科、工科等七科，这是一次学制上的重大变革，标志着在近代中国学科建设上，开始摆脱经学时代之范式，探索创建近代西方式的学科门类及近代知识体系。1913年颁布的"七科之学"方案，基本上是在1903年张之洞"八科分学"和王国维分科方案基础上形成的。文科、理科、法科、商科、医科、农科、工科等七科，是沿袭张氏"八科分学"方案中的文学科、格致

---

① 《教育部公布大学令》，《教育杂志》第4卷第10号，1913年1月。

科、政法科、商科、医科、农科、工科而来的。

大学文科分为哲学、文学、历史学和地理学四门：（一）哲学门下分 2 类，一是中国哲学类，包括的科目有中国哲学、中国哲学史、宗教学、心理学、伦理学、论理学、认识论、社会学、西洋哲学概论、印度哲学概论、教育学、美学及美术史、生物学、人类及人种学、精神病学、言语学概论等 16 个科目；二是西洋哲学类，包括西洋哲学、西洋哲学史、宗教学、心理学、伦理学、论理学、认识论、社会学、中国哲学概论、印度哲学概论、教育学、美术及美术史、生物学、人类及人种学、精神病学、言语学概论等 16 个科目。（二）文学门下分 8 类，包括国文学类、梵文学类、英文学类、法文学类、德文学类、俄文学类、意大利文学类、言语学类。（三）历史学门下分 2 类，包括中国史及东洋史学类和西洋史学类。（四）地理学门，包括地理研究法、中国地理、世界各国地理、历史地理学、海洋学、博物学、殖民学及殖民史、人类及人种学、统计学、测地绘图法、地文学概论、地质学、史学概论等科目。

大学法科分为法律学、政治学和经济学三门：（一）法律学门，包括的科目有：宪法、行政法、刑法、民法、商法、破产法、刑事诉讼法、民事诉讼法、国际公法、国际私法、罗马法、法制史、法理学、经济学、比较法制史、刑事政策、国法学、财政学等。（二）政治学门，包括的科目有：宪法、行政法、国家学、国法学、政治学、政治学史、政治史、政治地理、国际公法、外交史、刑法总论、民法、商法、经济学、财政学、统计学、社会学、法理学、农业政策、工业政策、商业政策、社会政策、交通政策、民政策、政党史等。（三）经济学门，包括的科目有：经济学、经济学史、经济史、经济地理、财政学、财政史、货币论、银行论、农政学、林政学、工业经济、商业经济、社会政策、交通政策、殖民政策、保险学、统计学、宪法、民法、商法、经济行政法、政治学、行政法、刑法总论、国际公法、国际私法等。此外，商科分为银行学、保险学、外国贸易学、领事学、关税仓库学、交通学等6门；医科分为医药和药学等2门；农科分为农学、农艺化学、林学、兽医学等4门；工科分为土木工学、机械工学、船用机关学、造船学、造兵学、电气工学、建筑学、应用化学、火药学、采矿学、冶金学等11门。①

这套以文、理、法、商、医、农、工为骨干建构的"七科之学"知识体系，不仅迥异于以经、史、子、集为骨架的"四部之学"，而且与清末"八科之学"知识体系也有很大区别。中国传统学术体系中最重要的"经史之学"，被消融在"文科"之中，西方近代重要学科门类，均被确立在这套学制体系中。"七科之学"是以西方近代分科观念及分科原则，依照西方学科门类及知识体系建构起来之新知识体系。"四部之学"被纳入"七科之学"知识体系之中，不仅标志着中国传统学术开始融入近代西方学科体系中，而且标志着中国知识体系开始转向西方近代知识体系之轨道上来；标志着以注重通、博的中国传统"四部之学"知识体系，在形式上完成了向近代分科性质的"七科之学"知识体系的转变。

① 《教育部公布大学规程》，《教育杂志》第5卷第1号，1913年4月。

第二讲

晚清时期的中西宗教文明碰撞

中西文明的冲突与融合，是近代中国文化演进的主题。西方文明和中华文明真正融汇交流之前，各自形成了自己独特的行为系统和独特的价值观念。中西两种文明是在几乎彼此隔绝的情况下产生和发展起来的，由此造成的结果是中西文明具有截然不同的立足点和核心价值观念，并在此基础上形成不同的发展模式。近代以来，中西文明就像两条原先互不相交的河流相交汇流了。但两种文明仍然保留着自己的鲜明个性，交而不融，汇而不合，两者之间的冲突延绵不断。

两种文明之间的冲撞，可以分成正常的冲突和不正常的冲突。所谓正常的文明冲突是指和平的文化思想之间的接触、碰撞、交流、融合；不正常的文明冲突则是指因为侵略、战争、革命等因素带来的违反常规的剧烈的文明冲突。近代以前，中国对外文化交流基本上是输出式的，对西方主要是输出手工业商品，而对周边国家的影响则包括经济、政治制度、社会礼仪等多方面，可以说这种文明输出是建立在发展程度差距之上的自然文化流动，它以和平交往为主要的方式，军事征讨只是为了建立朝贡关系，并不构成文明传播的主要方式。近代以后，随着工业革命和社会体制的改变，西方国家从中世纪的黑暗开始进入工业文明，开始依靠武力打开国际市场并获得原料，中国原有的文明体系和文明传播方式的优势被打破。西方列强通过战争强行打开中国大门，西方文明也通过战争、暴力和对中国的掠夺强行向中国输入。这样，近代中西文明之交流与冲突，采用的便是"血与火"的暴烈方式。中西两大文明之间的冲突，主要围绕着三种矛盾开展，即殖民主义的侵略和中国人民反侵略的矛盾、西方工业文明和中国传统农业文明的矛盾、西方基督教文明和中国儒家文明的矛盾。这三种矛盾交织在一起，从而使近代以来的中西文明冲突显得格外复杂。

从近代中国历史发展的角度看，西方文明带着侵略、掠夺与奴役的烙印，逐渐变中国为半殖民地，给中国人民带来了巨大灾难，但也给封闭的中国传统文明带来了巨大冲击，使之发生深刻变化，推动着古老中国社会文化的深刻变革。在激烈动荡与复杂多变的时代，西方文明以十分激烈的方式快速进入，中国旧秩序的崩溃和"亡国灭种"的危机，使中国人急于寻求中国文明之出路，并以一种爱恨交加的复杂心态对待中西文明：对中国传统文明要么痛心疾首地加以否定，要么故步自封地坚守；对西方近代文明要么全盘否定，要么全盘肯定。这种复杂的文化心态，使中国人接受西方近代文明的历程显得格外曲折。晚清以降的中西文明冲突，最早体现在基督教文明与中国儒家文明的冲突，并且以暴烈的方式持久地展开。本讲以基督教文明输入及其与儒家文明的冲突为中心，考察近代以来中西文明直接冲突的情况，揭示中西两大文明从冲突走向融合的发展趋势。

一、明清之际中西文明的最初相遇

明清之际，最初传入中国的西方文明是基督教文明。基督教从传入中国这块古老而神秘的土地开始，就经历了与中国儒家文明冲突与融合的过程。在两种文明的冲突中实现融合，在不断的融合中产生激烈的冲突。

（一）耶稣会士融合中西文明的努力

16 世纪下半叶，欧洲来华传教士对西方科技在中国的传播做出了重要贡献，起了沟通中西文明的先导作用。最早来华传教的是耶稣会士。成立于 1534 年的耶稣会，重视学术教育和海外传教活动，并在长期海外传教实践中因目睹各地各民之迥异风俗，而强调传教手段的适应性和灵活性。1552 年 8 月，耶稣会士圣方济各·沙勿略成为第一个踏上中国国土的传教士，但他只到达广东台山县正南上川岛，并未开始传教。直到 1578 年范礼安抵澳门，1580 年罗明坚到广州，1582 年利玛窦奉命来到中国，天主教的传华活动才正式开始。以利玛窦为代表的耶稣会士深入研究中国的文化与风俗，将儒家思想作为基督教教义的载体，以儒释耶，并以中国上层的士大夫作为传教切入点，采取灵活的传教方针和迎合中国社会习俗的策略，取得了较大成功。据统计，1650 年（顺治七年）耶稣会教友达 15 万人，1667 年（康熙六年）耶稣会教友达 256886 人，1670 年（康熙九年）全国各修会信徒共 273780 人。[1]

耶稣会士在华成功的重要原因，在于采取了与中国儒家文明相调和及"学术传教"路线。他们承认儒学具有"优越性"，与基督教具有"一致性"，并认为"六经"中上帝及天就是基督教的"天主"等。他们对中国的陋俗迷信予以迁就，或加以曲解，以迎合基督教教义。对于中国下层社会，他们常以浅易演说宣讲福音；他们对于中国上流社会，常以当时西方较先进的器物技术打动其心。祖先崇拜、孝思之念、设立灵堂、郊天之礼，儒家倡导的这些社会活动本有迷信的色彩，但传教士却认为无害民俗而予以迁就。利玛窦"援儒""合儒"，尊崇儒家敬天祭祖的惯例，晚清时期林乐知的"孔子加耶稣"传教模式，均是这种"儒耶调和"策略之体现。明末来

---

[1] 参见方豪：《中西交通史》下册，岳麓书社 1987 年版，第 981 页。

华传教士力图避免与儒家思想观念发生冲突，也不触动儒家思想支配下的社会生活礼俗和基本信念。这些努力，显然有利于基督教在中国逐渐站稳脚跟。

耶稣会士利玛窦研习儒家文明，巧妙地利用儒学进行传教：不是运用自己的经典向他种文明表述自己文明的合理性，而是借助他种文明的经典，对自己文明进行阐释，谋求交融的可能，实现基督教文明的传播，即利用儒家经典解释或附会基督教教义，以求基督教与儒家的相通之处。这种传教方式及协调中西文明的努力，集中体现在其所著《天主实义》中。该书是以批评佛教、道教，即所谓"补儒易佛"态度，主动地与儒家文明相协调。他引用《中庸》《周颂》《商颂》《雅》《易》《礼》等多种儒家典籍，论证西方人的"天主"与中国人的"上帝""天"在实质上是相同的："吾天主，乃古经书所称上帝也。"① 他认为中国的"天"不是自然之苍天，而是超自然的具有意志力的神，由此将其与作为创造者、超越者和全能者的"天主"画上等号。利玛窦从儒家经典中找到"上帝"或"天"的概念，与基督教所讲的"Deus"相对应，迈出了基督教适应于儒家文明的第一步。利玛窦这种"以儒释耶"阐释模式，对基督教文明与儒家文明之间的调和与沟通贡献甚大。

《天主实义》着重从中国经典中摘录恰当的句子来说明天主教的道理，并与儒家伦理相比附，以说明基督教伦理也是归于行"仁义"。儒家思想体系的核心是仁。"仁者，爱人"。仁是由自然血缘而生的有分别的爱，仁生发于血缘关系所维系的自然情感，起源于"舐犊情深"和"孝养报本"的亲情体验，所以孝悌被举为仁之本。仁又不局限于血缘范畴，它从家庭关系扩展到社会关系，所谓"老吾老，以及人之老，幼吾幼，以及人之幼"，并由父子关系扩展到君臣关系，提出对君王的忠

---

① 《天主实义》第二篇，李之藻编：《天学初函》（一），两江总督采进本，第415页。

信之道。这样，仁爱由原初的自然情感辐射四方，与基督教的伦理颇为相似，爱被层层推及，落足于现实的人伦关系，维系着家庭结构与社会结构的协调与稳固。基督教之"爱"与儒家之"仁"就情感机制而言，同为一种积极的向善的情感，推己及人，有利于人伦关系的协调。这样，儒家之"仁"与基督教之"爱"就为中西两种文明之间的对话提供了契机。

在《圣经》"十诫"中，除一至四条关于奉神的诫命外，从第五条起分别为"当孝敬父母，使你的日子在耶和华神所赐你的地上得以长久。不可杀人。不可奸淫。不可偷盗。不可作假见证陷害人。不可贪恋人的房屋；也不可贪恋人的妻子、仆婢、牛驴并其他一切所有的。"这些关于现世社会伦理的诫命，涉及人的家庭关系与社会关系，比较容易为中国人所理解和接受。尤其是第五条关于孝的强调，比佛老的教义更接近于儒家注重社会伦理的传统。

实际上，由于对人的灵魂与肉体根本不同的理解，中国人的伦理与基督教的道德有着本质差别。基督教的道德及至善与全能的上帝有关，基督教徒的首要义务是爱上帝；而中国人的观念则在遵守礼节、恪尽孝道和崇弃祖先，如此才能发展自己的趋善倾向。基督教道德宣扬在上帝面前人人平等，而中国人的道德则以等级关系和互补关系居先。中国人崇尚的"天"与基督天主教信仰的"上帝"之间并无共同之处。面对这样的差异，利玛窦极力使基督教教义附会儒家思想，并在对道德的严格要求、科学技术传播和对佛学攻击方面，进而寻到基督教教义与中国儒学之间的契合点。因此，利玛窦在中国采取循序渐进的传教策略：先行介绍中国人易理解且感兴趣的方面，如关于伦理的教义等；而对于中国人一时无法理解的问题，如"三位一体"、耶稣被钉十字架等，则缄口不谈。

利玛窦对儒家倡导的祭祖祭孔持宽容态度，并曲为解说。他认为，祭祖祭孔"乃子孙表其追忆之孝思，而亦不之禁也"。①祭祖具有报本返始、慎终追远之意，并非借以求福佑；认为设立祖宗牌位，并不是说祖先灵魂在其上，不过是子孙借以追远，以纾如在之怀尔；认为中国人郊祀祭天的天，不是"苍苍有形之天，乃天地万物之源"；认为祭孔是景仰孔子人格之伟大，流惠后人之深远，并非崇拜其幽灵；孔教之"教"实际上是教化之"教"，而非宗教之"教"。利玛窦的解释，旨在减少传教困难，对不妨碍基督教根本信仰的中国习惯予以迁就。

利玛窦等传教士与明末清初的奉教士大夫，均关注耶儒之间的文化共通性。在徐光启、李之藻、杨廷筠等奉教士大夫看来，基督教所包含的思想非但不是对儒学的违背，而且是对儒学真理性的一个来自远方的例证。由于儒家强调人格上的自我修养，奉教士大夫希望基督教中包含的伦理诚命能对儒家精神起到振兴作用。在他们看来，耶教与儒教都以"有"为本体，以"天"为宇宙秩序的主宰，均关注道德伦理，耶教之"爱"与儒家之"仁"在精神上是相通的，故两者之间存在着极大的互补性。

需要强调的是，利玛窦的传教方法是在不放弃基督教的本质，并在与教义相符合的范围内接受儒家思想的。利玛窦等耶稣会士所进行的天主教本土化努力，本旨在于凭借其优势影响而改造中国人，但始料不及而又势所必然的趋势是，这些传教士逐渐为中国文明所改造。如果说这种传教方法最初从抛弃西方风俗习惯、学习汉语和中国民族习俗着手，是出于教会利益而不得不采取的策略；暂时不公开宣扬基督教的奥迹，还勉强有神学传统可以辩解的话，那么，容忍和吸纳多少带有宗教意识的祭祖祀孔的儒家礼仪，将西方鲜明的唯一造物主崇拜与先秦儒家混沌的最高主宰的信仰完全等同起来，甚至以儒家"三纲五常"理念去诠释基督教的教义等做法，则表明利玛窦的传教方法已经逸出狭隘的基督教教义，由开始被动的适应

---

① 引自林金水：《明清之际士大夫与中西礼仪之争》，《历史研究》1992年第2期。

策略，逐渐变成中西两种文明之间真正的沟通与交流。

从总体上看，明清之际耶稣会士在沟通中西文明上起了重要作用。一方面，他们向中国传播了西方近代科技文化，包括西方的自然科学、古典哲学、史地、音乐、美术等，如利玛窦除口头讲授西方天文、历算、地理、艺术等外，还翻译和编写了《几何原本》《天文实义》《万国舆图》《浑盖图说》《勾股义》等十余种著作，汤若望、孟至德、庞迪我、艾儒略、南怀仁、熊三拔等也译著了许多西方科技著作。这些西方科技知识对徐光启、李之藻等中国士大夫产生了较大的影响。另一方面，他们要打开传教局面，必须了解中国社会，必须首先钻研四书五经等儒家经典，并将这些典籍介绍到西方，如意大利的殷铎泽与葡萄牙的郭纳爵合译了《大学》《中庸》《论语》等。比利时的柏应理在巴黎刊印《中国哲学家孔子》，卫方济编译有《中国哲学》，雷思孝翻译了《易经》。此外，有关学习中文文法与文字的著书如《中文入门》《中国文法》《中文研究法》等也被译介到西方。耶稣会士的介绍工作对西方汉学的兴起影响甚大。明清之际中西文明的交流，基本上处于一种互相认识、互相宽容、互相发现对方文明新奇与可取之处的相识相容阶段。

当然，西方传教士在华传教目的在传教，西学仅仅是其传教的一种工具和敲门砖。即便如此，其传教活动难免引起天主教与儒教、佛教等本土宗教伦理的冲突。朝廷对西学采取"节取其技能而禁传其学术"的实用态度，也影响了中国知识界对于西学的全面了解，儒家士大夫长期认为西学只有天文、算学、天主教和"奇技淫巧"，至于道德教化则远逊于中华帝国。故尽管当时一些士大夫接受了传教士介绍的西方科技知识，但在思想深处并未受到基督教教义的影响。

（二）"礼仪之争"彰显出的文明冲突

从根本上说，崇敬上帝的基督教文明与敬祖事天的儒家文明是性质完全不同的两大文明体系。基督教文明是希伯来游牧部落的宗教与商业化希腊文明的结晶，对中国农业文明以忠孝为本的伦理无疑具有极强的颠覆性。它与儒家文明之间的差异是明显的：基督教禁止拜偶像，而中国社会却普遍重视祭祀祖宗，设立祖宗牌位，祭悼亡灵；基督教排斥上帝以外的任何神祇，而中国社会"自天地日月星雷风雨以至山川城社门行井溜，莫不有神"，民众不仅按时致祭，而且随时祈祷、求福、求寿、求雨、求晴、求子女、求升官、求发财、求太平；基督教主张男女平等，对男女同堂听道、聚会，并不忌讳，而中国人则格外注重男女之大防；中国民众讲求风水、算命、占卜，基督教则反其道而行之；基督教主张"人类一体"说和"世界一家"说，儒家特别注意"严夷夏之防"和"尊王攘夷"，具有浓厚的排他性。正因如此，中国人斥责天主教为"不敬祖""不祀神""男女混杂""破坏风水""无父无君"。基督教的传入对中国以家族为基础、以三纲五常为核心的儒家文明具有很大冲击力，因而难免要发生中西文明之冲突。

基督教文明与中国文明的冲突，在明清之际实际上已经开始。随着天主教在华势力的扩张，中国官吏及缙绅首先起而排斥。他们认为传教士及其信徒构成了游离于既定社会秩序之外的不安定因素，基督教教义与儒家文明存在着多方面的矛盾与冲突。其中持续时间最长、影响最大及最为典型者，当数礼仪之争及其背后蕴含的中西文明冲突。

礼仪之争，主要包括神的名称之争和祭祖祭孔之争。这场争论原本是传教士内部传教之争，并非一开始就体现出那么明显的两大文明冲突。利玛窦来华之初，为了便于传教，极力迎合中国固有的风俗习惯，在 God 的称谓与尊孔祭祖问题上，均采取灵活通融方式。"God"一词起初音译为"陡斯"（Deus），后来利玛窦使用"天主"二字，即"天地主宰"，并引用儒家经典中"上帝""天"等概念对应天主教之"天主"。1610 年利玛窦逝世后，耶稣会内部对"上帝""天""天主"等译名产生分歧。继任者龙华民改变利玛窦的传教策略，禁止用"上帝""天主""天"称谓，建议改用拉丁文音译称"陡斯"，率先挑起了所谓礼仪之争。

礼仪之争的核心，是祭祖祭孔之争；祭祖祭孔之争又集中于两个问题上：祭祖敬孔祀天是否合乎基督教教规？中国的祭祖祭孔之礼是否含有宗教的意味？儒家所强调的祭祖与祭孔，在父子关系与师承关系上表达了中国人对报本反始的极度重视。家族是构成中国社会的基石，丧葬礼仪和祭祖仪式是支持这种家族制度的社会原则，孝道是维系家族制度的伦理信条。"孝"不仅是指无条件地服从父母之命，而且指孝于祖宗；不仅在父母活着的时候不能违逆父母之命，而且父母死后还要披麻戴孝、扬幡招魂、厚礼致祭、守孝三年。中国人对祖先的跪拜，表示恭敬的色彩更多于表示虔信。至于孔子的地位，尽管中国人尊其为"圣人"，但此"圣"非神学意义上之"圣"。中国祭祖祭孔的主旨并非向神明祈福，而是儒家伦理所要求的孝养报本，祭奉的对象并未被祭奉者当作神明圣主。故中国人的祭祖祭孔，实际上是非宗教的民俗文化传统。既然是非宗教的民俗文化传统，那么中国人的祭祖祭孔仪式便本质上不同于天主教的宗教仪式，耶稣会士将两者对立起来并挑起两者之间的冲突，便是很不明智的。

来华传教士看到了中国人敬祖、祭孔礼仪的这种特性，但坚持认为这种祭拜仪式与天主教反对"偶像崇拜"是根本冲突的。祀天、祭孔、拜祖是中国人最为隆重的典礼，但从天主教的观点来看则属于偶像崇拜，违反了《圣经》十诫。利玛窦在世时，允许教徒保存祖宗牌位，在牌位前点香行礼，可以参加孔庙祭典。利氏逝世后，其继任者龙华民则认为，祭祖拜孔与佛道诸宗教之崇拜偶像无异，违背了天主教教义，故主张禁止祭祖拜孔。

1628年，耶稣会嘉定会议对于译名及祭祖拜孔问题展开讨论，其内部对这些问题虽有分歧，但初时并未引起太大争执。最后通过决议：God译名采用龙华民的意见；因祭祖祭孔没有宗教性质而决定沿用利玛窦的办法。1634 年，西班牙多明我会和方济各会来华传教，对耶稣会允许教友祭祖祭孔，对教友仍然使用中国原有称谓称呼极为不满。多明我会、方济各会与耶稣会之间的教派分歧，以及西班牙、法国与葡萄牙之间在争夺传教权上的礼仪分歧，进一步扩大了双方的神学分歧。礼仪之争逐渐从中国国内而扩至国外，由传教团体内部扩至罗马教廷与清廷之政治对抗。

1643 年，多明我会教士黎玉范回到欧洲，向罗马教廷传信部提出十七个问题，控告耶稣会士。其中比较重要的问题有：中国信徒是否应与其他天主教徒同例，每年举行认罪及圣餐一次？教士对妇女行洗礼时，可否不用口津及盐，以及免除过量之涂油？是否允许中国信徒向社会祭神典礼捐献财物？中国信徒是否可以参加政府举行之祭典？中国信徒是否可以参加祭孔典礼及丧葬祭拜之仪？中国信徒是否可以参加祭拜祖先牌位之典礼及举行其他祀祖仪式？在对中国人举行洗礼之前，应否告其天主教之教义绝对禁止敬拜偶像及举行其他祭典？中国信徒尊敬孔子，可否用"圣"字？中国信徒在其会堂中所悬匾额，对于皇帝应否用"万岁"字样？对于中国非信教徒，可否举行弥撒典礼？这些问题非常尖锐，触及中国儒家文明的根本。

1645 年 9 月，教皇英诺森十世发布通谕，禁止中国教徒参加在孔庙举行的祭孔和在祠堂、家中举行的祭祖礼仪，不准摆设牌位，但允许在死者的灵柩和祭台上放牌位、鲜花，点香燃烛。1651 年，在中国的耶稣会士派人到罗马向教皇申辩，认为基督教学者可以在孔庙举行领受登科的仪礼来承认中国先师。1656 年 3 月，教皇亚历山大七世发布通谕，指出尊孔"似乎是单纯的社会与政治的意义"，允许教友祭孔。这样，罗马教廷在 1645 年和 1656 年先后发布的内容相悖的通谕，成为多明我会、方济各会与耶稣会互不相让的依据。

1687 年，法王路易十四派遣法国耶稣会士白晋来华并在北京建立法国耶稣会，反对耶稣会传教方针的意见占据主导地位。1693 年，巴黎外方传教会的主教阎当（又译严嘉乐，Charles Maigrot）通令福建教区信徒：不许称"天主"为"天"或"上帝"；不准在礼拜堂内悬挂写"敬天"字样的匾额；不许教友自由祀孔与祭祖，禁止一年两次的祭孔祭祖的典礼；废除为亡人所立的牌位，或至少除去牌位上的"神主""灵位"等字样；不得在学校教科书中混入无神思想和异端邪说，致使与教规抵触。

1704 年 11 月，罗马教皇克勒门十一世发布严厉的祭祖祭孔禁约。其规定：一、不许用"天"字，亦不许用"上帝"字眼，只称呼天地万物之主。如"敬天"之匾，若未悬挂，即不必悬挂，若已曾悬挂在天主堂内，即当取下。二、春秋二季，祭孔子并祭祖宗之大礼，凡入教之人，不许作主祭、助祭之事，连入教之人，并不许在此处站立，因为此与异端相同。三、凡入天主教之官员或进士、举人、生员等，于每月初一日、十五日，不许入孔子庙行礼。或有新上任之官，并新得进士，新得举人生员者，亦俱不许入孔庙行礼。四、凡入天主教之人，不许入祠堂行一切之礼。五、凡入天主教之人，或在家里，或在坟上，或逢吊丧之事，俱不许行礼。或本教与别教之人，若相会时，亦不许行此礼。因为还是异端之事。凡入天主教之人，或说我并不曾行异端之事，我不过要报本的意思，我不求福，亦不求免祸，虽有如此说话者亦不可。六、凡遇别教之人行此礼之时，入天主教之人，若要讲究，恐生是非，只好在旁边站立，还使得。七、凡入天主教之人，不许依中国规矩留牌位在家，因有"灵位神主"等字眼，又指牌位上有灵魂。要立牌位，只许写亡人名字。再者，牌位作法，若无异端之事，如此留在家里可也，但牌位旁边应写天主教孝敬父母之道理。同时，教廷还派意大利人多罗（Charles Maillard de Tournon）主教带着这道禁约到中国。直到 1820 年 12 月，这道禁约才被翻译为中文呈献康熙御览。康熙阅后大怒："以后不必西洋人在中国行教，禁止可也，免得多事。"他解释说："朕因轸念远人，俯垂矜恤，以示中华帝王不分内外，使尔等各献其长，出入禁廷，曲赐优容致意。"①康熙帝视中华文明甚高，极力为中国上下尊卑的君臣礼节辩护。

耶稣会士嘉乐在宣布教皇谕旨时，附加了八条变通办法：（1）准许教友家中供奉祖宗牌位；牌位上只许写先考、先妣姓名，两旁加注天主教孝敬父母的道理。（2）准许中国对于亡人的礼节；但是这些礼节应属非宗教性质的社会礼节。（3）准许非宗教性质的敬孔典礼。孔子牌位若不书写"灵位"等字，也可供奉，且准上香致敬。（4）准许在改正的牌位前或亡人棺材前叩头。（5）准许在丧礼中焚香点烛，但应当声明不从流俗迷信。（6）准许在改正的牌位前或亡人棺材前供陈果蔬，但应当声明只行社会礼节，不从流俗迷信。（7）准许新年和其他节日在改正的牌位前叩头。（8）准许在改正的牌位前焚香点烛，在墓前供陈果蔬。

这八条变通之法，显然是对中国皇帝所作的让步。罗马教廷使者表现出难得的柔性政策，适时调整方略。但康熙仍不满意，乃传旨曰："中国道理无穷，文义深奥，非尔等西洋人所可妄论。"雍正登基后，实行了全面禁教政策。1724 年，雍正批准礼部发布禁教令通谕各省：国人信教者应弃教，否则处极刑；各省西教士限半年内离境，前往澳门。全国 300 多座教堂被没收，改为谷仓、关帝庙、天后宫或书院。②

这场"礼仪之争"的起点是以天道为中心的中国礼仪，论战的焦点集中在对儒家文明中敬天、法祖和祭孔诸活动是否具有宗教（异教）属性上，后涉及与此紧密相关的皇权政治，从而以不断激化的趋势展开，最后以清廷禁教的方式结束。这场论争虽然开始时呈现出的是基督教内部对传教方式和他种文明之间不同的行为方式的分歧，但这种分歧背后却包含着深刻的中西文明之异，孕育着中西文明在政治、道德、文化和宗教等方面

---

①　陈垣编：《康熙朝与罗马教皇使节关系文书》，北平故宫博物院 1932 年影印本，第 11 页。参见李天纲《中国礼仪之争：历史、文献和意义》，第 355 页。

②　参见林金水：《明清之际士大夫与中西礼仪之争》，《历史研究》1992 年第 2 期。

的冲突。中西两种独立发展的文明在明清之际初次相遇后，尚未摸索到双方接受的平衡点和契合点，因两种文明的实践者都过于固执于本土文明的体验方式，从而导致了中西两种文明冲突之结局。"礼仪之争"是一次寓意深刻的中西文明争论，揭示了中西文明之间的根本差异。这种根本性的差异，在鸦片战争之后以另外一种更为激烈的冲突方式全面展开。

二、反洋教背后的文明冲突

中华古代文明并不排斥外来宗教，儒、释、道并行，支配着古代中国人的思想意识，天神多鬼的信仰影响到一般民众的精神世界。但基督教毕竟是植根于西方社会的一种意识形态，凝聚着西方社会思想乃至生活规范的许多特点。中国是一个有着悠久文化传统的文明古国，在社会中占统治地位的意识形态是儒家思想，以及浸润着这种思想的礼俗政教。明清之际来华的传教士，一般都尊重中国的文化传统与社会习俗，故其传教活动虽时生风波，但两者之间的矛盾并未达到异常暴烈之程度。

蒋梦麟在其自传《西潮》中，比较了佛教与基督教传入中国的情况，认为如来佛是骑着"白象"来到中国，而耶稣则是骑在"炮弹"上飞过来的。"炮弹上的耶稣"之比喻，反映出近代中国人心目中基督教的形象：基督教是外来的宗教，这种外来宗教对中国社会及国家主权构成了严重威胁。鸦片战争之后，雍正时期被禁的基督教再次在华传播。除被迫开放的五个通商口岸外，传教尚未取得合法地位，教民的活动比较收敛，故中国官绅与基督教之间发生的冲突还比较少见，教案多由传教士的违规行为引起，案件由清政府或交由外国使领处理。但第二次鸦片战争后，尤其是清政府签订《北京条约》后，情况就大为不同。《北京条约》规定：外国教士"入内地传教之人，地方官务必厚待保护"；中国"将前谋害奉天主教者之时所充之天主堂、学堂、坟茔、田土、房廊等件应赔还"，"并任法国传教士在各省租买田地，建造自便"。这些条款使在华传教士及教徒的地位发生了根本性变化。全面扩张的基督教势力与中国政治、经济、文化、习俗产生了剧烈碰撞，从而导致大规模的中西文明冲突。这种文明冲突，以中国官民的反洋教（教案）方式集中展现出来。

在不平等的条约制度和强大的武力之双重保护下，基督教会在华势力迅速扩张，"外人设教中国，耶稣、天主棋布遍环区，通都大邑、穷乡僻壤无不有焉。"这些传教士"不择良莠，广收徒众，以多为能"，从而导致教案激增，并出现了直隶天津教案、四川大足教案等影响晚清朝野的特大教案冲突。这些特大教案冲突，涉及的人众面广，甚至牵连到多国，中国方面也往往有成千上万人大规模群体性参与。基督教会与中国民众的冲突加剧，中西两种文明以激烈冲突的方式展开。

（一）教案背后的传教士功过分析

晚清教案之所以发生得如此普遍并日趋激烈，在华天主教会应负有重大责任。从某种意义上讲，很多教案是教会挟制官府、侵占房产土地、教唆庇护恶徒而引起的。鸦片战争后，西方传教士借侵略军的坚船利炮乘势东来，并迅速在中国城乡各地竖起了象征基督教会的十字架。来华传教士中确有一些是怀着真诚的宗教热情来中国实现其"中华归主"崇高理想的，但特定的社会环境与时代背景赋予传教士"天使与魔鬼"的双重身份，而在多数中国人看来，其魔鬼的成分是主要的。赵紫宸指出："西国人来传教，是西国人自己内心中逼不得已的遣使；他们心中受命于天，只要打开中国的门路，即不问其所凭借的威力都从哪里来。于是乎传教一端在我们看，是通商的前锋，为政治经济侵略所依赖。于是乎，传教有条约，有西洋的政治力作后盾。"因此，鸦片战争后基督教在华宣传是依仗着强大的武力为后盾而强制进行的，"基督教既不仗本身的灵光，而仗外国势力以为播散之法，则中国的信徒当然不免于仗洋势，以自卫，以欺人，而中国的人士当然不能不有人民教民的区分，视教民为汉奸，为洋奴。"①结果导致了"火炎昆冈，玉石俱焚"的结果。

自从有了不平等条约作为自由传教之护身符后，在来华传教士的心目中，中国官府唯有保护他们的义务，而没有约束他们的权利。故这些传教士每到一处，动辄要求地方官府礼待迎护，自己却骄横恣肆，为所欲为。若稍不遂意，便对地方官府捏词指控。无论有无官爵，辄与各省大吏抗衡。山东有传教士自称"巡抚"，以一省最高长官自居，公然要求全省各级地方官服从教堂之指令。在巨野县，新任县官必须先到教堂登门拜访，逢年过节还要为其送礼。传教士这种干预讼事的行径，自然引起中国地方官府的不满。自从"租买土地，建造自便"在《北京条约》中确定之后，天主教会勒索房产土地便成为司空见惯之举。传教士倚仗不平等条约及外国使领的庇护，迫令归还各地雍正禁教时没收的教堂旧址，索要公所、会馆、书院、庙宇等，1863 年的重庆教案、1866 年的南京教案等均是由此引发的。有些传教士以强迫捐献、低价勒购、盗买盗卖、强行霸占等多种手段，获取了大量的房产土地。在川西，教会就占有良田 30 万亩。据有人估算，到 19 世纪末，仅天主教在中国的地产价值就达 3700 万法郎。②

民教冲突发生之后，传教士往往不论是非曲直，逼迫中国官府作出有利于教民的裁决，对涉案的非教民经常滥行诬指，向地方官控告，或者请公使向总理衙门交涉。传教士依靠条约制度和外交公使的强力手段解决教案的这种无理做法，更加普遍地激起了中国地方官府和民众的不满，从而引发了众多影响深远的教案冲突。

随着传教事业的发展，越来越多的中国民众加入教会成为教民。这些

---

① 赵紫宸：《中国民族与基督教》，张西平等编：《本色之探——20 世纪中国基督教文化学术论集》，中国广播电视出版社 1999 年版，第 27 页。

② 参见 [美] 雷麦：《外人在华投资》，纽约麦克米伦出版公司 1933 年版，第 465 页。

教民素质参差不齐，因而有所谓信教者、吃教者、恃教者之分，构成了新的社会利益集团，进而改变了中国原有的基层社会结构。大批入教者是受其经济、社会地位的限制，出于现实需要而入教的。中国民众加入洋教的目的，或是为了度过一次饥荒，或是为了赢得一场诉讼，或是为了能免去演戏、供戏、庙中祭祀等这些社会公益活动的摊派，而教会的赈济，教会根据条约所享有的特权以及入教可免除赋税以外的摊派等等，都满足了这类在社会上无所依靠的人群的现实需要，使他们把自己的命运置于教会的支配之下，成为吃教者。有少部分吃教的中国民众"以入教为护符。尝闻作奸犯科，讹诈乡愚，欺凌孤弱，占人妻，侵人产，负租项欠粮钱，包揽官事，击毙平民，种种妄为，擢发难数"。[1] 教民这种特殊群体的出现，是由于他们本来就不是乡村基层社会的主流，社会的歧视使他们产生了与乡村基层社会相对立的不满情绪，又加上教会特权的支持，使这种情绪不仅未能发展成正常的反抗意识，反而转移到了损人利己、无事生非的邪路上。而教会对这批人的收纳和庇护，无疑引起了中国民众的普遍反感。

中国教民的命运与基督教会是紧密相连的。这种联系使得这些信教者的思想行为，往往不自觉地游离于中国乡土社会主流意识形态之外。其对基督教信仰愈虔诚，其与儒家思想的隔阂也就愈深，也就愈不见容于中国乡土社会。反过来，中国乡土社会的排斥愈强烈，亦愈发坚定其对基督教的信仰。在中国乡土社会中，民间纠纷通常是由族长、士绅调解平息，但由于教民脱离了传统村社家族的结构而形成了自己的利益，这些利益又有教会加以保护，而且教会往往以西方强大军事力量为后盾，凌驾于中国官府之上，操纵诉讼。这样，中国普通民众不仅与教民之间产生了不可调和的矛盾，而且还将其愤怒迁延到教民之后盾——西方基督教会身上。这是导致中国官绅民众与西方教会及其教民发生冲突如此暴烈的重要因素。

---

[1]　郑观应：《传教》，王明伦选编：《反洋教书文揭帖选》，齐鲁书社 1984 年版，第 422 页。

中国教民的品质历来是民教冲突的诱发因素之一。对此应当加以具体分析。一方面，中国官府贪赃枉法、收受贿赂、徇情舞弊、欺压良民、袒护权贵，贱民百姓有冤难伸，有仇难报，受到官府的重重压迫和敲诈，加入基督教往往成为他们逃避苛重赋税、反抗暴虐政治的一种方式；另一方面，教民中自然有不少作奸犯科、为非作歹、横行乡里者，但他们中的多数是受苦受难的劳苦大众，他们信奉基督教，"为世俗的利害远过于对教义的向往"。有些中国教民看到外国教士昂然出入公门，不向官吏下跪，便思起而效尤，涉讼、应讯时不肯跪拜，使中国官吏难以接受。正因为这些社会底层的人敢于借基督教之名与官府抗衡，打破了原有政治秩序的平衡性，官府才对他们恨之入骨，诬之为"痞匪"。中国严格而分明的等级制度和上下尊卑关系，与基督教宣传的平等观念根本冲突，遂使中国官府与传教士很难进行沟通。

　　教会对恶徒教民的唆使庇护，往往激化民教冲突，酿成重大教案。一些无赖痞棍入教后，在教会的庇护下横行乡里。而一旦酿成讼事，"教士不问是非，曲庇教民；领事亦不问是非，曲庇教士。遇有民教争斗，平民恒曲，教民恒胜，教民势焰愈横，平民愤郁愈甚。郁极必发，则聚众而群思一逞。"许多教案就是这样肇发并激化的。曾国藩分析教案层见叠出的原因称："遇有民教争斗，平民恒曲，教民恒胜。……虽和约所载，中国人犯罪，由中国官治以中国之法，而一为教民，遂若非中国之民也者。庸懦之吏，既皆莫敢谁何；贤能之吏，一治教民，则往往获咎以去。"[1] 西方列强将领事裁判权实际上已非法扩及中国教民，结果是"把教民和他的广大同胞分开，使他们成为外国人保护下的独立王国"。[2] 教会的种种蛮横

---

[1]　曾国藩：《奏陈悔劾天津府县并津案事出有因片》，中国第一历史档案馆编：《清末教案》第 1 册，中华书局 1996 年版，第 919 页。

[2]　[美] 威罗贝：《外人在华特权和利益》，王绍坊译，生活・读书・新知三联书店 1957 年版，第 436 页。

行为，自然激起了从中国官府到普通民众的义愤。在这种愤恨情绪影响下，那些"微嫌细隙"之琐事便有可能酿成暴烈的教案冲突。

（二）传教士与官绅阶层的冲突

晚清教案冲突的参与者虽多为中国普通民众，但真正的策划与鼓动者，多为各地官绅士大夫。士绅阶层是中国儒家文明的主要载体，是中国传统社会中有势力的特殊阶层。他们入仕则掌握政权，出仕则负责社会教化，支配日常礼俗，既是传统政治秩序的有力维护者，也是儒家文明的坚定捍卫者。在地方事务中，士绅们向地方官传达民众的意愿，又与地方官一起维持着社会秩序，因而受到上层官府的重视和下层民众的普遍敬重。

但西方传教士以征服者的姿态进入中国，欲以耶稣代替孔子，使中国民众皈依基督教；并且凭借不平等条约取得了治外法权，为了扩大自己的声望和势力，吸引更多的中国民众入教，逐渐打破了士绅阶层对地方宗族和民众的控制。传教士开设育婴堂，创办学校，举办救灾等慈善事业，与按习俗本来是由士绅们担任的开办义学、布施等社会义务，形成了激烈的竞争局面，被视为与士绅争夺民心之举。这显然对士绅阶层的社会领袖地位构成了威胁，严重削弱了士绅在基层社会的权威，加剧了士绅阶层对教会的仇视和嫉妒。对传教士强烈不满的地方士绅，充当了反对教会的"旗手和鼓手"。传教士所拥有的近代科学知识及不平等条约给予的享有治外法权的政治权力，是中国地方士绅无力抗衡的，故士绅利用自己在文化上的垄断地位，选择了以反洋教揭帖的形式鼓动普通民众，掀起了反洋教斗争。士绅们广泛散布反教言论和匿名揭帖，积极鼓动或亲自带领普通民众反对天主教，对于民众反教意识的萌发和反教行为的促成，均有着深远的影响。如福建士绅林应霖对英教士在乌石山占地盖楼的企图进行了多次控告，在楼房即将完工之时又带领民众将楼房拆毁；湖南士绅周汉主持撰刻30多种反教文件，并广为散发揭帖，对两湖及长江流域教案的发生起了重要的鼓动作用，从而引发了著名的"周汉反教案"。

中国官绅所散发的各种反教文告揭帖，几乎众口一词地强调维护儒家思想文化传统。儒家向来以"内圣外王"为修身养性的最高境界，并以现世为其理想寄托之所在。深受儒家思想熏陶的中国士绅所向往的是唐虞三代，甚至是比这更古远的理想的道德世界。他们的最高要求是"崇正黜邪，尊华攘夷"。在他们看来，"尊孔孟则不容异教，戴朝廷则屏斥外夷"。中国士绅熟读四书五经，囿于八股章句之学，抱定强固的"以夏变夷"意识，视耶教为荒诞不经之邪说。王炳燮指出："夫中国圣人之教，不外五伦。墨子兼爱，孟子谓之无父。犬羊不知有父，尚知有母；耶稣不认其母，犬羊不如。乃奉为教主以教天下后世，是率天下皆为无父无母之人矣。"他认为，这种"犬羊不如"的邪教传入将有害于"圣人之教"，故当隔离排斥："中国之人自有中国之教，为中国之子民即当遵中国圣人之教，犹之为外国之人世守外国之教也。"① 他主张对外国人传教，不论其动机如何均应加以拒斥。这样看来，深受儒学熏习的各地士绅往往成为反洋教的"急先锋"和晚清教案的策划者，也就顺理成章了。

对各级地方官来说，传教士的治外法权削弱了其政治权威，使他们对基督教会亦产生了强烈反感。但作为朝廷命官，他们必须服从上级谕令，履行不平等条约。因此，他们多采取比较隐蔽的迂回方式，暗中支持地方士绅的反教活动。英人吉普斯在《中华作战记》中指出："每一事件都清楚地表明：祸患并不是来自人民，而是来自官吏及文人阶层。官吏和文人通常虽不直接参与暴动，但他们教唆，甚至煽动乱民从事凌辱、掠迫他们中间的基督教'蛮夷'。"② 事实确实如此。1862 年，湖南地方官府对各地

---

① 王炳燮：《正教》（四），王明伦选编：《反洋教书文揭帖选》，齐鲁书社 1984 年版，第 411 页。

② ［英］吉普斯：《中华作战记》，转引自陈振江、程啸：《义和团文献辑注与研究》，天津人民出版社 1985 年版，第 198 页。

发生的驱逐教士的活动，"不但不行拦阻，更于从中极力挑唆"；1878 年在福建乌石山教案中，地方官吏对英领事提出的弹压要求百般搪塞，前任巡抚丁日昌对涉案士绅极力保护；1880 年四川泸州白云场新开屠教案，知州田秀粟"尤嘱谕平民，以后凡遇教民，尽管殴打，有本州作主"。正如川南孟主教所言，教案"虽系平民怀疑启衅，半由地方官暗长刁风"。①

（三）基督教信仰与中国习俗观念的冲突

鸦片战争后的来华传教士，多怀有强烈的文化优越感，以战胜者的姿态，"与中国原有典章文物礼俗政教，真有势不两立之意。彼盖谓'吾非除旧，何由布新？欲求吾道之兴，必先求彼教之毁'。"美国传教士明恩溥傲慢地说："中国绝对需要了解上帝，需要有关于人以及人和上帝关系的新概念"，他把接受基督教文明看成是中国社会"唯一的迫切的需要"，只允许教徒信奉上帝和耶稣，而禁止其他一切崇拜，将久已形成的中国传统葬仪、祭孔祀祖及社戏庙会等民俗斥为"异教的腐败"。传教士对中国儒家文明的狂妄排斥，自然引起中国各阶层民众的愤慨。山东德平反教传单攻击教会"行事不敬神，不敬先人，不学孔孟，不知礼仪（义），丙（并）无人伦"，②并非没有根据。这样看来，基督教文明与儒家文明的冲突就难以避免。

中国官绅反对西方基督教，往往站在并不科学的迷信立场上。中国人特别重视风水，故而对教士自行择地居住颇不满意。同治二年，福建省福安县穆泽乡的士绅阻止天主教建立教堂，即因"该处绅民，于外国买地之时，因其地有关风水，不宜动土"，乃起而反对。迎神赛会是中国民间社会带有浓厚迷信色彩的活动，农民在久旱不雨时便设坛祈雨。但信教之民

---

① 台北"中研院"近代史研究所：《教务教案档》第 4 辑，"中研院"近代史研究所 1974 年版，第 779 页。

② 《德平县李家楼告白》，王明伦选编：《反洋教书文揭帖选》，齐鲁书社 1984 年版，第 157 页。

不再相信这种迷信，不愿意分摊迎神赛会、演戏烧香诸项费用。教外之民则认为，如果祈得雨水，不论民教一体均沾，故教民也应当出资捐款。如果祈雨无效，人们往往归咎于教徒不参加，"开罪神灵"。故不少地方的民教冲突，是由于教民不随众祈祷而引起的。其他如建醮、修庙等民间事宜，也会导致中国社会习俗与基督教信仰之间的矛盾。

晚清出现的反洋教揭帖，其内容往往集中于对教会习俗的反感。这种反感表现为：一是抨击教会禁止敬神祭祖。著名的《湖南合省公檄》列出洋教"十害"，其中第一条就是"该教不敬祖宗及诸神灵"。① 这类抨击极为普遍，被大多数反教揭帖所重复。第二条是谴责教会"紊乱伦常"。所谓"教士开堂难传教，男女并收"，"嫌疑所在，众情堪"。第三条是攻击教堂"锢蔽幼童"。来华教会把收养幼婴作为扩大信徒的重要手段。根据天主教的观念，只要来得及为垂毙的婴孩受洗，就能解脱他们的灵魂。这种精神拯救至上的观念，往往导致幼儿在设备低劣的育婴堂里大批死亡，而婴孩死亡则往往成为民教冲突的导火线。"查外国教堂收养婴孩，最为生事之谋"，"大率总以残害人命招人诟病，一唱百和。"

中国士绅对教会的抨击，集中反映了儒家伦理精神支配了中国民众的信仰、风俗、道德等精神世界的现实。这种发乎内心深处的儒家伦理精神，必然导致其与基督教文明的冲突。祭祖是维系家族传承的标志。从皇族到平民，既依据不同的等级身份而各具祭礼的差别，又保持着长房嫡子扮演主角的共性。丧礼祭仪中长幼有序、亲疏有别的严格规定，体现了家族在权力分配和财产继承上的实际利益。因此，祖先崇拜不仅有祈祷亡灵赐福的宗教意念，更包含着维系家族和社会秩序的伦理意念。为了保证家族血缘的纯洁，儒家特别强调"男女大防"，"盖中国礼法自持，首重男女之别"。从法规、道德和民俗上对男女两性交往的范围加以严格界定，防

---

① 《湖南合省公檄》，王明伦选编：《反洋教书文揭帖选》，齐鲁书社 1984 年版，第 2 页。

止所谓"乱伦"，以保证祖先延续下来的血亲世系。祖先崇拜和"男女大防"，构成了儒家礼教之主要内容。

对于基督教会禁止祭祖、"男女同堂"和婴儿"归主"等事务，中国民众是相当敏感的。这主要是因为基督教会的这些礼仪活动，用个体与上帝直接联系的宗教信念，取代了儒家人世间血亲联系的伦理信念，从人生的过去、现在和未来的延续性上，切断了中国人所注重之血缘感，对儒家伦理提出了严峻挑战。这样，以自我为核心、以归属与荣耀上帝为价值取向的基督教义，与以"孝悌"为核心、以家族的和谐与延绵为取向的儒家伦理精神之间的歧异，就不仅仅限于宗教信仰的范畴，还涉及社会文化的深层价值体系。中国士绅对基督教倡导的男女平等与婚姻自主，表现出深恶痛绝的排拒。《天主邪教集说》宣传说：夷教"嫁娶不用媒妁，亦不论少长，必男女自愿。惟拜先天主教，祈上帝，且新妇必先令与所师教主宿……父死子可娶母，子死父可娶媳，亦可娶己女为妇。兄弟叔侄死，可互娶其妇，同胞姐妹亦可娶为妇。又重女轻男，自国王至臣庶，皆听命妇人。每有妇逐夫而再赘者"。[①] 各地士绅对教会多有类似的攻击言论。这种攻击显然是由于其对基督教文明的无知所致。基督教提倡人人平等，包括父子、兄弟、君臣、夫妇平等的观念，是中国士绅难以接受的。《天主邪教集说》对此猛烈斥责道："君臣父子，皆以兄弟相唤，母女姑媳，皆以姊妹相称。谓世上止有天父、天母、天兄，此外无所为尊卑者。"[②] 中西文明的差异在中国官绅对基督教的驳斥中得到了充分彰显。

可见，反洋教运动中的民族自卫意识，在很大程度上是以维护儒家伦理精神及其相应的礼仪风俗为表现形式的。"保三教""护纲常"的信念，

---

① 饶州第一伤心人：《天主邪教集说》，王明伦选编：《反洋教书文揭帖选》，齐鲁书社1984年版，第7页。

② 饶州第一伤心人：《天主邪教集说》，王明伦选编：《反洋教书文揭帖选》，齐鲁书社1984年版，第8页。

成为"护农商""保社稷""保黎民妻子"等民族情绪的重要标志。这样，基督教信仰与中国习俗观念的矛盾，在西方侵略与中国抵抗之复杂背景下不断激化，并以反洋教运动的形式集中地表现出来。

"周孔徒"是晚清时期掀起激荡全国反洋教舆论巨澜的"狂人"。其名周汉，湖南宁乡人，早年加入湘军，从 1889 年起，他专事反洋教宣传，主持撰写刊发了《天猪教》等百余种反洋教宣传品，这些宣传品，有署以他个人真名者，有托圣贤、名臣后裔或其他人士者，有伪作官府文书甚至国家外交文牒者；其体裁类别有诗文，有歌谣，有画集，有"私函""公文"，有告白、揭帖；其语言风格，雅不胜俚，尖刻泼辣，嬉笑怒骂，灵活多样。

周汉反洋教宣传品之纲领和基调，是所谓"崇正辟邪"。所谓"崇正"，即尊崇古圣先贤特别是孔孟之道，维护其不可动摇的正统地位、天经地义的合理性和无与伦比的尽善尽美；所谓"辟邪"，即摒弃与中国"正道"相抵牾的基督教和其他西方事物。周汉把体现"忠道"的君臣之纲，具体到当世臣民与朝廷的关系上，强调"我大清列祖列宗皇帝都同尧舜各位圣人一样的德行，一样的教化"，是圣道的正统者。他不仅以周、孔的门徒自命，而且刻刻不忘"大清臣子"的身份，以"大清臣子周孔徒"或"孔门弟子大清臣"作为全称。辟邪、崇正、保大清，对他来说是不可分割的整体。孝道是维护中国宗法制度的伦理基础，周汉对此竭力维护。他不厌其烦地指斥基督教弃父母祖宗，灭绝人伦，禽兽不如，并对此表示了极大愤慨："天猪叫，容易认，只拜耶稣一个猪。天地君亲都不敬，一切庙宇不烧香，家中不设祖宗堂。地方倘有人如此，他家就是鬼孙子，快快捆起灌他屎。灌了屎，满屋搜，搜出鬼书火里丢。"①严持男女大防，特别是防范女子失贞失节，是儒家礼教所强调的，也是周汉所特别维护的。他咒骂

---

① 周汉：《灭鬼歌》，王明伦编：《反洋教书文揭帖选》，齐鲁书社 1984 年版，第 201 页。

基督教以乱伦为常，奇淫成性，"连王八婊子不如"。他警告民众说，一旦入了天主教，"老婆媳妇个个陪猪困，还要把女儿留个陪猪不嫁人"，"一家妻女尽淫尽"，"弟兄父子绿帽明明顶，族戚邻友来来往往笑纷纷"。

周汉的这些反教宣传品，不仅形式多样、种类繁多、数量极为惊人，而且流传范围极广；不仅湖南各州县、长江中下游各省，甚至远到偏僻的新疆、甘肃都有人传阅、翻印，对各地群众性反洋教斗争产生了巨大影响。其宣传对象，主要是那些文化水平较低的下层民众。他们具有朴素而强烈的卫道意识，特别是维护孝道、妻女贞洁以及传统风习等直接、现实、迫切、敏感的心理要求，故极容易被煽动起反洋教激情，附和"崇正辟邪"之呐喊。从周汉这些宣传品可见，反洋教中以中国传统文明对基督教的抵制和批判，大抵亦囿于此种水平：表浅的鼓动充斥，严肃的论说颇少，其所揭露的洋教罪恶，诸如剜眼、割肾、取胎、切奶等，多来自谣传，缺乏事实依据。

晚清时期，中国传统文明总体上已落后于西方近代文明，但中国传统文明并非没有可以继承发扬的精华。而当时西方文明中的基督教神学，也并非西方文明的精粹，加上它又是以非正常的文化交流方式强施于人的，故晚清士绅坚持维护中国传统文明，抵制西方基督教文明，是无可非议的。周汉以"崇正辟邪，杀身报国"为旗帜，把卫道爱国与反对西方列强侵略结合起来，其精神令人敬佩。但其所竭力维护者，仍然是中国儒家之纲常名教，其所憎恶、抨击和排斥者，也不仅仅限于基督教，实乃笼统地排斥西方近代文明。

三、流言传播与文明之间的误解

如果说积愤多是由于各阶层的利益不同程度地受到了外来基督教势力

的冲击所引起的话，那么，对于流言的轻信则更多地反映了两种异质文明的差异与冲突。反洋教的士绅对基督教文明的认知是相当模糊的。他们普遍有一种偏见，即认为本族具有一切美德，而异族则不脱一切恶习。由这种文化偏见而导引出浓厚的非理性情绪和大量似是而非的流言(亦称谣言、讹言等)。"无根之言若水流而风动"，[1]"以致叠酿巨案"，在晚清反洋教运动中产生了重大影响。

反洋教运动中出现的流言，主要有两个特点：一是用伦理精神的价值尺度来评价异质文化，通过一个"疑似事实"的扩散过程，产生各种敌对性和恐惧性的传闻。这些传闻不仅针对教会（如对洗礼、告解、婚配、圣餐、终傅的各种臆测），而且涉及西方社会生活方式、社会风尚、科学技术等领域。如有的揭帖这样描绘西方习俗："君臣父子，皆以兄弟相唤，母女姑媳，皆以姐妹相称"，"父死子可娶母，子死父可娶媳"，"兄弟姐妹大被同眠"。西方近代社会反映等价交换法则的平等观念与相应风尚，被儒家伦理文明折射成了"半人半畜"。二是讹言的传播与民族情绪的高昂成正比例发展。鸦片战争之后排教谣言便开始流播，自传教士深入内地之后，反教流言更加离奇。甲午战争之后，民族危机加深，各地官绅民众群情激昂，纷纷将各种天灾人祸的根源归于洋人洋教，流布着诸多谣言："触怒天地，开罪三光。……以致连年水旱瘟蝗，皆由教匪，招下灾殃。"[2]

反洋教揭帖的作者多是受儒家思想熏陶的士绅，其言论反映了士绅阶层对基督教及其他西方文明那种半属无知半属嫉妒的心理。那些攻击基督教的流言，往往集中在士绅们刊刻的小册子中。报复性的流言，是猜忌心理的集中反映。如果有正常的宣泄途径，如引导有猜忌心的人去与对手正当竞争，这种心理也有可能转变为进取心理。然而，绅士们无论在政治权

---

[1] 《总理各国事务衙门咨各国公使文》，王明伦选编：《反洋教书文揭帖选》，齐鲁书社1984年版，第214页。

[2] 陈振江、程啸：《义和团文献辑注与研究》，天津人民出版社1985年版，第33页。

势还是文化水平上，都无法与在华基督教会相匹敌，故其猜忌情绪只能通过非正当渠道加以宣泄：用流言蜚语中伤教会。

那些出自士绅手笔的反洋教揭帖，特别着力于对洋教所谓"乱伦"的描绘。这种现象，除了反映他们比一般民众更执着于伦常而憎恶西方平等观念之外，在某种程度上也可视为封建士大夫最隐秘心理活动之折射。中国儒家文明铸造了士大夫复杂的双重人格：性交是常事，却以为不净；生育也是常事，却以为天大的大功。口头上标榜"存天理灭人欲"的理想人格，而内心却无法排解潜意识的人欲冲动。这种变态心理，往往驱使他们比他们所抨击的洋人更具有某种敏感：男女同堂必是淫乱，神父入室定有隐私，妇女就医不免亵渎。从心理学的角度讲，过分敏感他人的某种动机，往往反映自己潜在的同类动机。乡绅绘声绘色地渲染教会"乱伦"，在某种程度上正是反映了宣传者被封建礼教压抑和封闭在心灵深处的本能欲望，也是"三纲五常"掩盖着的男性对女性野蛮支配的折光。

民族危机和教会特权，使中国民众由对征服者产生反感，进而自然地回避和厌恶来自教会方面的宣传。地方乡绅的说教在民众中间享有权威性。敬重读书人乃至敬惜字纸，是中国乡村社会的惯行。共同的文化心理，使"衣冠之族"和"闾巷细民"容易互相接近、彼此交流和共同行动。

由于洋炮送来的洋教、洋货和先进技术事实上给中国民众造成了巨大灾难，对征服的畏惧感和对域外文明的无知，很容易把现实的劫难与非现实的臆测糅合在一起，从而使以洋人洋教残害生命为主要内容的流言不胫而走。由于士绅对基督教教义和仪式缺乏了解，故其对基督教教义的驳斥往往是根据猜测、想象、传闻而加以辱骂和诋毁的。他们称天主教为"天猪叫"，称传教士为"丑种"，称耶稣为"猪精"，对天主教关于天主、耶稣、圣母玛利亚、天堂、地狱说，对天主教不敬祀祖先神祇与平等观念，对天主教的仪式仪规，均加以丑化和攻击。他们所遵循的评判标准依然是儒家伦理传统，往往带有儒家伦理之偏见去看待天主教会的言行。故其抗拒基督教所使用的手段，往往违反儒家所提倡的理性和笃实精神。他们给传教士所列举的罪名，包括炼丹术、房中术、祈禳、咒巫等，均为无稽之谈。这些谣言迷惑众多民众，往往酿成规模较大的民教冲突。1870年的天津教案，就是由于民众误信教堂拐卖幼孩及育婴堂"杀害婴幼儿""挖眼剖心"所致。反洋教的士绅认为，天主教内存在着男女混杂、诱奸妇女、诓目取睛、丸药惑人、骗取童精红丸等邪恶现象。这类似是而非的流言传说，多因对天主教的误解和中西礼俗之差异所致，也有一些是盲目排外的守旧官员自编自造的。

不同文明之间的差异，往往容易造成文明之间的冲突；而文明之间的冲突，既缘于文明之间的误解，又进而加深这种文明之间的误解。战争的失败，教会的入侵，唤起中国士绅民众对历史上边远民族困扰中原王朝的联想，而把以先进生产方式为依托的西方势力曲解为历史记忆中固有的"化外夷狄"。反洋教宣传品中连篇累牍地对天主教会及教民进行丑化或妖魔化描述：教堂里常取人肝脑，挖人心目，男女裸聚，采阴补阳；传教士都淫心兽行，半人半畜，迷人钉身，邪术多端。这些描述或纯系无中生有，或过分夸大其词，或失之以偏概全，显然属于"无根之言若流水而风动"的讹言。

反洋教中讹言广泛流行，反映出信者、传者对自己生活范围以外的天地，对异族、异域的事物，极为陌生、懵懂和疑惧，是对西方基督教文明的无知与误解。各种反洋教宣传品中，对基督教文明的误解较为普遍。如言其礼拜，是为定期的"炼丹日"。在这一天，教内的"老幼男女齐集天主堂，教主上坐，赞美先天教主之德。群党喃喃诵经。事毕，互相奸淫以尽欢，曰大公，又曰仁会"。①

---

① 饶州第一伤心人：《天主邪教集说》，王明伦选编：《反洋教书文揭帖选》，齐鲁书社1984年版，第7页。

晚清时期之所以会出现对基督教礼仪如此大的误解，主要原因是中国长期以来陷于封闭状态，昧于海外情况，铸就了一种唯我独尊、唯我独大的社会心理，不屑于了解其他民族的文明。中国长期实行的封闭自守之策，使国人对世界五大洲之说嗤之以鼻，认定那不过是沿袭邹衍关于"大九州"的神话，分不清葡萄牙、西班牙、法国而统称为"佛朗机"，更难以确定其方位。对耶和华、耶稣基督及其基督教义，人们更是知之甚少。人们往往以自己既有的经验附会理解基督教文明，在传教士残害人体的五花八门的传闻中，往往与他们既有的关于道家的邪法和奇异之用途有关。如挖取中国人的眼睛便有多种功用：一是可配一种妙药，用以点铅成银；二是可以用以制镜，将它和草药、经水、胎盘配在一起捣成糊状，涂在玻璃上，便成了照人"眉目丝毫尽肖真"的绝好镜子，借此可获重利；三是用于电线；四是用于照相；等等。

传教士被中国对外事知之甚少的士绅描绘成"淫面兽心"的色魔，其宗教活动无不与男女淫乱相关。有关传教士的诸多罪证事例，绝大部分与性问题有关，并多系荒诞离奇之说。即使指责西方传教士残害人体的罪行，也多离不开性器官和性部位。《湖南合省公檄》中就有这样的说法："该教有取黑枣探红丸者，处女名红丸，妇媪名黑枣。探取之法，传教士嘱从教妇女与伊共器洗澡，皆裸体抱登床上，先揉捻妇女腰脊，至尾闾处，以小刀破出血，伊以股紧靠其际，取其气从血中贯通，名曰握汗，而妇女已昏迷矣。自为仰卧，则子宫露出。已生子者，状如花开，其间有颗粒，黑斑脂膜，伊以刀割取入盒；未生产者，如含苞吐蕊，鲜若珊瑚，伊探其中之似珠者，珍而藏之。其余仍纳入阴窍，而该妇女并不知其为，但气神消阻，纵以药保不死，而终身不育矣！"① 这种"取黑枣""探红丸""吸童精"

① 《湖南合省公檄》，王明伦选编：《反洋教书文揭帖选》，齐鲁书社1984年版，第4—5页。

讹言，显然缺乏起码的近代生理常识。尽管不能排除传教士中确有道德败坏者，但当时反洋教舆论对这方面的指斥显然夸张了，其所依凭的所谓"根据"，多为不同于中国礼教的西方男女交往方式而已。这显然是因中西两种礼俗文化差异及误解所致。

晚清时期反洋教讹言长时间、大规模地在社会上流布，是以普遍存在相信和接受讹言的中国民众群体为社会基础的。中国民众之所以相信这些讹言，是由于他们对西方世界、对近代新生事物了解有限所致，是源于其对西方近代文明误解所致。随着中国民众对西方基督教文明了解的加深，这类反教讹言便会不攻自破。他们非但不信这类讹言，而且会对制造此类讹言表示轻鄙。张之洞《劝学篇》呼吁："流言止于智者。荐绅先生，缝腋儒者，皆有启导愚蒙之责，慎勿以不智为海外之人所窃笑也。"①

在晚清民族危机的震荡之下，中国士绅与广大民众在反对基督教问题上走到了一起，并利用普通民众平日积累下来的对教堂的不安与恐惧，通过散播谣言的方式激发他们的愤怒，产生对基督教的种种攻击行为。这些流言的产生和传播，既是一个民族面对另一个民族的侵略时而产生的本能的正当自卫所致，更有一种文明对另一种文明的误解所致。费正清对此曾解释道："新教传教士之应用现代医术（天主教传教士在这方面不如此之甚），还有某些天主教的教规，例如忏悔、临终涂油的圣礼以及为临死婴儿施洗的仪式，在中国文化中便没有相应的东西；而基督教之反对祖先崇拜，则是公然向成为中国文化核心的价值挑战。这样，基督教必然会被误解，人们也必然会把最凶恶动机算到传教的账上。"②这样的分析是有道理的。

---

① 张之洞：《劝学篇·外篇》非攻教第十五，两湖书院 1898 年刊印本，第 51 页。
② ［美］费正清：《剑桥中国晚清史》上卷，中国社会科学出版社 1985 年版。

四、"灭洋"背后的文化情结

1897 年德国强占胶州湾后，西方列强掀起了瓜分中国的狂潮，各地教会变本加厉地扩张势力。中国民众在"教焰益张，宵小恃为护符，借端扰害乡里，乡间不堪其苦"的情况下，终于揭竿而起。1898 年 10 月，赵三多、阎书勤在山东冠县蒋家庄起义，揭开了义和团运动的序幕，将晚清时期的民教冲突推向了高潮。

义和团运动采取了非正常的暴力扫荡方式排斥基督教会，可视为鸦片战争后民教冲突的总爆发。此时发生的大规模教案冲突，往往是中国民众反帝排外浪潮的导火索，同时也成为反对八国联军侵略战争的重要组成部分，从而彰显出与以往反洋教运动不同的特点。[1]

首先，官、绅、士兵公开介入，使许多教案融汇在义和团运动之中。义和团运动走向高涨时，不少官、绅和士兵也参加进来；随着清政府对外宣战，他们便积极公开领导和参加打教活动。庄王载勋"杀京师教民数百人于庄邸门外"。[2] 吏部尚书刚毅红帕裹头，着义和团装束，亲自督率团民攻打西什库教堂；甘军首领董福祥也率军围攻教堂。1900 年 7 月，拳民攻打直隶景州朱家河教堂不克，县令洪寿彭率士绅及拳民请求途经该地北上勤王的清军陈泽霖部协助攻打，陈派三千兵马助攻，历数日攻破朱家河教堂。可见，大量官绅、士兵参加反教活动，是该时期的突出特色。

其次，迷信与谣言成为反教活动的催化剂。义和团时期，华北各地灾害频仍，人们把自然灾害的发生归咎于教堂，出现了不少神秘揭帖："不

---

① 参见黎仁凯、王栋亮：《略论晚清教案的分期及其特点》，《历史教学》2005 年第 10 期。
② 中国社会科学院近代史所编：《义和团史料》（上），中国社会科学出版社 1982 年版，第 49 页。

下雨，地发干，全是教堂止住天。"①并传言耶稣、天主"怒恼天庭，降下赵云，带领八百万神兵，以灭邪教"。人们把不能解释的自然现象与对教会势力的愤怒联系起来，这些迷信和谣言对教案的发生起了推波助澜的作用。1900年夏，天津谣传义和团总师傅是个108岁的老人，法力无边，曾潜入紫竹林租界洋楼，看到三个大瓮，一贮人血，一贮人心，一贮人眼。这种讹言与教堂挖眼、剖心、诱奸妇女等谣言相呼应，极大地激发了一般民众对教会的仇恨。迷信和谣言对于酝酿反教情绪、鼓舞民众的斗志，发挥了一定作用，但迷信与谣言终究代替不了现实的物质力量，从而使反教民众付出了惨重代价。

最后，中国民众反教活动多取扫荡式的暴烈行动，逐渐发展为具有笼统排外特征的政治运动，并汇入抵抗八国联军侵略战争之中。在义和团运动高潮时期，民众不仅焚烧教堂、逐杀外国传教士，而且殃及许多无辜的教民和平民。打击的对象还扩大到洋行、外商、侨商、学生，以及一切涉洋者。在北京，"逢吃教者，无论男妇老少，随意杀在当街"，教民集中的处所"积尸无算，或裂躯数段，或身首异处"。②此时期发生的众多涉教事件往往充满着血腥和暴力。

义和团运动打击了西方列强瓜分中国的狂妄野心，鼓舞了中国民众反帝斗争的意志。然而，该运动存在着严重的盲目排外倾向和浓厚的封建迷信色彩。从这种激烈的行动背后，可以看出异质的中西文明之间的冲突。

义和团运动高潮时提出了"扶清灭洋"口号，失败后则打出"扫清灭洋"旗帜。"灭洋"是义和团的基本口号，是义和团排外思想的集中反映。"灭洋"表现在行动上，就是对洋人、洋教、洋货以及一切与"洋"字有关的人和事物的一概杀灭和毁坏。其"灭洋"排外是笼统的，他们不加区别地

---

① 陈振江、程啸：《义和团文献辑注与研究》，天津人民出版社1985年版，第33页。
② 中国社会科学院近代史所编：《义和团史料》（上），中国社会科学出版社1982年版，第40页。

逐杀一切洋人、洋教及与"洋"有关的人员，毁坏一切洋货，带有严重的盲目排外倾向。这种严重的盲目排外有着深刻的文化心理背景，是在空前的民族危机、文化危机下中西文明冲突的结果，是在外来侵略势力加剧下国人民族文化心理失态的表现。

中国传统文明是以儒家伦理纲常为核心的包罗万象的丰富的文化体系。敬天崇祖，作为中国传统文明的一项根本内容，与西方基督教所宣扬的"原罪观"有着难以弥合的矛盾，而中国社会的泛宗教性、泛神论也与基督教严格的一神论存在着质的差异。就内容而言，中西两种文明有某种内在的排斥性。但从总体上说，中国文明并不是一个封闭的机制，并不完全排斥外来文明，它在历史上是通过不断地吸收外来文明而逐步丰富、完善起来的。事实上，无论是汉晋时期传入中国的佛教，还是唐朝就已在中国有所发展的早期基督教——景教，或是13世纪传入中国的伊斯兰教，甚至是晚明开始在中国广为传播的天主教，都能在中国社会得到一定发展，甚至对中国社会文化产生一定的影响。但近代的基督教文明，则仰仗着西方列强的武力以实现其"基督征服世界"的野心，带有鲜明的文化侵略性质。近代传教士也不像他们的先驱那样认同和融合中国传统文明和社会风习，而试图将有着几千年文明的中国社会纳入基督教的文明体系之中。他们叫嚷："吾非除旧何由布新？欲求吾道之兴，必先求彼教之毁。"①在这种文化侵略政策下，中西两种文明固有的矛盾被激化了。从这个意义上看，义和团运动是近代反洋教斗争的继续和高峰。

敬天祭祖，是体现中国传统伦理纲常的核心内容，支配着包括农民和其他下层民众在内的整个社会群体的意识。作为敬天祭祖的一种表现方式，就是实行偶像崇拜。基督教则严格对上帝一神的崇拜，禁止偶像崇

---

① ［英］宓克：《支那教案论》，《近代中国教案研究》，四川省社会科学出版社1987年版，第44页。

拜。传教士无视敬天祭祖在中国社会中的独特地位，公然捣毁供奉神像的庙宇，毁坏各种偶像，干涉中国民众的敬天祭祖活动，很容易激起广大民众的愤怒。义和团揭帖中指责"天主耶稣教，欺灭神圣，忘却人伦，恼怒天地"[1] 等，即为中国儒家敬天祭祖习俗与西方基督教冲突的集中反映。

中国儒家的伦理道德观念，在男女关系方面得到了尤为突出的体现。在中国传统观念中，有所谓夫为妻纲、男尊女卑、男女之防猛于虎之说，无论是在社会活动还是在家族内部事务中，男女之间都有严格的伦理规范约束。基督教文明，尤其是进入近代的基督教文明，则没有严格的男女之防，妇女可以抛头露面，参与重大的社会活动，教堂则实行男女同堂礼拜的仪式。这些活动是近代以来男女平等观念的表现，但在有着根深蒂固的男女伦理观念的中国民众看来，则是紊乱伦常和伤风败俗的。中国民众武断地臆想入教后的种种乱伦行为，甚至把西方人的生理特征都归咎于假想中的男女乱伦的结果，是很自然的事情。义和团揭帖宣传道："男无伦，女行奸，鬼孩俱是子母产；如不信，仔细观，鬼子眼珠俱发蓝。"[2] 尽管这些内容是荒唐可笑的，但的确体现了义和团对基督教文明的反感和误解。

在中国传统社会中，宗族实际上是获得官府认可的维系乡村社会的基层组织，它在乡村生活中发挥着不可替代的巨大作用。宗族以血缘为纽带，以祖先崇拜为核心，组织和维系着同一宗族成员的社会生活。宗族的领导者，多由德高望重的乡绅担任。这些乡绅在宗族社会中拥有绝对的权威，成为儒家文明的代表者和体现者。这样的身份，很自然地使他们对异域文明的入侵带有强烈的抵触情绪。而传教士包揽词讼，排难解纷，设立学校，举办其他慈善机构的活动，严重侵犯了乡绅管理宗族社会的权力，威胁着他们在宗族社会中的威望。尤其是教会广泛吸收教民，使大量的教

---

[1] 《义和团杂记》，中国社会科学院近代史所编：《近代史资料》1957 年第 11 期，第 9 页。

[2] 中国社会科学院近代史所编：《义和团史料》（上），中国社会科学出版社 1982 年版，第 18 页。

民脱离了宗族社会，宗族社会面临瓦解的危险。这是地方乡绅难以容忍的。基层乡绅的排外情绪极大地影响和感染着本宗族成员。而在以农民为主体的义和团团众中，就有许多宗族骨干参与领导。义和团揭帖多出自参加义和团的地方乡绅之手。因此，乡绅的加入对义和团的盲目排外情绪起了推波助澜的作用。

如果说地方乡绅助长了义和团的排外情绪，那么，清廷顽固派的支持和怂恿则使这种盲目排外达到顶峰。义和团运动时期以载漪、徐桐、载勋等为代表的顽固派，主张招抚义和团，利用义和团的爱国热情达到巩固封建统治、维护儒家传统文明的目的。大学士徐桐"恶西学如仇"，见到洋人即掩鼻绕道。他亲书对联，煽动义和团"攻异端""以寒夷胆"。慈禧太后命令招抚后的义和团围攻东交民巷外国使馆。统治者的煽动，使广大民众的排外情绪得到极大鼓动。他们把传教士和洋人称为"毛子"，教民为"二毛子"，还将与洋人往来、通洋学、谙洋语、用洋货的华人称为"十毛之人"，必杀无赦，以至于"凡读洋书之学生，及着瘦小衣服者，皆不敢在街上行走，若令拳匪见之，则指为奸细"。[1]

除此之外，义和团还毁坏一切洋货及西方先进的器械。他们宣称"拆铁道、拔电杆，紧急毁坏火轮船"，他们"见有售洋货者，或紧衣窄袖者，或物仿洋式，有洋字者，皆毁物杀人，见洋字洋式而不怒者，惟洋钱而已"，"最恶洋货，如洋灯、洋磁杯，见即怒不可遏，必毁而后快"。[2] 这种盲目排外行为，一方面是因为西方近代商品的大量倾销，铁路、电讯、轮船的开通，使中国大量农民、小生产者、旧式运输工人破产；另一方面，也是长期受到封建蒙昧意识熏陶的结果。当西方社会已跨入科技迅猛

---

① [日] 佐原笃介等辑：《拳事杂记》，中国史学会编：《义和团》第 1 册，上海神州国光社 1951 年版，第 271 页。

② 佚名：《天津一月记》，中国史学会编：《义和团》第 2 册，上海神州国光社 1951 年版，第 146 页。

发展的近代时，中国士林对西方近代文明知之甚少，更何况是受教育程度较低的下层民众。他们不可能区分西方列强的侵略性及随侵略而来的近代物质文明的先进性。他们更不可能理解：为了维护民族独立，需要拒敌于国门之外；但为发展中国近代经济文化，又必须打开国门迎接西方先进文明。正因义和团无法处理好西方列强的侵略与近代以来世界文明进步的错综复杂的关系，故采取了"灭洋"的极端做法，焚烧八面槽、双旗杆等处教堂和多处医院。在其朴素的意识中，铁路、火车、电线、轮船等洋物是危及他们生存的怪物。他们宣称："莫坐火车贪快，惟恐死在铁路之中"，"凡铁路所经若干里内，禾稼必死"等，[1] 反映出对西方近代物质文明的强烈恐惧。这种恐惧心理进而演变成对西方近代文明的盲目排斥，洋人、洋教、洋货、洋职员、洋生产工具，凡带"洋"字的一概反对。

在义和团眼里，洋人洋教是有史以来最为邪恶的牛鬼蛇神，是他们破坏了中国固有的自然及社会秩序。他们把北方大旱的原因归于"洋鬼"和铁路、电线等"洋物"对天地的触犯："兹因天主耶稣教，欺神灭天，忘却人伦，怒恼天地，收住之雨，降下八百万神兵，扫平洋人，才有下雨之欺（期）。"[2] 其宣传道："男无伦，女行奸，鬼孩俱是子母产；如不信，仔细观：鬼子眼珠俱发蓝。天无雨，地焦旱，全是教堂止住天。……仙出府，神下山，附着人体把拳传。兵法艺，都学全，要平鬼子不费难。拆铁道，拔线杆，紧急毁坏火轮船。"[3] 可见，义和团的盲目排外，除了基于对西方列强侵略中国的愤恨而采取的正当反抗之外，也带有明显的中西文明冲突的因素。

---

① 王照：《行脚山东记》，中国史学会编：《义和团》第 1 册，上海神州国光社 1951 年版，第 410 页。

② 中国社会科学院近代史所编：《义和团史料》（上），中国社会科学出版社 1982 年版，第 8 页。

③ 中国社会科学院近代史所编：《义和团史料》（上），中国社会科学出版社 1982 年版，第 18 页。

如果说"灭洋"是义和团爱国精神的体现，因而有其正义的一面的话，那么，他们在斗争中所采用的手段却是极端落后的，带有浓厚的迷信色彩。他们是以神灵崇拜、诸神附体、刀枪不入、画咒吞符等封建迷信方式号召民众投入"排外"斗争中的。义和团这种浓厚的封建迷信色彩，是继承和发展了中国传统农民战争中神秘主义的斗争方式。假托神灵的预言，是神秘主义斗争方式的一种表现，义和团普遍地采用了这种方式。与历代农民起义不同的是，义和团求助的神灵有许多，有多神崇拜的特点。在义和团的神灵中，有如来观音等佛教神，有玉皇大帝、张天师等道教神，有儒家的孔圣人、士大夫的代表刘伯温等，也有孙悟空、武松等民间传说和通俗戏曲小说中的人物。

义和团民众的多神崇拜，是借助于封建迷信与西方列强进行斗争。他们宣扬诸神"附体"后，人就能"刀枪不入"，而"诸神附体"只能是在举行了诸如画咒吞符等一定的仪式之后。如义和团在习拳时，往往"聚众筑坛，设祖师神位，祝之，自称诸神附体，即能运械如飞，不畏枪炮，且能使敌人枪炮不燃"。[1] 他们宣称"神出洞，仙下山，附着人体把拳传"。[2] 甚至在临阵对敌时要"吞符诵咒，焚香降神"，之后背负神像，转而赴斗。这种宣传及形式显然带有中国传统的巫风色彩。他们在以落后的长矛大刀对付拥有洋枪洋炮等先进武器的侵略者时，武器上的劣势，对西方近代文明的一无所知，长期封建迷信的熏习，使他们相信"必有避枪炮之术"抵御洋人，故大量地采用了"诸神附体""画咒吞符"等形式。但这种自欺欺人的封建迷信，显然难以抵抗先进的西方近代文明。

---

[1] 陈湛若：《义和团运动的前史》，《义和团运动史论文选》，中华书局1984年版，第153页。

[2] 中国社会科学院近代史所编：《义和团史料》（上），中国社会科学出版社1982年版，第18页。

五、"孔子加耶稣"的模式

文明冲突与对抗，是由文明传播与交流活动引发的普遍现象。发生文明冲突与对抗的原因，既有不同文明之间存在的差异性、传播目的与手段的正当性，又有一种文明对异质文明的需要程度，以及参与交流双方的权益能否得到有效的保障等。从近代以来中西文明冲突的历程来看，以军事战争为文明传播通道所引起的文明冲突，多于通过讨论和批评等和平方式所引起的文明冲突。但是，文明冲突带来的不良后果，只能用来证明不同类型文明之差异和文明传播手段之不恰当，而不能用来证明中西文明根本不可能会通或融合。文明冲突是不容否认的客观存在，但异质文明之间的融合不仅是世界各大文明体系成形昭示的事实，而且也是世界文明发展的大趋势。中西文明既有矛盾与冲突的一面，同时也有沟通与融合的一面。

实际上，面对鸦片战争后基督教与儒家文明的冲突而引起的众多民教冲突，不论是西方传教士还是中国教民，都在致力于反省如何协调基督教信仰与儒家伦理习俗，寻找基督教文明与中国儒家文明的共通点，调和两者存在的差异，以减少传教时面对的社会阻力。这种文明之间的调适，主要是基督教文明与儒家文明之间的协调，即着力处理好基督教与儒家的关系。基督教会内部对协调两种文明的冲突是有较大分歧的。一些教会人士对儒家文明持严厉批评的立场，强调必须严格界别基督教文明与儒家文明，不能将两者混淆起来，因而提出了"基督或孔子"的主张，在信仰耶稣与孔子之间必须二择其一。持这种主张的传教士，多带有比较强烈的种族和文化优越感，对孔子及儒家文明极力贬低，抱严厉批评的强硬态度。谢卫楼发表的《论基督教与中国学术更变之关系》列数了儒学在造就人才方面存在着六种缺失，并得出结论："以上所论，儒教误于敬拜，疏于考察，杂于虚妄，泥于古圣，昧于物理。于泰西新学，终难知其意，得其益，识其总归矣。"①他们贬低孔子和儒教的地位，抬高耶稣的地位并树立基督教的权威，将儒学及孔子置于基督教的对立面而加以摧毁。这种极端的做法，自然引起了中国士绅及广大民众的敌视和仇恨，引起民教冲突便是很自然的事情。

但另一些传教士则认为，基督教文明与儒家文明之间的关系，不应是非此即彼的，可以在基督教信仰与儒家文明之间找到结合点，因而提出了"孔子加基督"的主张。他们认为，基督教信仰与儒家文明之间不仅有着许多共通的地方，而且前者可以完善后者以补其不足。这种调适的理论架构，旨在增加两种文明之间的沟通与对话，消除基督教信仰与儒家文明之间存在的巨大张力。

鸦片战争后，一些在华传教士出于现实的考虑，开始有意淡化基督教的信仰特征，为孔子学说捧场，力图将"孔子或耶稣"关系式转化为"孔子加耶稣"模式。美国传教士卫三畏认为："孔子的著作同希腊和罗马人的训言相比，它的总旨趣是良好的，在应用到它所处的社会和它优越的实用性质，则超过了西方的哲人。"英国传教士理雅各认为，孔子是"中国黄金时代箴言的诠解者"，"以最后的和最崇高的身份代表着人类最美好的理想。"传教士对孔子所进行的这种诠释，显然是融合中西文明的一种尝试。但这种尝试，明显是对儒家文明的迎合而不是中西文明的融合，在华传教士必须在基督教与儒教之间找到结合点。

美国传教士林乐知第一个提出"孔子加耶稣"的著名模式。他从1869 年开始，在《教会新报》上连载了题为《消变明教论》的长篇文章，对"孔子加耶稣"的关系式做了系统阐释。他把基督教教义同儒家的旧礼

---

① ［美］谢卫楼：《论基督教与中国学术更变之关系》，李天纲编校：《万国公报文选》，生活·读书·新知三联书店 1998 年版，第 160—162 页。

教、旧思想加以比附，认为儒家重视五伦（君臣、父子、夫妇、兄弟、朋友）、五常（仁、义、礼、智、信）与基督教教义相吻合；并称儒家的三戒（戒色、戒斗、戒得）与基督教摩西十诫相同，造成一种"耶稣心合于孔孟"的新形象，以达到减小基督教在华传播阻力、扩大基督教影响之目的。

林乐知以《圣经》中有关内容，与儒家的五伦、五常逐一论证。他将基督教经典《圣经》上"尊皇上"，"不可诅皇上"，"人宜服在上之权"之类的言辞，作为"重君臣"之证；他将《圣经》上"敬尔父母""詈父母者必死"之类的言辞，作为"重父子"之证；他将《圣经》上"夫宜一妻，女宜一夫，以免邪淫"，"妇服于夫，夫宜爱妇"之类的言辞，作为"重夫妇"之证；他将《圣经》上"爱诸兄弟"，"致爱兄弟无伪，由洁心而彼此相爱"之类的言辞，作为"重兄弟"之证；他将《圣经》上"友以心劝"，"相亲相悦"之类的言辞，作为"重朋友"之证。通过这样的论证，说明《圣经》与儒家注重的"五伦"相合。他将《圣经》上关于"爱"的说教，证之以"仁"；他将《圣经》上"耶和华以义为喜，必观正直之人"之类的言辞，证之以"义"；他将《圣经》上"以礼相让"之类的言辞，证之以"礼"；他将《圣经》上"智慧之赋，贵于珍一珠，淡黄玉不能比，精金不得衡"之类的言辞，证之以"智"；他将《圣经》上"止于信"之类的言辞，证之以"信"。通过这样的比附，他论证了《圣经》与儒家注重的"五常"相合。

林乐知还将《圣经》中的"摩西十诫"，与所谓"儒教君子三戒"相比较，证明两者之间有相通之处。他认为，"摩西十诫"中的第七诫"毋奸淫"，同于"儒教君子三戒"中的"戒色"；"摩西十诫"中的第六诫"毋杀人"，同于"儒教君子三戒"中的"戒斗"；"摩西十诫"中的第八诫"毋偷盗"、第十诫"毋贪邻屋邻妻及其仆婢牛驴凡邻所有者"，同于"儒教君子三戒"

中的"戒得"。① 这样，基督教教义与儒家倡导的纲常名教是相通的。

林乐知倡导的"孔子加耶稣"模式，实际上是继承了利玛窦"儒耶互补"思路，力图协调基督教信仰与儒家伦理之间的紧张关系。这种方式要求传教士：一要认真了解和研究中国社会及民众伦常习俗，针对中国的文化特点去改造中国；二要把基督教教义与在中国占统治地位的儒家文明巧妙地糅合起来，逐步以基督教文明代替儒家文明；三要以传播西方先进的科技文化为手段，如办教育、建医院、办报纸等，来提高中国民众的素质，扩大基督教文明的影响力，吸纳更多的华人入教。这种模式显然是一种明智之举，故为晚清许多传教士接受并赞同。

1884 年，德国传教士花之安的《自西徂东》出版。该书用仁、义、礼、智、信之名列为五卷，极力阐述中国的"天命"等同于西方的"上帝"，中国的孔子等同于西方的耶稣，认定"耶稣道理，实与儒教之理，同条共贯者也"。② 他把基督教教义与中国儒教强调的仁义礼智信相结合的办法，以儒学中的仁、义、礼、智、信"五常"对中西伦理进行对比分析，论述两者之间的共通性。

美国传教士丁韪良沿袭了林乐知提出的"孔子加耶稣"模式，依据自己对中国经史典籍较为熟悉的长处，将儒家思想与基督教神学加以比较，以便求同存异，极力协调儒耶关系。他在《中国的祖先崇拜》的演讲中，对中国的"祖先崇拜"采取了迁就保留的办法。中国人的"祖先崇拜"，是指对先祖亡灵的崇拜并相信他们能够对儿孙赐福禳灾，是儿孙对祖先尽孝的一种信仰和仪式。多数传教士将这种祭祖活动视为迷信活动，并将其与基督教信仰对立起来而加以排斥。而那些奉行"孔子加耶稣"模式的在华传教士并不都赞同保留中国的祭祖仪式。而丁韪良则认为，祖先崇拜在

① 参见［美］林乐知：《消变明教论》，《教会新报》1869 年 12 月 4 日、11 日、25 日，1870 年 1 月 1 日、8 日。
② ［德］花之安：《自西徂东·自序》，上海书店出版社 2002 年版，第 3 页。

中国存在之普遍、影响之深远，绝非其他任何宗教可比，是铲除它还是保留它，关系到基督教在华传教事业之成败。丁韪良对于中国祖先崇拜作了学理上的研究，考察其初始形态及其发展变化，强调了中国祖先崇拜的广泛影响和在中国历史上所发挥的巨大作用，主张传教士应该采取妥协的策略，准允中国教徒保留祭祀祖先仪式。

面对中国士绅斥责基督教无天、无圣、不敬祖宗、颠倒伦常的言行，丁韪良采取了"孔子加耶稣"的妥协策略，通权达变而又不失根本：一方面，他不反对中国人把孔子当作"特殊的导师"，主张保留中国的祖先崇拜，称赞儒学所确立的人伦关系；另一方面，他坚持基督教"上帝"和"灵魂"这两个最重要观念，在这个根本问题上一旦遇到与基督教相抵之处（如孔子"天"的观念）就决不让步。这显然是丁韪良比其他在华传教士高明之处。正因如此，其传教活动收效甚大，据说他每次讲道之后，中国教民便会恍然大悟地说："原来这就是我们的玉皇大帝！"在丁韪良看来，"孔子加耶稣"模式，化解了儒教徒与基督徒之间的张力，"对儒教徒来说已经没有不可逾越的障碍。"①

持"孔子加耶稣"主张的来华传教士认为，孔子是一位伟大的道德家，在思想深度和影响上可与苏格拉底、柏拉图媲美。丁韪良指出，孔子是一个伦理道德教师，他提出的格言如同"金科玉律"，是儒学思想的首要原则，他倡导的仁爱与谦恭是所有美德中的重中之重；故认为孔子的学说体系同基督教非常和谐。明恩溥认为，孔子的教训使得中国人有着人类不依赖于神就能提出最高水平的道德法则。理雅各称赞孔子是"一个真正的伟人"，因为"对他的品格和观点研究得越深入，我就越尊重他"。花之安则认为，孔子是他那个时代"最有学问的学者"，是一个具有政治本能和社会感情的人。卫礼贤对孔子学说推崇备至，"凡所谓经济学说、社会学说，

---

① ［美］丁韪良：《中国的祖先崇拜》，1880 年 10 月在美国东方协会年会上的演讲。

皆不如孔教。西方国家一个哲学家兴盛，就会推倒前人学说而代之。中国则以孔教通贯数千年。"1882 年来华的美国传教士李佳白，在山东亲身经历了教案冲突，促使其调整传教方法，逐渐将传教对象转向中国的上层社会。他意识到，为使中国人易于接受基督教文明，传教士有必要吸收儒家教义，使传教活动与中国的文化传统相适应。因此，他竭力鼓吹基督教与孔教"互相和合""互相辅助"，以消除中国人的反教和仇外心理。1897年和 1902 年，他先后在北京和上海设立尚贤堂，既信仰耶稣，又尊崇孔子，故中文称"尚贤"，并创办《尚贤堂月报》《尚贤堂纪事》，提倡基督教与儒学之协调与结合。

李提摩太、李佳白、丁韪良等人认为，"孔子加耶稣"模式有利于宣教传道，有利于融化中国人"反教仇外之势"，有利于防止"社会骚动兴起"。从 19 世纪 80 年代以后，基督教新教传教士多是按此种思维模式在华进行传教活动的。理雅各强调，儒教关于人的道德责任的教义是很有价值的，从"它所津津乐道的四样东西——学问、伦理、忠诚、真实的后三样来看，与基督教中的摩西法律及福音书的论点完全是一致的，这些信条影响下的世界必将会是一个美好的世界"。传教士对儒学中的某些具体内容尤为称赞，并与基督教相关内容作了沟通。麦高温颂扬孔子倡导的忠、孝等观念："如果一个人不是从小生长在中国，他便不可能理解这种伟大的美德在这位圣人的教导下是如何渗透到中国社会的各个方面"；又说：忠"这个字眼经常激发在懒散的表面下深藏的民族之心，激起那郁积在心中沉睡已久的热情"。①

在"孔子加耶稣"模式中，表面看来像孔子居首，实际上是以耶稣为主，孔子为仆，以耶稣来支配和改造孔子。花之安在《自西徂东》自序中，

---

① ［英］麦高温：《中国人生活的明与暗》，朱涛等译，时事出版社 1998 年版，第 67—68 页。

对当时中国研习西学之偏向作了批评，认为中国学者徒得西学之皮毛，而不得西学精深之理，"徒欲精技艺以益己，而不能充所学以益人"，故虽学亦无益。为此，他认为中国应该学习西方"根本之学"，而"耶稣的道理"就是产生一切美好事物之根本；中国尚未能服从耶稣之真理，虽有个别从道之人，他们欲助中国，但力量单薄，势有不能，如凿枘之不相入；最亟要的就是中国人同心合力，共往西国，真正求取耶稣之理，然后自西祖东，与中国儒家之理相贯通。

这些传教士显然是在寻求缓和两种异质文明之间冲突和对抗的途径。这种努力在是否容许中国教徒祭祖问题上表现得较为典型。尽管教会可以凭借条约制度及军事强权撞开中国的禁教壁垒，却无法根本改变中国儒家伦理本位的社会风习。这样，是否容忍中国教徒祭祖，便成为影响基督教在华福音事业发展的重大问题，在华传教士对该问题上的分歧及争论是非常激烈的。由于异质文明的隔膜，多数传教士在中国民众祭祖的实质意义和维系宗族的社会功效，在很长时间内难以理解得透彻深刻，而往往从"拜神"的表面形式来观照它。实际上，在认识祭祖问题上，中国民众与西方传教士在思维方式上有着根本差异，一方着意于肉体的关系，即生者与死者间的血缘关系；而另一方则着意于精神的关系，即生者与死者共同由神（上帝）联结的关系。故尽管有像丁韪良这样的传教士主张保留教民之祭祖习俗及其仪式，但多数传教士则坚持反对在祭祖问题上妥协。他们认为，如果对祖先崇拜宽容，就是对基督教不可拜别神、不可拜偶像这个最重要、最基本教义的公然违背。而丁韪良、李佳白等传教士基于对中国儒教文明的较深刻了解，更出于其传教策略考虑，则主张在这个问题上予以通融。

经过较长时间的争论，尤其是面对中国民众对教会之抵触，教会内部逐渐趋向于对祖先崇拜采取宽容态度。1907 年，基督新教成立的专门委员会提供报告说：基督教在中国上层社会没有得到发展，有些传教士认为症结就在于教会对祖先崇拜所持的对抗态度。报告特别指出，在中国有关祖先崇拜的各种仪式中，包含了许多迷信、偶像崇拜的成分，但与其因此而否定祖先崇拜，不如承认其在长期形成的习俗中，或许潜存着某些真理而应当加以探索。于是，基督教会对该问题确定了变通的策略：祖先崇拜与基督教的高尚精神不能两立，因而不能容许其存在于教会当中；但是应当重视这种习俗中崇敬、纪念死者的心理情感，对这样的教徒予以奖励，对为尊敬双亲所做的实际工作给予明确指导，使教外人士也了解，教会是把孝道作为教徒最重要的义务之一，使之产生基督教重视"孝道"的印象。

庚子事变及《辛丑条约》签订后，无论是各国列强还是清政府，都对义和团运动和八国联军侵华战争进行了认真反省，不仅更加注意防范教案的发生，而且处理起来也更加理智而审慎。鉴于长期以来中国民众对教会势力的强烈排拒，使其在华福音事业受到很大阻碍，特别是由于义和团运动"灭洋"声威的震慑作用，教会开始寻求缓和冲突、以利发展的变通策略和有效措施。基督教对自身的行为进行了约束反省，改变了粗暴野蛮的传教政策，多采用兴办教育及社会事业进行渗透。如义和团运动后，法国主动放弃了在华保教权，只处理中法之间的民教冲突，不再像以前那样动辄对中国进行勒索和威胁。这便在某种程度上缓和了民教矛盾，也缓解了中国民众的反洋教情绪。同时，引发教案的文化、习俗冲突逐渐减弱，基督教与儒学的渗透逐渐增强。基督教作为一种异域文明，与儒家思想及社会习俗相差甚远。但经历了一段时间的文明交流、碰撞和渗透之后，越来越多的在华传教士放弃了原先用"耶稣"代替"孔子"的企图，开始比较尊重中国固有社会文化传统，认同和推行中国民众易于接受的"孔子加耶稣"传教模式。同时，随着基督教影响的逐渐扩大，中国民众对其有了进一步的了解，对它的恐惧和敌视也随之逐渐减弱，文明之间的了解加深，误解相应减少。这样，基督教在华传播逐渐本土化（本色化），基督教和儒学增加了渗透和融合，故义和团运动之后，因中西习俗差异和冲突而引发的教案冲突大为减少。

民国成立后，西方传教士及中国教民更致力于基督教与儒家文明的协调，支持康有为及孔教会的国教运动。1912 年，陈焕章等组织孔教会时，不仅李提摩太、李佳白、狄考文、花之安等在华传教士成为孔教会的支持者，而且许多外国在华外交官员也表示支持和赞助。中国知识界对基督教的认识逐渐深化，并对西方传教士漠视中国文明的做法提出批评，主张融合两种文明。梅光迪主张保护孔教，并从学理上研究孔教与基督教的相通之处，意在融合基督教与儒教文明，实现中国儒学之现代转换。随着对基督教文明理解的深入，中国知识界也逐渐产生了吸收基督教中的奋发进取精神，以改造儒家文明而创造中国现代新文明的思路。陈独秀公开申明："把耶稣崇高的、伟大的人格和热烈的、深厚的情感，培养在我们的血里。最可怕的是，现在政客先生们又来利用基督教。他提倡什么'基督教救国论'来反对邻国，他忘记了耶稣不曾为救国而来，是为了救全人类的永远生命而来。"[①] 主张以基督教打倒孔教，以较高级的宗教取代中国多神多鬼的封建迷信。因此，进入民国以后，以反洋教形式出现的教案冲突逐渐减少。

六、非基督教运动与收回教育权

民国成立后，来华传教士改变传教策略，将重心集中于兴办教会学校和慈善事业上。到五四以后，教会学校已经形成了一个包括幼儿园、小学、中学、师范、专科学校、高等学校的完整体系。这种教会学校以福建、广东、江苏、山东等地为最多。到 1921 年，全国教会初等学校达到

---

① 陈独秀：《基督教与中国人》，《新青年》第 7 卷第 3 号。

6000 多所，学生达 19 万多人，占全国小学生总数的 4.3%。① 到 1926 年为止，基督教在中国创办的学校达 7382 所，学生总数为 144300 人；天主教创办的学校有 6250 所，学生总数达 214215 人。这类学校占当时中国学校总数的 7.65%，学生总数占全国学生总数的 5.14%。这种情况在高等教育方面尤为明显，1926 年各教会大学人数达到 8404 人，占全国大学生总数的 19.45%。

　　教会中学和教会大学是民国时期英美基督教会和天主教会在华推行教会教育的重点。中学生是教会争取的重要对象，中学教育是教会投资和发展重点。他们在兴办中学方面，办得较有成绩，也积累了成熟的经验，其教育质量在众多的私立学校中也属上乘。其中著名的教会中学有：美国长老会传教士狄考文夫妇创办的山东登州文会馆，美国监理会传教士林乐知创办的上海中西书院和中西女中，美国公理会女传教士以利莎创办的北京贝满女子中学，美国以美会传教士麦利和提议创办的福州鹤龄英华书院，美国天主教本笃会创办的辅仁附中等。

　　20 世纪初，为了培养大批直接或间接为帝国主义政治服务的高级官员和社会领袖，教会在中国陆续创建了大批教会大学。新教教会创办的教会大学主要有：圣约翰大学、东吴大学、上海浸会大学（后改名为沪江大学）、金陵大学、华南女子大学（后改为华南女子文理学院）、华西协合大学、之江大学（后改为之江文理学院）、福建协和大学、金陵女子大学（后改为金陵女子文理学院）、岭南大学、齐鲁大学、燕京大学和华中大学等。天主教教会创办的教会大学主要有：震旦大学、辅仁大学、天津工商大学（先后改为工商学院和津沽大学）等。起初学校的校长都由外国传教士担任，教师开始多为外籍，后来华籍教员日渐增多，并成为教学的骨干。这些学校凭借较雄厚的经费、丰富的图书仪器、较新的教学方法，

---

① 参见高时良：《中国教会学校史》，湖南教育出版社 1994 年版，第 59 页。

大都办出了各自的特色，教学质量较高。北京的燕京大学和辅仁大学、上海的圣约翰大学和震旦大学及沪江大学、苏州的东吴大学、杭州的之江大学、南京的金陵大学和金陵女子文理学院、福州的福建协和大学和华南女子文理学院、武汉的华中大学、成都的华西协合大学、广州的岭南大学、济南的齐鲁大学等等，是民国时期著名的教会大学。

宗教教育是教会教育的主要教学活动，也是教会学校的特点。基督教是随着帝国主义侵略而来的、被帝国主义用来麻醉中国人民的工具。而教会学校则是帝国主义宣扬这种软化剂的主要阵地，是掠夺中国人民"民族魂"的据点，也是他们进行文化侵略的主要阵地。一个英国牧师在向英国资本家募钱在中国办学时说："只需节省几分钟的广告费，就可以在中国办十几个大学，教育中国人。广告不能说话，效力还小；若办学校，他们读的是英国书，说的是英国话，识的是英国的事事物物，这才是最好的广告，况且又不独在学校的学生是我们的广告，即是学生的家族和他们相识朋友亦连带成为广告。"① 可见帝国主义在中国办学的真正目的，不是"帮助和关怀中国"，而是要通过教育为他们培养代理人。麻醉和压制中国青年的爱国意志，是在华教会学校的共同特色。

随着五四新文化运动以后民主意识增强及民族意识的觉醒，以及先进分子对基督教文化侵略及攫取中国教育权本质认识的加深，中国教育界发起了声势浩大的非基督教运动和收回教会学校教育权运动。1922 年 3 月，中国社会主义青年团在上海发起组织"非基督教学生同盟"发表宣言，并通电全国，揭露帝国主义利用教会进行侵略的活动。接着，北京和南京等地先后建立了"非基督教大同盟"和"非基督教学生同盟大运动"等组织，迅速在全国掀起了"非基督教运动"。陈独秀、李大钊、蔡元培等人都参加了同盟。国共两党主持的报刊大力推动这场运动的开展。到 1924 年，

---

① 引自《现代中国及其教育》（下），中华书局 1926 年版，第 197 页。

这场运动发展为大规模的反对教会教育的"收回教育权"运动。尽管这场运动有民族主义情绪及政治势力的因素掺杂其中，但仍然可以视为基督教文明与中国传统文明冲突之继续，是中西两种文明冲突在新的环境条件下的呈现。

1924 年春，广州英国"圣公会"创办的"圣三一"学校的英籍校长，禁止学校组织学生会，禁止学生举行"五九"国耻纪念，并一再开除学生，扬言"学校内不许中国人自由"，因而引起了学生的愤怒并掀起了罢课斗争，发表宣言提出"在校内争回机会结社自由""反对奴隶式教育"等主张。同时，广州圣心学校、徐州培心学校、南京明德学校、福州协和中学等 10 多所教会学校的学生，也起来反抗，提出了"反抗'洋奴化'的教育"，"与其为奴，勿宁失学"等口号。于是，在全国范围内掀起了"收回教育权"的运动。6 月 18 日，在广州成立了"广州学生收回教育权运动委员会"，并发表了《宣言》，指出帝国主义在中国实施殖民地的教育政策，使中国学生洋奴化，使中国学生忘了其种族、国家、历史、政治、经济和社会的观念，所以教育侵略比任何形式的侵略都厉害得多。《宣言》提出了收回教育权的四条最低限度：一是所有外人在华所办之学校，须向中国政府注册与核准；二是所有课程及编制，须受中国教育机关之支配及取缔；三是凡外人在华所办之学校，不许其在课程上正式编入、正式教授及宣传宗教，同时也不许其强迫学生赴礼拜堂念圣经；四是不许压迫学生，剥夺学生之集会、结社、言论、出版等自由。

1924 年 4 月，中华教育改进会提出三项要求：要求政府调查凡外人办学确属侵略者，应勒令停办；外人办学一律注册；要求政府于相当时间里接收外人学校。同年 10 月，全国教育会联合会通过的《教育与宗教分离案》提出三项内容：各级学校中，不得布置宗教或使学生诵经、祈祷、礼拜等；各教育官厅应随时严查各种学校，如遇有前项事情，应撤销其立案或解散之；学校对教师或学生无论是否教徒，应一律平等对待。同时还通过了《取缔外人在中国办理教育事业案》，提出了三项解决办法：外人办学应一律向中国政府登记注册；注册后应听从中国政府的监督与指挥；不得利用学校传布宗教。

1925年"五卅"运动前后，"收回教育权"运动达到高潮。激于爱国义愤，许多教会学校的师生大批退校，以此反抗帝国主义的暴行。湖南长沙的雅礼大学、务本大学和益阳信义中学，福州的华英书院、协和学校、三一学校、培元学校、三育学校、进德学校，广州的圣心学校、中法学校、圣三一学校，河南的圣安德学校、济汴学校、华美女校、施育女校、圣玛丽女校和卫辉的牧野中学，北京的笃志、慕贞、萃贞、萃文、崇德、培英等6所教会学校，以及江西南昌和九江的7所教会学校的大批学生都以退学相反抗，上海圣约翰大学学生全体退学，另组光华大学。1925年9月，广东国民政府召集会议，着手接管教会学校。北京临时执政府也于1925年11月公布的《外人捐资设立学校请求认可办法》规定：凡外人捐资设立的各等学校，须向教育官厅请求认可；学校名称前应冠以"私立"字样；校长须为中国人，如原校长为外人，必须以中国人充副校长；中国人应占校董事会名额半数以上；学校不得以传布宗教为宗旨；学校课程须遵部定标准，不得以宗教科目列入必修科。

反基督教大同盟代表要求北京临时执政府教育部取消教会学校。同时，《中华教育界》出版"收回教育权运动号"。1927年1月，由美国纽约"万国传道总会"主办的广州私立岭南大学率先由中国人收回办理。3月，上海教会学校沪江、圣约翰、震旦、东吴法科等相继由中国人收回自办。4月，东吴大学改组董事会，由中国人任校长。6月，南京金陵大学也改由中国籍教员维持。在中国人民反帝高潮打击下，教会学校纷纷表示让步，声称要采用1922年的新学制，设置语言、文学、历史、地理等科；中学除外国语外，一律用中文教学；并将学校逐渐交还中国人管理。帝国主义教会在中国的殖民奴化教育受到沉重打击。南京国民政府建立后，对在华教会学校也做了相应的管理规定。1929 年教育部颁行《宗教团体兴办教育事业办法》，后又颁发了许多补充性布告、训令，各级教会学校开始向中国政府办理注册立案手续。然而，教会势力决不愿放弃其教育特权，更不愿放弃在华教育阵地。教会学校的行政管理、人事安排、宗教教育设施、经济大权等，仍为外国教会控制。

1949 年新中国成立后，中央人民政府发布《关于处理接受美国津贴的文化教育救济机关及宗教团体的方针的决定》，全面接收教会学校，并将其纳入新中国教育体制。至此，中国人民才真正收回了教育主权。

第三讲

晚清时期的中西文化论争

　　作为具有五千多年独立发展历史的、高度成熟的中华文明，与另一种不同类型的西方文明骤然相逢，不可避免地要发生交汇和冲撞。如果说晚清教案是中西文明直接碰撞与冲突的话，那么，近代中国持续不断的中西文化论争，则是西方文明输入后必然引起的两种文明冲突在中国思想文化界内部的具体体现。鸦片战争以后，随着西方文明的逐步输入，两种文明的冲突按照历史的和逻辑的必然由片面到全面地逐次展开：一是传统的农业和手工业与近代科学技术的冲突；二是传统君主专制政体与近代君主立宪政体及民主政体的冲突；三是儒家纲常名教与西方自由平等观念的冲突。两种文明冲突的性质，不仅仅是所谓东方精神文明与西方物质文明之间的冲突，而且是古老的东方与近代崛起的西方在物质文明与精神文明两个方面的全面冲突，是传统农业文明与近代工业文明的冲突。

一、同文馆招收科甲正途人员研习天文算学之争

　　鸦片战争后两种文明之间的冲突，首先体现在洋务运动时期中国士大夫关于中西文明态度问题的分歧与争论上。洋务运动时期的中西文化论争

主要在士大夫阶层中展开，一方是洋务派，另一方是守旧派。前者主张有选择地吸收西方技艺，后者则排斥一切外来文明。他们的根本宗旨虽然都是为了维护清朝统治，但从思想文化的角度看，则存在着开明与守旧之分。守旧派对于西方文明始终采取拒绝的态度，用传统的"夷夏之辨"观念看待西方国家，视之为"犬羊之国""夷族蛮邦"。他们不仅鄙视西方的政教风俗，而且拒不承认西方科学技术有任何先进性，值得中国加以效法。洋务派与守旧派在"采西学""制洋器"等问题上尖锐对立，发生过激烈的争论。其中影响较大者有三次：一是 1867 年京师同文馆招收科甲正途人员学习天文算学之争；二是 19 世纪 80 年代的修筑铁路之争；三是派遣留学生之争。这些论争实际反映了两派人士对于中西文明的不同认识及路向抉择。

鸦片战争后，古老的中国被纳入世界近代文明体系之内，中外交往日益增多，培养通晓外国语言文字的外交人才乃是势所必然。1862 年，以培养翻译人才为目的之京师同文馆正式成立。初期的京师同文馆是一所单纯传授英、法、俄三国语言的学堂。随着洋务运动的发展，曾国藩、李鸿章、左宗棠等人逐渐认识到，要"师夷长技"，制造枪炮轮船，必须懂得制造原理。冯桂芬在《采西学议》中主张将研习西学的范围扩大到西方自然科学和技术："由是而历算之术，而格致之理，而制器尚象之法，兼综条贯，轮船火器之外，正非一端。"[①]冯桂芬的建议得到李鸿章等人的支持。奕訢等洋务派领袖反复商讨，上奏决定在京师同文馆中增设天文算学馆，以培养近代科技人才。

此时在清廷中掌握实权的基本上是洋务派。洋务派的大本营是总理各国事务衙门，以奕訢领衔，还有桂良、文祥、李鸿章等一批洋务大臣。恭亲王奕訢因排行老六、思想开明而被守旧派攻击为"鬼子六"。总理衙门

---

① 冯桂芬：《采西学议》，《戊戌变法》（一），上海人民出版社 1961 年版，第 27 页。

在时人眼中是极不光彩的衙门。京师人闲谈说："方今有帝师、王佐、鬼使、神差四要地。"帝师，指宏德殿，同治皇帝的四位老师所在；王佐，指军机处，恭亲王奕訢领班；神差，指神机营。总理衙门被称为"鬼使"，显然是由于它主持外交事务和自强事务，得与外国人打交道，而且还设立了京师同文馆这样一个拜洋鬼子为师的学校。据《翁同龢日记》载："京师口语藉藉，或粘纸于前门，以俚语笑骂：'胡闹，胡闹！教人都从了天主教！'云云。或作对句：'未同而言，斯文将丧'；又曰：'孔门弟子，鬼谷先生'。"① 这样的称呼，反映出朝野上下对设置京师同文馆之鄙视与不满。

1866 年 12 月 11 日，奕訢代表总理衙门正式上奏，建议在京师同文馆中增设天文算学馆，以便培养"制造轮船、机器诸法"的专门人才，招生对象从过去只限招收十三四岁以下的八旗子弟，扩大到具有科举功名及正途出身的五品以下京外各官。京师同文馆中增设天文算学馆，是洋务派"采西学"之重要举措，标志着洋务派对于西方文明认识的重要深化。虽然这些奏疏被御准了，但这项举措对于恪守儒家文明之保守人士来讲是一次异乎寻常的震动，遂引起轩然大波。这样，要不要采用西学之根本问题，首先在是否增设天文算学馆问题上得到集中体现。

次年 1 月，奕訢上奏新订同文馆学习天文算学章程六条，进一步陈述增设天文算学馆的理由，并预设了各种可能出现的反对意见而加以辩驳，还建议将招考范围扩大到翰林院编修、检讨、庶吉士及进士出身之五品以下京外各官。奕訢又奏请以"老成持重，品学兼优，足为士林矜式"的徐继畬为总管同文馆事务大臣，为的是消除"专以洋人为师，俾修弟子之礼"的普遍疑虑。守旧派一贯视洋器、西学为夷人之邪术外道，不仅不赞同设立京师同文馆，更反对让有科举功名的士子入馆学习"夷学"。

---

① 翁同龢:《翁同龢日记》第 1 册，中华书局 1989 年版，第 521 页。

1867年3月5日，山东道监察御史张盛藻上奏，反对以科甲正途出身人员入馆学习，揭开了近代中国中西文化论争之序幕。他指责奕䜣的建议是"重名利而轻气节"，如果让科甲正途人员去习西学，就会败坏士习人心。3月20日，守旧派首领、内阁大学士倭仁上奏，支持张盛藻的反对意见。他在奏折中倡言："立国之道，尚礼义不尚权谋；根本之图，在人心不在技艺。今求诸一艺之末，又奉夷人为师，无论所学未必果精，即使教者诚教，学者诚学，其所成就不过术数之士，未闻有恃术数而能起衰振靡者也。"[①] 他认为天文算学、西学西艺不过是"一艺之末"，学不学无关大局，即使需要学习，也不必"师事夷人"，否则就会"驱中国之众咸归于夷"。他的奏折产生了一连串的连锁反应，引起激烈的争论。不仅军机大臣、王公贵族、理学名士多站在倭仁立场上，而且京师街头也出现了诸多有关同文馆的谣言，有对联云："鬼计本多端，使小朝廷设同文之馆；军机无远略，诱佳子弟拜异类为师。"[②]

　　这场围绕同文馆设立算学馆问题上的论争的焦点和实质，在于如何对待西学。以倭仁为代表的守旧派从两个方面提出反对采纳西学的论点：第一，天文、算学等西学即使有用，也为益甚微，属于一艺之末，可从工匠中选取从学人员，不应令科甲正途之士从此项"末艺"，应保持科甲正途官员的纯洁性，坚守尧舜之道，养成明体达用之才。在他看来，读圣贤书的中国士子，乃系维持圣道人心的砥柱，是维系中国之所以为中国者的民族精英。故其强调："闻夷人传教，常以读书人不肯习教为恨。今令正途从学，恐所习未必能精，而读书人已为所惑，适堕其术中耳。"[③] 第二，国

---

① 倭仁：《奏陈立国之道以礼义人心为本天文算学止为末艺》，《筹办夷务始末》（同治朝）卷四十八，湖南人民出版社1982年版，第19页。

② 翁同龢：《翁同龢日记》第1册，中华书局1989年版，第519页。

③ 倭仁：《奏陈学习西洋天文数学为益甚微延西人教习正途学士为害甚大》，《筹办夷务始末》（同治朝）卷四十七，湖南人民出版社1982年版，第25页。

家自强根本，不在机巧技艺，而在纪纲气节。倭仁从根源上彻底否定了同文馆存在之理由："古今来未闻有恃术数而能起衰振弱者也。天下之大，不患无才。如以天文、算学必须讲习，博采旁求，必有精其求者，何必夷人，何必师事夷人？"倭仁反对向西人学习其技艺之长，认为只有孔孟之学才是"正学"，自强之道在于以圣贤之礼义为本。

对于倭仁等人坚拒西学之条陈，奕訢等人在 4 月 6 日上折，再次陈述开设天文算学馆的重要性，并质问道：倭仁既然反对设立天文算学馆，自必另有良策，果真如此，"臣等自当追随该大学士之后，竭其祷昧，悉心商办"。倭仁只好再次辩解，抨击学习西学是"上亏国体，下失人心"，强调要"严夷夏之大防"。

4 月 23 日，奕訢等人继续上折反驳，一方面陈述引入西学的必要性和紧迫性，另一方面对反对派的意见进行驳斥。奕訢等人的主要观点为：第一，天文算学本"为儒者所当知，不得目为机巧"，因而朝廷取用正途学习，此举不过是"借西法以印证中法，并非舍圣道而入歧途，何至有碍于人心士习耶！"第二，"欲图自强"并筹思"长久之策"，当讲求制造机器、枪炮之法；而"制造巧法，必由算学入手"。所以"今日之学，学其理也，乃儒者格物致知之事，并非强士大夫以亲执艺事也"。① 第三，"忠信为甲胄，礼义为干橹"是道义空谈，仅"取誉天下"，而不可能折冲樽俎，制敌之命。奕訢还提出，既然倭仁一再强调"天下之大不患无才"，那么就请他"酌保数员，各即请择地另设一馆，由倭仁督饬，以观厥成"。清廷接受奕訢建议，除了督促总理衙门办理同文馆招生事宜外，特意令倭仁酌保数员投地设馆。

4 月 25 日，倭仁连忙上奏，承认无精于天文算学的人选，不敢妄保。清廷遂谕令倭仁在总理衙门行走。在保守派看来，倭仁以宰相帝师之尊兼

---

① 中国史学会主编：《洋务运动》（二），上海人民出版社 1961 年版，第 25 页。

任此职，是故意"困之""辱之"，故难以为倭仁所接受。倭仁只得采取回避态度，"托病"不去总理衙门上班。朝廷只好"请开缺"一个月以安心调理。这样，倭仁与奕訢等人正面冲突就此平息。

然而，事情并未到此而止，论争还在继续进行。当年，有些地区发生旱灾，根据儒家传统"天人感应"之说，"天道与人心相通"，自然灾害被认为是政策失当的结果，皇帝有责任去纠正过失，以便恢复天和。守旧派抓住这个借口，声言总理衙门的所为扰乱了"天和"，以致引起灾异，候补直隶知州杨廷熙更是借此要求同文馆关门以祈雨。1867年6月，他以"久旱不雨"、"灾异"非常的"天象之变"为由，上奏要求撤销京师同文馆。6月30日，清廷发布上谕，以严厉的语气申饬了杨廷熙，并怀疑其折为倭仁"授意"，故要求倭仁病休期满后去总理衙门赴任。不久，倭仁又以病未痊愈而请开缺调理。至此，历时半年之久的是否增设天文算学馆之争就此结束。

这场论争虽然奕訢等人借助于慈禧太后的权威从表面上平息了，但同文馆天文算学馆的招生受到严重打击。总理衙门将同文馆作为从翰林中培养学兼中西的高级官员的最高学府的计划，被迫搁浅了。同文馆依然如创设初期那样，仅仅是培养翻译和外交人才的学堂，因而限制了同文馆的发展规模。许多士人视入同文馆研习西学为畏途。这场论争表明，中学与西学仍然分为两途，中学依然唯我独尊，西学仍被排斥于"华夷之辨"的文化壁垒之外，根本不被视为"学"，因而难以在当时学术教育体制内确立合法地位。同时，这场论争中所提出的"中西""本末"问题并没有得到解决。洋务派虽然可以指斥守旧派之"空言误国"，却难以根本否定他们提出的"礼义为本、技艺为末"的立国原则，在与守旧派辩论时处于被动防御状态，很难有像守旧派那样的文化底气。尽管如此，这场文化论争把如何处理中学和西学的关系问题，提上了中国近代文明发展之日程，其正面积极意义还是明显的。

二、修筑新式铁路之争

　　洋务派与守旧派对待西方文明不同的态度，在关于修筑铁路的问题上再次充分地表现出来。早在 1872 年，李鸿章就主张兴修新式铁路，用以加强边防，但遇到极大的阻力。1874 年，日本侵略中国台湾时，他与沈葆桢函商调兵事宜，往返用了一个多月时间，调兵计划制订后，调轮船运送军队又用了三个月，延误了军机。李鸿章更加认识到建设新式铁路的重要性，故随后再次提议修筑铁路。但这种建议受到不少京官之"痛诋"。奕訢虽然赞同建筑新式铁路，但迫于朝野各方压力，不得不一再推托"无人敢主持"，甚至强调"两宫亦不能定此大计"，修筑铁路之议遂无果而终。

　　1877 年，时任直隶总督兼北洋通大臣的李鸿章，委派轮船招商局总办唐廷枢兴办开平煤矿。随着煤产量的增加，唐廷枢建议修筑从唐山至胥各庄之间的铁路，得到李鸿章的赞同。但因唐山以北靠近遵化马兰峪的清东陵，守旧派遂以此寻找借口，说机车的响声会震动皇陵，上奏反对修建唐胥铁路。于是，"因廷臣谏阻，奉旨收回成命"，唐胥铁路的修建被迫搁置。

　　1880 年 12 月，淮系将领、前直隶提督刘铭传应召进京，向清廷正式提出了修筑铁路的建议，修筑铁路之议再起。刘铭传在奏折中论证了新式铁路的优越性，陈述了修筑铁路可以破除闭塞状态、便利各地交往、提高军队调动的机动性、裁兵节饷、增强御外能力等理由。其云："自强之道，练兵造器固宜次第举行，然其机括则在于急造铁路。"[①]他建议先修南北两路：南路宜修两条，一条由清江至北京，另一条由汉口至北京；北路是从

---

① 《光绪六年十一月初二日刘铭传奏》，中国史学会主编：《洋务运动》（六），上海人民出版社 1961 年版，第 138 页。

北京至盛京（今沈阳）一线。经费问题可以通过举借"洋债"解决。在他看来，修铁路是关系到清廷盛衰安危之大计，势在必行。

出乎意料的是，刘铭传的建议招来朝野上下的轩然大波，引发了洋务派与守旧派的再次激烈论争。翰林院侍读学士张家骧率先出面反对。1880年12月22日，他在奏折中提出修铁路有"三弊"：一是招来更多的外国人，埋下肇祸的隐患；二是毁坏大量田亩、房屋、坟墓、桥梁，伤人败物，滋扰民间；三是虚糜钱财，赔累无穷，加剧国家财政危机。附和张家骧观点的，有顺天府府丞王家璧、翰林院侍读周德润、通政司参议刘锡鸿等守旧官员。周德润等守旧派气焰最为嚣张，认为修铁路不合中国国情："中国百货俱备，不借资他邦，人浮于事，有铁路游手更多，必致生变。"①有些顽固反对者甚至到了"睹电竿而伤心，闻铁路则掩耳"的程度。②其中影响最恶劣者当数刘锡鸿。

1881年2月14日，刘锡鸿向清廷呈递一折，以知情者的身份列举中国不宜修铁路之25条理由：火车实西洋利器，而断非中国所能仿行也。臣窃计势之不可行者八，无利者八，有害者九，诸如财政拮据，经费难筹；技术复杂，难于管理；取代驿站河运，夺民生计；车速太快，易生事故；洋货扩散，损害民业；洋人通行内地，混淆华夷界限；开山毁坟，破坏风水民俗等。③他声称，铁路之害自己在西洋已经耳闻目睹，件件确凿无疑。出使英国并体验过西方铁路文明之刘锡鸿的这些言论，具有很大的鼓动性和迷惑性，守旧派所制造的舆论瘴气弥漫朝廷。

以直隶总督李鸿章、两江总督刘坤一等人为代表的洋务派地方大员，支持刘铭传的建议。1880年12月1日，李鸿章上奏反驳张家骧的观点，

---

① 中国史学会主编：《洋务运动》（六），上海人民出版社1961年版，第169—170页。

② 中国史学会主编：《洋务运动》（六），上海人民出版社1961年版，第233页。

③ 参见刘锡鸿：《罢议铁路折》，中国史学会主编：《洋务运动》（六），上海人民出版社1961年版，第154—165页。

从世界各国都已兴建铁路的事实，说明中国筑路的必要性，从有利用兵、收厘金、拱卫京师、赈务、邮政、矿务、漕运、通讯、交通等九个方面阐明了修建铁路的益处。他强调"铁路为富强要图"，认为修筑铁路绝不是"用夷变夏"的坏事，而且"利国利民，可大可久"的富国强兵之道，并认为自建铁路含有自保铁路利权的用意。1881 年 2 月 14 日，在守旧派强烈反对的舆论压力下，清廷下达上谕，以所谓廷臣众论"铁路断不宜开"为由否定了刘铭传的奏议，终止了修筑新式铁路计划。

洋务派尽管在这场论争中受挫，但中国自造铁路的事业在 19 世纪 80 年代揭开了序幕。开平煤矿投产后，产量逐年增长，为了解决运输问题，清政府在 1880 年建成从唐山到胥各庄长 15 里的铁路，次年 6 月开始用机车曳引，这是中国自办的第一条铁路。

1885 年中法战争后，修筑铁路之议再度兴起，主持海军衙门的醇亲王奕譞、李鸿章以及台湾巡抚刘铭传先后提出延修唐胥铁路和在台湾修建铁路的主张。左都御史奎润、漕运总督崧骏、国子监祭酒盛昱、仓场侍郎游百川、御史文海、张廷燎、汪正泰、何福埈等守旧派纷纷反对，致使延修唐胥铁路的工程进展缓慢，到 1886 年才展至芦台附近的阎庄，全长约 85 里。1888 年 10 月，该路通至大沽和天津。主持大计的奕譞还打算继续修筑天津至通州一段。通州是北京的门户，要把铁路修到京师门口，并且由民间集资，守旧派坚决反对。一时间，尚书、侍郎、御史、学士等数十名京官一片鼓噪，有的说铁路修到通州使京津一带"执鞭者辍业，操舵者停工"；有的说修铁路"夺华民之生计，与敌人以利权"，"尽撤藩篱，洞开门户"；有的说修铁路会损伤地脉；有的说修铁路由公司招募股金，会败坏人心；甚至把京畿一带发生的地震，紫禁城内太和门的失火，都归之于铁路带来的灾害，真是荒诞之极。由于守旧派的坚决反对，从中法战争到中日战争的十年期间，中国近代铁路事业几乎处于停滞状态，全国建成的铁路合计不过 364 公里。

这场关于修筑铁路的论争，是围绕着在兴办洋务过程中遇到的具体问题展开的，其持续时间之长、论争之激烈是前所未有的。这场论争并非洋务派与守旧派意气之争或名利之争，而是要不要学习西学之根本问题上的分歧。与守旧派相比，洋务派开始突破传统儒学的狭隘眼界，承认西方近代文明中声光化电等物质文明之先进性，对西方物质文明持欢迎和开放态度。当然，洋务派对西方文明的认识还是比较肤浅的，其所要研习之西学仅限于近代的机器生产和科技工艺，尚未涉及西方近代科技背后的政治制度。

三、民权论与君主专制的冲突

甲午战争之后，为了挽救民族危机，以康有为、梁启超为代表的维新派掀起了维新变法运动。他们以进化论和民权平等思想批判君主专制主义，与守旧派在文化发展的许多问题上发生了尖锐冲突。两派之间论争的问题很多，归纳起来主要集中于两个方面：一是君主立宪与君主专制之争；二是民权平等与三纲五伦之争。

维新派认为，中国之所以贫困积弱并不是洋务派所说的只是"器用不如人"，而是君主专制之腐败。要挽救民族危亡，使中国转弱为强，必须对中国政治制度实行变革，用君主立宪制度取代君主专制。作为戊戌变法的领袖人物，康有为在《上清帝第二书》中提出：君主专制导致了"君与臣隔绝，官与民隔绝，大臣小臣又相隔绝"，建议在全国每十万户公举一名"议郎"，参与国家"内外兴革大政，筹饷事宜"，建立"君民同体，情谊交乎，中国一家，休戚与共"的政治局面，认为中国最理想的政体是仿照西欧三权分立的君主立宪制。

根据对西方议会民主制的初步理解，康有为对中国传统的君主专制制度进行了猛烈抨击。他指出，君本来是由民产生的，是为民办事的，所以，君若失职，民可以撤换之。他以中国历史上的封建君主为例，认为中国两千年来的政治是暴政，秦始皇以后历代帝王都是暴君。吁请"立行宪法，大开国会，以庶政与国民共之，行三权鼎立之制，则中国之治强，可计日待也"。①

　　维新派掌握的《时务报》《湘报》《国闻报》等报刊媒体，不断刊登鼓吹设议院、变政体的文章，如梁启超的《古议院考》《变法通议》《论中国积弱由于防弊》《论君政民政相嬗之理》，唐才常的《各国政教公理总论》，严复的《辟韩》《原强》等文，在当时思想界产生了巨大影响，形成了一波具有很大冲击力的舆论攻势。

　　因中国传统政治的核心是皇权专制，故皇权专制成为维新派抨击之主要对象。严复在1895年发表的《辟韩》中，着重批判韩愈在《原道》中宣扬的"尊君"之说。严复将历代君主视为孤陋寡闻的窃国大盗，并揭露君主专制统治的本质。在君主专制统治之下，全国臣民成了君主之奴隶，处于卑贱的地位，这是根本违背近代民权观念的。在近代文明国家中，君主与臣民不分贵贱，君主是人民推举的，是国家的公仆，人民才是国家的真正主人。严复指责韩愈的尊君之说是只知有一人而不知有亿兆，严厉驳斥韩愈关于君、臣、民三者关系问题的谬说，这在当时是相当深刻和大胆的。

　　梁启超以近代民权观念审视中国历史，倡导近代民权平等思想。其云："三代以后，君权日益尊，民权日益衰，为中国致弱之根源。"又说"历代制度皆为保王者一家而设，非为保天下而设，与孔孟之大义大悖!"②谭嗣同在《仁学》中，对黄宗羲的《明夷待访录》和王夫之的《遗书》极为

---

① 康有为:《请定宪法开国会折》，中国史学会主编:《戊戌变法》（二），上海人民出版社1961年版，第236—237页。
② 梁启超:《西学书目表后序》，《中西学门径书七种》，上海大同译书局光绪二十四年石印本。

赞赏，并以西方近代"民约论"为思想武器，批判中国君统思想，阐述君主之起源。谭嗣同揭示了君主专制与纲常名教的密切关联，认为君主之所以敢"虐四万万之众"，就是"赖乎早有三纲五伦字样，能制人之身者，兼能制人之心"。故谭嗣同较为集中地批判了儒家倡导的"君为臣纲"，并以"民约论"观点，论证了"民本君末、君由民择"思想，还根据"君臣平等"观点对儒家之"忠"做了近代意义上的新解释，表达了对中国君主专制的强烈不满。

康有为、梁启超等维新派认为，君权太尊是天下之大害，而解决之道在于削君权、兴民权、设议院。他们认识到：西方君主立宪的优越性在于国家设有议院和宪法，使君主的权力得到有效的制约，避免产生暴君的祸患，从根本上消除了君主专制造成的种种弊端。梁启超指出："问泰西各国何以强？曰议院哉议院哉。问议院之立，其意何在？曰君权与民权合则情易通，议法与行法分则事易就。"①严复亦要求效仿西方建立议院，以消除君民隔阂并限制君权。

在君主专制时代，君主是神圣不可侵犯的政治权威，对他们的任何不恭都被视为"大逆不道"，更遑论抨击君主专制了。维新派大胆冲破这种言论禁区，以君主立宪取代君主专制的主张，自然引起了守旧势力的恐惧和仇视。如果说洋务派在甲午战争以前有抵制守旧派阻挠洋务改革的积极作用的话，那么，在甲午战争后维新思潮勃兴的情况下，他们与守旧派一起组成了守旧势力，维护封建君主专制和纲常名教，实际起着阻挠维新思想传播之消极作用。因此，戊戌时期中西文化论争，主要是在维新派与由守旧派加洋务派组成的守旧势力构成的"旧学"营垒之间进行的。其代表人物有洋务派官僚张之洞，前国子监祭酒、长沙岳麓书院山长王先谦及其弟子苏舆，湖南绅士叶德辉、曾廉等人。由于新旧双方的政治立场截然不

---

① 梁启超：《古议院考》，《饮冰室合集》文集之一，中华书局1989年版，第96、94页。

同，他们在思想上的对立也水火不相容，从而使戊戌时期的文化论争显得格外激烈。

这些守旧势力视康、梁之说为"异端邪说"，并打着"翼教""护圣"旗号对维新派及其思想进行驳难。他们坚持"天不变，道亦不变"的宇宙观和君权论，把君主专制说成是万古不易之大经大法，认为西方君主立宪是"夫妇同权，君相易位"。守旧派士人王仁俊强调，如果废弃君臣之纲而行民主、重民权、设议院，"不十年而十三行省变为盗贼渊薮矣"，"不十年而四万万之种，夷于禽兽矣"，故其断言："民主万不可设，民权万不可重，议院万不可变通。"①

张之洞对维新派设议院、伸民权之说十分反感，认为"民权之说，无一益而有百害"，"使民权之说一倡，愚民必喜，乱民必作，纪纲不行，大乱四起。"他为君权辩护说："近日摭拾西说者，甚至谓人人有自主之权，益为怪妄。此语出于彼教之书，其意言上帝予人以性灵，人人各有智虑聪明，皆可有为耳。译者竟释为'人人有自主之权'，尤大误矣。泰西诸国，无论君主、民主、君民共主，国必有政，政必有法，官有官律，兵有兵律，工有工律，商有商律，律师习之，法官掌之，君民皆不得违其法。政府所令，议员得而驳之；议院所定，朝廷得而散之。谓之人人无自主之权则可，安得曰'人人自主'哉？"② 在他看来，设立议院"今非其时也"，对民权论流行之严重后果异常忧虑。

苏舆编辑刊印的《翼教丛编》是集中反映守旧派思想的代表作。《翼教丛编》辑有朱一新、洪良品等人与康梁等辩驳之信函，许应骙、文悌等之奏折，张之洞《劝学篇》之有关内容，王仁俊、叶德辉、王先谦等批驳康梁之文函，以及湖南绅界公讨康梁的呈文等件，集中保留了当时守旧势

① 苏舆辑：《翼教丛编》，上海书店出版社 2002 年版，第 52—53 页。
② 张之洞：《劝学篇·内篇》正权第六，两湖书院 1898 年刊印本，第 20 页。

力攻击维新派主张的文献。苏舆攻击康、梁等维新派说：以"伪六籍，灭圣经也；托改制，乱成宪也；倡平等，堕纲常也；伸民权，无君上也；孔子纪年，欲人不知有本朝也"。① 叶德辉在《正界篇序》中指责梁启超"以自主立说，平君民之权，则上下无界"。② 叶氏还强调："圣人之纲常不可改也，假平等之说以乱之；天威之震肃不可犯也，倡民权之义以夺之。"③

长沙时务学堂教习梁启超在学生课艺的批语中，发表了许多抨击时政、宣传民权的议论。叶德辉认为，梁启超关于君主立宪之说严重威胁到君主专制制度和宗法伦理制度，故专门撰写《宾凤阳等上王益吾院长书》，摘引梁启超在时务学堂课艺批答语，而逐条加以批驳，表现出新旧势力之间的尖锐冲突：④

梁启超认为变法应从皇帝降尊始，废除跪拜之礼；叶德辉批驳道：此言竟欲易中国跪拜之礼为西人鞠躬，居然请天子降尊，悖妄已极。

梁启超认为《春秋》包含了六经中论述民权的材料；叶德辉批驳道：民有权，上无权矣。欲附会六经，六经安有此说？

梁启超说："臣佐君为义"是令人甘为奴隶；叶德辉批驳道：此教人不必尽忠。无人心至此。

梁启超对英美等国设议院制约总统的权力表示赞赏；叶德辉批驳道：如此则中国幸不设议院耳。设议院而废君，大逆不道之事更多矣。

梁启超认为中国只有兴民权才不会灭亡；叶德辉批驳说：兴民权只速乱耳，安得不亡。

梁启超主张：今日变政所以必先改律例；叶德辉批驳说：如此言直欲废中律，用西律耳，是之谓贼民。

———————

① 苏舆辑：《翼教丛编·序》，上海书店出版社2002年版，第2页。
② 苏舆辑：《翼教丛编·序》，上海书店出版社2002年版，第24页。
③ 苏舆辑：《翼教丛编·序》，上海书店出版社2002年版，第64页。
④ 参见苏舆辑：《翼教丛编·序》，上海书店出版社2002年版，第8页。

梁启超认为"圣人"在"据乱世"是从不平等中求平等；叶德辉批驳道：梁启超来主时务学堂，于是人人言平等，至有皮孝廉父子之谬论。谨厚者如此，其他可知，伤风败俗，莫此为甚。

梁启超写道：臣也者，与君同协民事者也。如开一铺子，君则其铺之总管，臣则其铺之掌柜等也；叶德辉批驳道：三尺童子习闻此类谬说，湘中风俗人心之坏，恐有不可问之日矣。

梁启超与叶德辉的观点针锋相对，毫不相让，将维新派与守旧派的根本立场及主要观点作了集中展现：一方反对君主专制，一方维护皇帝独断；一方兴民权，一方尊君权；一方盛赞西方政治制度，一方则视其为洪水猛兽。

维新派用犀利的笔锋对君主专制的种种罪恶进行了空前深刻的批判，从理论上否定了君权论，动摇了君主专制赖以存在之思想基础。而守旧派则思想陈腐，论说苍白无力，难以提出有说服力的思想观点，于是就凭借自己掌握的舆论工具对维新派施加压力。荣禄威胁道："康有为立保国会……僭越妄为，非杀不可。你们如有相识入会者，令其小心首领可也。"[1] 人身攻击与强力威胁背后，暴露出守旧势力思想上的贫乏与软弱无力。这场关于君主立宪与君主专制之争，使西方近代天赋人权、三权分立、民权学说等新观念得到初步传播，推动了中国近代思想文化的深刻变革。

四、平等观念与纲常名教之争

维新派在抨击君主专制之同时，对儒家"三纲五常"观念亦进行了激烈批判。纲常名教是维护中国君主专制的伦理道德，具体表现为"三

---

[1] 苏继祖：《清廷戊戌朝变记》，《戊戌变法》（一），上海人民出版社 1961 年版，第 350 页。

纲""五常"。所谓"三纲"是君为臣纲、父为子纲、夫为妻纲;"五常"是指"君臣义、父子孝、夫妇别、长幼叙、朋友信"这五种人际关系准则。三纲五常作为中国儒家思想的核心,旨在维护人伦之间的上下、尊卑、贵贱、长幼、亲疏有别的等级关系,片面强调人们对尊者、长者、圣者的绝对服从和义务,并将这种道德要求神圣化、规范化,推广到社会生活的各个方面,成为规范人们言行思想的清规戒律。

无论是洋务派还是守旧派,均把三纲五常视为儒家文明的根本所在,极力加以维护。严复指出,"中国最重三纲,而西人首明平等",西方近代平等观念与儒家纲常名教根本上是冲突的,由"三纲"所规定的尊卑秩序与西方的平等观念是无法共存的。因此,维新派从民权平等的近代新观念出发,批驳了守旧派的纲常名教永恒论,认为三纲五常、等级尊卑不是人类生来就有的,恰恰相反,追求平等、自由则是人之本性所致。严复提出"自由为体,民主为用"的主张,认为中国在争取民权政治的同时,必须使人民拥有广泛的社会权利。严复认为,如果人民享受不到自由平等的权利,缺乏独立自主权利,包括言论自由、人人平等、人身不受侵犯、保护私有财产等方面的内容,就难以成为近代新国民。他在《原强》《论救亡之亟》等文章中指出的自由权利,包括言论自由、人人平等、人身不受侵犯、保护私有财产等方面。要实现民权、自由、平等、使国家富强,就在于更新国民的素质。严复强调:"是以今要政,统于三端:一曰鼓民力,二曰开民智,三曰新民德。"①

谭嗣同在《仁学》"自叙"中,以自己的遭遇控诉了儒家纲常名教的罪恶,大声疾呼:"冲决桎梏,冲决网罗!"其所谓"网罗"包括"利禄之网罗""君主之网罗""伦常之网罗"。谭嗣同将矛头直指儒家"名教"。当时,湖南邵阳贡生樊锥赞同康、梁变法主张,倡导平等之说,抨击儒家的

---

① 严复:《原强修订稿》,王栻主编:《严复集》第 1 册,中华书局 1986 年版,第 27 页。

纲常名教。据《邵阳士民驱逐乱民樊锥告白》称："盖平等邪说，自樊锥倡之也。人人平等、权权平等，是无尊卑、亲疏也。无尊卑，是无君也；无亲疏，是无父也。无父无君，尚何兄弟、夫妇、朋友之有？是故等不平则已，平则一切倒行逆施，更何罪名之可加，岂但所谓乖舛云乎？圣人，人伦之至，似此灭绝伦常，岂格外更有违背者乎？"他以近代平等观念来看待五常关系的观点，被湖南守旧势力视为异端邪说而遭驱逐出境。

守旧派对维新派批判纲常名教和宣传自由平等学说极为反感。在守旧派看来，封建纲常名教万万不可变，而民权平等之说万万不可倡。张之洞在《劝学篇》中断定，"君为臣纲，父为子纲，夫为妻纲"，是"不可得与民变革者也"。儒家纲常名教与民权平等观念根本冲突，舍弃了纲常名教，则中国就不为中国。故纲常名教是百世不易之大经大法。

《翼教丛编》刊行后，何启、胡礼垣等人在香港撰写刊行《〈劝学篇〉书后》，系统批驳张之洞的观点。他们认为："君民合则国势隆，君民分则国势去。民权者，合一国之君民上下而一其心者也。"①要兴民权，则必设议院。他们对张之洞的《明纲》《正权》两篇作了重点批驳。他们认为，民众的权利是与生俱来的，任何人不得以各种借口去剥夺。正因人生来有自主的权利，故君臣百姓、圣贤庸愚是平等的。其云："自主之权，赋之于天，君相无所加，编氓亦无所损；庸愚非不足道，圣智亦非有余。人若非作恶犯科，则此权必无可夺之理也。"②

维新派与守旧派围绕民主平等与纲常名教的论争，反映出两种不同的道德伦理观的根本对立。它不仅是一场影响深远的思想斗争，而且也是具有初步完整意义的中西文化论争。维新派清醒地看到中国传统文明已经落后于时代，迫切要求改变中国的落后面貌，更新旧传统。他们在对待外来

①　何启、胡礼垣：《〈劝学篇〉书后》，《新政真诠》，辽宁人民出版社 1994 年版，第 397 页。
②　何启、胡礼垣：《〈劝学篇〉书后》，《新政真诠》，辽宁人民出版社 1994 年版，第 419 页。

文明的态度上，显示出更为开阔的眼界和胸怀，不仅主张接纳西方的声光化电等器物层面上的科技工艺，而且积极主张在政治制度和社会科学学说等更深的制度层面上学习和借鉴西方，因而顺应了中国近代文明发展的方向。与维新派相反，守旧派顽固维护儒家纲常名教，拒绝接受西方制度文明和近代民权平等理念，难以适应时代发展的潮流，阻碍着中国近代文明之演进。

五、民主共和与君主立宪之争

20世纪初，欧美、日本的新知识、新理论、新学派大规模输入国内，形成了西学传播的新高潮。中国传统文明受到了西方近代文明更为猛烈的冲击，两种不同文明之间的相撞相融问题更为突出。正是在这样的时代背景下，清季十年间展开了两场规模较大的文化论争：一是君主立宪与民主共和之争；二是"欧化"与"国粹"之争。

以孙中山为首的革命派，主张以武力推翻君主专制的清政府，仿效美国建立民主共和国。而以康有为、梁启超为代表的维新派，在变法失败后仍然走社会改良道路，希求清政府实行君主立宪。这样，革命派和改良派之间发生了民主共和与君主立宪的论争。在1905年以前，两派主要围绕要不要进行革命的问题展开了辩论；1905年同盟会成立及其机关刊物《民报》创刊后，双方论战全面展开。据不完全统计，双方投入这场论争的报刊多达20余种。革命派的主要舆论阵地是《民报》，参与论战者有孙中山、章太炎、陈天华、宋教仁、朱执信等；改良派的主要舆论阵地是《新民丛报》，在论战中真正起作用的是康有为、梁启超。双方论辩的焦点，是中国仿效西方建立民主共和政体，还是建立君主立宪政体。

这场论争不仅表现了革命派和改良派在政治斗争中采取的不同纲领、

路线和策略上的对立，而且反映出双方对中西国情政情的不同看法及取舍上的差异，既有政治斗争的性质，又带有文化思想冲突的特征。在文化选择的问题上，无论是革命派，还是改良派，都反对守旧派一味固守儒家文化、反对吸收外来文明的保守态度，积极主张向西方学习。两派的文化倾向既有一致性，又有差异性。它们之间的分歧在于：中国应该走民主共和之路，还是选择君主立宪道路。

改良派的前身是戊戌时期的维新派，康有为、梁启超为其思想领袖。在维新变法失败后，康有为仍然坚持君主立宪政体，并流露出对君主专制的怀恋之情。他发表了一系列文章，鼓吹"保皇复辟"论，认为光绪是千载难逢的"圣君"，是中国振兴之希望所在，必须竭诚拥戴；中国现存在的种种灾难均为慈禧太后、荣禄等国贼造成的。康有为称赞中国历代明君圣贤一贯"爱民如子"，清廷实行了很多"仁政"，儒家伦理道德远胜过西方。他强调："夫工艺兵炮者，物质也，即其政律之周备，及科学中之化光、电重、天文、地理、算数、动植生物，亦不出于力数形气之物质。然则吾国人之所以逊于欧人者，但在物质而已。"①

康有为在《法国革命史论》中，以史论的形式盛赞欧洲的君主立宪国家，称赞欧洲君主立宪国家并认为民主制、民权论是罪恶之源。康有为对中国实行共和制度持否定意见。在他看来，人权平等、主权在民、普通人有权选举等固然很好，但在中国则行不通。因为处于君主专制时代的中国，只能经过君主立宪才能进入民主共和制的时代。梁启超在《清议报》上发表《立宪法议》，极力赞美君主立宪："君主立宪者，政体之最良者也。"1906 年初，梁启超在《新民丛报》发表《开明专制论》，集中阐述了君主立宪主张。他认为，共和制度不能在中国实行之原因，在于中国人

---

① 康有为：《物质救国论》，汤志钧编：《康有为政论集》（上），中华书局 1981 年版，第 568—569 页。

尚不具备享受共和制之资格。这种资格包括两个方面，一是民众程度未及格，思想文化水准低下，参政、议政、行政能力尚很幼稚，不能履行共和制所要求的权利和义务；二是施政机关未整备，中国缺乏实行共和制所必需的各种制度、规章、组织等社会条件。他断定，如果民众不具备这些参政资格，而强欲效颦，只能徒增扰乱。故其结论是："今日之中国，与其共和，不如君主立宪，与其君主立宪，又不如开明专制。"①康、梁等改良派尽管鼓吹民权，却尊崇君权，要"以君主之法，行民权之政"，并提出"欲兴民权，宜先兴绅权"的社会改良主张。

在与改良派的论战中，以孙中山为代表的革命派以西方民主思想为武器，不仅彻底否定了封建君主专制，而且批判君主立宪的主张，提出了建立民主共和制度的政治主张。他们指出，君主专制给国家和人民带来深重灾难，是导致中国贫困落后的根源。邹容指出，革命是"天演之公例""世界之公理"，"我中国欲脱满洲之羁缚，不可不革命；我中国欲独立，不可不革命；我中国欲与地球列强并雄，不可不革命。"呼吁进行"文明之革命，有破坏、有建设，为建设而破坏"。②

孔子之道是中国专制主义的理论基础，要革新中国，必须打破孔孟的纲常阶级之说。在批判封建三纲五常方面，革命派比维新派更加激进。他们痛斥三纲五常之毒害，提出非"扫荡三纲，煎涤五伦"不可，否则"欲提自由之空气，振独立之精神，拔奴隶之恶根，救民群之悲运，岂可得哉！"把批判的矛头指向了孔孟。

革命派赞同西方民主共和制度。因为民主共和制度真正体现了"天赋人权""平等、自由、博爱"的精神，能够恢复国民固有的人权，全面体现"民意"，是取代专制政体，医治专制制度积弊的"良药宝方"。陈天华

---

① 梁启超：《开明专制论》，《饮冰室合集》文集之十七，中华书局 1989 年版，第 53 页。

② 邹容：《革命军》，中国史学会主编：《辛亥革命》（一），上海人民出版社 1961 年版，第 333、349 页。

说："近世言政治比较者，自非有国拘流楷之见存，则莫不曰：共和善，共和善"。中国"而求乎最美最宜之政体，亦宜莫共和若"，认为共和制是近代政治制度中最理想的制度。孙中山认为，中国"三代之治"，实行的就是"共和之神髓"："共和者，我国治世之神髓，先哲之遗业也。我国民之论古者，莫不倾慕三代之治，不知三代之治实能得共和之神髓而行之者也。"① 既然在中国固有文化传统中存在共和制和民主自由精神的因素，那么在现实中实现这些东西就有足够的理由。为了使民主共和制度更适合于中国的国情，孙中山把同盟会纲领的实现分成三个时期来实施，即军法之治、约法之治和宪法之治，逐步扫除专制时代遗留下来的积弊。为实现民主共和制度设计了一条可行之路。

显然，革命派与立宪派之间、共和论与君宪论之间的思想鸿沟是明显的。不过这种分歧似乎主要属于实现政治现代化的技术、战术和策略等范畴，反映了双方着眼点的不同。立宪派主要着眼于现阶段能做什么，因此他们并没有完全或绝对排斥民主共和，只是强调现阶段只能行君主立宪，不宜实行民主共和；而革命派主要着眼于谁来做，他们认为清政府已失去了领导现代化的资格，因此当务之急是推翻清廷这个现代化道路上的绊脚石。立宪派主要关注什么有用、什么有效，不在乎什么最好，因此他们选择了较为温和保守的君宪改革模式；革命派则主要关心什么最好，不大在乎是否适用，故其选择了较为彻底激进的共和革命模式。实际上，双方在终极目标和根本价值上并无二致。他们之间的分歧和矛盾是在双方确认了政治现代化基本原则基础之上不同政治现代化具体模式之间的分歧和矛盾。因此，不应把这次思想冲突的性质与前两次思想冲突的性质完全相提并论，更不应简单地归结为"进步思想"与"反动思想"的斗争。两者在

---

① 孙中山：《与宫崎寅藏平山周的谈话》，《孙中山全集》第 1 卷，中华书局 1986 年版，第 172 页。

对许多问题的看法上有不少相通之处，但他们之间确实存在着新与旧、进步与保守的差别。

六、"欧化"与"国粹"之争

20世纪初，社会上崇洋之风更甚，欧化思潮迅速勃兴。国人逐渐将"欧化"视为中国求生存的必要手段，在清季思想文化界出现了一股"醉心欧化"思潮。吴稚晖、李石曾在巴黎创办的《新世纪》上极力提倡所谓"欧化主义"。他们指出："数千年老大帝国之国粹，犹数百年陈尸枯骨之骨髓，虽欲保存，其奈臭味污秽，令人掩鼻作呕何？徒增阻力于青年之吸受新理新学也。"[①] 在他们看来，中国这个数千年老大帝国的所谓"国粹"，已成了"陈尸枯骨"，虽欲保存，但其"臭味污秽，令人掩鼻作呕"，只能起阻碍青年吸收新理新学的作用，而不会有其他任何积极意义。西方新的文明既已诞生，那么，已成为"陈迹"的中国过去的一切历史文化，自然"当在淘汰之列"。因此，"醉心欧化"才是中华文明的唯一出路。

欧化论者多是受过系统的西方教育，对世界大势比较了解，因而对中国传统文明存在的落后面有着深切的感受，在谈论中国传统文明时往往表现出愤激心情，侧重于对它的揭露和抨击。他们的批评，有些切中传统文明中存在的弊病，表现出反封建的精神。欧化派以吴稚晖、李石曾等《新世纪》派为代表。《新世纪》周刊于1907年6月创设于法国巴黎，是革命派内部宣传无政府主义的重要刊物。其同人倡言"三纲革命""孔丘之革命""祖宗革命"，对儒家文明进行猛烈批判，颇有振聋发聩之声势。

欧化论者对西方文明抱崇敬向往态度，"尊西士为圣神，崇欧人为贵

---

① 民:《好古》,《新世纪》第24期,1907年11月30日。

种"，鼓吹"彻底输入文明"。他们则把西方文明赞誉为"近代文明之春雷"，是"度越前古、凌驾东亚"的新文明，是推动人类社会发展的"原动力"和拯救中国民族危机的"宝方良药"。西方文明在一切方面都优越于中国文明，中国必须以西方文明为榜样，实行彻底的"欧化主义"。欧美诸国被他们视为最理想的文明导师和效仿榜样。在政治上，他们向往美国、法国等实行资产阶级共和制的国家。有人甚至主张废除汉字，改用西方文字。

20世纪初的中国，以儒家思想为核心的中国传统文明落后于西方近代文明是不争的事实，随着清末新政的实施，西方各种新学理大规模输入，欧化论者的言论反映了这种大规模引入西方近代文明的要求，从总体上来说是正确的。但是，许多持欧化论者过分贬低了儒家文明的价值，对中国固有文明采取历史虚无主义的态度，盲目地否定一切，具有很大的文化偏颇，是一种不健全的文化观念。欧化论者注重文化的创新性和时代性，关注文化"无分于东西"，要吸收西方近代文明，这是应该肯定的，但其认为"万事当以进化为衡"，因而忽视了东西方文明各有创造，各有特点，从而抹杀了文明的传承性和民族性，带有明显的民族文化虚无主义倾向。

20世纪初国粹主义思潮的兴起，与"欧化主义"勃兴有关。晚清国粹主义直接从日本欧化主义与国粹主义论争中获得思想资源，受日本兴起的国粹主义思潮影响较大。日本国粹主义是为了对抗欧化主义而起的，而清末国粹主义，同样是为了抵制欧化主义而起的。1905年，曾经主编过《政艺通报》的邓实在上海主持成立"国学保存会"，创办《国粹学报》，打出"保存国粹"的旗帜，形成了以章太炎、刘师培、邓实、黄节、陈去病、黄侃、马叙伦等人为代表的国粹派。

国粹派之所谓"国学"，是中国学术文化之总称；其所谓"国粹"，指国学所含之精华。在章太炎看来，国粹就是中国历史，"为甚提倡国粹？

不是要人尊信孔教，只是要人爱惜我们汉种的历史。这个历史，是就广义说的，其中可以分为三项：一是语言文字，二是典章制度，三是人物事迹。"① 故保存国粹，就是保存与整理中国传统学术文化。从《国粹学报》发表的诸多文章看，尽管其讨论的问题相当广泛（包括排满光复、政治改革、复兴古学、历史考据、诗文辞赋等），但其关注点在纠正"醉心欧化"的偏颇并保存中华文明之精粹。

国粹派将中国传统学术文化分为两部分：一是为历代统治者所张扬的"君学"，二是为历代在野之学者所悉心研究的"国学"。既然创设国学保存会、创办《国粹学报》是为了矫正"醉心欧化"的偏颇，那么，国粹派对"国粹"自然抱有深厚的感情。在西学输入成为强势、欧化之风日炽之时，为什么通过复兴诸子学就能达到保存中国学术文化之功效？这是因为在国粹派看来，诸子学与近代西学是相通的，通过引入西学，既可以达到复兴诸子学之目的，也可以使西学转化为中国学术文化的一部分，使诸子学成为中国学术承接西方近代学术之嫁接点。

晚清国粹派的文化主张，有两点颇值得注意：

一是对孔子和儒学不是作为圣人和圣经来崇拜，而是作为历史人物和文献典籍来分析研究。他们具体阐述了独尊孔儒所造成的诸多弊害，并指出，独尊孔儒，造成思想学术的僵化、窒息。章太炎在《诸子学略说》中批评儒家"以富贵利禄为心"，"惟在趋时"，所谓"君子时中，时伸时绌，故道德不必求其是，理想亦不必求其是，惟期便于行事则可矣"。因之，"儒术之害，则在淆乱人之思想。"② 他们将儒学从独尊的统治地位降为普通学术流派，而不是如封建守旧派和洋务派那样以保存国粹来维护封建礼教，其思想启蒙价值是明显的。

二是针对"醉心欧化"论者的民族虚无主义倾向，强调民族文化的固有特性，着力发扬国粹来"激动种性，增进爱国热肠"，从中国传统文明中寻求"特别之精神"。国粹派保存国粹、对抗欧化之理论基础，是发现并着力阐发了民族文化"特性"或"国性"。黄节指出，一个民族因土地、人种、宗教不同，"于是风俗、气质、习惯遂各有特别之精神"，此种特别之精神即为"国粹"。章太炎则称之为"种性"或"国性"，刘师培称之为"一族之特性"。正因发现了民族文化的"特性"，故他们在比较中西文明时，产生了"类"文化的观念，将中西文化视为类别上的差异。因地理、人种不同，中西文明的差异是主"静"与主"动"两大独立的区域性文明差异。既然中西文明差异是由于地理环境与人种特性造成的，那么"欲易吾学以为泰西之学，则必先易吾土地人种以为泰西之土地人种"，既然土地人种难以根本改变，那么西方文明根本取代中国文明便是困难的，"欧化"也是不可能的。章太炎将文化分为"仪刑者"与"因任者"两种类型，其特性犹如木之有文、散之别："若有文木，不以青赤雕镂，惟散木为施镂，以是知仪刑者散，因任者文也。"中国文明属于"因任者"的类型，断非"醉心欧化"、效法他种文明所能成。他强调各民族文化的差异性，认为"文化犹各因其旧贯，礼俗风纪及语言，互不相入，虽欲大同，无由"。虽然醉心欧化者"盛称远西，以为四海同贯"，但昧于"徒知栌梨桔柚之同甘，不察其异味"。①

在他们看来，输入"欧化"，"必洞察本族之特性，因其势而利导之，不然勿济也。"醉心欧化者之谬误不在于输入"欧化"，而在于他们试图在否定中国传统文明基础上全盘西化，这恰恰抹杀了中国文明之民族性。中国数十年"欧化"无成，原因或许就在这里。国粹派在比较中西文明时发

---

① 章太炎：《驳皮锡瑞三书》，《国粹学报》第 6 年第 3 期。

现了民族文化的特性，将中西文明判分为相互平行而独具价值的两大区域性文明，这在当时是很深刻的见解。文化民族特性的存在决定了中西文明不可能一味照搬或模仿对方，必须尊重本民族的文化特性。邓实云："一国之立，必有其所以自立之精神焉，以为一国之国粹，精神不灭，则国亦不灭。"① 正因每种民族文化都有其"特性"，故"醉心欧化"者主张的"西方文化四海同贯"，是错误的文明选择。

从总体上看，国粹派注意到文明的传承性和民族性，反对醉心欧化，但忽视了文明的创新性和时代性。"醉心欧化"者则强调了文明的时代性，坚信西方近代文明的优越，主张积极向西方学习。就当时的文明发展趋势看，中西文明之时代性差异是主要的，欧化主义在当时无疑具有积极的进步意义。国粹派以文化民族特性批判"欧化主义"而为"国粹"争地位，实际上是将国粹主义与西学对立起来。虽然国粹论与欧化论各执一端，或者固守本国传统文明，漠视西方文明，或者完全醉心欧化，鄙弃本国文明，但其主张均有一定的合理性。正因如此，不少有识之士在保存国粹与输入欧化之间，已经看到了两者融合的可能性，并提出了引入西学整理旧学、融合欧化与国粹以创造新文化的设想。

---

① 邓实：《鸡鸣风雨楼独立书》，《政艺通报》1903 年第 24 期。

第四讲

民国时期的东西文化论争

晚清以降，关于中西文明的取舍及中国文明之走向问题，始终没有得到真正解决。1912年中华民国的成立，不仅没有结束近代以来持续展开的东西之争、新旧之争与古今之争，而且由于政局动荡和新思潮的强势输入，反而使这种论争更加频繁和深入，并在五四新文化运动前后达到了高潮。五四时期的东西文化论争，从陈独秀于1915年创办《新青年》发起新文化运动起，到1923年科学与人生观论战为止，呈现出异常复杂的情景。此时期围绕东西文化问题展开的讨论，形成了多样化的观点，并逐渐形成了东方文化派与新文化派两大阵营。双方争论的主要问题有：东西方文明孰优孰劣？东西文明存在着怎样的差异？如何看待东西两种文明的差异？东西两种文明之间能否调和？中国文明在未来世界文明中的地位和前途怎样？五四时期的东西文化论争是近代以来中西文化论争的继续和发展，是国人试图从文化问题入手，寻找解决中国近代社会问题及根本出路问题的有益尝试。

一、新文化派与东方文化派之争

五四时期的东西文化论争，是继晚清洋务与守旧、维新与洋务、革命与立宪之争而起的，但又与这些论争的思想内容有所不同。它不仅要求学习西方的"船坚炮利"、政治制度，而且要求学习西方包括人权、民主和科学等在内的核心价值及伦理道德等一切领域，以改造中国的国民性。新文化运动倡导者认为，辛亥革命之所以失败，就因为缺少这样一场文化思想上的变革。于是，他们高举"民主"与"科学"旗帜，对以儒家思想为核心的中国传统文明进行了空前未有的猛烈抨击，要求人们从沿袭几千年的儒家教条中解放出来。五四时期的东西文化论争，主要是新文化派与东方文化派之间的论争，其中较重要者为：一是以陈独秀为代表的新文化派与以杜亚泉为首的《东方杂志》派之间的论争；二是新文化派与章士钊关于新旧思想调和论的论争；三是关于对梁漱溟《东西文化及其哲学》的论争；四是《学衡派》与新文化派之间的论争；五是科学与人生观问题的论争。

（一）五四文化论争的阵营：新文化派与东方文化派

辛亥革命以后，始于明清之际的中学与西学之争，以"东方文化派"与"新文化派"的新形式展开了旷日持久的论战。其与 19 世纪末 20 世纪初"中西之辩"不同之处在于：论战双方的阵容已有变化，主题也有所转换。晚清"中学"阵营以传统守旧派和洋务派为主，"西学"阵营则以维新派和革命派为主。他们之间的论争在本质上反映了当时政治上新旧势力的两军对垒。但是，经过清末民初的政治变革和西学东渐大潮之猛烈冲击，到五四时期已经出现了一批既具备相当深厚的西学基础，又对战后西方近代文明和道德危机抱有悲观态度，转而重新从中国传统文明中寻找出路的知识分子。他们继清末"国粹派"之后结成了新的"中学"营垒，形成了所谓"东方文化派"。其代表人物有杜亚泉、章士钊、梁启超、梁漱溟、张君劢等。

如果说守旧派在晚清时期中西文化论争中对西方文明往往采取深闭固拒的强硬态度的话，那么，到五四时期持这种简单的排外主张者并不多见。尽管仍然有辜鸿铭、林琴南等文化观念较为保守者，但他们所拥有的西学知识及世界眼光，已远非此前的守旧派和洋务派所能比拟。而至于像杜亚泉、章士钊等人虽然在文化观念上趋于守成，属于近代文化保守主义者，即通常所说的东方文化派，但他们同样具有更为广博的西学知识和开阔的文化视野。他们正是运用其较为深厚的西学知识及开阔的文化视野，与新文化派相抗衡。

五四时期的东方文化派与清末"国粹派"虽没有直接的师承关系，但仍然承袭了国粹派的某些余绪。以邓实、黄节、章太炎为代表的"国粹派"倡言国学，与清末"醉心欧风"之西化派相抗衡。这种如缕似丝地抗拒"欧化"、接续"国学"之努力，延续到五四时期便出现了与西化派抗衡的新格局：先有林纾发表致蔡元培的公开信，攻击新文化倡导者"覆孔孟，灭伦常"；继有刘师培、黄侃、马叙伦支持创办《国故》月刊，为儒家的纲常礼教申辩；随后有杜亚泉主持的《东方杂志》对西洋近代文明的反思及对西化思潮的抵制；随后还有梅光迪、吴宓等人创办《学衡》，公开反对新文化运动和白话文；同时还有梁漱溟比较东西文化，倡言走"孔家的路"与中国文化复兴。这种根深蒂固的"国学"意识和剪不断理还乱的"儒学"情结，构成了与新文化运动相抗衡的文化保守主义思潮。五四时期的国故派、学衡派或东方文化派，皆与清末国粹派在文化意识及文化精神上相通，话语不出"国学""国粹"或东方文化之间，议论囿于会通、调和中西文明之际，属于近代文化保守主义者。

将五四新文化运动前后出现的诸多坚守中国传统文化价值者称为"文化保守主义者"，乃是为了与晚清时期那些极力维护社会政治现状的所谓

"政治保守主义者"相区别。文化保守主义也称"文化守成主义"，是指那种立足于中国传统文化，力图融汇古今，也有选择地吸纳外来文明，以适应时代需要的思想倾向或思想派别。这样的文化态度与政治上的保守与激进并不同步。五四时期的东方文化派是文化保守主义者，他们多是集旧学新识于一身的饱学之士，甚至游学日本、欧美多年，因此远非倭仁、叶德辉、王先谦等传统守旧派所能比拟，他们能够自觉地剔除中国传统士大夫的积习而"不必排斥欧风侈谈国粹"。① 相反，他们鉴于中国传统文明的衰落及儒学正统地位的动摇，清楚地看到顽固地坚守儒家文明实属不能，故往往为了接续和发扬儒家文明而有限度地接受西方近代文明，更多的是强调立足于儒家文明的基点上，调和折衷东西文明，着力于东西文明交接点上的变通。换言之，他们力图在东西文明之调和、折衷与变通过程中，寻求中华文明复兴之新机，探寻中华文明之出路。

五四时期东西文化论战双方的领军人物，东方文化派为《东方杂志》主编杜亚泉，而新文化派则为《新青年》主编陈独秀。两派争辩的核心问题，是东西文明的关系及中国文明的出路问题。以杜亚泉、章士钊、梁启超、梁漱溟、张君劢等人为代表的文化保守主义者，构想出一种"东方精神文明"与"西方物质文明"的二元对立结构，企图用以儒学为代表的东方文明复兴中国、超拔欧洲。鉴于第一次世界大战给欧洲带来的巨大灾难，他们断言西洋物质文明已经破产，极力鼓吹"精神救国论"，力图用以孔子及其儒学为代表的东方文明救济西方近代文明。梁漱溟极力称赞孔子，要求人们过"孔家的生活"，走到"至好至美的孔子路上来"；② 章士钊则以"不善于保旧之弊，则几于自杀"的论调，强调东西文明之调和。这种复归中国儒家文明之思路，实为五四时期思想文化界之重要显象。当

---

① 伧父：《静的文明与动的文明》，《东方杂志》第 16 卷第 10 号。
② 梁漱溟：《东西文化及其哲学》，"自序"，上海商务印书馆 1935 年版。

年痛斥保皇派的章太炎也逐渐改变了清季"订孔"思路，转而称颂孔子及儒学，"粹然成为儒宗"。以东方精神文明之优补西方物质文明之缺、以东方道德伦理主义排斥西方功利主义和自由主义，成为五四时期文化保守主义者的价值取向。

针对民初康有为的国教运动及袁世凯的尊孔复古逆流，1915年9月，陈独秀在上海创办《青年杂志》（第2卷起改名《新青年》），揭开了新文化运动的序幕。陈独秀早年曾留学日本，参加过辛亥革命。1917年初，他应北京大学校长蔡元培之聘，任北大文科学长，《新青年》编辑部也随之迁往北京。当时，在北大任教的李大钊、胡适、钱玄同、刘半农等人参加了《新青年》的编辑工作，鲁迅、周作人、沈尹默等人亦为之撰稿。《新青年》与北京大学结合，扩大了新文化阵地和影响，形成了一个以《新青年》为核心的新文化阵营。在该刊的影响下，《新潮》《国民》《湘江评论》等提倡新文化的刊物迅速涌现，武昌的"互助社"、长沙的"新民学会"、北京的"少年中国学会"及天津的"觉悟社"等进步社团纷纷成立，一时蔚然成风。

新文化运动的基本内容提倡"民主"与"科学"。陈独秀在《青年杂志》创刊号上发表《敬告青年》一文，号召青年以"利刃断铁、快刀理麻"之锐气抉择西方诸种新思想，并提出明辨是非之"六义"：自主的而非奴隶的；进步的而非保守的；进取的而非退隐的；世界的而非锁国的；实利的而非虚文的；科学的而非想象的。陈氏郑重强调："国人而欲脱蒙昧时代，羞为浅化之民也，则急起直追，当以科学与人权并重。"①为此，他们对中国传统专制、迷信及封建礼教进行了猛烈批判。他们指出，中国欲求生存，必须抛弃数千年相传的"官僚的专制的个人政治"，实行"自由的自治的国民政治"，断定"民与君不两立，自由与专制不并存，是故君主生则国

---

① 陈独秀：《敬告青年》，《青年杂志》第1卷第1号。

民死，专制治则自由亡"，主张用科学方法和科学态度来对待中国儒家倡导的思想观念和现实的社会问题，破除偶像和迷信，打破"宗教上、政治上、道德上自古相传的虚荣、欺人、不合理的信仰"，树立起"真实合理的信仰"。同时，他们对以儒学为代表的旧礼教发动了猛烈抨击。鲁迅、吴虞、易白沙、陈独秀等人发表了许多小说和论文，揭露礼教的罪恶，尖锐地批判忠、孝、节伦理道德的危害。此外，他们还对妇女解放问题、家庭问题、婚姻恋爱问题等进行了热烈讨论，倡导男女平等、人格独立及个性解放。他们发起文学革命，提倡白话文，反对文言文；提倡新文学，反对旧文学。胡适的《文学改良刍议》和陈独秀的《文学革命论》，成为白话文运动的纲领之作。

尽管新文化阵营内部后来发生了很大分化，但五四时期《新青年》杂志周围的新文化派，主要包括了陈独秀、李大钊、胡适、鲁迅、蔡元培、吴稚晖、陈序经、钱玄同、丁文江等主张"西化"论者。五四时期的陈独秀、李大钊、鲁迅等人与胡适、吴稚晖、陈序经、钱玄同、丁文江等人的文化观，在"西化"趋向上并无太大差异，旨在追求一种师法西方的近代价值观念，只是各人立论的角度及"西化"之方略、途径略有差异而已。以胡适为代表的西化派主张走欧美之路；以陈独秀为代表的西化派主张走俄国之路。这种文化选择上的分歧，导致了新文化运动后期新文化派内部的分化。经过"问题与主义"之争、"科玄论战"及马克思主义在传播活动中的数次思想论战，新文化派内部之激进的俄国派与稳健的自由派最终分道扬镳了。

（二）新文化派的东西文化观

《新青年》创刊后，以陈独秀为代表的新文化派对以儒家思想为代表的中国传统文明进行了猛烈批判，提倡"所谓新者就是外来之西洋文化，所谓旧者就是中国固有之文化"，并认为，"新旧之不能相容，更甚于水火冰炭之不能相入也"，①倡导新思想、新观念和新道德，公开主张以西方近代文明来取代中国固有文明。新文化派倡导输入西方近代文明，是建立在对中西文明进行优劣比较基础上的。陈独秀先后发表《法兰西人与近世文明》《东西民族根本思想之差异》，李大钊发表《东西文明根本之异点》《新的！旧的！》等文，从政治习惯、伦理道德、社会风俗等方面比较了东西文明之差异，论证西方近代文明比中国儒家文明优越，中国必须输入并接受西方近代文明。

陈独秀在《青年杂志》创刊号上发表的《法兰西人与近世文明》，明确地把中国文明定为"未能脱古代文明之窠臼"的"犹古之遗"，其内容"不外宗教以止残杀，法禁以制黔首，文学以扬神威"，并认为以人权说、生物进化论、民主主义为特征的西方近代文明，才是代表世界文明发展方向的新文明。随后，他在《新青年》发表了《东西民族根本思想之差异》，把东方文明和西洋文明加以比较后，概括出两种文明的特点：西洋民族以战争为本位，东方民族以安息为本位；西洋民族以个人为本位，东方民族以家族为本位；西洋民族以法治、实利为本位，东方民族以感情、虚文为本位。正是在比较研究的基础上，他得出了这样的结论：中西文明的差异是时代的差异，中华文明落后于西洋文明。中国"若是决计革新，一切都应该采用西洋的新法子，不必拿什么国粹、什么国情的鬼话来捣乱。"②

陈独秀揭示中国传统文明之落后性，肯定西方近代文明的优越性之目的是很明显的：以西方先进文明代替中国落后的儒家文明，达到改造中国社会的目的。他强调："如今要巩固共和，非先将国民脑子里所有反对共和的旧思想——洗刷干净不可。""否则不但共和政治不能进行，就是这块

---

① 汪淑潜：《新旧问题》，《青年杂志》第 1 卷第 1 号。

② 陈独秀：《今日中国之政治问题》，《新青年》第 5 卷第 1 号。

共和招牌，也是挂不住的。"①

1917 年 4 月，李大钊发表《动的生活与静的生活》，次年 7 月，他又发表了《东西文明根本之异点》等文。他虽然与杜亚泉相似，也将中西文明的特性概括为"静的文明"和"动的文明"，但是李大钊的观点却与杜亚泉有很大区别。其不同之处在于：李大钊认为造成两种文明分歧的根源固然是很复杂的，不仅有地理环境和文化背景的不同，"而其最要之点，则在东西民族之祖先，其生活之依据不同"。东方生计"以农业为主"，西方生计"以工商为主"。由于这两种经济生活的区别，由此导致了思想、哲学、宗教、伦理、政治等方面几十项文明因素的具体差异。这两种文明进化到了近代，中国"静的文明，精神的生活，已从处于屈败之势"，而西洋"动的文明，物质的生活"，"实属优越之域"。西洋整个社会绝不是"以静为基础"，而是出现了"动"的潮流。在这"动"的潮流面前，若"守静的态度，持静的观念，以临动的生活，必至人身与器物，国家与制度，都归粉碎"。当今不是西洋"动"的文明依靠中国"静"的文明以济穷救弊，而是要"竭力以受西洋文明之特长，以济吾静止文明之穷，断不许以义和团的思想欲以吾陈死寂灭之气象腐化世界"。②

李大钊强调的是西方文明比东方文明"实居优越之域"，而"中国文明之疾病已达炎热最高之度，中国民族之命运已臻奄奄之垂死之期"。故主张中国应当"竭力以受西洋文明之特长，济吾静止文明之穷"。中华文明的出路不是以中国儒学来统整世界文明，而必须是东西两种文明各"以异派之所长补本身之所短，世界新文明始有焕扬光采、发育完成之一日"。他提出："希望吾青年学者出全力以研究西洋之文明，以迎受西洋之学说，同时将吾东洋文明之较与近世精神接近者介绍于欧人，期于东西文明之调

---

① 陈独秀：《旧思想与国体问题》，《新青年》第 3 卷第 3 号。
② 李大钊：《东西文明根本之异点》，《言治》季刊第 3 册，1918 年 7 月。

和有所裨助，以尽对于世界文明二次贡献，勿令欧人认此陈腐固陋之谈为中国人之代表。"① 东西文明"疏通""调和"之后产生之"第三新文明"，乃为中国所要建构的近代新文明。

（三）以杜亚泉为代表的东方文化派的观点

陈独秀等人关于东西文明的观点发表后，立即遭到杜亚泉等人的坚决反驳。从 1916 年开始，《东方杂志》主编杜亚泉，以"伧父"为笔名，连续发表《静的文明与动的文明》《战后东西方文明之调和》《迷乱之现代人心》等文，阐明自己对东西文化问题的观点，与陈独秀等人进行论战。

杜亚泉将西洋文明概括为"动的文明"，而将中国文明概括为"静的文明"，认为两者之间的差异是民族性的"性质之异"："西洋文明与吾国固有之文明，乃性质之异，而非程度之差；而吾国固有之文明，正是以救西洋文明之弊，济西洋文明之穷。"他指出，欧战的惨烈使"吾人对于向所羡慕之西洋文明"不能不产生怀疑，不可不变其盲从之态度，主张用中国固有"静的文明"来救济西洋"动的文明"的弊端。其云："而吾国固有之文明，正足以救西洋文明之弊，济西洋文明之穷者。西洋文明浓郁如酒，吾国文明淡泊如水，西洋文明腴美如肉，吾国文明粗粝如蔬，而中酒与肉之毒者则当以水及蔬疗之也。"② 他告诫国人不要受西方物质文明的"眩惑"，坚持要以儒家思想为是非之标准。他指责新思想、新文化自西方输入，"直与猩红热、梅毒等之输入无异"，破坏了以儒家思想为举国上下衡量是非的统一标准，造成"人心迷乱""国是丧失""精神破产"。而要结束这种混乱的局面，只有以儒家思想来加以"统整"，使西洋学说"融合于吾固有文明之中"。可见，杜亚泉对中西文明的主张，实质上仍未跳

---

① 李大钊：《东西文明根本之异点》，《言治》季刊第 3 册，1918 年 7 月。
② 伧父：《静的文明与动的文明》，《东方杂志》第 13 卷第 10 号。

出"中体西用"的范围。

杜亚泉并不否认东西文明之间的差异，但他坚持认定两种文明之间的差异是民族性差异并非时代性差异，进而否认东西文明存在着优越与落后之分，认为东西文明各有利弊，不存在取此舍彼的问题。其云："盖文明之价值，不能不就其影响于人类生活者平定之。"[1]西洋社会虽然科学先进，经济发达，但已经"陷入混乱矛盾之中，而亟亟有待于救济"。[2]东洋文明虽然也有陋弊，但在精神文明上高于西方，故"吾人当确信社会中固有之道德观念，为最纯粹最中正者"；"吾国固有之文明，正是以救西洋文明之弊，济西洋文明之穷者"。[3]

杜亚泉不赞同人们像晚清守旧派那样对西方文明采取盲目排斥的态度，认为"仅仅效从顽固党之所为，竭力防遏西洋学说之输入，不但势有所不能、抑亦无济于事"，而应该坚守中国"精神文明"优于西方"物质文明"的基本立场，去评判东西文明的优劣并实行相互的"取长补短"。他认为"精神文明之优劣，不能以富强与否为标准"，西洋人于"物质上虽获成功"，但"其精神上之烦闷殊甚"。相反地，中国社会在物质上抱"不饥不寒，养生丧死无憾"，精神上"确信"我国"固有之道德观念，为最纯粹最中正者"。换言之，即"谋道不谋食，忧道不忧贫"。因此，东西文明不仅是静的文明与动的文明的差异，而且还是精神文明与物质文明的差异。西洋动的文明及物质文明，远远低于中国静的文明及精神文明，是显而易见的事情。他分析道："凡社会之中，不可不以静为基础"，故西洋"动"的文明需依靠中国"静"的文明以救弊。[4]

杜亚泉在随后发表的《战后东西文明之调和》中，对第一次世界大战

---

[1] 伧父：《战后东西方文明之调和》，《东方杂志》第14卷第4号。

[2] 伧父：《迷乱之现代人心》，《东方杂志》第15卷第4号。

[3] 伧父：《静的文明与动的文明》，《东方杂志》第13卷第10号。

[4] 伧父：《静的文明与动的文明》，《东方杂志》第13卷第10号。

后中西文明的调和问题做了专门阐述，认为中国不必效仿西洋文明，应该充分肯定中国文明的价值和地位。其云："平情而论，则东西洋之现代生活，皆不能认为圆满的生活，即东西洋之现代文明，皆不能许为模范的文明；而新文明之发生，亦因人心之觉悟，有迫不及待之势。但文明之发生，常由于因袭而不由于创作，故战后之新文明，自必就现代文明，取其所长，弃其所短，而以适于人类生活者为归。此固吾人所深信不疑者也。"① 正因如此，杜亚泉呼吁，"名教纲常诸大端""为吾国文化之结晶"，是不能丢掉的；而西方输入的"权利竞争，今日不可不使之澌灭"。②

杜亚泉对东西文明的比较及提出的文化主张，有一定的合理性。他反对全盘否定中国传统文明，肯定中华文明有其自身的价值，这是应该肯定的，也是能够站住脚的。他弘扬中国传统文明的长处，也正视了民族文化的短处，旨在通过东西文明的调和，创建以中国传统文明为根基的中国近代新文明。这样的动机及在这种动机下对东西文明问题所进行的分析和研究，体现了其对民族命运的关怀和中华文明前途之担忧。他在《迷乱之现代人心》中发出"国是之丧，为国家致亡之由"的慨叹，表明了其文化保守主义的立场及反对全盘输入西方文明的缘由。

然而，杜亚泉对东西文明的分析及所得出的结论，从根本上是错误的。他过分夸大了西方近代文明的弊端，误解了欧战对西方近代文明的消极影响，错误地认为欧战标志着西方近代文明的破产，暴露了西方近代文明的弊端和危机，而这种弊端和危机必须靠中国文明来救济和弥补。这样的论断，显然是其对西方近代文明的误解，没有看到西洋近代文明自我调整能力及其强大生命力，其对中华文明的落后性尚缺乏深刻的反省。他坚持认定东西文明的差异是"性质之异而非程度之差"，仅仅看到了两种文

---

① 伧父：《战后东西文明之调和》，《东方杂志》第 14 卷第 4 号。
② 伧父：《迷乱之现代人心》，《东方杂志》第 15 卷第 4 号。

明的民族性差异，而否定了两者之间更为明显的时代性差异。实际上，东西两种文明之间虽然存在着民族性差异，但并非根本上的性质差异，而是时代性的差异，是处于农业社会及宗法社会中的中国传统文明，与处于工商社会及市民社会中的西方近代文明之间的差异。时代性的差异才是东西文明差异之主要方面。正因杜氏坚持东西文明的民族性差异，故根本否认西洋近代文明优于中国传统文明，中华文明应该输入并接受西方近代文明，而恰恰得出了相反的结论：西洋近代物质文明远没有中国精神文明优越，故需要中国精神文明去救济西方近代文明之"弊"，需要儒家文明去"统整"西洋近代文明。这样的结论，显然是与整个时代发展的潮流背离的，实际上是无益于中国近代新文明建构的。

杜亚泉对东西文明的比较及对新文化运动的抨击，在当时思想文化界产生了较大影响，因而不能不引起陈独秀、李大钊等人的重视和更为严厉的反驳。陈独秀指出：文艺复兴以后的欧洲文明，显然已胜过中华文明，不输入欧洲文明，固有的文明能保民族竞存于 20 世纪吗？在共和政体之下，提倡保存"国是"，当作何解？"谓之迷乱，谓之谋叛共和民国，不亦宜乎。"他驳斥了杜亚泉把"儒术孔道"当作中国不可动摇的国基，把"君道臣节名教纲常诸大端"之类"固有文明"当作"统整"中西思想文化的"绳索"，而把西方文明输入说成"直与猩红热梅毒等之输入无异"的言论。他指出："吾人不满于古之文明者，乃以其不足支配今之社会耳，不能谓其在古代无相当之价值；更不能谓古代竟无其事，并事实而否认之也。不但共和政体之下，即将来宽至无政府时代，亦不能取消过去历史中有君道臣节名教纲常及其种种黑暗之事实。"[1] 在他看来，西洋文明输入后破坏中国传统文明中之"君道臣节名教纲常"是很正常的事情，因此导致以儒家文明为根基的"国是丧失"及"精神界破产"，也是不可逆转之必然。

---

[1]　陈独秀：《再质问〈东方杂志〉记者》，《新青年》第 6 卷第 2 号。

在这场东西文化问题的论争中，新文化派坚持西方近代文明比中国传统文明优越的基本立场，坚持输入西方近代民主与科学，对中国传统思想文化进行猛烈批判，其主流无疑是正确的，代表了中国近代社会历史发展的方向。但也同时存在着绝对化、简单化的缺点。如陈独秀强调"无论政治学术道德文章，西洋的法子和中国的法子，绝对是两样"，并主张"若是决计革新，一切都应该采用西洋的新法子"，"因为新旧两种法子，好像水火冰炭，断断不能相容，要想两样并行，必至弄得非牛非马，一样不成。"①显然仅仅强调了两种文明存在的时代性差异，从而忽视甚至否认了文明的传承性和东西两种文明之间的民族性差异。这种偏激的论断尽管有其一定的合理性，但因缺乏科学的分析态度，难以为杜亚泉等人所接受。因此，五四时期关于东西文化论战尽管进行得非常激烈，但并没有使东西文化问题得到真正的解决。

二、新旧思想能否调和之争

随着新文化运动的深入，公开拒绝西洋近代文明显然是不合时宜的。故此，那些文化守成者不再像传统的卫道士那样把儒家文明说成完美无缺而加以否定，而是从新旧文明应当调和的角度来阻止西方近代文明之输入，进而否定新文化运动。杜亚泉在与陈独秀围绕东西文化论战时，就发表了《战后东西文明之调和》，首先提出了东西文化的调和问题。他认为，新旧的意义因时而异，戊戌时代以主张西洋文明者为新，现时则以创造未来文明者为新；目前西洋文明已不能适应新时势，"中国固有文明，虽非可直接应用于未来世界，然其根本上与西洋现代文明差异殊多，关于人类

---

① 陈独秀：《今日中国之政治问题》，《新青年》第 5 卷第 1 号。

生活上之经验与理想，颇有足以证明西洋现代文明之错误，为世界文明之指导者。"现时代之新思想，可为戊戌时期新旧思想之折衷，故其赞同"折衷论"，提出了东西文明的"折衷之道"："吾人主张以现代文明为表，以未来文明为里。表面上为奋斗的个人主义，精神上为和平的社会主义。"①而陈独秀在《东西民族根本思想之差异》中则断定：东西民族根本思想"若南北之不相并，水火之不相容"，故主张两种文明不能调和。这样，在新旧思想能否调和的问题上，东方文化派与新文化派存在着较大分歧。这种分歧，在1919年骤然成为文化论战的主题。

1919年秋，章士钊先后在上海、广州、杭州等地发表演讲，鼓吹新旧调和之说。其新旧调和论的理论基础，是所谓"移行说"。其云："宇宙之进化，如两圆合体，逐渐分离，乃移行的而非超越的。既曰移行，则今日占新面一分，蜕旧面亦只一分。蜕至若干年之久，从其后而观之，则最后之新社会，与最初者相衡，或厘然为二物，而当其乍占乍蜕之时，固乃是新旧杂糅也。此之谓调和。调和者，社会进化至精之义也。"他认为，社会无日不在进化之中，社会各种利益及思想情感也在调和之中，社会总是在新旧杂糅中进化的，"不有旧，决不有新，不善于保旧，决不能迎新；不迎新之弊，止于不进化，不善于保旧之弊，则几于自杀。"他说：正确的态度应是一面"开新"，一面"复旧"："物质上开新之局，或急于复旧，而道德上复旧之必要，必甚于开新。"只有促使新旧文明的调和，将东西文明"熔铸一炉"，庶几做到"国粹不灭，欧化亦成"。② 这种新旧折衷论，表面看来不偏不倚，实际上仍是要把西洋文明"融合于吾固有文明之中"。章士钊还以历史文化的继承性为论据，强调任何新文化都是在旧文化基础上发展起来的，新旧不能截然分割，新文化的建设必须走新旧调和之路。

---

① 伧父:《新旧思想之折衷》,《东方杂志》第16卷第9号。
② 章士钊:《新时代之青年》,《东方杂志》第16卷第11号。

表面看来，章士钊的调和论似乎更为成熟、更为理智。但实际上是晚清"中体西用"论之翻版。由于它貌似公正、又有科学的依据（移行说），颇具影响力，故此论一出，"调和""折衷"之声蜂起。陈嘉异发表《我之新旧思想调和观》《东方文化与吾人之大任》等文予以响应。陈氏认为，东方文化具有西方文化所不具备的四项优点：（一）东方文化是独立的、创造的，西方文化是传承的、因袭的，两者之起源有根本不同之点，实足对峙为世界文化之二元；（二）东方文化在有调和精神生活与物质生活之优越性，而尤以精神生活为其关键，最能熔冶为一体；（三）东方文化具有调节民族精神和时代精神的优越性；（四）东方文化具有由国家主义到达世界主义的优越性，特别是以世界主义为归宿，故将来的世界文化必然是东方文化。

章士钊的主张虽与杜亚泉的主张在表述上有所不同，但实质上均为东西文化调和论，章氏显然是呼应了杜亚泉等人的观点。对此，《新青年》《新潮》《晨报》《觉悟》等刊物纷纷发表文章，对"新旧调和论"进行回击。张东荪的《突变与潜变》《答章行严君》《答潘力山君与程耿君》，蒋梦麟的《新旧与调和》《何谓新思想》，常乃德的《东方文明与西方文明》等文，对新旧思想调和论进行了严厉批评。

张东荪认为，守旧论不足为害，因为它无法阻挡新思想的输入，但调和论却足以消灭社会改造的动因。所以对于这种调和论他不能不"提出异议"，加以批驳。他首先运用抵费里（Devrie）发明的"突变"论作为反对移行说的科学依据，说明输入新思想与社会变动的关系："比如我们鼓吹新思想便是制造潜变（下变的种子），决不能与旧的调和，一调和了，便产不出变化。"[1]随后，他详细界定了"调和"的内涵。认为"调和有二个意思，一个是甲乙化合变为丙，一个是甲乙互让"，前者是自然现象，

---

① 东荪：《突变与潜变》，《时事新报》1919 年 10 月 1 日。

后者是人为的调停；章士钊的"调和"实际上是指人为的调停。他指出，章士钊所举的"新旧杂存"现象诚然存在，但那只是"共存"即两个东西同时存在，这两个虽则同时存在，却不是调和；"相同"也不是调和，譬如说旧道德主张克己，与新道德主张利他是相同的，只要取了新道德便够了，也无所谓调和。他强调，新旧思想的真正调和是双方融合变成丙种新思想，它是按照自然的趋势而变化。根据这样的道理，他说明了当时新旧思想不能调和的原因。输入西方文化是"变的酝酿"，然而"酝酿"是不能调和的，一经调和就把未成熟的新思想消灭了。现在中国处于新文化输入阶段，当务之急是准备变因、培育新机，即输入西方文化，而不是作人为调停工作。所以，他认为"守旧论不足阻害新机，而调和论最危险"，①章士钊的调和论，实际上阻挡了新思想的传播和西方文明的输入。

蒋梦麟在《新旧与调和》中指出，新思想是一种态度，"抱着这个态度的人视吾国向来的生活是不满足的，向来的思想，是不能得知识上充分的愉快的。所以他们要时时改造思想，希望得满足的生活，充分愉快的知识活动。"既然新思想是一种态度，那么抱有旧思想的人也是会改变自己的态度的。蒋梦麟认为，新旧调和是自然的趋势，"抱新思想的人渐渐把他的思想扩充起了，抱旧思想的人自然不知不觉地受他的影响，受他的感化，旧生活渐渐自然被新生活征服——旧思想渐渐被新思想感化。新陈代谢是进化的道理，自然的趋势，不是机械的调和"。这种调和既然不是人为的，新旧之间也就用不着调和派来倡导。在新陈代谢的时候是不能讲调和的："两个不同的目的，怎么可以调和呢？我不是说调和派是没有用的，我说现在讲调和还太早。……新陈代谢的时候，讲不来调和的。"②

---

① 东荪：《答章行严君》，《时事新报》1919 年 10 月 12 日。
② 梦麟：《新旧与调和》，《晨报》1919 年 10 月 13 日。

杜亚泉发表《何谓新思想》加以辩驳，矛头指向蒋梦麟"新思想是一种态度"的观点。他指出："态度非思想，思想非态度，谓思想是态度，犹之谓鹿是马耳。态度呈露于外，思想活动于内，态度为心的表示，且常属于情的表示；思想为心的作用，且专属于智的作用。二者焉能混而同之。"他反对推倒一切旧习惯，指责这是出自感性的冲动，而不是理性的思想；旧习惯的破坏，应是新思想成立后的自然结果。杜氏呼吁要以理性领导情欲，不要盲目推翻自己不喜欢的东西。他提出："盖旧习惯之破坏，乃新思想成立后自然之结果。新屋既筑，旧屋自废；新衣既制，旧衣自弃。"①

1919 年 12 月，陈独秀在《新青年》上发表《调和论与旧道德》一文，系统地阐述了自己对调和论的观点。他认为，新旧杂糅、调和缓进，是客观存在的自然现象，不是人们的主观主张，但这是一种"不幸的现象"，新旧调和论则是一种"不祥的论调"，反映了"社会的弱点"。这种现象是由人类惰性造成的，"改新的主张十分，社会惰性当初只能够承认三分，最后自然的结果是五分；若是照调和论者的意见，自始就主张五分，最后自然的结果只有二分五。"从这种观点出发，他认为"物质上应当开新，道德上应当复旧"的命题是根本错误的，因为包括西洋在内的一切不良社会现象都是旧道德造成的，都应革除。他公开申明："我们主张的新道德，正是要彻底发达人类本能上光明方面，彻底消灭本能上黑暗方面，来救济全社会悲惨不安的状态，旧道德是我们不能满足的了。所以若说道德是旧的好，是中国固有的好，简直是梦话。"②

这场关于新旧调和问题的论争，虽然是以新旧道德及新旧思想能否调和为论题，但实质上是对东西两种文明的取舍之争。调和论者实际上仍然

---

① 伧父：《何谓新思想》，《东方杂志》第 16 卷第 11 号。
② 陈独秀：《调和论与旧道德》，《新青年》第 7 卷第 1 号。

偏重固守中国传统文明，陈独秀等人反对新旧调和，旨在坚持革旧创新，以西方近代文明取代中国传统文明。

李大钊在《东西文明根本之异点》一文中，虽然赞同东西文明的调和，反对以一种文明对另一种文明进行征服，但其调和东西文明的主张与章士钊等人的新旧思想调和论有着很大的区别。章士钊认为，调和是"新旧杂糅"，是在保存旧的基础上进行，结果仍是复旧；李大钊则认为新旧调和是"对抗"与统一并存，是在吸收新思想基础上进行的，其结果是"创新"。他随后发表了《物质变动与道德变动》和《由经济上解释中国近代思想变动的原因》两篇重要文章，对章士钊提出的"物质开新，道德复旧"的调和论进行了有力抨击。李大钊指出：道德是随着生活状态因时因地而常有变动的，因而有新旧问题的发生。新生活新社会必然要求一种与其适应的新道德出现，故其得出结论："新道德既是随着生活的状态和社会的要求发生的，就是随着物质的变动而有变动的，那么物质若是开新，道德亦必跟着开新，物质若是复旧，道德亦必跟着复旧。因为物质与精神原是一体，断无自相矛盾、自相背驰的道理。可是宇宙进化的大路，只是一个健行不息的长流，只有前进，没有反顾；只有开新，没有复旧；有时旧的毁灭，新的再兴。这只是重生，只是再造，也断断不能说是复旧。物质上，道德上，均没有复旧的道理！"① 从而否定了东方文化派提出的将旧道德与新物质，将东方精神文明与西方物质文明加以"调和"的文化模式。他用唯物史观的基本观点对旧道德所作的解剖是非常深刻的；他从经济基础的决定因素分析新文化必然取代旧文化的必然性，也是很有说服力的。

这场关于新旧思想调和问题论争的本质，仍然是输入和接受西方近代文明的问题。新文化派坚持"西方近代文明优越于中国文明"的基本立

---

① 李大钊：《物质变动与道德变动》，《新潮》第2卷第2号。

场，反对新旧思想的折衷与东西文明的调和。尽管其有相当大的偏颇和武断性的结论，但其基本方向是正确的。五四时期正处于西方近代文明输入初期，中国传统势力仍然强大，输入一点新的西方文明，就不可避免地要受到旧势力的反对和旧习惯的阻挠，所以，"输新"与"反旧"势必立于对立地位。即使陈独秀不激烈地反对旧文化，旧势力也不会停止对新思想的阻挠。此时若人为地进行所谓新旧思想的"调和"与"折衷"，便会扼杀新思想与新文明输入之机缘。故此时绝没有新旧"调和"之余地，也不具备东西文明"调和"之条件。

但这并不意味着新旧思想及东西文明之间根本不能调和。实际上，东西文明之调和折衷，是文明交流的必然趋势；中国近代新文明的创建，必须建立在东西文明的沟通、调和与融汇之上。这样看来，章士钊等人主张"调和"论在抽象原则上是能够成立的，只是东西文明调和的时机不成熟。随着中西文明势力之消长，东西文明调和的条件在 20 世纪 30 年代日趋成熟：西方文明的输入已渐成气候，中国开始走上了全面接受西洋文明之路。此时中国人所面临的主要问题，不再是讨论应不应输入采用西方文明，而是怎样输入和吸收西方文化的问题；不是破坏中国旧文化以为西洋新文明输入开辟新道路的问题，而是在输入西洋新文明的基础上，肯定中国旧文化之固有价值，以创建中国现代新文化的问题。由于中国近代文化发展的中心任务发生了变化，人们对东西文明的态度自然也随之改变。西方文明还要继续输入，因为这是中国走上近代化、世界化的保障，是西方近代文明立于世界文化地位的客观形势使然。但另一方面，中国必须着手创建近代新文明，而中国近代新文明之建设不是凭空而来的，必须依靠中国人在中国文化土壤上重建，这就需要对中西文明进行沟通与调和。为此，五四时期反对章士钊调和论的张东荪等人，开始改变立场并公开主张中西文化的调和。其云："我们所应努力的不在顺着自然的趋势以助长一方，推倒他方，乃只在于设法使各得相当的安排，互有界限，不出范围，化冲突而为调和。"①从30年代以后张东荪思想发展趋向上看，他对"调和"还是十分赞赏的，认为中西文明之所以纷争不断，是由于不明"调和之道"之故。

30年代以后张东荪的"调和"主张似乎与五四时期反对"调和"论是矛盾的。但认真分析后便会发现，这实际上是合乎张氏思想发展逻辑的。五四时期张东荪反对章士钊"调和"论的依据是："酝酿是不能调和的，现在是思想的潜变时代，所以不能调和。一经调和，那末成熟的新思想便消失了。也就是社会的潜变时代，在社会改造以后可以调和，在未改造以前，一讲调和，就把改造的动因消失了。"②他认为，在新思想传入的"潜变时代"不能进行新旧调和，而到了新思想输入之后，潜变时代基本结束了，新旧思想则必须进行调和。因此，在五四新文化输入时代，讲任何形式的调和都是错误的，都应反对；相反，当西方文明在中国的输入早已不成问题并具备了调和条件时，必须调和中西文明才能产生出中国近代新文明。由于文化主潮已由新思潮输入时代（潜变时代），转为如何应对西方文化输入后中国文化问题的时代，甲早已立，乙早已立，甲乙混合而化合成"丙"的条件已成熟，必须致力于中西文明的"调和"。

三、《东西文化及其哲学》引发的论战

五四新文化运动的反孔批儒，根本上动摇了儒家思想的基础，儒家文明的核心理念——纲常伦理及封建礼教受到猛烈批判，为以民主与科学为核心的中国近代新文明的创建开辟了道路。正当五四先进分子猛烈批儒并

---

① 张东荪：《思想自由与文化》，《文史月刊》第1卷第10期，1937年1月20日。
② 东荪：《答章行严君》，《时事新报》1919年10月12日。

拥抱西方近代民主与科学之时，西方文明内部却出现了严重问题。第一次世界大战不仅打碎了部分中国人学习西方文明的迷梦，而且使西方人对自身文明的价值也产生了某种程度的怀疑，开始思考如何整治西方文明的弊病，中西文明之间的关系由此发生了深刻变化。以罗素为代表的西方哲人出于对其民族文化命运的关怀，将目光转向以儒家文明为代表的东方文化，在某种程度上赞美孔子伦理之优越，而对西方近代物质主义和科学主义进行反思。他们以东方文明的优长之处来弥补西方近代文明之不足，并不意味着东方文明在整体上比西方近代文明高明，而只是认为西方可以向中国学习某些沉思的智慧。西方哲人的这种态度，表明西方近代文明的自我调控功能并未因第一次世界大战的摧残而失灵。西方学者的这种表现，既不意味着西方近代文明真的走向没落，更不意味着只有中国传统文明才能拯救世界近代文明。

罗素等西方哲人态度转变刺激了当时的许多中国人，部分中国人对西方近代文明的境况出现了某种程度的误解。他们误以为西方近代文明不可学，从而陷入自我陶醉和盲目乐观之中；他们误以为儒家学说不仅能够引领中国步入文明发展的新阶段，而且能够拯救西方近代文明，使世界步入儒家理想中的世界大同。因此，他们对西方近代文明的弊端大加揭露，并竭力鼓吹儒家思想的新发展。

梁启超在欧战以后，其思想开始发生根本变化，特别是在其欧洲之行后，提出了"复活东洋文明"之主张。1920 年春，其《欧游心影录》结集出版。他在该书中指责"纯物质、纯机械的人生观"支配欧洲人的生活，致使人们利欲熏心、道德沦丧，并以自己经历的见闻来说明西方近代文明已经"破产"，"科学万能"的迷梦已经破产。他认为，经第一次世界大战后西方文明已陷入绝境，而东方文明或许可以拯救世界。他对近世以来以"科学"为代表的西方文明进行了猛烈抨击："欧洲人做了一场科学万能的大梦，到如今都叫起科学破产来，这便是最近思潮变迁的一个大关键。"

他认为东方文明负有伟大的责任，这个责任就是："把自己的文化综合起来，还拿别人的补助他，叫他起一种化合作用，成了一个新文化系统。"①梁启超《欧游心影录》的发表，无疑是对五四新文化派"反传统"和鼓吹"西化"的反动。这无异于"中学"向"西学"挑战，为五四运动后东西文化论战拉开了序幕。

1921年8月，梁漱溟在山东济南作了《东西文化及其哲学》的讲演，从文化渊源、人生哲学的角度对新文化运动进行了总清算。这是文化保守主义者对五四新文化运动以来反孔批儒、提倡"西化"的第一次认真反思。这个讲演随后以《东西文化及其哲学》为名正式出版，立即引起文化界的轰动。蒋百里称该书为"震古烁今之作"；胡秋原认为该书"有独创的意义和可惊叹的深刻思想力"。

梁漱溟在该书中认为，中国应该引进西方近代文明，赞同让"科学与民主"在中国得到充分发展。他认为民主与科学"这两样东西是西方化的特别所在，亦即西方化的长处所在"，所以，"这两种精神完全是对的，只能无批判无条件地承认……怎样引进这两种精神实在是当今所急的；否则，我们将永远不配谈人格，我们将永远不配谈学术。"故其申明："我们提倡东方文化与旧头脑的拒绝西方文化不同。"但同时认为，"这时候不但学不来，也不能这般模模糊糊就去学的。"故其对西方文明采取了严厉批评态度，不是主张学习这两样好东西，而是主张把中国原有的文化精神拿出来。他认为，在不远的将来是中国文化的复兴，它如同西方文明在经过漫长的中世纪之后复兴一样。因此，梁漱溟阐述的东西文化观之重点，是如何在西方文明冲击下重新把中国文化精神恢复和发扬光大起来。

该书以儒家人生理念批评西方近代世俗工具理性的非价值性，力倡儒

---

① 梁启超：《欧游心影录》，陈崧编：《五四前后东西文化问题论战文选》（增订本），中国社会科学出版社1989年版，第390页。

家文明的复兴。他认为，"文化并非别的，乃是人类生活的样法。"而生活就是"奋斗"，奋斗就是应付困难，解决问题。但他对"生活的样法"却有独特的解释。他认为，文化的不同是生活样法的不同，生活样法的不同，是生活路向和人生态度的不同所致。"生活的样法"主要有三种：一是奋力取得所要求的东西，即遇到问题，努力想法克服，改造局面，使之有利于我们的要求。二是遇到问题不去要求解决，改造局面，而是在这种境地上求自己的满足。三是遇到问题则取消问题。根据这样的标准，他把世界文化相应地划分为三种类型：欧洲文化、中国文化和印度文化，并认为这三种文化代表着三种"生活的样法"不同的路向。他指出：欧洲文化代表着"意欲向前"的第一种路向，其特征为主功利而略于人事，人生哲学不发达；中国文化代表着"调和持中"的第二种路向，其特征是顺和自然，一任自觉不计利害，求平衡、中庸，人生哲学最发达；印度文化代表着"反身向后"的第三种路向，其特征是超凡脱俗，出世的宗教哲学很发达。中、西、印三种文化走的不是一条路，而是三条路向。所以，中国文化如按原来的路向发展下去，怎么也走不到西方的路上去。故他也反对中西文化的调和，从而阐述了自己对中国文化及世界文化出路问题的独特看法。

梁漱溟指出，印度文化是人类文化早熟的结果，不切实际；中国人既不像印度人那样消极，也不像西方人那么偏于一执。"所谓第二路向固是不向前不向后，然并非没有自己积极的精神。"这就是说，唯有中国文化是最好的。因此，他指出："人类的最近的未来，是中国文化的复兴"。①他撰写《东西文化及其哲学》的目的在于，"阐明中国文化之深微"，以实现"复兴儒学"的时代使命。他解决中西文化问题的具体方案就是："第一，要排斥印度的态度，丝毫不能容留"；"第二，对于西方文化是全盘承受，

---

① 梁漱溟：《我的努力与反省》，漓江出版社 1987 年版，第 66 页。

而根本改过，就是对其态度要改一改。所谓改一改，即要求在全盘接受的同时保持批判的态度。他认为：要引进西方文化到中国来"；"第三，批评的将中国态度重新拿出来。"梁漱溟比较了三种文化后认为，西方文化弊端显著，处于不得不向第二种路向转变中，人类文化将"由西洋态度变为中国态度"，未来文化是"中国文化的复兴"。①

由于梁漱溟是通过比较中、西、印三种文明之后得出的结论，具有较强的说服力，加之又是在第一次世界大战后西方文明危机四伏时提出的，故立即得到怀疑和反对新文化运动者的赞同。以胡适、常乃德、吴稚晖、张东荪、李石岑等为代表的西化派，对梁漱溟等人的文化观进行了批判，并提出了自己对中西文化的看法。

1922年3月，张东荪发表《读〈东西文化及其哲学〉》，对梁漱溟的文化观进行批评，"在批评中指明批评者的立足点"。梁漱溟断定，中国的自得其乐主义将代西洋向前奋进主义而兴。张东荪则指出，梁氏这个观察是错误的。从西方文明的变迁看，西方文化不但没有回到中国文化之路上来，反而进展到一个更高阶段：思想上，科学发展如故，新式机器层出不穷，功利思想仍然发达；哲学上，实用主义是讲淑世主义的，柏格森等思想有接近中国文化的倾向，但他们是主张动的，与孔子自得其乐主义绝不相同；社会上，现代最大的潮流是社会主义，它只是个人主义的反动，即由个人享乐主义转为社会享乐主义，并不是调节意欲。所以，无论从哪方面，都看不出西方文明向中国文化转变的趋势。他认为，梁漱溟观察失误的原因，就在于"把西洋文化只看作物欲的争逐"。实际上，西方文明并不仅仅表现为物欲的争逐。罗素、基尔特的社会主义派虽反对物欲的争逐，反对战争等，但这绝不是西洋文明放弃"向前要求"，"这些说只是主

_____

① 梁漱溟：《东西文化及其哲学》，商务印书馆1935年版，第199页。

张向前追求应改变方法而不是主张持中意欲以自得安分"，① 所以，西洋文明已由"个人逐物"进至"社会逐物"阶段；其"向前要求"的精神不但未变，而且更强烈了，只是其方法变得更进步了。面对西洋文明的新发展，中国更应摒弃"自得其乐"的文化，彻底输入西方文化，走西方奋进主义之路。

在梁漱溟看来，持中意欲、自得其乐，是中国文化的特点；持中意欲的生活，也是最完美的生活。张东荪则认为，只有西洋奋进主义的人生观，才是生活的正态。佛家"灭欲"的生活是一种变态，儒家的"持中意欲"也是勉强的，既不能减轻痛苦又不能满足意志。所以一旦与西洋物质文明相遇，"没有不立败的"。"我以为从此以后中国人没有法子再抑止他的意欲了，因为他本来是饥虎，不看见食物便罢，一旦看见还不要立刻跳出来么？等到已经跳出来了，再讲孔孟之道以为救济，必是劳而无功的了。"既然"制欲"失灵、"持中意欲"的不自然生活已被打破，那么中国人必须改变人生态度。于是张东荪顺理成章地认为，"中国所应采取的自然是除去物欲争逐的奋进主义，换言之，即淑世主义。"② 西方淑世主义生活观必然代替中国"制欲"的生活观，中国理应"彻底输入"并采纳。这是张东荪主张"输入西方文化"的重要依据。

梁漱溟认为，由于东西文化的民族性差异，中国不可能真正习得西方民族的文化，必须"批评地把中国原来态度重新拿出来"，才不失中国文化的民族特性。③ 对此，张东荪坚决反对，并认定西方文明已大部分处于世界文化的地位，代表世界文化发展的方向："我们须知西洋文化实在已不仅是西洋的了，已大部分取得世界文化的地位。"中国当然不能例外，必然要按照自然发展的趋势走到西洋文明所开创的道路上来。"西洋文化既是大部分上含有世界文化的要素，则我们采取西洋文化便不是直抄他族

---

① 张东荪：《读〈东西文化及其哲学〉》，《学灯》1922 年 3 月 19 日。
② 张东荪：《读〈东西文化及其哲学〉》，《学灯》1922 年 3 月 19 日。
③ 梁漱溟：《东西文化及其哲学》，商务印书馆 1935 年版，第 202 页。

的东西。"①于是，中国输入并采用西方文化的问题，已转变成中国采纳世界文化的问题。

胡适在《努力周报》上发表《读梁漱溟先生的〈东西文化及其哲学〉》，批评梁著是"主观化的文化哲学"，"犯了笼统的毛病"。他指出，梁氏关于西方化的根本精神是意欲向前要求，中国化的根本精神是意欲自为调和持中，印度化的根本精神是意欲反身向后要求的文化公式，是"闭眼说的笼统话"。事实上，印度人也是奋斗的，说印度人胆小不敢奋斗以求生活，实在是闭眼瞎说。至于调和持中、随遇而安，更不能说是哪一国文化的特性。胡适在批驳梁漱溟的"三路向说"的同时，提出了自己对东西文明的看法。他认为，文化是民族生活的样法，而民族生活的样法是根本大同小异的。中、西、印各种民族的文化走的都是一条路，只因时代环境的关系，"走的路有迟速的不同，到的时候有先后的不同"。现在由于种种原因，欧洲人走到前头去了，中国和印度只有急起直追，也走这条路，将来中国和印度也趋向"科学化与民治化"是无可置疑的。他自信地说："至于向来有伟大历史的民族，只要有急起直追的决心，终还有生存自立的机会。"②

胡适随后发表《我们对于西洋近代文明的态度》一文，进一步批判东方文化派的主张，全面肯定西洋近代文明。他指出："今日最没有根而又最有毒害的妖言是讥贬西洋文明为唯物的、而尊崇东方文明为精神的。近几年来，欧洲大战的影响使一部分的西洋人对于近世科学的文化起一种厌倦的反感，所以我们时时听见西洋学者有崇拜东方的精神文明的议论。这种议论，本来只是病态的心理，却正投合东方民族的夸大狂；东方的旧势

---

① 张东荪：《读〈东西文化及其哲学〉》，《学灯》1922 年 3 月 19 日。
② 胡适：《读梁漱溟先生的〈东西文化及其哲学〉》，罗荣渠主编：《从"西化"到现代化》，北京大学出版社 1990 年版，第 122 页。

力就因此增加了不少的气焰。"①胡适的这些分析，切中了东方文化派的要害。西洋文明不仅在物质方面胜过东方文明，而且在精神方面也远胜过东方文明。

常乃德、李石岑、吴稚晖等人也对东方文化派提出了尖锐的批评。常乃德发表《东方文明与西方文明》《东西文化问题质胡适之先生》《中国民族与中国新文化之创造》等文，阐述了自己对东西文化问题的看法。他接受孔德的观点，将世界文明发展分为神权、玄想和科学三个时期，东方文明是第二时期的文明，西方文明是第三期的文明。世界文明发展的趋势，是从第二期文明进到第三期文明，而不是从第二期的东方文明倒退到第三期的西方文明。他总结说："我们大家要晓得世界上只有古代文明和近世文明，没有东方文明与西方文明的区别。现代西洋的文明是世界的，不是一民族的；是进化线上必经的，不是东洋人便不适用的。是精神物质都发达的，不是偏枯的，是科学的，不是非科学的。"② 因此，他主张："我对于世界文化问题的意见，向来主张世界上并没有东西文化之区别，现今一般所谓东西文化之异点，实即是古今文化之异点"；"西洋近代文明之发展并非基于其民族性之特殊点，乃人类一般进化必然之阶级。"③ 所以，未来的世界文化并不是中国文化的复兴，中国应该从根本上接受西洋近代文明。

杨明斋、瞿秋白、陈独秀等马克思主义者也对梁漱溟及东方文化派的观点进行了猛烈批判。杨明斋在《评东西文化》中指出，梁漱溟以意欲不同来解释文化的不同"是梁君的主观的观念太深之故的主张"。意欲是"受自然及物质支配的"，不是人类生活的根本，更不是产生文化的本因。梁氏将欧战的灾难和罪恶归咎于近代科学和物质文明，并断言"科学

---

① 胡适：《我们对于西洋近代文明的态度》，《现代评论》第 4 卷第 83 期。
② 常乃德：《东方文明与西方文明》，《国民》第 2 卷第 3 号。
③ 常燕生：《东西文化问题质胡适之先生》，《现代评论》第 4 卷第 90 期。

破产""物质文明破产"的观点是根本错误的。

瞿秋白发表《东方文化与世界革命》及《现代文明的问题与社会主义》等文，指出："东西文化的差异，其实不过是时间上的。"这种时间上的差异，乃由于"生产力发达的速度不同，所以应当经过的各种经济阶段的过程虽然一致，而互相比较起来，各国各民族的文化于同一时代乃呈先后错落的现象"。他指出，"西方文化，现已经资本主义至帝国主义，而东方文化还停滞于宗法社会及封建制度之间"，因此，东西文明的差异"是时间上的迟速，而非性质上的差别"。东方文化派"所心爱的东方文化"，实际上是由三种元素构成的：一是宗法社会之"自然经济"；二是"畸形的封建制度之政治形式"；三是"殖民地式的国际地位"。这种宗法社会的旧文化"早已处于崩坏状态之中"，早已"为帝国主义所攻破"，因此"不去帝国主义的一切势力，东方民族之文化的发展永无伸张之日"。他认为东方文化已经过时，"现在已不能适应经济的发达，所以是东方民族之社会进步的障碍。西方之资产阶级文化，何尝不是当时社会的大动力。但是他既成资产阶级的独裁制，为人类文化进步之巨魔，所以也成了苟延残喘的废物。"故必将为世界"社会主义的文明文化"所取代。瞿秋白指出：只有当西方的无产阶级与东方的弱小民族一起起来反对帝国主义，"颠覆宗法社会、封建制度、世界的资本主义，以完成世界革命的伟业；如此，方是行向新文化的道路。"①

四、学衡派对新文化运动的攻击

继以杜亚泉、梁漱溟等人为代表的"东方文化派"与新文化派围绕东

---

① 瞿维它：《东方文化与世界革命》，《新青年》（季刊）第 1 期，1923 年 6 月。

西文化问题展开激烈的论争之后，以梅光迪、吴宓等为代表的学衡派，高举文化保守主义旗帜，对以陈独秀、胡适为代表的五四新文化运动进行了猛烈攻击。1922年初，梅光迪、吴宓、胡先骕、刘伯明、柳诒徵等人在南京发起创办了《学衡》杂志。该杂志作者起初除梅光迪、吴宓、胡先骕、刘伯明、柳诒徵等发起人之外，还有其朋友及东南大学的师生，如吴芳吉、刘朴、赵思伯、缪凤林、张其钧、赵万里、胡梦华、陆维钊等。1925年初，吴宓赴清华学校任国学研究院主任，王国维、陈寅恪、梁启超、张荫麟等清华师生，也因吴宓的关系成为该杂志的主要撰稿人；林损、景昌极、刘永济、汤用彤、钱念孙等人因认同《学衡》杂志的宗旨，也成为刊物的重要作者。《学衡》杂志上的文章可分为四类：批判新文化新文学运动的论文；新人文主义的译介；关于文史哲的专题研究；旧体诗词文赋。其中影响最大的是前两种文章。

以《学衡》杂志为阵地的学衡派，其最大的特点是接受过西方近代文明的洗礼，具有开放的文化视野，并以自己接受的西方思想为武器，与新文化派相抗衡，对新文化运动进行攻击。学衡派的主要人物多为五四后期从美国哈佛大学回国的留学生，如梅光迪、吴宓、汤用彤、胡先骕等。他们有着比较深厚的中国传统文化素养，同时对西方近代文明比较了解，受当时在哈佛大学流行的"新人文主义"影响，提出"昌明国粹，融化新知"口号，以白璧德的新人文主义为思想武器，对新文化运动进行批评。学衡派对新文化运动的攻击和批评，主要集中在以下几个方面。

首先，学衡派对新文化派倡导的民主与自由进行严厉批评。胡先骕认为，新批评家今日倡导的及世界所流行的所谓"民治"，并非真正的民治主义，只是一种极端的民治主义。这种极端的"民治主义"理论行之当否，全在于时机、条件等诸多因素是否适宜："同一共和政体，在美国立国之初，则因利乘便。在法国革命，则几经莫大之牺牲，始克成立。"他断言：

"在中国建立共和，时机未至矣。"而新文化派"在中国代议制之民治主义尚未成立之时，乃高谈共产无政府"，① 是"图言之快意，不问其是否契合社会之状况"，必将把中国导入危殆之地。

其次，学衡派以中国文化的托命者自居，以光大中华文化及贯通人类精神为己任，指责新文化派弃绝中国固有文化传统。吴宓认为，"新文化运动者反对中国的传统"，说他们将中国传统文化中一切"普遍性的文化规范一并打倒"。因此"损害了人类的基本美德与高尚情操"。② 梅光迪则攻击新文化派，"彼等以推翻古人与一切固有制度为职志，诬本国无文化，旧文学为死文学，放言高论，以骇众而眩俗。"③ 胡先骕则说，新文化之提倡者们，"为求破除旧时礼俗之束缚，遂不惜将吾国数千年社会得以维系，文化得以保存之道德基础根本颠覆之。"④ 因此，不能不造成政治腐败，人心浇漓，国本动摇。

再次，学衡派指责新文化派对西方文化缺乏理解，所倡导之欧化，乃是"伪欧化"。梅光迪、吴宓对新文化运动提出了尖锐的批评。梅光迪说，提倡新文化者"其所称道，以创造矜于国人之前者，不过欧美一部分流行之学说，或倡于数十年前，今已视为谬陋，无人过问者。……彼等于欧西文化，无广博精粹之研究，故所知既浅，所取尤谬。以彼等而输进欧化，亦厚诬欧化矣"。⑤ 吴宓认为，新文化派"其取材则惟选西洋晚近一家之思想，一派之文章，在西洋已视为糟粕为毒鸩者，举以代表西洋文化之全体"。因此，"今新文化运动之流，乃专取外国吐弃之余屑，以饷我国之人。"⑥

---

① 胡先骕：《论批评家之责任》，《学衡》第 3 期，1922 年 3 月。
② 吴宓：《中国之旧与新》，《中国留学生月报》第 16 卷第 3 期。
③ 梅光迪：《评提倡新文化者》，《学衡》第 1 期。
④ 胡先骕：《中国今日救亡所需之新文化运动》，《国风》第 1 卷第 9 期。
⑤ 梅光迪：《评提倡新文化者》，《学衡》第 1 期。
⑥ 吴宓：《论新文化运动》，《学衡》第 4 期。

复次，学衡派指责新文化派倡导的平民主义及平民文学。五四新文化运动最大的贡献是发现了"人"，让平民获得平等的文化权是新文化运动的重要目标。学衡派却以不同的方式反对这些主张，他们或强调文化只属于社会精英，或否认旧文化在客观上的不平等。胡先骕说，"人类禀赋永无平等之时"，"不齐者生命之本性"，主张文化上的平民主义，将会使优秀者不能获得充分的教育，一个国家会因此停步不前。梅光迪说："今日吾国所谓学者，妄以平民主义施之于天然不可平等之学术界，雅俗无分，贤愚夷视，以期打破智识阶级。故彼等丛书杂志之多而且易，如地菌野草。"将新文化派编印的丛书、杂志诬为"地菌野草"，显然属于污蔑之词。在他看来，一切思想学说，一切文化现象，"其本体之价值，当取决于少数贤哲，不当以众人之好尚为归。"①他们认为，平民主义万事取决于多数，政治教育文艺等权力操诸庸众之手，遂否认了智识阶级的价值，从而使人类文化乃至社会陷入万劫不复之地。

白话文对于中国传统文学而言，不仅是语言工具的变革，而且是文学观念的革新。但在学衡派看来，文化创造仅为少数精英之事，与一般民众无关，故坚决反对新青年派倡导的白话文运动。吴宓认为，文言文沿袭着长久历史，是成熟的文化交流工具，认为"文字之体制不可变，亦不能强变也"。他进而解释说："文字之体制，乃由多年之习惯，全国人之行用，逐渐积累发达而成"，而且，"字形有定而全国如一、语音常变而各方不同。"文言文通达高雅，而俚俗的口语是不能成为文学之正宗，白话文会摧残中国文学的优美形质。新文化运动是以"诗体解放"为突破口的。而旧体诗歌是中国传统文化的精髓，学衡派自然不遗余力地维护旧诗，反对新诗。吴宓从新诗所接受的外来影响入手，断然否定新诗存在的价值。

---

① 梅光迪：《现今西洋人文主义》，《学衡》第 8 期。

胡先骕从七个方面详细分析了胡适《尝试集》中的诗作，断言"《尝试集》之价值与效用为负性的"，"表面上文言白话之区别，此其白话诗所以仅为白话而非诗歌。"①

复次，学衡派攻击新文化派倡导的进化论及文学进化论。新文化派坚持社会进化立场，认为历史是进化的，人类都有追求进步的要求，因此强调文学是趋时而进，每个时代都有属于自己的文学，因而提出"不摹仿古人"。胡先骕以植物学家的身份反驳说，"文学进化论"是"误解科学误用科学之害也"；吴宓说："物质科学以积累而成，故其发达也循线以进，愈久愈详，愈晚出愈精妙。然人事之学，如历史、政治、文章、美术等，则或系于社会之实境，或由于个人之天才，其发达也无一定之轨辙。故后来者不必居上，晚出者不必胜前。因之，若论人事之学，则尤当分别研究，不能以新夺理也。"②梅光迪、吴芳吉、易峻等人纷纷撰文，否定文学新旧之分，否定文学的进化观念。

复次，孔子及儒家纲常伦理，是新文化派批判的重点，学衡派则提出了针锋相对的观点。他们反对新文化派批判孔子及儒学，主张恢复孔子的历史地位。吴宓认为，"中国文化，以孔教为中枢"③。而孔子与儒学的基本精神又集中体现于礼教之中，孔学所包含的人文主义可成为救治当今世界物质与精神痼疾的良药。其云："吾侪居今之世，颇欲讲明礼教之精意，而图保存之。"而在他看来，"礼教之精意，亘万世而不易者也。"柳诒徵在《国史要义》中，批评新文化派将中国近代衰败的原因归咎于孔子，认为"中国最大的病根，非奉行孔子之教，实在不行孔子之教"。欲建立新社会新国家，"必须先使人人知所以为人，而讲明为人之道，莫

---

① 胡先骕：《评〈尝试集〉》，《学衡》第 1 期。
② 吴宓：《论新文化运动》，《学衡》第 4 期。
③ 吴宓：《论新文化运动》，《学衡》第 4 期。

孔子之教若矣。"① 缪凤林指出："中国文化的根本在礼"，"中国文化最伟大之成就，即在其礼教之邃密"。② 故应当保存和发扬礼教的精意。此外，梅光迪发表《孔子的风度》、柳诒徵发表《孔子管见》、缪凤林发表《如何认识孔子》、范存礼发表《孔子与西洋文化》、景昌极发表《孔子的真面目》等文，强调孔子是中国古代文化的集大成者，极力推崇孔子的道德价值。柳诒徵说："孔子者，中国文化之中心也。无孔子则无中国文化。自孔子以前数千年之文化，赖孔子而传；自孔子以后数千年之文化，赖孔子而开。"③

此外，学衡派对新文化派关于诸子学复兴的观点也提出批评。新文化派倡言"打倒孔家店"，儒学的独尊地位不复存在，诸子学蔚然兴起。学衡派对诸子学的论述颇多，涉及诸子学的缘起、彼此间的关联、学术的传承、对后世的影响诸方面，极力对新文化运动进行反击。在诸子学的缘起上，学衡派不同意胡适"因救时弊"的解说，认为应将"远因"与"当时之因"同时加以考虑。缪凤林引用西方学者的观点来看待这个问题，"任何时代之哲学，皆为全部文明与其时流动之文明之结果"，论述触及诸子学的思想资源问题。对于诸子学的学术关联和传承，学衡派认为诸子学虽"皆角立不相下"，但综观之，"其所因于他人者，有正有反，正者固已穷极其归宿，反者乃益搜集其剩余，而其为进步，乃正相等也。"在"今人多好墨学"之际，学衡派对"讲国学者莫不右墨而左孔，且痛诋孟子拒墨之非"作了反击，"右孔而左墨"。柳诒徵在细辨孔墨差别后声言："儒家之学，因天性而为之节文，墨家则曰兼爱无差等，其于观察世事既欠分析，而其斥人之不兼爱者，亦若兼爱者之无差等。"他特别强调墨子"非攻"的意义，认为近世西人之误，"在以国家与个人不同，日逞其弱肉强食之

① 柳诒徵：《论中国近世之病源》，《学衡》第 3 期。
② 缪凤林：《谈谈礼教》，《国风》第 1 卷第 3 期。
③ 柳诒徵：《中国文化史》（上），中国大百科全书出版社 1988 年版，第 231 页。

谋，而墨子则早及之。"①

学衡派猛烈攻击新文化运动，强调要融化新知、贯通中西，故对白璧德的新人文主义加以译介。白璧德的人文主义是对当时风行美国的实用主义和行为主义的反叛。他强调要从传统中寻找精神资源和文化规范，反对一切激进的文化与思想上的革命。学衡派的主要人物都接受了白璧德的影响。胡先骕在《学衡》第 3 期上发表的《白璧德中西人文教育谈》，是中国译介白璧德人文主义思想的开端，随后，梅光迪的《现今西洋人文主义》、吴宓的《白璧德论今后诗之趋势》《白璧德之人文主义》及张荫麟的《白璧德论班达与法国思想》等文陆续在《学衡》上发表，向国内介绍白璧德的新人文主义。白璧德等赏识中国的孔子和儒家思想的态度，与学衡派依恋传统的情怀正相默契。吴宓云："白璧德先生不涉宗教，不立规训，不取神话，不务玄理，又与佛教不同。……实兼采释迦、耶稣、孔子、亚里士多德四圣之说，而获集其大成。又可谓之为以释迦、耶稣之心，行孔子、亚里士多德之事。"②

在对待东西文明态度及创建中国新文明上，学衡派提出了一些有启发意义的建设性意见。吴宓主张对东西文化进行平等研究，互为参照，寻求融通，在比较中揭示儒学及中国文化的现代价值，以之作为吸收西学、重建中国文化的基本前提。他认为，文化问题不能简单地依据进化论"新必胜于旧，现在必优于过去"的观念，因为人文学科不同于自然科学，前者"如历史、政治、文章、美术等，则或系于社会之实境，或由于个人之天才，其发达也，无一定之轨辙。故后来者不必居上，晚出者不必胜前"。而后者"以积累而成，其发达也，循直线而进，愈久愈详，愈晚愈精妙"，③ 真正的新文化应是由古今中外一切真善美的文化因素融汇而成，

① 柳诒徵：《中国文化史》（上），中国大百科全书出版社 1988 年版，第 284 页。
② 吴宓：《白璧德论民治与领袖》，《学衡》第 32 期。
③ 吴宓：《论新文化运动》，《学衡》第 4 期。

"宜博采东西，并览古今，然后折衷而归一之。"① 梅光迪说："改造固有文化与吸收他人文化，皆须先有彻底研究，加以至明确之评判，副以至精当之手续，合千百融贯中西之通儒大师，宣导国人，蔚为风气，则四五十年后，成效必有可睹也。"② 吴宓亦云："今欲造成中国之新文化，自当兼取中西文明之精华而熔铸之，贯通之。"正是在这样的文化观点之上，吴宓提出了重建中国文化的具体设想："中国之文化以孔子为中枢，以佛教为辅翼；西洋之文化以希腊罗马之文章哲理与耶教融合孕育而成。今欲造成新文化，则宜于以上所言四者为首当着重研究，方为正道。"③ 可见，吴宓是以孔子儒学为基础进行中国文化重建的。但遗憾的是，尽管吴宓、梅光迪等人提出了融汇中西文明以创建新文明的设想，但他们并未将这种设想付诸实施。

学衡派注重引入西方新人文主义，借以反对"科学主义"，力图救治西方近代文明之弊，具有较浓厚的道德理想主义色彩。但从总体上看，其对新文化运动的攻击尽管是非常猛烈的，但其攻击谩骂的愤激言论较多，感情色彩浓厚，并掺杂了个人好恶与恩怨于其中，很多观点是难以成立的。如其攻击新文化派弃绝中国的一切传统就难以成立。实际上，新文化派对中国传统文明进行批判的同时，并没有否定孔子及儒学的价值，只重点批判儒家的封建礼教；学衡派批评新文化派输入的西方学理都是"糟粕""毒鸩"而称其为"伪欧化"，显然难以令人信服。因为新文化派在新文化运动中输入的是西方近代文明的核心——民主、人权与科学，以及当时欧美流行的实验主义、新实在论、写实主义、个性主义等思想文化流派。至于学衡派攻击新文化派主张平民文学和白话文、白话诗等，不仅其论点难以令人信服，而且颇有"开倒车"之嫌。

---

① 吴宓:《白璧德中西人文教育谈》,《学衡》第 3 期。
② 梅光迪:《评提倡新文化者》,《学衡》第 1 期。
③ 吴宓:《论新文化运动》,《学衡》第 4 期。

五、"科学与人生观"的论战

1923 年 2 月 14 日，张君劢在清华学校作了题为《人生观》的演讲，认为人生观的特点是主观的、直觉的、综合的、自由意志的、单一的，"惟其有此五点，故科学无论如何发达，而人生观问题之解决，决非科学所能为力，惟赖诸人类之自身而已。"[①]人生观问题只能靠玄学来解决。这篇演讲在《清华周刊》上发表后，素以拥护科学为职志的地质学家丁文江认为，这是玄学对科学的一次进攻，对树立科学在中国之权威颇有害处，故立即对张君劢的观点进行批评。4 月 12 日，丁文江在《努力周报》48、49 期上连载《玄学与科学——评张君劢的〈人生观〉》，斥张君劢为"玄学鬼"，强调科学而不是玄学（即宋明心学）才能支配人生观。接着，张君劢作《再论人生观与科学并答丁在君》（上、中、下三篇）发表在《晨报副刊》上，丁文江则以《玄学与科学——答张君劢》应答。随后，梁启超、张东荪、任叔永、朱经农、唐钺、王星拱、胡适、陈独秀等当时思想文化界的名流均发表文章，积极讨论人生观问题。这样，关于科学与人生观问题的大论战便开始了。

这场论战的核心问题是：科学能不能解决人生观问题。张君劢认为科学不能解决人生观问题，主旨是要批评"科学万能"论。他说："盖二三十年来，吾国学界中之中心思想，则曰科学万能。教科书之所传授者，科学也。耳目之所接触——电灯，电话，自来水——科学也。……在此空气之中，我乃以科学能力有一定界限之说告我青年同学，其为逆耳之言，复何足异。"[②]梁启超撰写《人生观与科学》一文，支持张君劢的意见。

---

① 张君劢：《人生观》，《清华周刊》第 272 期。

② 张君劢：《再论人生观与科学并答丁在君》，《科学与人生观》，上海亚东图书馆 1923 年版，第 2 页。

张、梁对"科学万能"的批评，在胡适、丁文江等科学派看来，是不合时宜的，只能有阻于人们对科学的信仰和科学知识的传播。因此，胡、丁等人自然要起而维护"科学"的尊严。胡适撰写《孙行者与张君劢》，站在丁文江一边。这样便形成了科学派与玄学派在人生观问题上的两军对垒。

"科学与人生观"论战，是五四时期东西文化论战的继续，是新文化运动主流派与非主流派的大冲突。这次论战也可以视为文化激进主义、自由主义与文化保守主义的交战对垒。在这场论战中，被称作"玄学鬼"的张君劢及梁启超是玄学派的主角，可以看作东方文化派；以丁文江、胡适、吴稚晖等人代表的科学派，可以看作西方文化派。这场争论的焦点是由科学还是由玄学来解决人生观问题。张君劢在《人生观》的讲演中提出，以推求"公例"为特征的科学无法解释"天下古今最不统一"的人生观。科学可以解释物质现象，是因为这些现象有因果规律可循，有一定的公例，但并不是天下事皆有公例，人生观问题就没有规律可循。人生观受"自由意志"支配，其特点是主观的、直觉的、综合的、自由意志的、单一性的。他列举九项相互对立的人生观问题说明人们对人生的看法因时因人而异：大家族主义与小家族主义，男尊女卑与男女平等，私有财产制与公有财产制，守旧主义与维新主义，物质文明与精神文明，个人主义与社会主义，为我主义与利他主义，悲观主义与乐观主义，有神论与无神论等。"凡此九项，皆以我为中心，或关于我以外之物，或关于我以外之人，东西万国，上下古今，无一定之解决者，则以此类问题，皆关于人生，而人生为活的，故不如死物质之易以一例十绳也。"[①]科学难以解决复杂的人生观问题。

既然科学对人生观无法解释，于是就不得不别求一种解释于"玄学"中。张君劢坚信，人生观问题之解决只能靠玄学。他所说的"玄学"实乃

---

① 张君劢：《人生观》，《清华周刊》第 272 期。

心性之学、内省之学。他推崇孔孟以来的修身养性与内求于身的人生哲学尤其是宋明心学。梁启超在《人生观与科学》中认为，人生关涉理智方面的事项，绝对要用科学方法来解决，关于情感方面的事项是超科学的，是"科学帝国的版图"所管辖不了的，故以科学方法来解释"爱"和"美"是"痴人说梦"。①

科学派坚持主张科学可以解决、支配人生观。丁文江认为，"一个人的人生观是他的知识感情，同对知识感情的态度"，人生观不能离开知识，在知识界内科学方法是万能的。他所谓以科学解决人生观问题，主要是指将科学的方法、实证主义的方法、伦理学的方法运用于人生观。他说："科学的目的是要摒除个人主观的成见——人生观最大的障碍——求人类所能共认的真理。科学的方法，是辨别事实的真伪，把真事实取出来详细的分类，然后求他们秩序的关系，想一种最简单明了的话来概括他。所以科学的万能，科学的普遍，科学的贯通，不在他的材料，在他的方法。"②他指出，应以科学作为教育与修养的工具，反对复活宋明玄学。心理学家唐钺撰文指出："关于情感的事项，要就我们的知识所及，尽量用科学方法来解决。"情感中的"爱"和"美"是可以用理智来分析的，是受理智支配的。人们的爱情受理智的支配的程度愈大，结果就愈好；反之结果就愈坏，"世间许多罪恶，是由于不受理智支配的爱情发生的"。他认为，线、光、韵、调等是支配美感的要素，这些要素作某种组织，就生出美来，所以分析出线、光等，至少是分析美的一部分。王星拱也认为："科学是凭藉因果和齐一两个原理而构造起来的；人生问题无论为生命之观念，或生活之态度，都不能逃出这两个原理的金刚圈，所以科学可以解决人生问题。"③

---

① 梁启超：《人生观与科学》，《晨报副刊》1923 年 5 月 29 日。

② 丁文江：《玄学与科学》，《努力周刊》第 49 期。

③ 王星拱：《科学与人生观》，《科学与人生观》，上海亚东图书馆 1923 年版，第 16 页。

这场论战的核心问题，应当是"科学的人生观"是什么、科学能否解决人生观问题。但论战开始后，主要围绕后者展开，而对什么是科学、什么是玄学、什么是科学的人生观等基本问题没有界定，因而参加论战的人数虽多，发表的文章也不少，讨论也很激烈，但很快便陷入混战中，围绕一些次要和枝节问题进行争论，偏离了争论的主题。对此，胡适在后来所作的《科学与人生观》序文中批评道："我总观这二十五万字的讨论，终觉得这一次为科学作战的人——除了吴稚晖先生——都有一个共同的错误，就是不曾具体地说明科学的人生观是什么，却去抽象地力争科学可以解决人生观的问题。"①

科学与人生观论战开始后不久，孙伏园在《玄学科学论战杂话》中便向论战双方提出："我以为现在两方都还没有注意到首先应该注意的三个问题，就是：玄学是什么？科学是什么？人生观是什么？"建议两方对这三个名词给予界定。张东荪认为这是个好意见，在篇后按语中加以肯定，称"这真可谓独具只眼"，"我本来久想对于双方提出这个忠告，只因懒于动笔，以致未果。"张东荪对"玄学""哲学""科学"进行了初步的界定："玄学是狭义的哲学"，科学在哲学之外。基于以前丁、张两人论战，均未对科学、玄学和人生观等基本问题作界定，张东荪向双方提出忠告："就是奉劝两位把这次笔战认为等于运动会的预赛，而不算为正赛。这种预赛即此而止，不再进行。于是重整旗鼓，开始正赛。否则照这样下来，实不能不为两位惜了。"② 接着，梁启超在《人生观与科学》中，对"人生""人生观""科学"做了自己的界定，提出了自己的看法："人生问题，有大部分是可以——而且必要用科学方法来解决的。却有一小部分——或者还是最重要的部分是超科学的。"张东荪转载此文后给科学作了界定："科学乃

---

① 胡适：《科学与人生观·序》，《科学与人生观》，上海亚东图书馆 1923 年版。
② 张东荪：《玄学科学论战杂话·东荪按》，《科学与人生观》，上海亚东图书馆 1923 年版，第 7 页。

是对于杂乱无章的经验以求其中的'不变的关系'。这个即名为法式或法则（即许是暂定的）。"他对于丁文江搞不清玄学与科学的定义表示失望："以科学的大忠臣的丁先生，其攻击玄学，未尝对于玄学下明切的定义，诚有可原，乃对于科学亦不能使我们满意，便不能不有些失望了。"①

丁文江主张科学可以解决人生观问题，但没有说明"科学的人生观"是什么。吴稚晖在《一个新信仰的宇宙观及人生观》中提出了"人欲横流"的人生观。他认为人并不神秘，不过是用手用脑的一种动物；人生并不复杂，不过是两手动物唱戏，内容无非是吃饭、生孩子、招呼朋友三件事。这三种人生观都离不开科学，解决吃饭问题，要依仗物质文明的科学；解决避孕问题，要请教科学；招呼朋友中"直觉、良心、良知"，也需要"理智"的帮助。②

1923年底，亚东图书馆将两方发表在《努力周报》和《学灯》及其他报刊上的论战文章收集起来，编为《科学与人生观》，并请陈独秀和胡适作序。陈独秀站在唯物史观的立场上，对这场论战作了批评；胡适则站在科学派的立场上，对论战进行评述，从而将科学与人生观论战推向高潮。胡适在《科学与人生观》序文中，提出了"科学的人生观"或"自然主义的人生观"。其主要内容有10条：（1）空间的无穷之大；（2）时间的无穷之长；（3）宇宙及其中万物的运行变迁皆是自然的，——自己如此的，用不着什么超自然的主宰或造物者；（4）生物界的生存竞争的浪费与残酷；（5）人不过是动物的一种，他和别种动物只有程度的差异，并无种类的区别；（6）生物及人类社会演进的历史和演进的原因；（7）一切心理的现象都是有因的；（8）道德礼教是变迁的，而变迁的原因都是可以用科

①　张东荪：《人生观与科学·东荪按》，《科学与人生观》，上海亚东图书馆1923年版，第11—12页。
②　吴稚晖：《一个新信仰的宇宙观及人生观》，《科学与人生观》，上海亚东图书馆1923年版，第47—55页。

学方法寻求出来的;(9)物质不是死的是活的;不是静的是动的;(10)个人——"小我"——是要死灭的,而人类——"大我"——是不朽的。胡适还说明了因果律与意志自由的关系,指出在自然宇宙里,"天行是有常度的,物变是有自然法则的,因果的大法支配着人的一切生活。"①

这次论战就其性质来说仍然是"东西古今之争",张君劢主张复活"新宋学",而丁文江则主张西方的"科学方法是绝对不受限制的",并且批评张君劢所主张者无非是"中体西用"之翻版。科学派虽声称科学可以支配人生观,但他们并不能圆满地回答科学何以能支配人生观;他们提出的"科学的人生观"有其合理成分,但在总体上并不科学。丁文江受西方马赫主义的影响,宣扬"存疑的唯心论",认为科学的研究对象是"觉官感触"的物体,至于"觉官感触的外面,直觉的后面,有没有物,物体本质是甚么东西"直当存疑,应该存而不论。胡适把人生观看成"建筑在二三百年的科学常识之上的一个大假设"。吴稚晖、胡适等人以生物界的生存竞争解释人类社会的演进,并提倡享乐主义,这种人生观显然具有庸俗唯物论的性质。科学派的这些非科学之论,为玄学派的反击留下了伏笔。

科学与人生观论战开始后,张东荪站在玄学派立场上发表《劳而无功——评丁在君先生口中的科学》,赞成林宰平《读丁在君先生的"玄学与科学"》一文的观点。他随后撰著《科学与哲学》一书,重点阐述的是科学与哲学各自的性质和范围,目的是论证两者有着不同的性质和范围、人生观问题并不是科学所解决的范围,而恰恰是哲学所能解决的。他将该书内容归纳为:"余于书中所斤斤言之者即在科学之性质一点;其次则为哲学之性质。以为今之扬科学之大旗往来于闹市者,实未尝真知科学之为何物。"② 在该书中,张东荪首先对吴稚晖自然主义的宇宙观和"物欲横流"

---

① 胡适:《科学与人生观·序》,《科学与人生观》,上海亚东图书馆1923年版,第25—28页。

② 张东荪:《科学与哲学》,《东方杂志》第22卷第2号。

的人生观进行了严厉的批评，认为吴氏自然主义的"漆黑一团"论，是"最幼稚最素朴的"。他批评说："所以唯物论的玄学家一方面根据宗教上或哲学上最幼稚最粗浅的习惯来说话，一方面又硬拉科学上所不能移于他处的名词来乱用。换言之，即他不知道后来哲学的进化，同时亦不知道科学的进化。所以唯物论在科学上是入室而未升堂的，在哲学上亦是入门而未升堂的。"① 他对丁文江的实在论也进行了较系统的批评。他认为丁氏"上了皮耳生的当，因为皮耳生就是这样不彻底的"，"关了前门开后门的实证论与存疑论，不是真正的实证论与存疑论"。② 张东荪对科学与哲学的性质和范围进行阐述，得出了这样的结论："所以我说科学的哲学不是真正的哲学。真正的哲学即拿科学本身来批评，即从科学所由成的知识而逆探宇宙的根本。"正是从这个意义上，张东荪将唯物论比喻为"近视眼的哲学"，而将唯心论比喻为"远视眼的哲学"。③ 也正因如此，他将自己的哲学意见命名为"存疑的唯心论"，并认为这是与丁文江"存疑的唯心论"根本不同的。

正因为科学派与玄学派的观点均有相当大的偏颇，都没有能够真正说明科学与人生观的关系，故以瞿秋白、陈独秀为代表的唯物史观派，以唯物史观作指导考察人生观问题，不仅攻破了玄学派大本营，而且严厉批评了科学派的局限，较为科学地说明了人生观产生的原因。陈独秀指出，"唯物的历史观"虽名为历史观，"其实不限于历史，并应用于人生观及社会观"。他认为："我们相信只有客观的物质原因可以变动社会，可以解释历史，可以支配人生观。"思想、文化、宗教、道德、教育等心理现象，都是由物质环境、经济基础决定的。人们对人生有不同的见解，有不同的人生观，"都是他们所遭客观的环境造成的，决不是天外飞来主观的意志

① 张东荪：《科学与哲学》，上海商务印书馆 1924 年版，第 33 页。

② 张东荪：《科学与哲学》，上海商务印书馆 1924 年版，第 43 页。

③ 张东荪：《科学与哲学》，上海商务印书馆 1924 年版，第 71—72 页。

造成的，这本是社会科学可以说明的，决不是形而上的玄学可以说明的。"陈独秀逐项分析了张君劢列举的九项人生观，指出它们并不是由于自由意志凭空发生的，而是种种客观的因果所支配。他批驳道："什么先天的形式，什么良心，什么直觉，什么自由意志，一概都是生活状况不同的各时代各民族之社会的暗示所铸成的。"陈独秀对丁文江"存疑的唯心论"也进行了批评，认为其与张君劢所走的是同路。他非难道："你既承认宇宙间有不可知的部分而存疑，科学家站开，且让玄学家来解疑"，那么，丁文江攻击张君劢的见解就只能是"以五十步笑百步"。① 陈独秀认为，胡适提出的"物的原因外，尚有心的原因"可以支配人生观的观点，同样也是错误的："我们并不抹杀知识、思想、言论、教育，但我们只把他当做经济的儿子，不像适之把他当做经济的弟兄。我们并不否认心的现象，但我们只承认他是物之一种表现，不承认这表现复与物有同样的作用。"② 因此，只有坚持物质一元论，才能对人生观加以科学的解释，方能使玄学鬼无路可走；离开了物质一元论，主张心物二元论，科学便濒于破产。

科学与人生观的论战，历时半年多，各方发表文字近四十万言。在当时的中国，只有因科学不发达而导致的产业落后、迷信盛行、蒙昧主义迷漫，科学带来的所谓灾难还无从谈起。科学派捍卫新文化运动所举起的"赛先生"旗帜，反对菲薄科学，反对复活宋明玄学，是应该肯定的。胡适在为《科学与人生观》所作的序文中指出：中国"正苦科学的提倡不够，正苦科学的教育不发达，正苦科学的势力还不能扫除那迷漫全国的乌烟瘴气——不料还有名流学者出来高唱'欧洲科学破产'的喊声，出来把欧洲文化破产的罪名归到科学身上，出来菲薄科学，历数科学家的人生观的罪状，不要科学在人生观上发生影响！信仰科学的人看了这种现状，能不发

---

① 陈独秀：《科学与人生观·序》，《科学与人生观》，上海亚东图书馆 1923 年版，第 5—11 页。

② 陈独秀：《答适之》，《科学与人生观》，上海亚东图书馆 1923 年版，第 41 页。

愁吗？能不大声疾呼出来替科学辩护吗？"①玄学派则注意到科学与哲学的区别、科学精神与人文精神的区别，看到了科学的局限，反对"科学万能"之科学主义，肯定人的"自由意志"的客观存在及积极作用，进而重新审视中华文明的精神价值，显然具有相当大的合理性。

六、全盘西化与本位文化的论战

五四新文化运动以后，中国思想文化界的各种论战不断，先后有关于中国社会性质论战、关于中国社会史论战、关于中国农村性质论战、关于中国发展问题论战、关于民主与独裁问题的论战、关于唯物辩证法论战等。其中影响最大的文化论战，是中国本位文化建设论与全盘西化论的论战。

1935 年 1 月 10 日，王新命、何炳松、陶希圣、萨孟武、黄文山等 10 位教授在上海《文化建设》月刊上联名发表了《中国本位的文化建设宣言》，揭开民国以来第二次大规模的东西文化论战。《宣言》对当时中国文化领域的现状做了基本估计，认为由于西方文明的冲击和新思潮的传播，"中国在文化领域消失了，中国政治形态、社会组织和思想内容与形式，已经失去它的特征。由这些没有特征的政治、社会和思想所发育的人民，也渐渐不能算是中国人。所以我们可以肯定地说：从文化的领域去展望，现代世界里面固然已经没有了中国，中国的领土里面也几乎已经没有了中国人。"为了使中国重新在文化的领域中抬头，为了使中国的政治、社会和思想都具有中国特征，必须从事于"中国本位文化的建设"。他们指出：

---

① 胡适：《科学与人生观·序》，《科学与人生观》，上海亚东图书馆 1923 年版，第 7—8 页。

"目前各种不同的主张正在竞走，中国已成了各种不同主张的血战之场，而透过不同主张的各种国际文化侵略的魔手，也正在暗中活跃，各欲取得最后的胜利。"①

如何从事"中国本位的文化建设"？他们提出的基本原则是："要从事中国本位的文化建设，必须用批评的态度、科学的方法，检阅过去的中国，把握现在的中国，建设将来的中国。我们应在这三方面尽其最大努力。"中国本位文化建设应该是："不守旧；不盲从；根据中国本位，采取批评态度，应用科学方法来检讨过去，把握现在，创造未来。"他们解释道："不守旧，是淘汰旧文化，去其渣滓，存其精英，努力开拓出新的道路；不盲从，是取长舍短，择善而从，在从善如流之中，仍不昧其自我的认识；根据中国本位，采取批判态度，应用科学方法来检讨过去，把握现在，创造未来，是要清算从前的错误，供给目前的需要，确定将来的方针，用文化的手段产生有光有热的中国，使中国在文化的领域中能恢复过去的光荣，重新占着重要的位置，成为促进世界大同的一支最劲最强的生力军。"②

《宣言》表达了对中国文化几近消失的悲愤，声称要对几千年来，特别是对近代以来中国文化的发展道路作一个总的清算，同时提出他们关于中国本位文化建设的总设想和总原则。《宣言》主张：对中国传统文化，存其当存，去其当去；对西方文化批判性地予以吸收。最终目的是要建设以中国为本位的文化。《宣言》所讲的这些文字看起来比较平实公正，"中国本位文化"的提法似无大错，并且提倡从中国现实的需要来吸取西方文化，也貌似公允。但问题的关键在于：究竟中国"此时此地的需要"

---

① 王新命、何炳松等：《中国本位的文化建设宣言》，《文化建设》第 1 卷第 4 期，1935年 1 月。
② 王新命、何炳松等：《中国本位的文化建设宣言》，《文化建设》第 1 卷第 4 期，1935年 1 月。

是什么？中国当前究竟要建设一种什么样的文化？在十教授看来，目前存在的三种西方文化，即英美的资本主义、新的国家主义和苏俄的共产主义，均不合乎中国的国情，中国真正需要的是"第四套文化"。可见，《宣言》的矛头主要是指向"反传统"的"西化派"，基本倾向是对中西文化进行折衷调和。故胡适尖锐地指出："十教授口口声声舍不得'本位文化'，他们笔下尽管宣言'不守旧'，其实还是他们守旧心理在作怪"，"正是'中学为体西学为用'的最新式的化装出现。"胡适的观察显然是准确的。

《中国本位的文化建设宣言》发表后，立即引起了中国思想文化界的轩然大波。各地纷纷举行座谈会，赞成者有之，反对者亦有之。以胡适、陈序经等人为代表的西化派对《宣言》进行了尖锐的批驳，从而引发了全盘西化论与中国本位文化建设论的激烈论战。

1935年3月，胡适发表《试评所谓"本位的文化建设"》指出，所谓"中国本位的文化建设"是晚清"中体西用"论的"最新式的化装出现"，是张之洞《劝学篇》的翻版："根据中国本位，不正是中学为体吗？采取批评态度，吸收其所当吸收，不正是西学为用吗？"十教授所谓"不守旧、不盲从"，其实"都是时髦的折衷论调"掩饰下的文化复古，并将其视为"反动空气"的时髦表现；所谓"存其所当存""去其所当去""去其渣滓，存其精英""取长舍短，择善而从"等时髦论调，都不过是遮掩其保守心理的烟幕弹。胡适指出，今日的大患并不在十教授们所痛心的"中国政治的形态、社会的组织和思想的内容与形式，已经失去了它的特征"，而是"政治的形态、社会的组织和思想的内容与形式，处处都保持中国旧有种种罪孽的特征，太多了，太深了"。他指出："文化各方面的激烈变动，终有一个大限度，就是终不能根本扫灭那固有文化的根本保守性"，所谓本位就是"固有环境与历史之下所造成的生活习惯"，"简单说来，就是那无数无数的人民。"不论制度是如何地变，物质生活是如何地变，思想学术是如何地变，"日本人还是日本人，中国人还是中国人。"① 中国的当务之急是全盘西化或充分世界化，借西方文化的清新空气，以打掉我们"老文化的惰性和暮气"，而不是维持那个"中国本位"。

陈序经赞同胡适的观点，指出十教授声称"不守旧"，但事实上却偏于复古、近于复古。他认为，对于已经落后的中国文化来说，最要紧的是要认识文化的时代性和普遍性，而任何坚持中国特殊的理由，都只能成为复古和倒退的借口。所以，他主张在目前的情势下，为了中国的进步与发展，与其主张折衷调和，不如主张全盘西化。主张全盘西化当然并不意味着西洋文化在今日已到了尽善尽美的地位。其立论的基本根据是，中国文化根本上既不若西洋文化之优美，而又不合于现代的趋势和环境，故不得不彻底将其全盘西化。这里的西化尤其是全盘西化不是别的，而是世界化和现代化。陈认为，在实质上，在根本上，所谓趋于世界化的文化，与所谓代表现代化的文化，无非就是西洋的文化。所以他坚信百分之一百的全盘西化，不但有可能，而且是一个较为完善较少危险的文化的出路。

在胡适、陈序经等人看来，中国"百事不如人，只有死心踏地向人家学"。胡适说："我们有的，欧洲也都有；我们所没有的，人家所独有，人家比我们强。"② 所以，我们应该"认清了我们的祖宗和我们自己的罪孽深重，然后肯用全力去消灾灭罪；认清了我们自己百事不如人，然后肯死心踏地地去学人家的长处"。③ 陈序经也认为，"中国文化根本不如西洋文化优美，而各不合于现代环境与趋势，故不得不彻底全盘西化。"在他看来，全盘西化之后，中国社会才能有长足的进步。其云："我们若能全盘西化，则我们至少有了二十分的进步，因而比之一般希望以西洋文化之长而调和于中国文化之长，而结果却是取人之短，留己之短的危险，相去之远，可

---

① 胡适：《试评所谓"中国本位的文化建设"》，《独立评记》第 145 号。
② 胡适：《信心与反省》，《独立评论》第 103 号。
③ 胡适：《再论信心与反省》，《独立评论》第 105 号。

以想见。"①

　　1935 年 5 月 10 日，在社会各方批评之下，十教授在《我们的总答复》中对"中国本位""不守旧、不盲从""此时此地的需要"等论点作了集中辩解。他们力辨"中国本位"与"中体西用"的区别，认为"中体西用"论是把物质和精神截然分开，主张用中国的精神文明去支配西方的物质文明；而本位文化建设则视文化为一个整体，精神与物质不能分离；强调中国本位文化建设是一种民族自信力的表现，一种积极的创造。何谓中国本位？他们的解释是："我们所主张的中国本位，不是抱残守缺的因袭，不是生吞活剥的模仿，不是中体西用的凑合，而是以此时此地整个民族的需要和准备为条件的创造。"何谓不守旧和不盲从？他们的解释是："在纵的方面不主张复古，在横的方面反对全盘西化，在时间上重视此时的动向，在空间上重视此地的环境，热切地希望我们的文化建设能和此时此地的需要相吻合。"何谓"此时此地的需要"？他们将其解释为："充实人民的生活，发展国民的生计，争取民族的生存。"关于"对于反帝反封建的态度"，他们的回应是："中国本位的文化建设是一种民族自信力的表现，一种积极的创造，而反帝反封建也就是这种创造过程中的必然使命。"②

　　但这样的解释仍然难以令人赞同。严既澄诘难说，如今恐怕没有一个国家不在努力干这三项事业，既然是一切国家共有的问题，又何必凭空加上"中国本位"四个字？他再次声明："一位今日惟一的表现中华民族的自信力的路径，只有本孔子的'好学不倦'，孟子的'取人为善'的精神，去尽可能地学取在今世的一切强国中已著成效的东西——一切学问智识、文物制度、方法组织都包含在内。换言之，也就是所谓'全盘西化'。"③张熙若指出："中国本位文化的要义就是取消'民权主义'，取消'民权主

---

①　陈序经：《关于全盘西化答吴景超先生》，《独立评论》第 142 号。
②　王新命等十教授：《我们的总答复》，《文化建设》第 1 卷第 8 期。
③　严既澄：《〈我们的总答复〉书后》，《大公报》1935 年 5 月 22—23 日。

义'是'三民主义'的最高阶段的发展！更透彻地讲，中国本位文化建设运动就是独裁政制建设运动！"①由于十教授宣言有陈立夫及国民党政权的政治背景，故当时许多人将其所谓"此时此地的需要"视为迎合国民党当局恢复中国固有的文化与道德的政治需要。

一场思想文化论战，不比一场军事战争，它无法用"胜利"与"失败"这样简单的术语概括其结果，因为思想文化的发展自有其规律。思想文化论战的结果，往往表面上是"不了了之"，而实际上双方都从对方接受了一些观点和启示，对自身的观点进行修正和补充。具体到 20 世纪 30 年代的中国本位文化建设派与全盘西化派的论战，这种现象也是显而易见的。论战双方既不断批评对方的主张，更加清晰地阐明自己的意见，又不断吸收对方观点的合理之处，调整和修正自己的看法。这样，双方的观点越来越明朗化，渐渐形成了关于"现代化"问题的共识。

西化派在这场文化论战中，吸收了中国本位文化派的合理观点和中肯的批评意见，对"全盘西化"论进行了不断的反思，逐渐认识到"现代化不等于西化"，开始从主张"全盘西化"转向"现代化"。张熙若指出，现代化与西化是两个既相互联系又有区别的提法，"西化"差不多就是"抄袭西洋的现成办法，有的加以变通，有的不加变通"。而"现代化"则有两种：一种是将中国所有西洋所无的东西，本着现在的智识、经验和需要，加以合理化或适用化；另一种是将西洋所有但现在并未合理化或适应的事情，加以合理化或适用化。"现代化"可以包括"西化"，并且大部分是指"西化"，但"西化"却不能包括"现代化"。张熙若对"西化"的看法是：现在完全受科学支配的事情，应于最短期间极端西化；应该全受科学支配而现在尚未如此的事，应努力使它尽量西化；将来是否能完全受科学支配现在尚有疑义的事，可以西化，也可以不必西化，但必须趋于"现

---

① 张熙若：《全盘西化与中国本位》，《国闻周报》第 12 卷第 23 期。

代化"。可见，现代化是世界文明发展的趋势，但"西化"仅仅是世界现代化发展模式中的一种，世界各国的现代化不一定非要完全照抄西方模式，可以有他种模式。既然现代化不等于西化，那么中国的现代化便没有必要完全照抄西方，而应该从四个方面探索中国的现代化道路：一是发展自然科学，这是现代文化的根本基础；二是促进现代工业，这是现代国家生存的基础；三是提倡各种现代学术，这是成为一个现代国家的基础；四是思想、态度和做事方法的科学化，这是成为现代人的基础。中国的现代化就是要在学术、工业及思想方法诸方面实现"科学化"。①

张熙若的这些见解，跳出了"全盘西化"与"本位文化"之间不必要的概念纠缠，厘清了"西化"与"现代化"的关系，揭示了"现代化"的本质，将中国文化的现代化视为中国近代文化转型的目标，这在当时是相当精辟的。

严既澄指出，西方文明引领着世界文明发展的趋势，"西化"其实就是"现代化"，而"现代化"就是"西化"，"现代化"与"西化"并没有本质的差异。但他也看到，"西化"名词容易引起国粹主义者的反感，赞同将其改为"现代化"；而"全盘"两字更容易引起误会，最好也改为"尽量"二字。他认为西方的现代化基本上具有普适价值，故中国的现代化应该效法西方，"尽量西化"。他指出："其实西化就是现代化，因为现代的强国都拥有这些制度文物智识学问，我们若要和他们并立于天地之间，便非学他们这些东西不可。"他意识到，现代化既有通性的一面也有特性的一面。承认现代化有通性，就承认了现代性有可以普适的一面；承认现代化有特性，就不得不承认现代性有不同的表现形式，从而现代化表现为不同的模式。故他主张，中国应该首先集中精力于建设方法的现代化，不管什么制度文物，只要是力量做得到的，便应当毫无顾忌地勇往直前去学习

---

① 张熙若：《全盘西化与中国本位》，《国闻周报》第 12 卷第 23 期。

西方；经过现代化之后，原有的种种特质可以与新的并行不悖，让它去并行，与新的相冲突的，便以新的代替旧的。[1] 这样，中国既可以实现文化的现代化，又可以保持民族的"特质"。因此，"现代化"虽不等同于"西化"，而只是等同于"现代化"可以普适的一面，但仍然是以实质上的"西化"为主。

熊梦飞指出，西洋文化是代表着现代化方向的世界文化，中国学习西洋文化就是要实现中国的现代化："所谓西洋文化，从历史看，并非西洋人所可注册专利；从地域看，它已风行全球，除了将陈列博物院做人种标本之红色黑色种以外，几乎一律采用，可'名正言顺'地唤作现代世界文化；我们之吸取西洋文化，就是要使中国现代化，要使中国成为世界队伍中之一员大将。"但是全盘吸收？局部吸收？吸取根本？还是吸取枝叶？他认为，西洋现代文化的根本精神，是"科学化的学术思想、机械化的工业与农业和民主化的政治社会与家庭组织"。中国现代化必须吸取西洋现代文化的根本精神。为此，他提出了中国现代化的四条基本原则：一是全盘地吸取西洋文化之根本精神；二是局部地吸取西洋文化之枝叶装饰；三是运用西洋文化根本精神，调整中国固有之优美文化，剔除中国固有之毒性文化；四是中西文化动向一致的条件下，保留中国民族特征，加以中国民族创化，成为一种新文化。他将此四大原则称为"西学为体，中学为用"，并坚信这是中国完成现代化的根本保障。西洋文化的根本精神是科学化的学术思想，机械化的工业与农业，民主化的政治社会与家庭组织，这是必须"全盘吸取"的；西人的日常生活、历史遗型、拜金主义、享乐主义及资本主义则必须摒弃；中国固有优美的文化如人生哲学、文学、美术、史学和医学，监察、考试制度等，需要利用西洋新法宝来改造，使之

---

[1] 严既澄：《〈我们的总答复〉书后》，《大公报》1935 年 5 月 22—23 日。

科学化、民主化或机械化，以适应现代生活。① 唯有这样，中国才能真正地实现现代化，创造出一种"新文化"。

可见，通过这场文化论战，西化派一方面逐渐修正了"全盘西化"的提法，倾向于使用"根本西化""大部分西化""从根上西化""从基础上西化""充分西化""尽量西化""更深刻更广泛地西化""充分世界化""一心一意地现代化"等更恰当的提法，并逐渐以"现代化"取代容易引发争议的"全盘西化"；另一方面，西化派逐渐认识到，中国在现代化过程中应该保持国家认同和民族文化认同，主张在"西化"过程中还要尽量保持民族文化"特质"，开始认同保存和弘扬"固有的优美文化"。这样的认识，为中西文明的沟通与融合提供了必要的理论前提。

值得注意的是，中国本位文化建设派在这场文化论争中，也开始修正自己的某些观点，表示自己并不主张复古守旧，进而认同西化和"现代化"。十教授在《我们的总答复》中，表示只是反对"全盘西化"而并不反对"西化"，逐渐向西化派靠拢。他们不主张复古守旧，认为："复古的企图不但是抱残守阙，简直是自觅死路！我们倘认现代的中国人不容再营封建的生活，那就不应当持保守的态度来阻止文化的演进，还必须扶着时代的大轮，努力踏上日新又新的前程。"他们也不主张"全盘西化"，表示："外来文化果足为我们营养的资料，自当尽量吸收，但必须根据此时此地的需要，加以一番审慎的选择，倘不顾时地的条件，贸然主张全盘西化，岂但反客为主，直是自甘毁灭！况且，西方现存文化的自身，也何尝是个统一的整体？所谓承受全盘，究竟承受甚么东西？"② 因此，他们在"复古"与"西化"之间，实际上还是选择"西化"。刘絜敖提出了对待中西文化的"不独化不同化"原则。所谓"不独化"，是指"我们应该了解世界生

---

① 熊梦飞：《谈"中国本位文化建设"之闲天》，《文化建设》第 1 卷第 9 期。
② 王新命等十教授：《我们的总答复》，《文化建设》第 1 卷第 8 期。

活和世界文化的相关性，不可闭关自守地企求复古"；所谓"不同化"，是指"我们应该尊重我们独立自尊的文化与民族，不可在与欧美文化接触之时，便为欧美文化所同化"。刘氏本着"不独化不同化"原则，对文化复古和全盘西化作了严厉批评，主张在"大量吸收欧美文化"时注意"中国化"。其云："不顾世界实情，一味主张复古的人，不消说我们是誓死地反对；就是完全忘了自己，而主张全盘接受欧化的人，我们亦不能不表示惊奇！我们并不是欧美文化体下的附庸！我们自有我们自己独立发展文化的使命！我们本来是有定型文化的民族，并非其他无文化民族之可以全盘接受外化者可比！我们吸收欧美文化，只为补我们固有文化之不足，所以我们虽可大量吸收欧美文化，但吸收过来，我们即须使其立刻中国化！我们不愿生吞！我们不愿活剥！我们不愿在我们的腹内，有一个可以顽梗致命的怪东西！我们更不愿我们吃了这个怪东西后，我们就根本化体为白皮色的欧美人！我们始终是中国人，我们是有我们独立自尊的人格！"[①]

由此可见，通过这场文化论战，中国本位文化派一方面逐渐修正了"中国文化本位"的提法，倾向于使用"中国本位""中国民族本位""中国国家本位"等提法，并公开声明"我们的文化建设方针之一，应是不守旧，对于任何复古的企图，都采取排斥的态度"；另一方面，中国本位文化建设派赞同中国亟须"采纳西洋的优美文化"，认同了西化派对"现代化"基本内涵的阐释，将科学化、工业化、民主化视为"现代化"最重要的和最基本的指标。正是从这场文化论战开始，两派在"现代化"问题上逐渐达成共识，人们逐渐用"现代化"来代替"西化"；"全盘西化"论在中国思想文化界的影响力逐渐减弱，中西文明真正进入了沟通融合以创造中国近代新文明的新阶段。

[①] 刘絜敖：《中国本位意识与中国本位文化》，《文化建设》第 1 卷第 9 期。

七、战时中西文化问题的论争

全民族抗战爆发后，由于民族危机的加深，部分人出于亡国的危机意识，竭力彰扬民族主义情绪，认为近代中国问题的症结并不在于外部，关键在于中国文化能否面对现实，面对未来，及时调整自身，重建民族文化的新体系，出现了明显的文化保守主义甚至复古主义倾向。另一部分人则认为，中华民族的危机并不是学习西方造成的，而是学习西方不彻底而导致的，中国问题的根本解决仍有待于中国能否尽早走上西方国家已经走过的现代化道路。因此，中国的问题不是向回走去调整自身，而是要一如既往地学习西方，尽快实现现代化，带有明显的西化倾向。这两种观点虽有新的论证和分析，但其在根本点上并没有超出战前的文化保守主义和西化派。

此时期在中西文化比较研究上提出新见解的是冯友兰。他认为，中西文化并不是孰优孰劣的问题，而是"文化类型"的不同。中国人之长时期不能正确把握中西文化的异同，在中国文化问题上歧异甚多，最为重要的原因就在于不知道区别文化的共相与殊相，缺乏一种文化类型的观念。因此难以在东西文化那许多的性质中区分出哪些是主要的、本质的，哪些是非本质的、偶然的、次要的，无法突破东方的或西方的这种地域界限，无法在对文化的思考中脱离文化个体而把握文化的一般。就是说，应该从文化的类型进行分析研究。他说："若从类的观点以看西洋文化，则我们可知所谓西洋文化是优越底，并不是因为它是西洋底，而是因为它是某种文化底。于此我们所要注意者，并不是一特殊的西洋文化，而是一种文化类型。""再以文化类型去分析中国文化，我们亦可知我们近百年来所以到处吃亏者，并不是因为我们的文化是中国底，而是因为它是某种文化底。"①

---

① 冯友兰：《新事论》，《新动向》第 1 卷第 11 期（1938 年）。

他强调，对中西文化的考察，重要的不是两者之同，而是正确理解两者之异，只有理解文化之同才能正确地把握文化之异。

冯友兰在比较研究中西文化时强调文化类型的"共相"，即相同之点，所以，他认为儒家思想包括了现代化所需要的一些基本因素。如儒家说的"民贵君轻""天视天听"，便是"民主政治的根据"；又如"争人皆可以为尧舜""尧舜与人同耳"等，实含有"人人平等的意思"。儒家的这些态度，"都是实行民主政治的必要条件，必须大家都具这种见解，抱这种态度，人们尊重此种作风，才能实行真正的民主政治。"他显然是把古代"民本"思想与近代"民主"思想混淆了。其实"民主"与"民本"、自主与恩赐，是完全不同的两码事。他明确表示赞同洋务派及其"中体西用"说："所谓中学为体，西学为用者，是说组织社会的道德是中国底，现在须添加者是西洋的知识技术，则此话是可说的。我们的《新事论》的意思，亦正如此。"可见，他仍然坚持文化保守主义和中体西用论。

在抗战时期文化民族主义高涨的时代环境中，有人提出"以复古为创新"口号，力图折衷文化保守主义与西化思潮。战时现代新儒家利用这个口号，极力推崇中国民族文化。贺麟提出，近代以来的所谓中华民族危机说到底乃是文化的危机，因此目前中国摆脱危机的根本出路绝不在于中国文化的"全盘西化"，或将中国沦为西方文化的"文化殖民地"，而是要有计划、有目的地吸收、容纳西方文化的精华，提升和彰扬最具有中国特色的儒家文化，从而为儒家思想的新开展奠定坚实的学术基础。他说："民族复兴不仅是争抗战的胜利，不仅是争中华民族在国际政治中的自由、独立和平等，民族复兴本质上应该是民族文化的复兴。民族文化的复兴，其主要的潮流、根本的成分就是儒家思想的复兴，儒家文化的复兴。假如儒家思想没有新的前途、新的开展，则中华民族以及民族文化也就不会有新的前途、新的开展。换言之，儒家思想的命运，是与民族的前途命运、盛衰消长同一而不可分的。"①贺麟对儒家文化前途的自信，是建立在思想文化发展一般规律的理性分析上。为此，他并没有像梁漱溟那样正面回应新文化运动对儒学的责难，而是从辨认新文化运动的性质入手，直截了当地指出新文化运动的根本用意并不是要彻底破坏和放弃儒家文化，恰恰相反，新文化运动的最大贡献在于破坏和扫除儒家文化的僵化部分的躯壳和形式末节，以及那些束缚个性的传统腐化部分，不需要打倒孔孟的真精神、真意思、真学术等。

钱穆、冯友兰、贺麟等人站在文化保守主义立场上提出的带有"复古"倾向的文化思想，一方面遭到马克思主义理论工作者批驳，另一方面受到主张"全盘西化"的陈序经等人的批评。胡绳将抗战时期的文化保守主义斥为"复古主义"。他指出："这种新的见解，在根本上是复古也是排外，因为它是把一切外国的东西，从中国旧文化传统的立场上看去是新的，不适宜中国的东西都加以排斥，它排斥一切西洋文化中对于当前中国的现实具有进步意义的东西。"②钱穆著《国史大纲》宗旨是"为我民族国家复兴前途之所托命"，是为"抗战胜利，建国完成，中华民族固有文化对世界新使命之开始"提供历史依据。他和张其昀、萨孟武等人，试图从多个方面论证中国自秦汉以来的政治体制并非专制政体，而是具有相当浓郁的民主气息："吾人若为言辞之谨慎，常名之曰中国式之民主政治。当知中国虽无国会，而中国传统政府中之官员则完全来自民间，既经公开的考试，又分配其数额于全国各地，又按照一定年月，使有新分子参加，是不啻中国政府早已全部由民众组织。"③钱穆所谓"中国式之民主政治"，既不符合中国历史之真相，也与近代以来中国政治民主化的发展趋势相悖，故受到严厉批评。胡绳质问道："所谓'中国式的民主'就是我们一般常人所

① 贺麟：《儒家思想的新开展》，《文化与人生》，上海商务印书馆 1947 年版，第 4—5 页。
② 胡绳：《评钱穆著〈文化与教育〉》，《胡绳文集》，重庆出版社 1990 年版，第 203 页。
③ 钱穆：《文化与教育》，生活·读书·新知三联书店 2009 年版，第 143 页。

称为君主专制政体的那种东西吗？我很奇怪，想出这些意见的先生们都不公开反对孙中山先生的革命理论与事业，甚至还加以赞扬。但实际上他们是应该反对中山先生的，因为中山先生所要推翻的就是两汉隋唐宋元明清的那种国体和政体。"[1]

张申府在《文化·教育·哲学》一书中，对全盘西化论进行了严厉批评。其所使用的主要观念是"分"之观念。他指出，全盘西化论者把西方文化作为一个完整的笼统的整体是不正确的，"根本没有了解西洋文化，根本没有了解西洋文化一个核心的科学。科学的出发点是分。因此所注重的是数量，是分析，是分别。"从中国文化和西方文化中都能分出最好的东西来，根据新陈代谢的作用，化合出一个更新的东西。他认为建立一种文化需要坚持三个原则：第一，文化是不可以速成的，文化的收效必须见于生活方式的改变，也可以说就是要革风易俗；第二，文化的核心是哲学，在文化建立上所谓端其趋向也就是要有一种哲学；第三，文化是比较上层的东西，文化与社会也是互相影响的。因此，要建立一种中国新文化，必须与建立新的政治、经济、社会制度相配套。张申府的批评是相当中肯的，触及"全盘西化"的理论根基。

尽管全民族抗战爆发后文化保守主义膨胀，"全盘西化"思潮呈现式微之势，但陈序经仍然坚定地认为，全盘西化是抗战建国之唯一出路，"不但在理论上我们觉得全盘西化的必要，就是在事实上，我们也是朝着这条路走。"[2]故他对张申府的文化观点进行了反驳。张申府以"分"作为分析的出发点，而陈序经则重视"合"："我们承认科学的出发点是分，同时我们不能否认科学的实体也是合，分是为着我们的研究的便利起见，合是科学的基本原理。"全盘西化理论，就是从"合"的角度来看待文化各

①　胡绳：《评钱穆著〈文化与教育〉》，《胡绳文集》，重庆出版社1990年版，第193页。
②　陈序经：《抗战时期的西化问题》，《今日评论》第5卷第3期，1941年1月26日。

方面的关系与文化的各种现象。这种"合"的具体意义，实际上就是文化现象间的连带关系。因此，中国文化接受了西方文化的一方面，就会在各方面都受到波动。陈序经认为，张氏提出的把中国文化和西洋文化好的方面"分"出来化合成一种新文化，在实际中无从操作。一方面，所谓西洋的最好的东西无从选择起，因为选择西洋的最好的东西，没有一个正确的标准。因而主张全盘西化，主张文化的各方面都可以全盘接纳才更能体现出文化是一个化合物的观念；另一方面，陈序经坚持认为"把中西文化比较起来，我们的文化相形见绌是不能否认的事实"。在他看来，要建立中国新的文化，就不得不改变中国旧的政治、经济、社会制度，"所谓集体的就是全盘的，全盘的去改变比较下层的政治、经济、社会制度，则所谓比较上层的文化也不能不随之而改变。这种全盘的改变岂不就变为全盘的西化？"[1] 仍然坚持全盘西化的主张。

对于中西文化问题，冯友兰对中国本位文化建设派和全盘西化派均不赞同并有所批评。他在《别共殊》中批评了中国本位文化论和全盘西化论，系统阐释了"文化共殊"的观点。冯友兰认为，中西文化问题不是"东西的问题"，而是"古今的问题"。他说："一般人所说的西洋文化，实际上是近代文化。所谓西化，应该说是近代化。"冯氏指出，文化可以分为共同的文化与特殊的文化两个方面。所谓共同的文化是人类共需的文化，是可以改变的；所谓特殊的文化是每个民族特有的文化，是不能改变的。因为特殊的文化不可改变，所以在以西方文化为特殊文化时，各种文化主张就遇到问题。他批评说："有主张所谓全盘西化论者，有主张所谓部分西化论者，有主张所谓中国本位文化论者。无论其主张如何，但如其所谓文化是指一特殊底文化，则其主张俱是说不通，亦行不通底。"因此，冯友兰主张要在五光十色的各种性质中看到"何者对于此类是主要的，何者对

---

① 陈序经：《抗战时期的西化问题》，《今日评论》第 5 卷第 3 期，1941 年 1 月 26 日。

于此类是偶然的","对于西方文化，其主要底是我们所必取者，其偶然底是我们所不必取者；对于中国文化，其主要底是我们所当去者，其偶然底是我们所当存者，至少是所不必去者。"

冯友兰指出：中西文化"乃古今之分，非中西之异也。一般人心目所有之中西之分，大部分都是古今之异。所以以近代文化或现代文化指一般人所谓西洋文化，是通得多。所以近来近代文化或现代文化一名已渐取西洋文化之名而代之。从前人常说我们要西洋化，现在人常说我们要近代化或现代化。这并不是专是名词上改变，这表示近来人的一种见解上底改变"。① 因此，中国采纳西洋文化乃是采纳另一种类型的近代文化，这种采纳需要改变我们文化的方向，"将我们的文化自一类转入另一类。"就此一类而言，此改变是"完全底，彻底底，所以亦是全盘底"。但他并不认为近代化就是全盘的西化，而仍然是"部分"的西化，并且是"中国本位底"。因为改变我们自己的文化"并不是将我们定个特殊底文化，改变为另一个特殊底文化。我们的文化之与此类有关之诸性，当改变，必改变；但其与此类无关之诸性，则不当改变，或不必改变。所以自中国文化之特殊底文化说，此改变是部分底"。也决定了这种改变只能是"中国本位底"。② 他主张用"现代文化"取代一般意义上使用的"西洋文化"概念，并着力于中国的"工业化"。

陈序经仍然站在文化整体论的立场上，反驳冯友兰的中西文化观。他指出：从共需的文化方面来看，冯氏是主张"全盘西化"的；从特殊的文化方面来看，冯氏又是主张部分西化或中国本位的。他认为："所谓共需的文化与特殊的文化是有了密切的关系而不易分开的"，冯氏的主张因而

① 冯友兰：《别共殊》，罗荣渠主编：《从"西化"到现代化》，北京大学出版社1990年版，第338页。
② 冯友兰：《别共殊》，罗荣渠主编：《从"西化"到现代化》，北京大学出版社1990年版，第340页。

充满了矛盾，观点之间不能相互支持。他认为冯氏所谓共殊的区别，只是一种"空谈"，只是一种"名词上区别"而已。针对冯友兰用"近代化""工业化"来代替"西化"观点，陈序经明确强调，工业化只是西化的一个方面，"我们不只要工业化，而还要西化的工业化；不只要西化的工业化，而还要西化的其他方面；不只要西化的其他方面，而还要全盘西化。"①

陈序经指责冯友兰的"中体西用"是一个矛盾，道德与智识、技术、工业是有密切的关系的，"采纳了西化的智识、技术、工业，则我们在有意或无意之中不得不采纳了西洋的道德；反过来说，中国今日对于西洋的智识、技术、工业所以不能够全盘采纳、彻底讲求，也是由于固有的道德作祟。"对于冯友兰用近代化、工业化来代替西化，陈序经指出："我们所谓西洋化当然是近代或现代的西洋化，稍有头脑的人绝不会误会我们所说的西化，主要的是指古代的西洋文化或中世纪的西洋文化。"而以近代化或现代化去代替西洋文化，"则这个名词不只没有什么意义，而且有了野蛮化或原始化的语病。"他继续坚持全盘西化："我们不只要工业化，而还要西化的工业化；不只要西化的工业化，而还要西化的其他方面；不只要西化的其他方面，而还要全盘西化。"

陈序经对冯友兰等人展开的论辩，显然是为了抵制其明显的复古守旧倾向和文化保守主义思想，重申全盘西化论的基本观点，如文化整体论、文化现象间的连带关系，使全盘西化论的基本主张得到更为明确的阐释，扩大全盘西化论的思想影响。

---

① 　陈序经：《抗战时期的西化问题》，《今日评论》第 5 卷第 3 期，1941 年 1 月 26 日。

第五讲

从“西学中源”到“中体西用”

　　当两种异质文明发生大规模接触时，往往是先引起冲突，然后导致两种情形：一是同化，由一方代替另一方；二是融合，即双方谁也吃不掉谁，而是相互作用，相互渗透。中华文明和西方文明接触后的情形属于后一种。中华文明之所以必须走融合之路，主要基于三方面原因：一是中华文明的整合程度高。坚固的伦理性使中华文明特别注重社会关系的整合。从一个个家族直到整个社会，都有一整套详尽的价值观念和制度来维系。这些观念和制度经过几千年人们有意识地强化而变得更为牢固，故要想冲破原有中华文明的整合性是很艰难的。二是中华文明历数千年而不亡，形成了极为深厚的历史文化积淀，许多东西到了近代便显现出了腐朽性，但这些东西又是百足之虫，死而不僵。对此，西方近代文明虽能给予某种强烈冲击，却很难从根本上予以毁灭。三是中国地大物博，人口众多，同化这样一个庞大国家的文明，必须以政治上、军事上、经济上的彻底征服为前提。但无论西方哪个国家都不具备这种征服能力。正因如此，中华文明不像某些国家的文明那样容易被同化，而是以自身的相对独立发展为主要演进轨道，并大量汲取他人的优秀文明成果而有所发展。

　　西方文明输入中国后，不仅存在着严重的冲突与争论，而且也存在着中西文明融合问题。不同文明之间的交流是促进人类文明发展的重要因素，西方近代文明是吸收了许多其他民族文明的因素而发展起来的。中国近代新文明也应该是在协调和融合中西文明基础上产生并发展的。因此，关于中西两种文明的特质、地位、关系问题，成为近代中国志士仁人无法回避的难题。对于他们而言，如何认识中西文明的关系不是一个单纯的学术问题，而是关乎中华文明以及中华民族生死存亡的现实问题。于是，在中西文明关系问题上，近代中国相继出现了"西学中源"说、"中体西用"论、"全盘西化"论、"中西调和"说等沟通中西文明的文化主张。这些文化主张的直接目的，就是为中华文明的前途开药方，探寻中华文明在近代的出路。

两种文明的融合，大致分为两个阶段：首先是文明的混合阶段，特点是相对被动的一方开始时往往采取功利主义态度，只是局部地汲取对方的优点；然后是文明的化合阶段，特点是两种异质文明将从对方那里全面汲取优秀之处，从而造成一种异于本体原有形态以及外来形态的新的文明形态。中华传统文明在近代先后经历了混合与化合两个阶段，而"西学中源"说及"中体西用"论，是代表着中西文明融合之第一阶段。援"西学"入"中学"，重新整合"中学"，以创造"不中不西，即中即西"之中国近代新文明，是中国传统文明在近代进行创造性转化的基本路向。这种整合与会通的路向，便是西学"移植"后，中国所面临的中西文明融合问题。西方文明传入中国之初，中国人在中西文明融合问题上，是用"源流"说来阐述中西文明之关系，以中学"统摄"西学，将西学纳入中国传统文明体系之中。因此，"西学中源"说，可以被视为西学输入后中西文明融合之最初尝试。

一、"西学中源"说的提出

"西学中源"说产生于明末清初西学东渐之时，与中国传统"严夷夏之防"及来华传教士的传教策略有关。自孔子作《春秋》，严夷夏之防、夷夏之辨，即严格区分华夏与外族，成为儒家正统思想的重要内容。儒家以中国为世界文明的中心，视外族为野蛮的文化低等民族，故在对外关系上，"用夏变夷"为天经地义，"用夷变夏"则是不可思议的。明清之际，利玛窦等耶稣会士来华传教时，面对的正是这种根深蒂固的思想传统。利氏记其观感云："因为他们不知道地球的大小而又夜郎自大，所以中国人认为所有国家中只有中国值得称羡，就国家的伟大、政治制度和学术的名气而论，他们不仅把所有别的民族都看成是野蛮人，而且看成是没有理性的动物。在他们看来，世上没有其他地方的国王、朝代或者文化是值得夸耀的。这种无知使他们越骄傲，则一旦真相大白，他们就越自卑。"①

利玛窦意识到，中国人对他们所抱的戒心和疑心是其传教事业的最大障碍。故耶稣会士并不张扬其西来之由，而是竭力将西教、西学与儒家学说相比附。从利玛窦开始，他们就从中国儒家经典中寻句摘字，以天主教之"天主"附会先秦儒家经典中的"天"和"上帝"，以此向中国人表明天主教与儒家思想是相通的。同时，为了适应明末社会的实际需要，利玛窦确立了用传播西方科学知识辅助传教的所谓"学术传教"路线。他把西方科学与中国科技，特别是中国上古时代的科技相提并论。1601 年，利玛窦进京上奏万历皇帝疏中说："天地图及度数，深测其秘，制器观象，考验日晷，并与中国古法吻合。"②随后，欧洲来华传教士发挥其熟谙典籍的特长，为利玛窦的"中西吻合"说寻找"例证"。

利玛窦等耶稣会士鼓噪在先，中国学者附和之声就不绝于耳。李之藻与利玛窦合作翻译《浑盖通宪图说》（1607 年），用西法调和中国古宇宙论中的浑天、盖天两说，并以曾子"天圆地方"之说与西方"地圆说"相

---

① 利玛窦：《利玛窦中国札记》，何高济等译，中华书局 1990 年版，第 181 页。
② 黄伯禄：《正教奉褒》，上海慈母堂 1908 年铅印本，第 4—5 页。

印证。徐光启与利玛窦译《测量法义》(1607 年)，并撰《测量异同》(1608年)，指出西洋测量诸法与《周髀》和古《九章》中的"句股""测望"等方法略同。熊明遇序《表度说》(1614 年)，也认为西学是"古神圣蚤有言之者"，并将《黄帝内经》中岐伯所谓"地在天中，大气举之"之说，与西洋"地圆说"相提并论。

与天主教传教策略上的补儒论相类似，徐光启等人提出了用西洋科学补充中国科技的论点。他们认为：中国上古科学曾经很发达，但是由于秦始皇焚书坑儒而失传，后人任意揣摩，不得其法，故明末中国历算等格物之学不及西学，而西方格物穷理之学适可补中学之不足。徐光启明言其翻译《几何原本》(1607 年)是为了"补缀唐虞三代之阙典疑义"；[1] 许胥臣为《西学凡》作"小引"亦云："礼失而求于野，读《西学凡》，而学先格致，教黜空虚。吾亦取其有合于古圣之教而已。"[2]

"西学中源"说正是沿着中西"心同理同"的吻合说与"天子失官，学在四夷"的思路发展而来的。熊明遇在《格致草》自序中说："上古之时，六符不失其官，重黎氏叙天地而别其分主。其后三苗复九黎之乱德，重黎子孙窜乎西域，故今天官之学，裔土有崇门。"他把西方天文学的源头追溯到中国上古传说中的夏商时代，并从中西吻合说进而推断西方天文学是从中国上古时代传去的。这或许是目前所见"西学中源"说最早之例。熊明遇在明末中西天文学相争之时，提出西方天文学原本于中国，其用意实为消除中西学术之隔阂，便于时人理解和接受西学。

熊明遇的"西学中源"说，为方孔炤及其子方以智继承。方孔炤著《崇祯历书约》，其中也有"天子失官，学在四夷"的议论。方以智在《游子六〈天径或问〉序》中重复了"天子失官，学在四夷"的论调，其言地圆，

---

[1] 徐宗泽编著：《明清间耶稣会士译著提要》，中华书局 1989 年版，第 283—284 页。

[2] 徐宗泽编著：《明清间耶稣会士译著提要》，中华书局 1989 年版，第 294 页。

也以岐伯、邵雍、朱熹等人之说为证，其《物理小识》亦大量摘入《格致草》内容。方以智之子方中通对该说做了进一步阐述："西学精矣，中土失传耳。今以西学归《九章》，以《九章》归《周髀》。"①

最先正式提出"西学中源"说的，是清初大儒黄宗羲。黄氏对中西天文历法皆有造诣，著有《授时历法假如》《西洋历法假如》等多种天文历法著作。清代雍乾间的著名学者全祖望在《梨洲先生神道碑文》中称："历学则公少有神悟。及在海岛，古松流水，布算簌簌。尝言勾股之术乃周公、商高之遗，而后人失之，使西人得以窃其传。有《授时历故》一卷，《大统历推法》一卷，《授时历假如》一卷，《西历、回历假如》各一卷。……其后梅徵君文鼎本《周髀》言历，世惊为不传之秘，而不知公实开之。"②

黄宗羲、方以智等人提出了"西学中源"说，但并未提供具体证据。清初造诣最为精深的天文历法名家王锡阐则对此做了阐述，使此说逐步完善。王锡阐兼精中西天文历法之学，亦深悉西法之所长，极力鼓吹西洋新历原本于中国。他论述"西学中源"说最重要的文字为："今者西历所矜胜者不过数端，畴人子弟骇于创闻，学士大夫喜其瑰异，互相夸耀，以为古所未有，孰知此数端者悉具旧法之中而非彼所独得乎！一曰平气定气以步中节也，旧法不有分至以授人时，四正以定日躔乎？一曰最高最卑以步朓朒也，旧法不有盈缩迟疾乎？一曰真会视会以步交食也，旧法不有朔望加减食甚定时乎？一曰小轮岁轮以步五星也，旧法不有平合定合晨夕伏见疾迟留退乎？一曰南北地度以步北极之高下，东西地度以步加时之先后也，旧法不有里差之术乎？大约古人立一法必有一理，详于法而不著其理，理具法中，好学深思者自能力索而得之也。西人窃取其意，岂能越其范围？"③

---

① 方中通：《数度衍》"凡例"，1878 年桐城方氏重刻本。
② 全祖望：《鲒埼亭集》，四部丛刊刊印本。
③ 王锡阐：《历策》，阮元：《畴人传》卷三十五，商务印书馆 1925 年版。

王氏这段话，是"西学中源"说之重要文献。他首次为"西学中源"说提供了具体证据。他认为西法号称在这些方面优于中法，实则"悉具旧法之中"，是中国古已有之的。但说西法中国古已有之，还有双方独立发明而暗合之可能。而王氏则断然排除了这种可能："西人窃取其意"，即西法是从中法窃取的。而且，王氏已经注意到中国传统天文学"详于法而不著其理，理具法中"的特点，这与西方天文学从基本的"理"出发进行演绎明显不同。为了完善自己的说法，他指出中法之理虽不明言，但"好学深思者自能力索而得之也"，这就为"西人窃取其意"提供了可能性。王氏这种思想，为后来梅文鼎的进一步理论开辟了新思路。

可见，"西学中源"说经熊明遇、陈荩谟到黄宗羲、方以智、方中通、王锡阐，既有继承，也有发展和变化。在方氏父子那里，源于中国的西学不仅包括天文学，还有数学甚至一切西学；西学的源头不再是重、黎二氏，而是周公；他们阐述"西学中源"说，不再是为了传播西学，而是要回归中学。"西学中源"说因中西学术之争而产生，同时亦随着中西之争的发展而变化。当熊明遇等人提出"西学中源"说时，其用心是为了淡化中西之争，缩小中西学术之隔阂；然而随着时势的变化，此说又成为清初某些遗民学者借以贬斥甚至抵制西学之思想依据。

"西学中源"说为中国学人所接受，康熙起了重要作用。他所著《三角形论》提出："古人历法流传西土，彼土之人习而加精焉。"这是明确认为西洋历法来源于中土。来华西洋传教士将"代数学"之译名"阿尔热巴达"，转译为"东来法"（即"中国法"），康熙深以为是："夫算法之理，皆出《易经》，即西洋算法亦善，原系中国算法，彼称为阿尔朱巴尔。阿尔朱巴尔者，传自东方之谓也。"[①] 他认为，西方历算"原出自中国，传及于极西"，其之所以高于中法，是由于"西人守之不失，测量不已，岁岁

---

① 　王先谦：《东华录》康熙八十七，光绪十七年上海广百宋斋刊印本。

增修，所以得其差分之疏密"。① 他编撰《律历渊源》，即为探究所谓律历算法之中土"本源"。这种观点在当时比较流行，许多学者均持此说。

康熙之说法一出，清初著名天文学家梅文鼎立即响应。他反复强调："御制《三角形论》言西学贯源中法，大哉王言，著撰家皆所未及"；②"伏读圣制《三角形论》，谓古人历法流传西土，彼土之人习而加精焉尔，天语煌煌，可息诸家聚讼"。③ 又云："算术本自中土传自远西，而彼中学者专心致志，群萃州处而为之，青出于蓝而青于蓝，冰出于水而寒于水。"④ 可见，梅氏赞同并阐述"西学中源"说，一方面是迎合康熙皇帝，更重要的则是为了化解中西学术冲突，沟通中西学术之交流。其云："数者所以合理也，历者所以顺天也。法有所采，何论东西？理所当明，何分新旧？"⑤ 带有非常强烈的沟通中西学术之意。正因如此，他以其"绩学参微"功夫来补充"西学中源"说，并着重从三个方面加以论述：

一是论证"浑盖通宪"即古周髀盖天之学。梅氏列举具体例证："今考西洋历所言寒热五带之说与周髀七衡吻合"，"周髀算经虽未明言地圆，而其理其算已具其中矣"，"是故西洋分画星图，亦即古盖天之遗法也"。有了五带、地圆、星图等例证之后，梅氏断言："至若浑盖之器……非容成、隶首诸圣人不能作也；而于周髀之所言一一相应，然则即断其为周髀盖天之器，亦无不可。""简平仪以平圆测浑圆，是亦盖天中之一器也。"⑥ 实际上，中国古代浑天说与盖天说，并非如其所云"塑像"与"绘像"之关系。

二是设想中法西传的途径和方式。"西学中源"说必须补上这个重要

---

① 康熙：《三角形推算法论》，《圣祖仁皇帝御制文》三集卷十九。
② 梅文鼎：《雨坐山窗》，《绩学堂诗抄》卷四，乾隆梅成刻本。
③ 梅文鼎：《上孝感相国》，《绩学堂诗抄》卷四，乾隆梅成刻本。
④ 梅文鼎：《测算凡例序》，《绩学堂文钞》卷二，乾隆梅成刻本。
⑤ 梅文鼎：《历学疑问补》，《梅氏丛书辑要》卷四十九，乾隆年承学堂刊本。
⑥ 梅文鼎：《勿庵历算书记》，浙江吴玉墀家藏本。

环节才能自圆其说。梅氏从《史记·历书》"幽、厉之后，周室微，……故畴人子弟分散，或在诸夏，或在夷狄"的记载出发，认为时人"盖避乱逃咎，不惮远涉殊方，固有挟其书器而长征者矣"，将中原历算之法带到西方。《尚书·尧典》上有"乃命羲和，钦若昊天"的记载，梅氏根据古代羲仲、羲叔、和仲、和叔四人"分宅四方"的传说，设想东、南有大海之阻，极北有严寒之畏，唯有和仲向西方没有海洋阻碍，"可以西则更西"，于是将"周髀盖天之学"传到了西方。和仲到西方之后，"远人慕德景从，亦即有以开其一言之指授，或一事之流传，亦即有以开其知觉之路。而彼中颖出之人从而拟议之，以成其变化，固宜有之。"①

三是论证西法与回回历即伊斯兰天文学之间的亲缘关系。他认为："西洋人精于天算，复以回历加精"，"则回回泰西，大同小异，而皆本盖天"。所以他在《古算器考》中指出："要皆盖天周髀之学流传西土，而得之有全有缺，治之者有精有粗，然其根则一也。"

中国有着悠久灿烂的古代文明，遇到新事新法之时，习惯于从历史经验中寻找采择新法之依据。"西学中源"说有康熙提倡于上，国朝历算第一名家梅文鼎著书撰文阐扬于后，一时流传甚广。乾嘉学派兴盛后，阮元、戴震、凌扬藻等人大加宣扬"西学中源"说。1799 年，阮元编成《畴人传》，多次论述"西学中源"，而且颇有创新之处："然元尝博观史志，综览天文算术家言，而知新法亦集古今之长而为之，非彼中人所能独创也。如地为圆体则曾子十篇中已言之，太阳高卑与《考灵曜》地有四游之说合，蒙气有差即姜岌地有游气之论，诸曜异天即郄萌不附天体之说。凡此之等，安知非出于中国如借根方之本为东来法乎！"②

"西学中源"说确立后，逐渐从天文、数学向其他科学领域扩散。阮

① 梅文鼎:《论中国土历法得以传入西国之由》,《梅氏丛书辑要》卷四十九,乾隆年承学堂刊本。
② 阮元:《汤若望传论》,《畴人传》卷四十五,商务印书馆 1925 年版。

元把西洋自鸣钟的原理，说成与中国古代刻漏之理并无二致，故其仍是源于中土。阮元撰《畴人传》云："自鸣钟来自西洋，其制出于古之刻漏。《小学绀珠》载曰：'咎漏有四，曰香篆，曰圭表，曰锟弹。'元谓锟弹即自鸣钟之制，宋以前本有之，失其传耳。"并强调说："此制乃古刻漏之遗，非西洋所能创也。"①认为西洋自鸣钟及其包含之"重学"原理，源于中国古学。这是将"西学中源"说推广于机械工艺方面。毛祥麟更将其推广到医学领域，将西医施行外科手术说成华佗之术的"一体"，而且因未得真传，"犹似是而非"，故成功率不高。

"西学中源"说在清代士大夫中受到广泛欢迎，以至流传二百余年之久。明清之际所谓"西学"，仅涵盖天文历算知识，在中国学人看来，纯属"艺学"范围。尽管"西学东源"说不是建立在科学事实上，而是建立在牵强附会之臆测之上的，但其中包含着将西方输入之新学术纳入中国固有学术文化之意图。阮元之言可为代表："使必曰西学非中土所能及，则我大清亿万年颁朔之法必当问之于欧逻巴乎？此必不然也！精算之士当知所自立矣。"②可见，倡导此说者希望以此来提高民族文化自尊心，增强对中华文明之自信心。

二、"西学中源"说内涵的扩大

"西学中源"说诞生于清初，流行于洋务运动时期，衰亡于 20 世纪初。鸦片战争后，随着传入西学内容之扩大，"西学中源"说包括之范围逐步扩大，由清初之天文历算，扩大到光绪初年之算学及格致诸学（力学、光

---

① 阮元：《自鸣钟说》，《研经室集》下册，中华书局 1993 年版，第 700—701 页。
② 阮元：《汤若望传论》，《畴人传》卷四十五，商务印书馆 1925 年版。

学、化学、电学等)。

当西洋格致学引入后,一些守旧学者采取了排斥态度。守旧派在对待中学和西学的关系问题上,比洋务派更加敏感。洋务派往往只看到西学之有用,而未曾深思其与中学会造成什么冲突;守旧派则不然,他们从一开始就断然认定西学是与中学不能相容的异端。对"天朝上国"的盲目自信,对域外世界的无端轻蔑,对本国典章文物的由衷崇敬,对西方近代科学文明巨大成就的茫然无知,使得守旧派偏执僵化,拒绝新知,从感情上就抱定与西学不共戴天的排拒态度。守旧派人士固然没有办法从具体利弊上解释洋务何以不能行,西学何以不能用,但是他们直觉到"舍己从人""侈谈洋务",必将动摇传统儒学的纲纪法度、道义准则,必将破坏"中国数千年相承之治法",从而使整个社会安身立命之所受到致命威胁。故他们往往抱着"卫道"心理,起而维护儒学传统,抵制西学输入。在这种情况下,人们再次强调"西学中源"说,借以作为引入西学之依据,显然有助于西学之传播与吸纳。

守旧派借势于博大而悠久的中国传统文明对国人的深厚影响,又借势于把伦理纲常视为中华文化精髓的观念在当时思想界还是一统天下,所以他们反对采用西学的底气还是很足的。在有关洋务兴废、西学利弊的争论中,尽管守旧派处于只能用空话应付的被动状态,但在道义和信念上均占据优势,洋务派显然遇到了守旧派强有力的挑战。

守旧派既然以西学对中学构成破坏为反对理由,来捍卫中学而排斥西学,那么,洋务派在提倡西学之际便不能回避引进西学会对中学带来何种影响的难题。证明西学与中学可以相容、可以互补的最简便办法,就是同样来利用"西学中源"说。守旧派屡屡用西方学理技艺均乃剽中国古学之绪余为由贬斥西学,洋务派则反其道而用之,以"西学中源"说证明西学之可用。其中的内在逻辑是:西学既然是中国古已有之而后来传到西方去的,可见研习西学无非是"礼失求诸野",找回自己祖宗所创而后来丢失了的文化遗产。这样，"严夷夏之防"的禁忌及"用夷变夏"的罪名就不攻自破，提倡西学就显得理直气壮。奕訢在提请设立天文算学馆时云："查西术之借根，实本于中土之天元，彼西土犹目为东来法。特其人情性缜密，善于运思，遂能推陈出新，擅名海外耳，其实法固中国之法也。天文算术如此，其余亦无不如此。中国创其法，西人袭之。"尽管这种说法有点牵强附会，但无疑会缓和守旧派的反对情绪，减轻引进西学过程中遇到的阻力。清政府在同文馆设置天文算学馆之争中支持洋务派之理由为："习西法者，不过借西法以印证中法，并非舍圣道而入歧途。"在这里，"西学中源"说成了研习西法、输入西学的很好借口。

1861年，冯桂芬率先重提"西学中源"说："中华扶舆灵秀，磅礴而郁结，巢、燧、羲轩数神圣，前民利用所创始，诸夷晚出，何尝不窃我绪余，人又奚不如?"[①]认为西方天文历数、光学、重学等均源于中国。李鸿章亦曰："无论中国制度文章，事事非海人所能望见，即彼机器一事，亦以算术为主，而西术之借根方，本于中术之天元，彼西土目为东来法，亦不能昧其所自来。尤异者，中术四元之学，阐明于道光十年前后，而西人代数之新法，近日译出于上海，显然脱胎于四元，竭其智慧不出中国之范围，已可概见。特其制造之巧，得于西方金行之性，又专精推算，发为新奇，遂几于不可及。"[②]很显然，李氏赞同"西学中源"说，并以此论证西学"不出中国之范围"，仿效西学等同于研习中国古学。

当时对"西学中源"说阐述比较详尽者，当推张自牧。他先后作《瀛海论》《蠡测卮言》等著，旁征博引，系统地阐述西学源于三代圣人和诸子百家。其《瀛海论》曰："今天下竞谈西学矣，蒙以为非西学也。天文历算，本盖天宣夜之术。彼国谈几何者，亦译借根方为东来法，畴人子弟

① 冯桂芬:《制洋器议》,《校邠庐抗议》,上海书店出版社2002年版,第48页。
② "中央研究院"近代史研究所:《海防档·机器局》(一),"中央研究院"近代史研究所1957年版,第14页。

略能知之。"他认为，西方近代、光学、气学、电学均为中国古籍所记载，均来自中国古学，"泰西智士从而推衍其绪，其精理名言，奇技淫巧，本不能出中国载籍之外。"既然西学乃为中国祖传学术，那么中国学习西学，乃是研习中国固有学术："今欲制机器，测量万物，运用水火，诚不能不取资三角八线及化气电火诸艺术，然名之为西学，则儒者动以非类为羞，知其本出于中国之学，则儒者当以不知为耻，是在乎正其名而已。"①

曾纪泽、黄遵宪、陈炽等人亦赞同此说，尝试将西学纳入中学之中。曾纪泽不仅作出"老子为周拄下史，其后西到流沙，而有周之简章法度，随简册而俱西"之大胆假设，而且以《易经》为例，论证西学乃中国圣人所发明。在曾氏看来，西方之水火气土四元素说，及电线、西医、火车、轮船诸种精巧，均不出《易经》所涵之学问范围；西方近日所考求之精理，早为中国圣贤所道破。黄遵宪在《日本国志》中，首提西学"其原盖出于墨子"之论断："泰西之学，盖出于墨子。其谓人人有自主权利，则墨子之尚同也；其谓爱汝邻如己，则墨子之兼爱也；其谓独尊上帝，保汝灵魂，则墨子之尊天明鬼也。至于机器之精，攻守之能，则墨子备攻备突、削鸢能飞之绪余也；而格致之学，无不引其端于墨子《经》上下篇。"② 在他看来，议会荐贤授能，其人乐善好施，热心公益，广设学校、医院、育婴堂、养老院，其学问实事求是、日进不已，其器物精巧便利，其法律详而必行，其武备严整而不轻言战争等等，均为"用墨子之效也"。黄氏提出之"西学源于墨学"说，得到时人普遍认同。

19 世纪 80 年代以后，"西学中源"说极为流行，很多学者均持这种观点。郑观应、薛福成、汤震、宋育仁、陈虬、陈炽等均着力论证了西学为"中国本有之学"，并从《周髀算经》《考工记》《墨子》《管子》《庄子》

---

① 张自牧：《瀛海论》，朱克敬编：《边事续钞》卷六，光绪庚辰年（1880 年）石印本。
② 黄遵宪：《日本国志·学术志一》，上海图书集成印书局光绪二十四年（1898 年）刊印本。

《淮南子》《吕氏春秋》《论衡》《张子正蒙注》《梦溪笔谈》《天工开物》等古代典籍中探求西学之源流。

晚清大儒俞樾对近代西方格致学来源于中国古学做了考证。其云："近世西学中，光学重学，或言皆出于墨子，然其备梯备突备穴之法，或即泰西机器之权舆乎？"① 郭嵩焘亦认为："夫西学之借根方，代传为东方法，中国人所谓立天元也。西人用之，锲而不已，其法日新，而中国至今为绝学。"因此，他昭示天下学者："俾知西学之渊源，皆三代之教之所有事。"② 采用西学，实际上是采取中国"三代之教所有事"。汤震以西人将借根方叫作"东来法"为例，断言"所有西法罔不衍我绪余，因我规矩"，进而认为西学各门类，均包含于中国古学之中："余若天学、物学、化学、气学、光学、电学、重学、矿学、兵学、法学、水学、声学、医学、文学、制造等学，皆见我中国载籍。"③

王仁俊编撰之《格致古微》是"西学中源"说之集大成者。该书是有鉴于西学输入中国后中西学术之冲突而编撰的。该书从经、史、子、集四部典籍中寻章摘句，将中国传统知识系统中之有关"格致学"内容，逐一查找、对号入座，以论证西学在中国学术系统中确有根基，近代西学源于中国古学。该书叙论曰："自九经、二十四史以及诸子书百家之集，凡有涉于西学者，博采而详论之，使人知西法之新奇，可喜者无一不在吾儒包孕之中。"④ 俞樾站在"西学中源"说立场上，对近代西学与中国古学做了这样的评判："西人所言化学光学重学力学，盖由格物而至于尽物之性者也，惟古之圣人皆以人道为重，故曰圣人人伦之至也。自尧舜三代以来，

① 俞樾：《墨子序》，孙诒让：《墨子间诂》，《诸子集成》刊印本，上海书店1986年版。
② 郭嵩焘：《丁冠西〈中西闻见录选编〉序》，《郭嵩焘诗文集》，岳麓书社1984年版，第68页。
③ 汤震：《中学第六》，《危言》卷一，光绪十六年刊印本。
④ 俞樾：《格致古微叙》，《格致古微》，光绪二十二年吴县王氏刊印本。

吾人皆奉圣人之教以为教，专致力于人道，而于物或不屑措意焉，是以礼乐文章高出乎万国之上，而技巧则稍逊矣。彼西人之学，务在穷尽物理，而人道往往缺而不修，君臣父子夫妇昆弟之间每多遗憾，而奇技淫巧则日出而不穷。盖中国所重者本也，而西人所逐者末也，逐末则遗本，而重本则末亦未始不在其中。苟取吾儒书而熟复之，则所谓光学化学重学力学，固已无所不该矣。"①很显然，在他看来，近代西学包括在中国古学体系之中，中国古学比近代西学高明而丰富。

王氏编撰《格致古微》之主旨，是力图将当时介绍到中国之西学，纳入中国固有之学术文化系统中。林颐山为《格致古微》作序时云："虽欲撷泰西之菁英，熔中土之模范不难矣。"②将"泰西之菁英"纳入"中土之模范"，一语道破了"西学中源"说在中西学术配置上之根本立场和基本倾向。所谓"泰西之菁英"，即为西方近代"格致诸学"；所谓"中土之模范"，即中国传统学术文化。这显然是一种以中学吸收、统摄西学之中西文化融合模式。这种将西学纳入中学"模范"之融合方式，是 19 世纪 90 年代以前中国学人所持之较为流行的观念。不仅郑观应、王韬、陈炽等早期维新派赞同此说，而且早年的康有为、梁启超、唐才常等人也多少受其影响。

需要指出的是，"西学中源"说尽管随着人们对西学认知的深化而逐渐被"中体西用"论替代，并为越来越多的学者抛弃，但这种颇为流行的中西文明融合方式，直到 20 世纪初仍有很大影响。清末国粹派在倡明"国粹"时，并没有放弃从中国古学中寻找西学依据及本源之做法。黄节在《黄史》中引用古籍中"夫礼，立君必询诸民"，论证西方政制是中国的"失古之礼"；马叙伦以《泰誓》中"天视自我民视，天听自我民听"以及《左传》

---

① 俞樾：《格致古微叙》，《格致古微》，光绪二十二年吴县王氏刊印本。
② 林颐山：《格致古微叙》，《格致古微》，光绪二十二年吴县王氏刊印本。

相关记载，推演出民权思想在中国古代"即已有之"；邓实在《古学复兴论》中作出了"西学入华，宿儒瞠目，而考察其实际，多与诸子相符"之结论，断言"诸子之书，其所含义理，于西人心理、伦理、名学、社会、历史、政法、一切声光化电之学，无所不包"。①

三、"西学中源"说的两面性

"西学中源"说是中国人探索中西文明融合的一种方案而已，其主旨在于淡化中西文化之争，缩小中西文明之隔阂，进而沟通中西文明。它在为研习西学打开方便之门的同时，也向守旧派作了某种程度的妥协。

这种中西文明的搭配方案，源于对守旧派拒绝学习西学的言论予以痛斥，具有论辩的正面积极功能。"西学中源"说证明西学与中学具有兼容的特点，早期的改良派与保守派均利用此学说来捍卫自己的主张。守旧派以西学技艺均乃剽窃中国古学之余绪为由贬斥西学；早期改良派反其道而行之，认为西学既然是中国古代已有之而后来传到西方去的，那么西学本来就是中学，西学不是异端邪说，不是夷狄之学，因此中国学习西学就是"礼失求诸野"，找回自己祖宗所创而后来失之"诸野"的文化遗产而已。

"西学中源"说是证明西学与中学可以相容、互补的最简便方法。西学既然是中国古已有之而后来传到西方去的，那么采西学无非是"礼失求诸野"。其所引申的"西学即是中国古学"论断，迎合了国人论事"必推本于古，以求其从同之迹"的心理，故颇为流行。对此，陈炽在介绍西学时云："良法美意，无一非古制之转徙迁流而仅存于西域者。故尊中国而薄外夷可也，尊中国之今人而薄中国之古人不可也；以西法为西法，辞而

---

① 邓实：《古学复兴论》，《国粹学报》第 1 年第 9 期。

辟之可也，知西法固中国古法，鄙而弃之不可也。"①宋育仁也认为，只有将西学视为"古圣贤之意"，才能"出证于外国富强之实效，而正告天下以复古之美名，名正言顺，事成而天下悦从，而四海无不服"。如此看来，将西学纳入中学"模范"之"西学中源"说，在当时是传播西学颇为犀利的武器，对于促进西学之最初输入是有利的。

"西学中源"说正是以"复古"为旗帜谋求思想解放，以迂回曲折的方式接受西学，以妥协的形式力争进取，以杜撰的学说为根据，激励人们去探求民族独立富强的道路。"西学中源"说的存在和发展，反映出国人价值观念的变化：由只重纲常伦理讲求天人性命，变为开始重西方实学。"西学中源"说不仅为西方近代文明输入中国找到了理论依据，而且激活了中国古学，促发国人重视中国古学中的科技实学知识，先秦诸子的许多典籍，如《管子》《墨子》《淮南子》《吕氏春秋》《周髀算经》《考工记》等引起晚清学界重视，促进了近代诸子学的复兴。

"西学中源"说不是建立在科学认知基础之上的，而是从"天朝上国"的观念出发，表现出以我为中心的虚骄自大心理。梁启超批评道："启超生平最恶人引中国古事以证西政，谓彼之所长，皆我所有。此实吾国虚骄之结习。"②徐仁铸亦评曰："近人有牵合比附，谓西人之学悉出中土者，亦涉自大之习，致为无谓。"③这种中西文明的搭配方案，蕴含着一股崇尚民族文化的自大与虚骄之气。

这种将近代西学混同于中国古学，将近代西学之成就说成是中国古已有之，从而得出西学未超出中国典籍所载的范围和水平之绝对化论断，多为子虚乌有的主观臆想，并没有多少令人信服的依据。因此，它实际上是混淆了古代中学和近代西学的本质区别。中国古代的科学发明和技术发明

---

① 陈炽：《〈盛世危言〉序》，《陈炽集》，中华书局1997年版，第305页。
② 梁启超：《与严幼陵先生书》，《饮冰室合集》文集之一，中华书局1989年版，第108页。
③ 徐仁铸：《輶轩今语》，《中西学门径书七种》，上海大同译书局光绪二十四年石印本。

建立在手工生产的基础上，基本上是实际经验的产物、没有上升到理论高度，西方近代科学和机器大生产密切相连，是近代科学实验的产物。时人批评说："我国之言时务者，乃凭空立说，欲与西人争胜。动曰西某法则吾《墨子》之教也，西某法则吾《淮南子》之教也；西某法则吾中国某某之教也所遗也。不求实用，徒托空言。"①这些似是而非、模棱两可、捕风捉影的"空言"，难以令人信服，表明国人对西学认识的肤浅。它在一定程度上助长了中国人的虚骄崇古、好依傍等恶习，限制了人们的文化视野，束缚了他们的手脚。他们只能一只眼盯着西方，另一只眼回顾古代，一面着力革新，一面思谋复古，侧着身子前进，而不能大呼猛进。戊戌维新时期，进化论开始流行于中国，"西学中源"说和进化论明显地相冲突，并不利于进化论之传布。这种矛盾在康有为、谭嗣同等人的著作中有比较充分的反映。他们认为秦以前中国是进化的，秦以后中国是退化的，既为"西学中源"说留下了一块地盘，也为其进化论留下一大缺口。

更严重的问题是：既然西学源于中国古学，为什么中国古学在西洋获得如此辉煌的发展，而在中国反而音沉响绝呢？中国古学尽管有近代"格致诸学"萌芽，包含了近代西学之诸多原理，但中国古学既没有产生出近代意义上之学科门类，也没有产生出系统之学科体系。仅仅从学术源头上论证西学出自中国古学，难以解释何以西学先进而中学落后之原因。而且，近代西学与中国古学毕竟属于两套不同的文明体系，中学并不能真正包容近代西方分科性之学术文化体系。将近代西学纳入中学体系中，只不过是晚清部分学者之主观愿望而已。

"西学中源"说强调学习西学无非是学习中学，不学习西学就是不学习中学，对待西学的态度就是对待中学的态度。这种逻辑的诡辩难以解释

---

① 夏锡畴：《识时务在化成见论》，陈忠倚辑：《皇朝经世文三编》卷四，宝文书局1898年刊印本。

西学如此先进而中学如此落后的现象，必然要为中体西用的新模式所取代。"西学中源"说主要是对守旧势力而发，可是懵然无知的守旧派却没有能力对它进行批评，批评的声音基本上来自少数对西学有较多了解的新派人士之口。

实际上，当时很多赞同"西学中源"说之中国学者，朦胧地意识到中西文明之差异，认识到近代西学并非中国古学所能包容，而是属于另外一套独立的文明体系，因此在赞同"西学中源"说之同时，还提出了"中主西辅""中体西用"之学术配置方案。1878 年，正在法国留学的马建忠曰："夫泰西政教，肇自希腊，而罗马踵之。"① 这或许是目前见到的中国学者对"西学中源"说最早怀疑之文字。徐仁铸认为，中西均有圣人，都有可能产生新学问："西人艺学，原本希腊，政学原出罗马，惟能继续而发明之，遂成富强；我中土则以六经诸子之学，而数千年暗昧不彰，遂以积弱。"② 承认中西学术文化各有源流，无疑是对"西学中源"说的否定。陈炽认为，发端于中国之西学，在近代西方得到迅猛发展，已经远远高于中国古学，并认为尽管中国古代已经发明了近代格致学之诸多精义，但并没有得到发扬光大，反而在西洋得以昌明，形成了一套与中学相异之文化体系："西人化学精深，亦仿于道家之炉鼎。……所论地体之生成，地质之层累，其理皆古人已言之，西人心力精专，因得考求其实象。"③ 因此，西学绝不是中学所能包含的。

严复对"西学中源"说的批评较为严厉。他指出："晚近更有一种自居名流，于西洋格致诸学，仅得诸耳剽之余，于其实际，从未讨论。意欲扬己抑人，夸张博雅，则于古书中猎取近似陈言，谓西学皆中土所已有，

①　马建忠：《巴黎复友人书》，《适可斋记言》卷二，《近代中国史料丛刊》刊印本。
②　徐仁铸：《輶轩今语》，《中西学门径书七种》，上海大同译书局光绪二十四年石印本。
③　陈炽：《续富国策》，《陈炽集》，中华书局 1997 年版，第 182 页。

羌无新奇。"① 这是一种自大狂的虚骄表现，是一种"令人呕秽议论，足见中国民智之卑"。② 还有人认为，中西学术文化尽管同"源"，但却异"流"："西人之兵学在布势，中国之兵学亦在布势；西人之兵学在练胆，中国之兵学亦在练胆，其流不同，其源实同也。"尽管"中国是西学之鼻祖也，西学是中国之支派也"，③ 但中国已经落后于近代西方："中学者，西学之师也，彼得其末而强，我失其本而弱。"④因此，近代西学并不是中国学术系统所能包容和统摄的。

清末大儒吴汝纶的见解颇具代表性："天算、格致等学，本非邪道，何谓不悖正道？西学乃西人所独擅，中国自古圣人所未言，非中国旧法流传彼土，何谓礼失求诸野！"⑤ 吴氏虽然将西学限在"天算格致"范围，但已经看到西学是独立于中学而自成体系之知识系统，不仅西学不源自中学，而且也非"中体西用"论所能总括。

既然中学无法包容西学，那么中国学者在接受西学时，开始用"体用""本末""主辅"等范畴来配置中西学术文化。"主辅""本末""体用"等范畴，所要说明的是中学与西学在新的学术文化融合中的地位，是两者何为主、本、体，何属次、末、用之问题。这样，"中体西用"论便应运而生并逐渐流行起来。

20世纪初，革命党人以进化论为武器，对"西学中源"说进行过批评。他们反对"好古"积习，指出新胜于旧是历史发展的规律，故宣传新思想、新学说无须借用古人名义，"为古人的奴隶"。时人指出："方今广

---

① 严复：《救亡决论》，《严复集》第1册，中华书局1986年版，第51—52页。
② 严复：《救亡决论》，《严复集》第1册，中华书局1986年版，第53页。
③ 《续西学与中学异流同源论》，《皇朝经世文五编》，光绪壬寅（1902年）中西译书会刊印本，第253页。
④ 《西学包罗于六经说》，《皇朝经世文五编》，光绪壬寅（1902年）中西译书会刊印本，第254页。
⑤ 吴汝纶：《答牛蔼如》，《吴汝纶尺牍》，黄山书社1990年版，第88—89页。

设学堂，为有志之士所喜，亦有有志之士所悲。悲其无耻也，声光化电诸学必加诸附会，谓古已有，日久失传。"①梁启超亦认为，以附会和依傍为特征的"西学中源"说已完成了历史使命，不当再以此"相诒"，否则容易产生两种流弊：一、局限于比附之文，不去探求现代立宪之类西学的真义；二、局限于古人言行，对先哲未曾做之事，未曾讲之讲，不敢做、不敢行，"无形之中，恒足以增其故见自满之习，而障其择善服从之明。"②尽管辛亥以后仍有人认为"诸子之书，其所含之义理与西人之心理、伦理、名学、社会、历史、政法，一切声光化电之学无所不包"，③但从总体上看，"西学中源"说这种病态的文化优越论在近代思想文化史上不复占有重要地位。

四、"中体西用"论的最初表述

"西学中源"说与随后出现的"中体西用"论之间，并没有不可逾越的鸿沟。无论是将西学纳入中学体系之中，还是以中学统摄西学，均包含着以中学为主、为体、为本，以西学为次、为用、为末之含义。因此，近代西学即便真如张自牧等人所说的那样来源于中国固有学术文化，但毕竟不同于中国古学，无法真正纳入中学系统之中，只好采取"中主西辅""中体西用"的融合方式。这种融合模式与"西学中源"说之最大区别，在于承认西学与中学是两套不同的文明体系，并认为西学有着中学所不具有之特长及功用，中学必须以西学为"用"。

促使"中体西用"论问世之直接导因，是守旧派对西学的顽固拒绝。

---

① 京都不甚读书生：《中学为体西学为用辩》，《大公报》1902 年 7 月 28 日。

② 梁启超：《与严幼陵先生书》，《饮冰室合集》文集之一，中华书局 1989 年版，第 108 页。

③ 邓实：《古学复兴论》，《国粹学报》第 1 年第 9 期。

守旧派既然用西学对中学构成破坏为理由，捍卫中学排斥西学，洋务派在提倡西学之际，便不能回避引进西学会对中学带来何种影响这道难题。洋务派中的代表人物，无例外地都是忠实于朝廷的臣仆，在思想上和道义上均以孔孟之道的信徒自命。如果说他们当中有些人对于"成法"还敢于以"有常有权"为由主张因时更新的话，那么，对于正统儒学，他们像守旧派一样将之奉为万世不变之圭臬。这样，洋务派难以放开手脚去客观地阐明中学与西学的关系，也就不敢正面承认西学之引进对中学会造成冲击，带来社会文化的变动。所以，洋务派在解决中学与西学关系之难题上，剩下来的只有一条路可走：设法证明中学与西学不但不会发生冲突，而且能够相通相容、相辅相成，故西学之引进对于中学乃是无害而有益的好事。

证明西学与中学可以相容、可以互补的最简便的办法，就是利用"西学中源"说。守旧派屡屡以西方学理技艺均乃剽中国古学之绪余为由贬斥西学，洋务派则反其道而用之，用"西学中源"说证明西学之可用。这里使用的逻辑至为明快：西学既然是中国古已有之而后来传到西方去的，可见，学西学无非是"礼失求诸野"，找回自己祖宗所创而后来丢失了的文化遗产，提倡西学也由之显得理直而气壮了。但"西学中源"说显然存在着重大缺陷，由于过分强调文明的传承关系，过于忽视或者根本不懂得经济社会状况对文化发展程度的决定性影响，因此，即使能够确切无误地证明西学确实源自中国，也仍然难以解释何以形成现今西学如此先进而中学如此落后的原因。

要全面阐释清楚西学和中学的关系，只靠"西学中源"说还是不够的。仅仅从文化源头上进行解释，而不从文化现有性质上做分析，是难以充分说明中西文明交流的必要性的。这就是说，把中国传统文明与西方近代文明在比较中做出性质分析和价值判断，是回答中西文明应不应该进行交流这个时代大课题时无法回避的、必须做出明确判断的前提。于是，便产生了用"主辅""体用""本末"等概念来界定中学西学关系的议论，便产生了"中体西用"论的中西文化观。

"主辅""本末""体用"等范畴，取之于中国传统典籍。但在洋务时期的文化争论中，不管哪一方人士使用这些范畴时，并没有精心推敲其内涵，而只是在通俗意义上使用它们罢了。他们无非是借用这些人们用惯的字眼、术语，表示中学和西学哪个重要哪个次要，哪个是主干哪个是枝节，哪个起主导作用哪个起从属作用，哪个是最高准则哪个是应用方法。在概念不甚明晰的现象背后，人们指谓的意思还是比较明确的：以中学为主、为体、为本，以西学为次、为用、为末。

作为一种文化思潮，"中体西用"论是洋务时期形成的。冯桂芬最早提出"中本西术"主张："以中国之伦常名教为原本，辅以诸国富强之术。"① 所谓西方"富强之术"，是指西方天文历算之学、舆地测绘之学和格致穷理之学。冯氏曰："至西人之擅长者，历算之学，格物之理，制器尚象之法。"② 所以，冯氏在《采西学议》中所要"采"之西学门类，便是"历算之学"与"格物之理"所包括的几门学问："如算学、重学、视学、光学、化学等，皆得格物至理。舆地书备列百国山川阨塞风土物产，多中人所不及。"③ 所谓"历算之学"包括天文、历算等学；"格致之理"包括算学、重学、视学、光学、化学、舆地学（地理学）等。在中国传统学术门类之外，增加一些西方学术门类，便是以冯桂芬为代表之晚清学者对中西文明进行配置的基本思路。

在冯桂芬等人看来，西学仅仅被作为一种"富强之术"而采用，并未成为一种与中国学问并立之"学"。这种"中本西术"论，实际上将当时所接受之西学，视为"艺学"，将中学视为"道学"，是传统重"道"轻"艺"

---

① 冯桂芬：《采西学议》，《戊戌变法》（一），上海人民出版社1961年版，第28页。

② 冯桂芬：《上海设立同文馆议》，《戊戌变法》（一），上海人民出版社1961年版，第38页。

③ 冯桂芬：《采西学议》，《戊戌变法》（一），上海人民出版社1961年版，第26页。

学术传统的反映和继续。"中本西术"的依据，便是传统"道器""体用"观念。在中国传统学术文明体系中，形而上者谓之道，形而下者谓之器，经史之学包含了圣人之"大道"，是"道"学；术数历算等为"艺事"，是"艺"学，是寻求"大道"之手段，因此"道学"处于中国学术体系乃至整个知识系统之最高、最主要地位，而艺学处于次要的从属地位。

在中国学人看来，西方格致诸学尽管非常重要，但毕竟属于形而下之"艺学"，自然应该从属于中国"道学"。王韬云："形而上者中国也，以道胜；形而下者西人也，以器胜。如徒颂西人，而贬己所守，未窥为治之本原者也。"① 左宗棠曰："中国之睿知运于虚，外国之聪明寄于实。中国以义理为本，艺事为末；外国以艺事为重，义理为轻。彼此各是其是，两不相喻。"② 李鸿章在致友人函中，力图从道器关系上阐明西学之效能："中国所尚者道为重，而西人所精者器为多……盖中国人民之众，物产之丰，才力聪明，礼义纲常之盛，甲于地球诸国，既为天地精灵所聚，则诸国之络绎而来合者，亦理之固然。"③ 他认为，西学乃"偏端""异学"，"仿习机器"只能"治标"；唯有中学能"培养国本"，"中国文物制度"才是"郅治保邦"的根本。汤震在《危言》中亦认为："盖中国所宗者，形上之道；西人所专者，形下之器。中国自以为道，而渐失其所谓器；西人毕力于器，而有时暗合于道。"故中国只能"善用其议，善发其器，求形下之器，以卫形上之道"。④ 即采用"中体西用"乃最合理办法。这样，中学为主、为体、为本原，西学为从、为用、为辅助，便是自然之事。通过体用、道器、主辅关系，便将近代西学与中国传统学术文化配置在一起，将西学置

---

① 王韬：《弢园尺牍》，中华书局 1959 年版，第 30 页。
② 左宗棠：《拟购机器雇洋匠试造轮船先陈大概情形折》，《左文襄公全集·奏稿》卷十八，上海书店 1986 年影印本。
③ 薛福成：《代李伯相答彭孝廉书》，《庸庵文编》卷二，光绪丁亥孟春刊印本。
④ 汤震：《中学第六》，《危言》卷一，光绪十六年刊印本。

于中学之附属地位。

冯桂芬将中西学术文化的配置表述为"中本西术"论，代表了时人之共同思路。19 世纪 80 年代初，京师同文馆总教习丁韪良考察欧美六国后，向清廷明确表述了中国只需"稍用西术"之观点："中西学术互异，而立法各有所长，中国则明经取士，因而京省郡县按期考试，以为登进之阶；西国则广建书院，不但振兴古学，并重在推陈出新，以增人之知识。中法专务本国之文，而人才之卓异者足供国家之需；西法博究异邦之文，而殚心测算格致之学，盖非由于师授，难以独臻其妙……中国倘能稍用西术，于科场增加格致一门，于省会设格致书院，俾学者得门而入，则文质彬彬，益见隆盛。"① 这正是"中学西术"论在变革中国传统教育体制上的反映。

郑观应在 1884 年所作之《考试》中，尽管提出了设科专考"西学"主张，但在中学与西学关系上，仍认为中国"制艺"之学，是传统的"成法"，是暂时不能触动和改变的，唯有在此之外增补中学与西学中的"有用之学"。其云："即使制艺为祖宗成法未便更张，亦须令于制艺之外，习一有用之学。"② 在他看来，中国传统经史之学（制艺之学）是不能触动的，而西方有用之学（格致诸学），却是必须补上的。这实际上仍然是"中体西用"之思想意识。尤其将西方学术视为"富强之事（就是格致新学与其他新法）"，明显地流露出这种倾向。王韬亦云："西学、西法非不可用，但当与我相辅而行之可已。"③ 这种情况说明，"中体西用"观念是当时学术文化思想之主流，即使是对西方学术了解较深者，也还未能突破这种框

① 丁韪良：《西学考略》卷下，光绪癸未（1883 年）刊印本，第 53—54 页。
② 郑观应：《盛世危言·考试上》，夏东元编：《郑观应集》上册，上海人民出版社 1982 年版，第 292—293 页。
③ 王韬：《上当路论时务书》，《弢园文录外编》卷十，上海书店出版社 2002 年版，第 246 页。

架来思考问题。

　　陈炽在比较中西学术后断言："今中国之学，有体而无用，何怪泰西各国出其精坚巧捷之器，炫我以不识，傲我以不能，动辄以巨炮坚船虚声恫喝哉！"[1] 在他看来，因中国学术文化"有体而无用"，故不得不引"西学"以为用，故"中体西用"便是中西学术文化的最佳配置。

　　既要坚守以儒学名教名义传承数千年的法统和道统，又要学习西方的政教法度，这是自相矛盾的。儒家文明哺育出来的中国士大夫，对于西学输入给中学构成的冲击，感触最大，忧虑最深。因此，洋务派考虑中西文明融合的基本思路必然是：以无害而有益于维护纲常名教为前提，来采纳西方学术文化。这便只能是所谓"中体西用"的文化观。对此，薛福成的说法极为经典："今诚取西人器数之学，以卫吾尧舜禹汤文武周孔之道，俾西人不敢藐视中华。吾知尧舜禹汤文武周孔复生，未始不有事乎此，而其道亦必渐乎八荒，是乃所谓用夏变夷者也。"[2]

五、"中体西用"论的经典表述

　　甲午战争之后，随着西学之大规模输入，当时学术思想界面临如何对待中西、新旧学术的问题。在"中学为体、西学为用"文化模式中，中学与西学的内容是不断变化的，呈现出此消彼长之势。明清之际，西学主要指西方天文历算之学；鸦片战争后主要指西方战舰、火器及"养兵练兵之法"。随着"西学"内容和范畴的不断增新和扩大，"中学"内容和范畴不断蜕变和萎缩，"为用"之西学扩展到制器之艺、声、光、电、化诸学，

---

① 陈炽：《续富国策》，《陈炽集》，中华书局1997年版，第204页。
② 薛福成：《筹洋刍议·变法》，光绪丁酉文瑞楼《自强斋治平十议》石印本，第17页。

进而扩展到西政、西制。到 1898 年张之洞著《劝学篇》时，中学被"损之又损"，仅剩下所谓"纲常名教"。可见，中学与西学消长之总趋势，是"为体"之"中学"日益缩小，而"为用"之"西学"日渐扩大。

1895 年 4 月，沈毓桂以"南溪赘叟"署名发表的《匡时策》指出："夫中西学问，本自互有得失。为华人计，宜以中学为体，西学为用。"①这是目前见到的最早完整提出"中学为体、西学为用"之文字。1896 年 8 月，孙家鼐在《议覆开办京师大学堂折》中云："中国京师并立大学，自应以中学为主，西学为辅；中学为体，西学为用；中学有未备者，以西学辅之，中学其失传者，以西学还之。以中学包罗西学，不能以西学凌驾中学。"②力争将"中体西用"论落实到新式学堂课程设置上。这是"中体西用"论首见于报章和奏折。

此后，时人谈论"中体西用"者渐多。盛宣怀创办南洋公学时，将办学方针定为"西学为用必以中学为用"。③对"中体西用"论作系统阐述者，当推张之洞。他在 1898 年 5 月刊刻的《劝学篇》中，将如何配置中西学术文化置于最重要地位，对"中体西用"论作了系统阐述。其云："一曰新旧兼学：《四书》、《五经》、中国史事、政书、地图为旧学，西政、西艺、西史为新学。旧学为体，新学为用，不使偏废。一曰政艺兼学：学校地理、度支赋税、武备律例、劝工通商，西政也；算绘、矿医、声光、化电、西艺也（西政之刑狱，立法最善；西艺之医，最于兵事有益；习武备者必宜讲求）；才识远大而年长者宜西政，心思精敏而年少者宜西艺。"④

在张之洞看来，《四书》、《五经》、中国史事、政书、地图为旧学，西

① 南溪赘叟：《匡时策》，《万国公报》第 75 册，1895 年 4 月。
② 孙家鼐：《议覆开办京师大学堂折》，《戊戌变法》（二），上海人民出版社 1961 年版，第 426 页。
③ 盛宣怀：《奏筹集商捐开办南洋公学折》，《愚斋存稿》奏疏卷二，第 19 页。
④ 张之洞：《劝学篇·外篇》设学第三，两湖书院 1898 年刊印本，第 8—9 页。

政、西艺、西史为新学。旧学包括经学、史学、政治学和舆地学，而新学则包括西政、西艺、西史。西政则包括学校地理、度支赋税、武备律例、劝工通商等四类；西艺则包括算绘、矿医、声光、化电等，实际上就是近代西方格致学、地质学、医学、测绘学和数学。中西学术配置之基本原则，是中国"经史之学"立于主体地位，西方"政艺之学"处于附属地位；经学置于众学之首。"中学为体"，意为以中国传统经学、史学为本体，为根本之学；"西学为用"，意为以西方政学、艺学为辅助，为致用之学。他说："中国学术精微，纲常名教以及经世大法无不具备，但取西人制造之长补我不逮，足矣。"坚持以儒家精神为主体，合理吸收外来文明，重新建构民族文化的新体系。这就是"中学为体，西学为用"的确切含义。

在张之洞看来，"中体西用"论是处理中学和西学关系的最佳办法："以中学为体，西学为用，既免于愚陋无用之讥，亦杜离经叛道之弊。"[①]尽管近代西方学术、技艺、政策以及各种观念、风尚习俗，与中国古代经籍的精神义旨有相通之处，尽管西方之农、林、工、商、格致、化学、工艺、修路、开矿、练兵、造机器、办学堂、办报馆、倡游学等都能从中国四书、《周礼》、《左传》以及其他典籍中找到立义的依据，"凡此皆圣经之奥义，而可以通西法之要旨。"但张之洞强调，中国圣经并不能替代近代西学："然谓圣经皆以发其理，创其制，则是；谓圣经皆已习西人之技，具西人之器，用西人之法，则非。"因此中学、西学要"各司其职"，并以中学为主："中学为内学，西学为外学。中学治身心，西学应世事。不必尽索之于经文，而必无悖于经义。如其心，圣人之心；行，圣人之行。以孝弟忠信为德，以尊主庇民为政，虽朝运汽机，夕驰铁路，无害为圣人之徒也。"[②] 这无疑与"西学中源"说划明了界限。

---

① 张之洞：《两湖、经心两书院改照学堂办法片》，《张文襄公全集》奏议四十七，中国书店 1990 年版。

② 张之洞：《劝学篇·外篇》会通第十三，两湖书院 1898 年刊印本，第 4—7 页。

张之洞的"中学为体，西学为用"论似乎折中新旧、汇合本末，使中学西学各得其所，中西文明各司其职；但实质上，它的根本主张是以西方器物技艺之用，维护中国纲常名教之体。这就是张之洞所说的："夫不可变者，伦纪也，非法制也；圣道也，非器械也；心术也，非工艺也。"因此，张之洞提出的"中学为体，西学为用"，实际上是洋务时期"师夷长技"思想之延长和扩展。

值得说明的是，当时张之洞、王韬等人所谓"中体"，是指中国的纲常名教，就是指君权制度和宗法制度。王韬说："器则取诸西国，道则备自当躬"，其所谓道，是中国的道，即"孔子之道也，儒道也，亦人道也"。① 这个"道"是不能改变的。儒家学说的核心内容是道名分，所谓君君、臣臣、父父、子子。君臣之纲就是君权制度，父子之纲就是家族本位的伦理系统。故孔子之道即是中国读书人所说的纲常名教，即指君权制度与宗法制度。由此可见，王韬所说的"中体"，就是中国的纲常名教，就是指君权制度与宗法制度。这就是他认为不能变的本体。作为洋务运动思想最早的阐释者冯桂芬，其所谓"以中国之伦常名教为本，辅以诸国富强之术"，则已明白道出中体即是中国之伦常名教。邵作舟所说"以中国之道，用泰西之器"，其中之"道"，实际上就是指"纲纪法度"。其云："今日之纲纪法度固积四五千岁之智而后有此；所不逮夫泰西者，独器数工艺耳。"②

在张之洞看来，作为"本体"之中学，是指以纲常名教为核心的孔门之学。其云："孔门之学，博文而约礼，温故而知新，参天而尽物；孔门之政，尊尊而亲亲，先富而后教，有文而备武，因时而制宜。孔子集千圣，等百王，参天地，赞化育，岂迂陋无用之老儒，如盗跖所讥墨翟所非者

① 王韬：《杞忧生〈易言〉跋》，《弢园文录外编》卷十一，上海书店出版社2002年版，第266页。
② 邵作舟：《邵氏危言·纲纪》，《戊戌变法》(一)，上海人民出版社1957年版，第181页。

哉!"① 此处所谓孔学、孔政及孔教便是所谓"中学",其核心便是"尊尊而亲亲"的纲常名教。

六、"中体西用"论的影响

不仅张之洞、盛宣怀、文悌、陈宝箴等人持"中体西用"的观点,即便是康有为、梁启超等人也未尝没有抱有这种观念,只是对中学、西学内涵之理解有所差异。陈宝箴支持梁启超办时务学堂,认为"泰西各学,均有精微,而取彼之长,补我之短,必以中学为根本",② 赞同"中体西用"论是无异议的。康有为主张变革"祖宗之成法",改变专制政体,接受西方"君主立宪"政体,在文化观上与张之洞等人是不同的,但在中西文化融合会通问题上并没有突破"中学为主、西学为辅"模式,对中国传统的经史之学也同样给予重要地位。他在上海强学会章程中提出:"上以广先圣孔子之教,下以成国家有用之才",明确规定强学会研究中西各种学问"皆以孔子经学为本"。③ 康氏在代宋伯鲁所拟之改革科举制奏折中曰:"夫中学体也,西学用也,无体不立,无用不行,二者相需,缺一不可。今世之学者,非偏于此即偏于彼,徒相水火,难成通才,推原其故,殆颇由取士之法歧而二之也。"这与张之洞《劝学篇》中阐述的"中体西用"论并没有本质差异。其差异仅仅体现在对"中学"之理解上:张之洞视纲常名教为中学之核心,而康有为则以中国传统经史之学及孔教为中学之核心。

---

① 张之洞:《劝学篇·内篇》循序第七,两湖书院 1898 年刊印本,第 35 页。
② 陈宝箴:《招考新设时务学堂学生示》,舒新城编:《中国近代教育史资料》上册,人民教育出版社 1979 年版,第 147 页。
③ 康有为:《上海强学会章程》,汤志钧编:《康有为政论集》上册,中华书局 1981 年版,第 173、175 页。

张之洞概括之"中学为体、西学为用"论，逐渐成为清政府兴办新式学堂之基本原则。孙家鼐在《议覆开办京师大学堂折》中，为即将设立之京师大学堂确定办学宗旨为："中国京师并立大学堂，自应以中学为主，西学为辅；中学为体，西学为用；中学有未备者，以西学辅之，中学其失传者，以西学还之。以中学包罗西学，不能以西学凌驾中学，此是立学宗旨。"① 这段文字是非常重要的。孙氏将中西学术配置上"中体西用"之内涵表述得格外清晰：在具代意义之新知识系统中，以中学为主，以西学为辅，用中学来"包罗"西学，而不能将西学凌驾于"中学"之上。

在创办京师大学堂时，清廷"考东西各国，无论何等学校，断未有尽舍本国之学，而能通他国之学者；亦未有绝不通本国之学，而能通他国之学者。中国学人之大弊，治中学者则绝口不言西学，治西学者亦绝口不言中学；此两学所以终不能合，徒互相诟病，若水火不相入也"。清政府认为，"夫中学体也，西学用也，二者相需，缺一不可，体用不备，安能成才？且既不讲义理，绝无根柢，则浮慕西学，必无心得，只增习气。"因此，将"中学为体、西学为用"作为协调中学与西学、新学与旧学之基本原则，强调"中西并重，观其会通，无得偏废"。② 此处所谓"中西并重"，暗含着在西学逐渐成为强势状况下，西学与中学将处于同等重要之"并重"地位。

"中学为体、西学为用"的沟通模式，得到当时许多人的认同，但也受到不少人之批评。郭嵩焘最早提出了"西洋立国有本有末"之见解："窃谓西洋立国有本有末，其本在朝廷政教，其末在商贾。造船、制器，相辅

---

① 孙家鼐：《议覆开办京师大学堂折》，《戊戌变法》（二），上海人民出版社 1961 年版，第 426 页。

② 军机大臣、总理衙门：《遵筹开办京师大学堂折（附章程清单）》，陈学恂主编：《中国近代教育史教学参考资料》上册，人民教育出版社 1986 年版，第 437、438 页。

以益其强，又末中之一节也。故先欲通商贾之气，以立循用西法之基，所谓其本未遑而姑务其末者。"① 既然西学"有本有末"，就意味着西学不只是"末"；既然西洋立国有"本"，就意味着西学之"本"是中国应该学习的；既然西洋立国之"本""末"是相辅而成的，就意味着中国学习西学应该本末兼采，而不能仅仅采其"末"学。1884年，两广总督张树声在逝世前的遗折中云："夫西人立国，自有本末，虽教育文化远逊中华，然其驯致富强，具有体用。育才于学堂，论政于议院，君民一体，上下一心，务实而戒虚，谋定而后动，此其体也。大炮、洋枪、水雷、铁路、电线，此其用也。中国遗其体而求其用，无论竭蹶步趋，常不相及，就令铁舰成行，铁路四达，果足恃欤？"② 这是目前能见到的最早对"中体西用"论所进行的批评，显然发挥了郭嵩焘的"西洋立国有本有末"论。

体与用是中国传统学术的重要范畴，"体用不二"是其基本命题。张之洞将中学与西学的"体用"分离开而作机械的"拼接"，有很大的主观性。严复对张氏"中体西用"说作了绝妙讽刺："体用者，即一物而言之也。有牛之体，则有负重之用；有马之体，则有致远之用。未闻以牛为体，以马为用者也。中西学之为异也，如其种人之面目然，不可强谓似也。故中学有中学之体用，西学有西学之体用，分之则并立，合之则两亡。"③

严复以牛马来比喻"体用"关系，尽管不无漏洞，但认为西学和中学毕竟分属两种性质完全不同、价值标准大相径庭的知识体系，这两种文明体系是不可能兼容并存于一体的。严复"西学有西学之体用"之见，成为当时对西学有深刻了解者之共识。

---

① 郭嵩焘：《条议海防事宜》，中国史学会编：《洋务运动》（一），上海人民出版社1961年版，第142页。

② 郑观应：《〈盛世危言〉自序》，夏东元编：《郑观应集》上册，上海人民出版社1982年版，第234页。

③ 严复：《与〈外交报〉主人书》，《严复集》第3册，中华书局1986年版，第558—559页。

这样看来，时人对"中体西用"论争议是相当大的。"中体西用"论在晚清大体经历了洋务运动和维新变法两个历史阶段。在这两个不同的历史阶段，"中体西用"论的具体内容和精神实质各具特色，构成了颇有差异的文化观念形态。

洋务派提出"中体西用"的文化观，是一种旨在提倡西学的独特的文化观念形态，是一种反对守旧排外、提倡文化革新的新论。它以"体用""本末"的关系，论证中西文明可以相容、可以互补，论证中国固有文明可以通过采纳西学而增益新知、焕发生机。中国传统文明根深体大，枝叶繁茂。长期以来，自圆自足，从未碰上严重的挑战。西学之来，挟其野蛮侵略、鸦片害人等罪恶一道，令中国人本能地起而反抗。在这种触及民族感情的时代背景下，能把西方先进文明从其侵略罪恶中分离出来已属不易。若再学习并引进它，必定阻力更大。所以，必须有可以令人接受的文化观念框架，方能使西学成为中华文明可以接纳的东西。"中体西用"论正是为此而提出来的。除了少数顽固派以外，人们是容易认同这种文化模式的。正如薛福成所说，以西学卫吾中国之道，即"尧舜禹汤文武周孔复生，未始不有事乎此"。① 故"中体西用"论在洋务时期对传播西方近代文明起了积极的促进作用。

"中体西用"论虽以"中学为体"，但其着重点在提倡"西用"，确认西学辅助作用之价值，强调引进西学之必要。随着洋务运动的发展，"中体西用"论的内容也发生变化，总的趋势是中学的内涵越来越小，西学的范围则日益扩大，层次日益深入。到甲午战争后，这种文化观非常流行，成为部分官方或非官方、主流派或非主流派文化人士尊奉的文化观念。这种中西文明模式，可以视为在西学东渐激起中国文化界激烈冲突的情况下进行文明重组与整合的尝试，是戊戌时期中西文明整合的总纲领。该纲领

---

① 薛福成：《筹洋刍议·变法》，光绪丁酉文瑞楼：《自强学斋治平十议》石印本，第17页。

以承认"夷有长技"为前提，试图在"器用"的范围内引用西学。这与坚持"天不变道亦不变"的华夏中心主义文化观形成了巨大反差。由完全拒斥到部分地接受西学，反映了中华传统文明在中西文明互动过程中的调整与变化。"中体西用"论虽然主张在"三纲为纲"的前提下学习西学，但毕竟明确地认识到引入西学已是当务之急。同时，张之洞所承认之"西学"范围颇大，学校教育、军事教育，乃至财政改革皆在其列，故作为"用"的西学提倡之后，无疑加快了戊戌以后废除科举、兴办学堂及引入西方近代教育制度的步伐。张之洞通过《劝学篇》阐述的"中体西用"论，显然是想达到双重目的：固然要借此与维新派划清界限，但同时也委婉地表达了对新法新政的赞同和接受。

张之洞的"中体西用"论包含着三方面的局限性：（一）在坚持中华文化传统不可变更的前提下，主张对具体法制进行变革，同时强调这种变革是为了丰富中华文明、促进中国传统文明发展，而不允许导向对于中国传统文明的损害；（二）坚持中国传统文明无所不备、无与伦比的前提下，主张学习西方文明实用知识，同时强调这种学习只是为了补充、丰富中国传统文明；（三）坚持以中华文明的传统价值观来取舍西方近代文明，并且把西方近代文明的价值局限在"实用"的范围，认为只需学习西方实用技术和实用知识，而排斥西方近代文明中的科学与民主精神。

"中体西用"论旨在以西方先进的物质手段维护中国传统的文教制度，用薛福成的话说，是"取西人器数之学，以卫吾尧舜禹汤文武周公之道"。随着"西学"范围越来越大，从最初的坚船利炮扩大到经济、教育等制度领域，到戊戌变法时期，康有为梁启超们张扬起抑君权、兴民权、建立君主立宪制度的旗帜，"中学"的核心——君主专制制度及其理论形态纲常名教的统治地位受到威胁。张之洞的《劝学篇》表面上调和新旧，作持平之论，实际上旨在反对兴民权，扬言"民权之说一倡，愚民必喜，乱民必作，纪纲不行，大乱四起"。至此，"中体西用"论的历史作用发生了根本改变。辛亥以后，"中体西用"论逐渐式微，但它对中国思想文化界仍有着深刻的影响。与"中体西用"论本质相同的或相近的文化理论，此后仍滋生繁衍，不绝如缕，影响着中西文明沟通融合的进程。

第六讲

从"醉心欧化"到"全盘西化"

中国近代文明演进的核心问题，是如何处理中西两种文明的关系，是如何在继承中国传统文明基础上吸收西方近代文明，进而创造中国近代新文明。国人在中西文明融合问题上相继提出"西学中源"说和"中体西用"论之后，随着西学东渐的深入，晚清思想文化界逐渐兴起了一股"欧化"思潮，并在 20 世纪 30 年代汇成了影响深远的"全盘西化"思潮。这股欧化思潮，是对鸦片战争后凭借其坚船利炮来到中国的西方近代文明以及由此引起的中国文化危机之积极回应，是近代中国对中华文明出路的一种选择。大体上说，近代中国的"西化"思潮有三个重要特点：一是承认西方近代文明比中国传统文明优越，承认中国传统文明不如西方近代文明；二是对中国传统文明持批判乃至否定的态度；三是既反对文化复古，也反对"中体西用"式的折衷调和论，而主张用西方近代文明来批判、改造乃至取代中国传统文明，建立以西方近代文明为主体的中华近代新文明。

一、"欧化"思潮的兴起

晚清兴起的"欧化"思潮，与近代以来逐渐兴起的崇洋风气密切相关。

鸦片战争以后，西洋器物逐渐走入中国人的日常生活，各种带"洋"字的新式生活用品大量输入中国，改变了中国人的日常生活方式和生活习惯。在受西方近代器物文明影响较大的东南沿海沿江地区，中国人的衣食住行、婚丧礼俗及娱乐休闲方式均受到不同程度的"欧化"影响，逐渐改变着人们的文化观念。

在洋货流行的上海，用怀表、戴墨镜、洒香水、吸纸烟、乘西洋马车兜风成为社会时尚。1888 年作的《伦敦竹枝词》在描画晚清社会媚洋风气时说："堪笑今人爱出洋，出洋最易变心肠。未知防海筹边策，且效高冠短褐装。"[①]衣服装饰的洋化与生活方式的欧化，表明在沿海都市社会上正在流行一股崇洋风气。正是在这种崇洋的社会心理支配下，"欧化"思潮逐渐兴起。在时人看来，甲午战争乃是日本以"彻底的西学或高度的西洋化"打败了中国"不彻底的西学或低度的西洋化"。有人尖锐地指出："中国之败，全由不西化之故，非鸿章之过。"因而激起了国人效仿日本彻底西化的愤激心理。董寿慈在《论欧化主义》中指出："甲午变后，识时俊杰，风发月在起，东向而求学，诚是为欧化先河。"[②]康有为提出"一切制度悉从泰西""唯泰西是效"等主张，并提出了"速变""全变"主张，包含着"全盘西化"的思想倾向。

1898 年，湖南维新人士樊锥在《湘报》上所刊的《开诚篇》中提出"一革从前，搜索无剩，唯泰西者是效"的激进主张："洗旧习，从公道，则一切繁礼细故，猥尊鄙贵，文武名场，恶例劣范，铨选档册，谬条乱章，大政鸿法，普宪均律，四民学校，风情土俗"，都应该淘汰删除，"唯泰西者是效"。[③]易鼐在《湘报》上发表的《中国宜以弱为强说》亦云："若欲毅然自立于五洲之间，使敦磐之会以平等待我，则必改正朔，易服色，一

---

① 王慎之等：《清代海外竹枝词》，北京大学出版社 1994 年版，第 228 页。
② 董寿慈：《论欧化主义》，《寰球中国学生报》第 4 期，1907 年 2 月。
③ 樊锥：《开诚篇》，《樊锥集》，中华书局 1984 年版，第 11 页。

切制度，悉从泰西。入万国公会，遵万国公法。庶各国知我励精图治，崭然一新，一引我为友邦。是欲入万国公会，断自改正朔易服色始。"①他们认为中国固有制度、礼俗、法律、科举均应革除摒弃，进而改正朔，易服色，一切仿行西洋。有人形容当时"欧化"情况为："家家言时务，人人谈西学"。严复通过比较中西文明，得出了中国在科学技术、政治制度、学术思想及思维方式等方面均远不如西方的结论，并严厉批评了"中体西用"论，提出了"以自由为体，民主为用"。此种论调，实开中国近代"西化"思潮之先河。

20世纪初，社会上崇洋之风更甚，"欧化"思潮迅速勃兴。时人指出："通海以来，吾国人士崇拜外人思想极深。至甲午庚子以后，又加甚焉。"②这个判断是准确的。庚子之后，国人逐渐将西化视为中国求生存的必要手段："吾国近岁之变法图强，派遣留学，亦已认此西洋文明，必终为世界文明，无可挽救。夫世界趋势，归于大同，吾国之效法西洋文明，实为生存竞争上必不可免之事实。"③出现了一股"醉心欧化"思潮。

吴稚晖、李石曾在巴黎创办《新世纪》，极力提倡所谓"欧化主义"。他们指出："数千年老大帝国之国粹，犹数五年陈尸枯骨之骨髓，虽欲保存，其奈臭味污秽，令人掩鼻作呕何？徒增阻力于青年之吸受新理新学也。"④在他们看来，中国这个数千年老大帝国的所谓"国粹"，已成了"陈尸枯骨"，虽欲保存，但其"臭味污秽，令人掩鼻作呕"，只能起阻碍人们吸收新理新学的作用，而不会有其他任何积极意义。西方近代文明既已诞生，那么，已成为"陈迹"的中国过去的一切历史文化，自然"当在淘汰之列"。因此，他们倡导"祖宗革命""三纲革命""家庭革命"，认为唯有

① 易鼐：《中国宜以弱为强说》，《湘报类纂》（甲集）卷上，第4页。
② 《综论甲辰年大事》，《东方杂志》第2年第2期。
③ 孙恒：《中国与西洋文明》，《留美学生季报》1914年第4号。
④ 民：《好古》，《新世纪》第24期，1907年11月30日。

"醉心欧化"才是中华文明的出路。

五四新文化时期，发端于清末的"欧化"思潮迅速兴盛，并与文化保守主义、马克思主义一起成为中国思想文化界的主要思潮。陈独秀、胡适、钱玄同、鲁迅、周作人、吴稚晖、毛子水、常燕生、张东荪等人，是五四时期"欧化"思潮的代表人物。

陈独秀明确主张"欧化"，并用"非此即彼"的二元价值判断，将"新输入之欧化"与"中国固有之孔教"对立起来。他说："吾人倘以输入之欧化为是，则不得不以旧有之孔教为非；倘以旧有之礼教为非，则不得不以输入之欧化为是，新旧之间绝无调和两存之余地。"[①] 在他看来，现代文明的核心是 Democracy（自由民主制度及其相应的思想观念）和 Science（现代科学特别是科学理性）。陈独秀宣示："西洋人因为拥护德赛两先生，闹了多少事，流了多少血，德赛两先生才渐渐从黑暗中把他们救出，引到光明世界。我们现在认定只有这两位先生，可以救治中国政治上、道德上、学术上、思想上一切的黑暗。若因为拥护这两位先生，一切政治的压迫，社会的攻击笑骂，就是断头流血，都不推辞。"[②]

陈独秀对西方近代文明给予高度赞扬，并对中国传统儒学进行了激烈抨击，断言"孔子之道不合现代生活"，但并没有"全盘"肯定西方文明，也没有主张"全盘"引进西方文明。他虽然对西方民主制度极力推崇，但又认为这种制度"去完全真正共和尚远"；他虽充分肯定西方近代伦理价值，但又指责它"未尝无刻薄之嫌"。对于输入西方学理，他并不赞成不加选择地盲目输入，而主张"应该看我们的社会有没有用他来救济敝害的需要"，着力输入西方近代民主与科学精神。正因如此，陈独秀仅仅是西化论者，而非"全盘西化"论者。

---

① 陈独秀：《宪法与孔教》，《新青年》第 2 卷第 3 号。
② 陈独秀：《本志罪案之答辩书》，《新青年》第 6 卷第 1 号。

五四时期的胡适是公认的西化论者，但同样也不是"全盘西化"论者。他在博士论文《中国古代哲学方法之进化史》中，反对用西方所谓"新文化"来全盘取代中国"旧文化"。他指出："如果对新文化的接受不是采取有组织的吸收的形式，而是采取全然替代的形式，因而引起旧文化的消亡，这确是全人类的一个重大损失。"故中国在文化上面临的"真正的问题"，不是"全盘西化"，而是应当"怎样才能以最有效的方式吸收现代文化，使它能同我们的固有文化相一致，协调和继续发展"，从而"成功地把现代文化的精华与自己的文化精华结合起来"，"在新旧文化内，在调和的新的基础上建立我们自己的科学和哲学。"胡适在根据博士论文修订出版的《中国哲学史大纲》中，再次重申了这种观点。他指出，今日的哲学思想有两个源头，一是汉学家给我们的古书，二是西方的哲学学说。中国所面临的就是中西这两大哲学系统的"互相接触，互相影响"，应该通过对中古哲学之精华的吸取、融合，建立起一种"中国的新哲学"。他在《新思潮的意义》中把"输入学理"与"整理国故"作为"再造文明"的两个必要条件，既要引进和吸取西方近代文明（"输入学理"），又要整理和研究中国固有文明（"整理国故"），这样才能创造中华民族新文明。中西文明存在着时代性差异，中国只要做好"输入学理"与"整理国故"两方面工作，一定能够"再造"近代新文明。可见，五四时期的胡适虽然是西化论者，但并非"全盘西化"论者。因此，陈序经在分析了胡适的言论后同样得出这样的结论："胡先生所说的西化，不外是部分的西化，非全盘的西化。"①

　　林毓生在《中国意识的危机》中认为："在胡适的意识中占统治地位的是他的以全盘西化为基础的全盘性的反传统主义。"②在他看来，陈、胡

---

① 陈序经：《全盘西化的理由》，罗荣渠主编：《从"西化"到现代化》，北京大学出版社1990年版，第383页。
② 林毓生：《中国意识的危机》（增订本），贵州人民出版社1988年版，第140页。

等人的全盘性的反传统主义，是"以全盘西化为基础的"。在他们激烈地反儒学、反孔教的背后，实际上隐藏着全盘西化的思想。因此，要辨析陈、胡等人是否是全盘西化论者，便不能不考察其激烈地反儒学、反孔教的动机，弄清他们是否果真为"全盘性的反传统"。

陈、胡等人之所以要反儒学、反孔教，是因为在他们看来，儒学是中国传统文明的核心，是君主专制制度的理论基础，是"历代帝王专制之护符"，正是儒学和孔子造成了今日中国的落后。因此，要推翻君主专制制度，就必须反儒学，反孔教。同时，孔子生活于封建时代，其所提倡之道德，垂示之礼教，主张之政治，皆封建时代之道德、礼教、政治，"所心营目注，其范围不越少数君主贵族之权利与名誉，于多数国民幸福无与焉"，因而不适应中国现代社会生活。儒学特别是它的核心——纲常礼教，与西方近代文明之民主和科学精神格格不入，要引进后者就非批判前者不可。陈独秀指出：孔教之"根本的伦理道德，适与欧化背道而驰，势难并行不悖。吾人倘以新输入之欧化为是，则不得不以旧有之孔教为非；倘以旧有之孔教为是，则不得不以新输入之欧化为非。新旧之间，绝无调和两存之余地"。[1]

此外，陈、胡等人反孔教，与辛亥革命后袁世凯之流借尊孔之名搞帝制复辟，康有为主张政府"以孔子为大教，编入宪法"之国教运动颇有关系。胡适指出："孔教的问题，向来不成什么问题；后来东方文化与西方文化接近，孔教的势力渐渐衰微，于是有一班信仰孔教的人妄想用政府法令的势力来恢复孔教的尊严；却不知道这种高压的手段恰好挑起一种怀疑的反动。因此，民国四五年间的时候，孔教会的活动最大，反对孔教的人也最多。"[2] 故陈、胡等人激烈地反孔教有其历史的合理性。

---

[1] 陈独秀：《宪法与孔教》，《新青年》第 2 卷第 3 号。
[2] 《胡适哲学思想资料选》上册，华东师范大学出版社 1981 年版，第 128 页。

尽管陈、胡等人激烈地反孔教，但对于孔子本人及其全部学说并没有采取简单地全盘否定的态度，他们批判的主要是儒学的现实价值，而非历史价值。胡适说："在许多方面，我对那经过长期发展的儒教的批判是严厉的。但是就全体来说，我在我的一切著述上，对孔子和早期的'仲尼之徒'如孟子，都是相当尊敬的。"① 陈独秀声明："我们反对孔教，并不是反对孔子个人，也不是说他在古代社会无价值。不过因他不能支配现代人心，适合现代潮流，还有一班人硬要拿他出来压迫现代人心，抵抗现代潮流，成了我们社会进化的最大障碍。"② 他在为《新青年》的批孔言论辩护时指出："本志诋孔，以为宗法社会之道德，不适于现代生活，未尝过此以立论也。"③ 可见，因为陈、胡等人激烈地反孔批儒而断定其"全盘性的反传统"，是难以成立之论。

　　五四时期的胡适等人，一方面激烈地反孔批儒，但另一方面又不自觉地成为儒家文化传统之载体，根本无法脱离中国文化传统的影响。正因如此，其文化取向呈现出二元性特点：既要向西方学习，拥抱西方近代文明之价值体系，又自觉或不自觉地依恋于中国传统的道德价值，无法完全从传统的网罗中冲破出来。胡适一方面倡导人的发现与人的解放，主张个性解放和人格独立，树立"一种健全的个人主义人生观"；另一方面又提倡"社会不朽论"，主张个人"小我"依赖于社会"大我"，个人尽责于社会，以实现"小我"之不朽。他一方面对"吃人的礼教"予以猛烈抨击，赞誉吴虞是四川"只手打孔家店"的"老英雄"；另一方面在为人处世上恪守传统的道德伦理规范。他一方面仰慕西方近代文明，向往恋爱自由、婚姻自由，反对父母包办、干涉儿女的婚事；另一方面他又没有勇气冲破传统的阻力，为了"尽孝"，不得不遵从母命，与自己并不喜欢、从小缠足的

① 《胡适哲学思想资料选》下册，华东师范大学出版社 1981 年版，第 265—266 页。
② 陈独秀：《孔教研究》，《每周评论》第 20 号。
③ 陈独秀：《答佩剑青年》，《新青年》第 3 卷第 1 号。

旧式乡村女子结婚。唐德刚称其思想为"三分洋货，七分传统"，是很贴切的比喻。

五四时期的陈独秀、胡适等人虽然不是"全盘西化"论的倡导者和主张者，也没有"全盘性的反传统"，但此时文化界确实存在着一股"全盘西化"和"全盘性的反传统"的思想倾向，其代表人物是钱玄同和吴稚晖等人。吴稚晖提议："孔孟老墨便是春秋战国乱世的产物，非再把他丢在茅厕里三十年，现今鼓吹成一个干燥无味的物质文明。人家用机关枪打来，我也用机关枪对打，把中国站住了，再整理什么国故，毫不嫌迟。"① 钱玄同是五四时期最为激烈的反孔者，也是真正意义上的"全盘西化"论者。他主张彻底废止与帝制相关联的所谓"国粹"，全盘接受欧美近代文明，并呼吁："我要请你们千万不要拜那宗法遗毒的祖宗牌位！千万不要拜那主张忠孝的孔丘！千万不要再拜那杀人魔王的关羽和尽忠报国（君的国）的岳飞！"②

钱玄同主张"全盘西化"的偏激言论，集中体现在"废除汉字"问题上。他认为，中国国民之所以思想愚昧，是因为汉字难以掌握、妨碍了文化普及。故提出了废除汉字、采用万国新语的偏激主张。他批评汉字"论其本质，为象形字之末流，为单音字之记号。其难易巧拙已不可与欧洲文字同年而语。……此等文字亦实在不可以记载新文明之事物"。③ 他致信陈独秀明确指出："欲使中国不亡，欲使中国民族为二十世纪文明之民族，必以废孔学，灭道教为根本之解决，而废记载孔门学说及道教妖言之汉文，尤为根本解决之根本解决。"④ 尽管这种"石条压驼背"式的激烈言论并未得到陈独秀之赞同，但钱玄同仍然坚持自

① 《吴稚晖学术论著》，上海出版合作社1925年版，第124页。
② 《钱玄同文集》第2卷，中国人民大学出版社1999年版，第45页。
③ 《钱玄同日记》第4册，福建教育出版社2002年版，第1682页。
④ 《钱玄同文集》第1卷，中国人民大学出版社1999年版，第166—167页。

己的主张。1923 年初，他在《汉字革命》中断言："汉字的罪恶，如难识、难写，妨碍于教育的普及、知识的传播：这是有新思想的人们都知道的。"因此，其废除汉字的言论更趋偏激："汉字不革命，则教育决不能普及，国语决不能统一，国语的文学决不能充分地发展，全世界的人们公有的新道理、新学问、新知识决不能很便利、很自由地用国语写出。"①

钱玄同有感于汉字难识难写，妨碍了教育的普及和文化的传播而提倡彻底废止，在一定程度上揭示了汉字的某些弊端，但这种偏激的文化主张显然是错误的。语言文字是维系民族共同体的基本要素，不能单纯凭某些人的主观意志而取消。汉字作为中华文明的要素和符号，承载了中华民族数千年的文明发展史，维系着民族精神和血脉亲情，是不可能完全废除的。瑞典汉学家高本汉说："中国人抛弃汉字之日，就是他们放弃自己的文化基础之时。"②因此，钱玄同等人废除汉字、提倡世界语等激进的文化主张具有重大偏差，难以得到人们的普遍认同，更没有构成五四新文化运动之主流思想。

二、胡适与"全盘西化"的提出

"全盘西化"论的提出，是在五四新文化运动之后。"全盘西化"一词，最早见于 1929 年胡适在《中国基督教年鉴》上用英文发表的《中国今日的文化冲突》中。胡适在该文中明确反对变相的折衷论，而主张"wholesale westernization"和"wholehearted modernization"。该文发表后，潘光旦在

---

① 《钱玄同文集》第 3 卷，中国人民大学出版社 1999 年版，第 62 页。
② ［英］L.R. 帕默尔：《语言学概论》，李荣等译，商务印书馆 1983 年版，第 61 页。

英文《中国评论周报》上撰写书评，指出胡适用的这两个词，前一个可译为"全盘西化"，后一个可译为"全力现代化"或"一心一意的现代化""充分的现代化"。他本人赞成"全力现代化"，不赞成"全盘西化"。这两个词意义虽然不尽相同，但胡适的态度是鲜明的：既反对"抵抗西洋文化"的守旧派，也反对"选择折衷"的变相保守论。

胡适虽然是五四以后最早使用"全盘西化"一词者，但就其当时的思想倾向看，他实际上是主张"充分西化"或"充分的现代化"，而非"全盘西化"。1929年，胡适在《新文化运动与国民党》中，主张"承认中国旧文化不适宜于现代的环境而提倡充分接受世界新文明"；在《文化的冲突》中强调中国只有一条出路："必须充分接受现代文明，特别是科学、技术和民主。"宣布"我们决不受那些保守派思想家们的护短的观点的影响，也不害怕丢掉自己的民族特性而有所动摇"。[1] 都使用了"充分接受世界新文明"的提法。

1930年，胡适在《介绍我自己的思想》中提出，为了挽救中国，"无论什么文化，凡可以使我们起死回生，返老还童的，都可以充分采用，都应该充分接受。"[2] 使用的仍然是"充分"，而非"全盘"。1933年，他在《建国问题引论》中再次强调：中国文化的出路"不完全是'师法外国'的问题。因为我们一面参考外国的制度方法，一面也许可以从我们自己的几千年历史里得着一点有益的教训"，而是"集合全国的人力智力，充分采用世界的科学和方法，一步一步地作自觉的改革"。他使用的仍然是"充分采用世界的科学和方法"，而不是"全盘"西化。正因如此，真正的全盘西化论者陈序经在《中国文化的出路》第五章"全盘西化的理由"中断定，"胡

---

① 胡适：《文化的冲突》，罗荣渠主编：《从"西化"到现代化》，北京大学出版社1990年版，第368页。

② 胡适：《介绍我自己的思想》，欧阳哲生编：《胡适文集》5，北京大学出版社1998年版，第515页。

先生所说的西化，不外部分的西化，非全盘的西化"，并不引胡适为"全盘西化"之同道。

然而到了 1935 年，胡适却使用"全盘西化"一词表达自己对中国文化出路的选择。1935 年 1 月 10 日，王新命、陶希圣等十教授发表《中国本位的文化建设宣言》，提出以中国文化为本位实现中西文明的调和折衷。2 月 24 日，吴景超在《独立评论》上发表的《建设问题与中西文化》一文中，把当时思想界对中西文化的态度分为折衷派、全盘西化派和复古派。吴文发表后，陈序经在《独立评论》上发表《关于全盘西化答吴景超先生》，就吴氏对全盘西化论的批评作了反驳。他虽然同意吴氏对胡适文化观的看法，但又认为胡适的"整个思想虽不能列为全盘西化派，乃折衷派之一支流"，可是若以为胡适对于中国文化出路的主张与回到"中学为体、西学为用"的"十教授宣言"一样，"好像未免有点冤枉"。陈序经既不引胡适为"全盘西化"之同道，也不认为他是像"十教授"那样的折衷派，故明确希望"胡先生来给我们一个解答"。

其实，胡适对中西文化问题早有明确的主张。他向来主张输入西方文明而反对中西文明之折衷调和，并为此与梁漱溟等人展开过激烈论战，而现在竟被吴景超、陈序经误解为与"十教授"同调之"折衷派"，胡适不能不再次公开表明自己对中西文明的态度。于是，胡适在刊有陈序经文章的这期《独立评论》"编辑后记"中声明："我很明白地指出文化折衷论的不可能，我是主张全盘西化论的。"同时指出："此时没有别的路可走，只有努力全盘接受这个新世界的新文明。全盘接受了，旧文化的'惰性'自然会使他成为一个折衷调和的中国本位新文化。"[1] 胡适虽然声明"完全赞成陈序经先生的全盘西化论"，但他的认识倾向于历史的自然折衷论。随后，胡适发表了《试评所谓"中国本位的文化建设"》一文，

---

[1] 胡适：《编辑后记》，《独立评论》第 142 号。

对"十教授"的《宣言》提出了严厉批评，以示自己并不是像"十教授"那样的折衷派。

正因胡适在特定的场合下申明自己不是文化"折衷派"而主张"全盘西化"，加上他又是最早使用"全盘西化"一词者，故后人多将胡适视为"全盘西化"论之始作俑者和主要代表。实际上，胡适并不是真正的"全盘"西化论者，而是"有限的"西化论者；其所谓使用的"全盘西化"一词，并不是表示"百分之百西化"，其实际含义与"全力现代化""充分世界化"等词相似。因此，胡适关于中西文化态度的准确表达，应该是"充分世界化"，而不是"全盘西化"。

当时思想文化界对"全盘西化"的提法是有争议的。张佛泉认为，陈序经提出的"全盘西化"太笼统、太含混，而主张改用"根本西化"的新提法。他说："我所主张的可以说是从根本上或是从基础上的西化论。有许多枝节问题，如是打桥牌好，还是打麻将好，我以为可以不专去讨论它。"[①] 张熙若分析说，中国今日大部分都可以"西化"，但这与"全盘西化"是不同的。即使大部分是 99%，也不能叫"全盘"。其云："我们今日大部分的事物都应该西化，一切都应该现代化。"[②] 张氏这一新提法，除了以"大部分"取代"全盘"外，还把"西化"与"现代化"加以区别，暗含着"现代化并非西化"意蕴。严既澄也认为，"西化"一词易误解，最好改为"现代化"。

胡适随后觉得使用"全盘西化"的表述欠妥当，应当加以修正。1935年 3 月刊印的《独立评论》第 142 号的"编辑后记"中，胡适对自己主张的"全盘西化"论作了修正，提出了"自然折衷论"。他申明说，自己是主张全盘西化的，但文化自有一种惰性，全盘西化的结果自然是一种折衷

---

① 张佛泉：《西化问题之批判》，《国闻周报》第 12 卷第 12 期。
② 张熙若：《全盘西化与中国本位》，《国闻周报》第 12 卷第 23 期。

的倾向，旧文化的惰性自然会使它成为一个折衷调和的中国本位新文化。1935 年 6 月，胡适觉得"全盘西化"在提法上有些不妥，也不太符合自己本来的意思，就撰写了《充分世界化与全盘西化》一文，重新解释并修正了"全盘西化"的提法，提议用"充分西化""充分世界化"代替"全盘西化"的提法。他说："我赞成'全盘西化'，原意只是因为这个口号最近于我十几年来'充分'世界化的主张；我一时忘了潘光旦先生在几年前指出我用字的疏忽，所以我曾特别声明'全盘'的意义不过是'充分'而已，不应该拘泥作百分之百的数量的解释。"① 所以，胡适表示愿意放弃"全盘西化"一词而改用"充分世界化"的提法。他认为，用"充分世界化"代替"全盘西化"有三个好处：一是可以免除一切琐碎的争论；二是可以容易得到同情和赞助；三是可以避免"全盘西化"所遇到的严格的数量上的困难。胡适所说的"充分世界化"实际上等同于"充分西化"。因此，五四时期的胡适主张以"最有效的方式"来吸取西方文明，以实现中西文明的结合，是西化派，而不是全盘西化派；五四新文化运动之后，他虽然最早提出并声明自己是"主张全盘西化的"，但实际上是主张"充分西化"或"全力西化"，而不是"全盘西化"。胡适的"充分世界化"主张，与陈序经的"全盘西化"论有着很大差异。

真正主张"全盘西化"的陈序经，始终不肯将胡适"马马虎虎收为同志"，从侧面说明胡适并不是真正的"全盘西化论"者。胡适声明"我是完全赞成陈序经先生的全盘西化论的"之后，陈序经立即指出，胡适所谓的"全盘西化"只是一种政策，"而骨子里仍是一折中论调"。故当胡适的《充分世界化与全盘西化》一文发表后，陈序经发表《全盘西化的辩护》，就胡适提出的"充分世界化"取代"全盘西化"的三条理由进行批驳。他指出，不仅百分之百的"西化"是全盘，"百分之九十九或九十五的情形下，

---

① 胡适：《充分世界化与全盘西化》，《大公报》1935 年 6 月 21 日。

还可以叫做'全盘'"。他举了一个例子，"例如我和好几位同事在好多次因事未能参加我们学校的教职员全体拍照，然而挂在壁上的照相依然写着'本校教职员全体摄影'，这个'全体'岂不是'全盘'吗？"①

胡适不赞成陈序经对"全盘"的解释，随即在《答陈序经先生》中明确表示："我的愚见以为'全盘'是个硬性字，还是让它保存本来的硬性为妙，如果要它弹性化，不如改用'充分''全力'等字。"②由于胡适和陈序经在"全力""充分""全盘"问题上始终存在分歧，张佛泉据此认为，"本来'全盘'两字也不是没有人偶然用过，不过坚持这两个字而给这两个字以确定的意义的，自然要归功于陈序经教授。"③主张"全盘西化"的郑昕在《开明运动与文化》一文中，为胡适不肯跻身于"全盘西化"论的阵营极为惋惜："适之先生是服膺西学的人，我们希望他肯全盘地领悟西方文化，也大胆的全盘接受西方文化。"④"全盘西化论"者的这些批评，从侧面说明胡适对于中国文化出路之选择，是"充分西化"或"全力西化"，而不是"全盘西化"。

胡适主张"充分西化"的重要理论依据，是所谓文化"惰性"论。他认为，大凡文化本身都具有一种"对内能抵抗新奇风气的起来，对外能抵抗新奇方式的侵入"之"惰性"，而这种"惰性"使得"文化各方面的激烈变动，终有一个大限度，就是终不能根本扫灭那固有文化的根本保守性"，尤其像中国这样的具有悠久历史的文化，其"惰性实在大得可怕"。正是这种大得可怕的"惰性"，才使任何"良法美意"到了中都成了"逾淮之橘"。他指出，"文化自有一种'惰性'，全盘西化的结果自然会有一种折衷的倾向……现在的人说'折衷'，说'中国本位'都是空谈。

---

① 陈序经：《全盘西化的辩护》，《独立评论》第 160 号。
② 胡适：《答陈序经先生》，《独立评论》第 160 号。
③ 张佛泉：《西化问题的尾声》，《国闻周报》第 12 卷第 30 期。
④ 郑昕：《开明运动与文化》，《独立评论》第 163 号。

此时没有别的路可走，只有努力全盘接受这个新世界的新文明。全盘接受了，旧文化的'惰性'自然会使他成为一个折衷调和的中国本位新文化。若我们自命做领袖的人也空谈折衷选择，结果只有抱残守缺而已。古人说：'取法乎上，仅得其中；取法乎中，风斯下矣。'这是最可玩味的真理。我们不妨拼命走极端，文化的惰性自然会把我们拖向折衷调和上去的。"①

胡适分析说，一种文化具有极大的"广被性"，必然会影响大多数一贯保守的人。受"惰性"规律的自然作用，多数人对其珍爱的文化传统百般保护，故没有理由担心传统价值的丧失。如果领导者前进一千步，群众大概会被从传统水平的原地向前带动不到十步；如果领导者在前进道路上迟疑不决、摇摆不定，群众必定止步不前，结果是毫无进步。②在他看来，如果人们首先就存有一种折衷调和的想法，那么文化的"惰性"会使外来文化无法被吸收，结果只能是"抱残守缺"，只有充分西化，"拼命走极端"，才能"矫枉过正"，经文化"惰性"之作用实现与外来文化的折衷调和。

胡适显然是将"充分西化"作为一种中国文化变革的手段，而不是文化变革的结果。他看到了中国固有文明"惰性"之强大，看到了文化变革的艰巨性，故其反复强调："我们决不受那些保守派思想家的护短的观点的影响，也不因害怕丢掉自己的民族特性而有所动摇。让我们建立起我们的技术与工业的文明作为我们民族新生活的最低限度的基础吧。"③只有"充分世界化"，才是中国现代新文化建设的唯一出路。

---

① 胡适：《编辑后记》，《独立评论》第 142 号。
② 胡适：《文化的冲突》，罗荣渠主编：《从"西化"到现代化》，北京大学出版社 1990 年版，第 368 页。
③ 胡适：《文化的冲突》，罗荣渠主编：《从"西化"到现代化》，北京大学出版社 1990 年版，第 363 页。

三、陈序经的"全盘西化"论

20 世纪 30 年代主张"全盘西化"论之真正代表，是时任广东岭南大学教授的陈序经。据陈序经后来回顾，早在 1925 年赴美留学前后，他与卢观伟、陈受颐等人已感到倡导"全盘西化"的必要，最初使用的是"全盘接受西洋文化"或"全盘采纳西洋文化"等提法。

1930 年，陈序经在德国留学时撰写的《东西文化观》一文中，主张"我们要格外努力去采纳西洋的文化，诚心诚意的全盘接受他"，[1] 明确提出了全盘接受西方文明的主张。1932 年，他写成《中国文化的出路》一书，正式提出"全盘西化"，系统阐述了"全盘西化"主张及其理论依据。他指出，今天的中国文化正在经历一场大选择，在找着出路。出路有三条摆在中国人的面前，由此中国文化界也分成三派：一是主张保持中国固有文明；二是提倡调和的办法；三是主张全盘接受西方文明的西洋派。他的结论是："折衷的办法既是办不到，复古的途径也走不通"，"我们的唯一办法，是全盘接受西化。"[2]1933 年 12 月，陈序经在中山大学做了题为《中国文化之出路》讲演，在广州掀起了一场热烈的文化讨论。

王新命、陶希圣等十教授发表《中国本位的文化建设宣言》并引起中国本位文化建设问题论战后，陈序经的"全盘西化"观点更为人们所注意。他提出全盘西化的理论根据主要有两个：一是"整体文化论"，即文化本身是整个的，是分不开的。人们将其划分成语言、物质、科学、宗教等成分，不过是为了研究上的方便而进行的主观分析，本身并没有这回事，所以各方面是互相连带、互相影响的，引进西方文明不能要这个部分而不要

---

① 　陈序经：《东西文化观》，《社会学刊》第 2 卷第 3 期，1931 年 4 月。

② 　陈序经：《中国文化之出路》，《民国日报》1934 年 1 月 15 日。

那个部分。二是"基础文化论",即认为某一时代某一环境多种多样的文化中有一个基础文化,西洋文明就是现代的基础文化,是现代化的根本和主干,而中国文明是处在现代世界基础文化之下的窒碍物。"所以提倡全盘的和彻底的西化,使中国能够整个的西化"。陈序经的"全盘西化"论引起了复古派、折衷派、唯物史观派的诘难与批评,甚至某些西化派也提出了一些修改意见。他先后发表《读十教授〈我们的总答复〉后》《关于全盘西化答吴景超先生》《关于中国文化之出路答张磐先生》《再谈"全盘西化"》《全盘西化的辩护》等文进行辨析。

当时赞同"全盘西化"主张者,以陈序经为首,包括郑昕、卢观伟、吕学海、冯恩荣、梁锡辉、陈受颐等人。他们主张"全盘西化"论的文章多见于《南大青年》、《民国日报》(广州)以及《南风》等。这些文章后被编为《全盘西化言论集》《全盘西化言论二集》《全盘西化言论三集》,由岭南大学刊印发行。

"全盘西化"论者有着鲜明的针对性,即中国已经出现了"半盘西化"的现实。当时国人在生产技艺、日用生活、消费趣味诸方面毫无保留地追求西化,却偏偏坚决抵制西方近代文明的核心,即民主宪政的制度规范和自由主义的思想观念。陈序经指出:迷信的宗教,儿戏的婚姻,海淫的跳舞(交际的跳舞不在内)、过分的奢侈等,"这些的文化,西洋人也何尝提倡?主张全盘西化的人,又何尝提倡?"[1]熊梦飞主张"全盘的吸取西洋文化之根本精神",即科学化的学术思想、机械化的工业与农业、民主化的政治社会与家族组织。他指出:"这三样宝贝织成现阶段世界文化体系。"[2]

与胡适犹豫于"全盘西化"和"充分世界化"概念之间并最终采纳了

---

① 陈序经:《从西化问题的讨论里求得一具共同信仰》,《独立评记》第149号。
② 熊梦飞:《谈"中国本位文化建设"之闲天》,《文化建设》第1卷第9期。

后者不同，陈序经始终是一位坚定的主张"全盘西化"者。他始终坚持"全盘西化"论，既反对"主张保存中国固有文化的复古派"，也反对"提出调和办法中西合璧的折衷派"。他自称是"主张全盘接受西洋文化的西洋派"，特别主张"中国文化彻底的西化"。陈序经主张"全盘西化"，主要有两条理由：一是西洋现代文明的确比我们进步得多；二是西方近代文明已经成为世界文化了。

中国固有文明不能适应现代生活，是全盘西化论的重要依据。他指出："文化是没有东西之分，要是我们觉得人家的文化是优高过我们，是适用过我们，我们去学人家，已恐做不到，何况还要把有限的光阴脑力，去穿钻这已成古迹的古董！"① 陈序经认为，西洋文化无论在思想上、艺术上、科学上、政治上、教育上、宗教上、哲学上都比中国的好。就是在衣、食、住、行的生活上头，我们也不及西洋人的讲究。他通过对中西经济、政治、教育等方面的比较，得出了西方文化比中国文化优越的结论："若把政治教育以及其他方面的情况来和西洋比较，我们实在说不出来。我们要和西洋比科学吗？交通吗？出版物吗？哲学吗？其实连了所谓的礼教之邦的中国道德，一和西洋道德比较起来，也只有愧色。所以西洋文化之优于中国，不但只有历史上的证明，就是从文化的成分的各方面来看，也是一样。"② 正因西洋文明比中国文明优越，中国必须全盘西化。

从总体上看，西方近代文明在整体上、在时代性上比中国传统有文明优越，中国传统文明已经落后，中国必须学习西方近代文明，这是比较有说服力的。但陈序经的这个理论前提是有很大片面性的，因为文化同时具有时代性与民族性。文化既具有时代性，同时还具有民族性，中国文明在

---

① 陈序经：《全盘西化的理由》，罗荣渠主编：《从"西化"到现代化》，北京大学出版社1990年版，第387页。

② 陈序经：《全盘西化的理由》，罗荣渠主编：《从"西化"到现代化》，北京大学出版社1990年版，第389页。

时代上的落伍，并不证明可以根本改变其民族特性。实际上即便是"全盘西化"，也难以真正做到泯灭文明的民族特性。陈序经显然是关注了文明的时代性差异，而忽视了民族性差异。正因忽视了文明的民族性差异，陈序经将西方文明等同于世界文明，具有西方中心主义倾向。实际上，世界文明是丰富多彩的，各个民族都有自己的文明，西方文明只是世界文明的重要组成部分，而不能与世界文明画等号。

就文化之时代性而言，中国传统文明中那些集中体现了封建社会之时代特征的内容，诸如"别尊卑，明贵贱"的等级观念，"天不变、道亦不变"的历史观，"君为臣纲、父为子纲、夫为妻纲"的伦理道德，"罢黜百家，独尊儒术"的道统思想，重农抑商、鄙视科技的行为取向，重人治、轻法治，以及所谓"刑不上大夫，礼不下庶人"的特权思想，"民可使由之，不可使知之"的愚民政策，知足寡欲、乐天安命的人生态度，尤其是封建专制主义的政治思想等，这些都是适应封建的政治和经济的产物，是中国传统文明中的糟粕，是封建统治阶级意志的反映，与现代社会生活显然是不相适应的。

但从文化之民族性来看，中国传统文明中所包含的那些能体现其民族特征的内容，诸如刚健有为，自强不息，求是务实，好学不倦，发愤忘忧，勤俭勇敢，刻苦耐劳，任劳任怨、坚韧不拔，不畏强暴，热爱和平，舍生取义，勇于进取，富贵不能淫，贫贱不能移，威武不能屈，三军可夺帅，匹夫不可夺志，先天下之忧而忧，后天下之乐而乐，国家兴亡，匹夫有责等，是中华民族在长期的发展过程中形成的优良文化传统，是中国传统文明中的精华。尽管它们也被打上封建时代的烙印，但从其精神实质来看，它们不仅适合于古代中国社会，也适合于现代社会生活，可以为国人批判地继承，成为中国近代新文明整合之基础。

陈序经等人夸大了中国传统文明中那些体现其封建时代特征的内容和它的负面效应，而没有看到中国传统文明中所包含的那些能体现其民族特征的内容。正是从中国传统文明不适应现代生活的理论预设出发，他们认为中国传统文明不可能完成自身的近代转换。在他们看来，中国现代化的生长点和现代文明的价值源不在本民族文化的自身，而在外来的西方近代文明。严既澄指出："中国之所以倒霉到这步田地，不就是由于中国所有的特质不适于这个新时代么？反之，世界'列强'之所以如此强盛，也只由于他们的特质恰好适应于此时。那么，我们这个偌大民族在这个时期所能有的唯一出路，岂不就是尽量去学人家的样子么？这也就是所谓全盘西化。"① 因此，要实现中国现代化，完成从传统农业社会向工业社会的根本转变，重建中华民族的现代新文明，只能是"全盘西化"，将西方的现代化模式移植过来，而不能寄望于中国固有文明的自我更新。

陈序经主张全盘接受西洋文明的第二个理由，是西洋近代文明已经成为世界文化了。他认为，"西洋现代文化，无论我们喜欢不喜欢去接受，它毕竟是现代世界的趋势。"一切政治、社会、教育、经济，物质方面、精神方面，理论上和事实上，中国和非西洋国家都无一而非渐趋于西洋化。从空间看去是如此，从时间看来也是如此。西洋文化是不断创新和发展的，从而逐渐现代化和世界化。对着现代世界文化，虽欲不加以接受，亦会被迫去接受，因为文化的趋势是不可逆转的。他解释说："西洋文化是世界文化的趋势。质言之：西洋文化在今日，就是世界文化。我们不要在这个世界生活则已，要是要了，则除了去适应这种趋势外，只有束手待毙。"② 中国不愿去接受现代趋势的西洋文化，而要保留过去的文化，则无异于自寻死路。故中国必须"全盘西化"。

全盘采纳了西洋文明会不会导致民族文化的消亡呢？陈序经对此做了回答。他指出，"这种意见的错误，是在于不明了文化乃人类的创造品，

---

① 严既澄：《〈我们的总答复〉书后》，《大公报》1935 年 5 月 22—23 日。
② 陈序经：《全盘西化的理由》，罗荣渠主编：《从"西化"到现代化》，北京大学出版社 1990 年版，第 390 页。

民族的精神固然可于文化中见之，然他的真谛，并不在于保存文化，而在于创造文化。过去的文化是过去人的创造品，时境变了，我们应当随着时境而创造新文化，否则我们的民族，只有衰弱，只有沦亡。"全盘采用西洋文明就使民族不至于沦亡，然会不会将祖宗创立的基业沦亡？他的回答是："全盘采用西洋文化，决不会生出这种结果，因为固有的文化乃文化发展史上一部分。"他自信地表示："百分之一百的全盘西化，不但有可能，而且是一个较为完善较少危险的文化的出路。"①沈昌晔更是大胆地呼吁："应放大了胆做采纳整个西洋文化，以培养中国的新精神运动，不应怕全盘西化有成为西洋文化附庸的危险而不取，却应以大的魄力驾驭整个的西洋文化，使中国采纳后的消化有良好的经过，这是创造中国新文化的出路。"②

除此之外，陈序经主张"全盘西化"的内在理论依据，是文化整体论和文化不可分论。他在综合批评了西方许多社会学家对文化成分的分析之后，用最简单的办法，把文化的成分特别是文化的重心分为四类，即伦理方面、宗教方面、政治方面、经济方面。虽然陈序经对文化的成分进行了分析，但他认为对文化成分的分析只是为了研究的方便，并不能表明文化不是一个整体。他说："原来文化本身是整个的，人们把她来分开做物质、社会、精神，或是宗教、道德、政治、经济、艺术……各方面，无非为着利便研究与认识起见而发生的主观的观念，文化本身上却没有这回事；因为她本身上没有这回事，所以各方面是互相连带，互相影响，无论哪一方面的波动，都会引起别的方面的波动。"③因此，他坚持文化的整体性和不可分性，认为中国的问题根本是"整个文化的问题"。

---

① 陈序经：《再谈"全盘西化"》，《独立评论》第 147 号。
② 沈昌晔：《论文化的创造》，《国闻周报》第 12 卷第 14 期。
③ 陈序经：《对于一般怀疑全盘西化者的一个浅说》，杨深编：《走出东方——陈序经文化论著辑要》，中国广播电视出版社 1995 年版，第 221—222 页。

陈序经在《东西文化观》中指出："文化本身是不可分的，所以他表现出的各方面，都有连带及密切的关系。设使因了内部或外来的势力冲动或变更任何一方面，则他方面也受其影响。他并不像一间房子，房顶坏了，可购买新瓦来补好。……所以我们要格外努力去采纳西洋的文化，诚心诚意地全盘接受它，因为它自己本身上是一种系统，而它的趋势是全部的，而非部分的。"① 这就意味着中国要接受西方文化就必须照单全收，不能有所区分和选择。后来他在《再谈"全盘西化"》一文中说："因为文化的各方面，都有连带关系，所以我们不能随意地取长去短。何况一谈到长短的问题，总免不去主观的成分。"他认为文化是一个整体，是一个单位，各种文化也就是各个不同的单位，"因为这些不同的单位，有了连带关系和时势的趋向，以及西洋文化优胜的地位，所以取其一端，应当取其整体，牵其一发，往往会动到我们全身。"② 正是因为有文化整体观做理论上的支持，陈序经才认定，要接受西方文明就必须全盘接受，要反对中国传统文明就必须全盘反对。

　　陈序经坚持文化的整体性与不可分性，批驳了文化折衷论者坚持的东方文明是"精神的"、西方文明是"物质的"观点，认为接受西方"物质文明"的同时必须接受西方的"精神文明"，而不能再死抱中国"精神文明"不放，根本否定了西方"物质文明"与中国"精神文明"相结合的折衷论之合理性。但文化真的是不可分割的"有机整体"吗？人们对此存在着较大争议。实际上，文明包括物质文明、制度文明和精神文明三个层次，它们之间有着密切的有机联系，但各自也有相对的独立性，并非铁板一块，而是可以分开来的。因此，陈序经的"文化整体论"当时就受到许多人的非议和批评。

---

① 陈序经：《东西文化观》（中），《岭南学报》第 5 卷第 2 期。
② 陈序经：《再谈"全盘西化"》，《独立评论》第 147 号。

吴景超在《建设问题与东西文化》一文中，批驳陈序经的"文化有机观"和"文化不可分论"。他说："整个文化的各部，是否都像上面所说的那样，分不开呢？我们采纳了西洋的电灯，是否便非采纳西洋的跳舞不可呢？采纳了西洋的科学，是否便非采纳西洋的基督教不可呢？我们的答案，恐怕不会是肯定的。文化的各部分，有的是分不开的，有的是分得开的。别国的文化，有的我们很容易采纳，有的是无从采纳。"[1] 张熙若在《全盘西化与中国本位》一文中也指出："若是举例是必需的话，我们可以说现代工业与现代科学是分不开的，因为这其间有因果关系，没有现代科学就没有现代工业。"他指出："学了西人的精确的治学方法，不再去学他们见了女人就脱帽子，不见得有坏处。"因此，"吃饭的决不能都改吃番菜，用筷子的决不能都全用刀叉。"[2] 黄文山也指出，"文化不可分说"在客观上是站不住的："从联系性来看，有些部分，可说是基本的或中心的，有些部分可说是次要的或边缘的。中心改变，可以引起整个体系在结构上产生空前的革命，至于边缘改变，则其影响，有时简直微微不足道。"[3] 这样看来，文化或文明实际上是可分的，并不是有机的整体。在一个文化体系中，有些文化单位是有联系关系而难以分开的，如一种先进的设备必须有先进的技术和管理，才能产生应有效率，但有的文化单位并没有什么必然的联系，而是可分的。陈序经只看到文化是个有机的系统，各个文化单位之间有着密切联系的一面，而没有看到各个文化单位之间还有层次不同、联系疏密不同的一面，片面地强调了文化的联系性和系统性。

　　"全盘西化"论另外一个重要理论前提，就是"现代化等于西化"。陈序经在为自己全盘西化的文化主张作辩护时强调："在本质上，在根本上，所谓趋于世界化的文化与所谓代表现代的文化，无非就是西洋的文化，故

①　吴景超：《建设问题与东西文化》，《独立评论》第 139 号。
②　张熙若：《全盘西化与中国本位》，《国闻周报》第 12 卷第 23 期。
③　黄文山：《文化学体系》下册，（台北）中华书局 1986 年版，第 652—654 页。

'西化'这个名词，不但包括了前两者，而且较为具体，较易理解。"① 严既澄则申明："其实西化就是现代化，因为现代的强国都拥有这些制度、文物、知识、学问，我们若要和他们并立于天地之间，便非学他们这些东西不可。"②

"全盘西化"论关于"现代化等于西化"的认识，显然是片面的。现代化虽然是伴随着西方近代文明的演化而产生的，两者在内容上有许多重合性，如科学化、民主化、工业化、城市化、市场化，这些都是现代化的重要内容，也是近代西方文明的重要特征；而且非西方国家（包括中国）的现代化大都属于外发型或外诱型，是在西方近代文明的冲击和现代国际环境的影响下导致的社会激变，所以，这些国家的现代化取向不可避免地具有或多或少的"西化"特征。但是，现代化并不就是西化，或者说不等于西化。现代化与西方近代文明虽然有许多重合性，但二者并不完全是重合的。

西方文明所具有的一些内容，并非现代化的应有之义。如基督教虽然构成了西方文明的重要部分，却体现出西方文明的民族特性，与现代化并没有太大联系，不能成为现代化的内容。一个国家的现代化是本民族文化传统的现代转型，具有自己的民族特征。西方的现代化是从中世纪文明转换而来的，是西方民族文化传统的现代化。如代议制是西方民主政治制度的重要内容，然而它却是英国封建国会和法国三级会议的现代转型，"是封建社会各阶层用以代表自己利益的方式的现代化"。就是西方国家自身，由于各自国家的文化传统和具体国情不同，其现代化的进程和特征也很不一样。同为民主制度，有君主立宪制，也有民主共和制；有总统负责制，也有责任内阁制；有多党制，也有两党制。就此言之，就是西方近代文明

---

① 陈序经：《全盘西化的辩护》，《独立评论》第 160 号。
② 严既澄：《〈我们的总答复〉书后》，《大公报》1935 年 5 月 22—23 日。

中那些与现代化重合之内容，如民主化、科学化、工业化、城市化、市场化等也并非落后国家能够原封不动地移植过来的，必须使它符合本国的文化传统和具体国情。西方国家的现代化具有不同的模式，并没有一种模式具有普遍的典型意义。后进国家的现代化同样不可能完全模仿西方国家的现代化模式。因此，全盘西化论者所谓"现代化就是西化"之命题，是难以成立的。

"全盘西化"论自陈序经等人倡导之后，先后引起了1934年广州的文化论战和1935年全国性的文化论战。1934年的文化论战，虽然没有形成全国规模，但仍在广东文化思想界产生较大影响，也在一定程度上预示了此后思想文化界争论的一些特征。1935年的中西文化论战，由于胡适的明确表态并参与争论，使得"全盘西化"论所受的关注骤然提升，得到了不少人的支持，对全国思想文化界产生了较大影响，成为继五四运动以来思想文化界关于中西文化的又一次大规模论战。然而，"全盘西化"论并没有成为当时思想文化界的主流，甚至没有成为西化思潮的主流。社会文化界对全盘西化论的批评，一直延续到抗战时期。从总体上看，陈序经对全盘西化的看法基本上延续了20世纪30年代初的观点，并没有提出太多新见解。

尽管"全盘西化"论是对中华文明出路的一种过于偏颇的文化选择，存在着明显的理论缺陷，受到当时思想文化界许多人的批评，但它主要是针对五四以后流行的文化保守主义和折衷论而提出的，迎合了近代社会变革开新的历史的大趋势，在当时具有重要的积极作用。近代以来的守旧思潮和文化保守主义思潮非常强劲，从晚清倭仁等人对洋务运动的反对，到民国时期陈济棠、何键等人的鼓吹尊孔读经；从国粹派的提倡国粹，到梁漱溟的孔学复兴，再到中国本位文化派的"以中国文化为本位"，守旧思潮和文化保守主义思潮给中国的社会文化变革带来过巨大阻力，而西化思潮始终是作为守旧思潮和文化保守主义思潮的对立物而存在的，具有批判和抑制守旧思潮和文化保守主义思潮的积极作用。胡适等人痛斥"中国本位文化"论是"今日一般反动空气的一种最时髦的表现",抨击"东方精神、西方物质"的论点是"最没有根据而又最有毒害的妖言"① 都具有正面的积极影响。

全盘西化论者着力引入西方文明中的民主与科学精神,倡导个性解放与思想自由,注重人权保障和法制建设,顺应了中国近代文明发展的趋向。对此,时人在比较当时流行的文化复古论、折衷论和"全盘西化"论之后指出:"这一派主张把中国文化连根扫荡,而来全盘接受西洋文化,这个见解当然比那折衷派高明得多。因为西洋资本主义文化比中国封建式的文化高着一个阶段。拿人家好的代替我们坏的,当然是合理的主张。他们看透了文化接触是优者胜劣者败,所以主张应使中国文化有接触的完全自由。他们又认清了这其中的障碍是中国文化的惰性,所以他们与折衷派不同,不畏惧中国本位之动摇,而是焦虑着中国保守性之太大。"② 故他们对中国固有文明中的阴暗面进行批判和清理,如猛烈抨击"别尊卑,明贵贱"的等级观,"天不变、道亦不变"的历史观,"君为臣纲、父为子纲、夫为妻纲"的伦理道德,"罢黜百家,独尊儒术"的道统思想,重农抑商、鄙视科技的行为取向,重人治、轻法治以及所谓"刑不上大夫,礼不下庶人"的特权思想,"民可使由之,不可使知之"的愚民政策,知足寡欲、乐天安命的人生态度,尤其是封建专制主义,具有明显的进步性。

毛泽东在《新民主主义论》中指出:"中国应该大量吸收外国的进步文化,作为自己文化食粮的原料,这种工作过去还做得很不够。这不但是当前的社会主义文化和新民主主义文化,还有外国的古代文化,例如各资本主义国家启蒙时代的文化,凡属我们今天用得着的东西,都应该吸收。"

---

① 胡适:《试评所谓〈中国本位的文化建设〉》,《独立评论》第 145 号。
② 王虚如:《中国文化建设的途径》,《青年文化月刊》第 2 卷第 1 期。

但他特别强调：对于一切外国的东西，"决不能生吞活剥地毫无批判地吸收。所谓'全盘西化'的主张，乃是一种错误的观点。形式主义地吸收外国的东西，在中国过去是吃过大亏的。中国共产主义者对于马克思主义在中国的应用也是这样，必须将马克思主义的普遍真理和中国革命的具体实践完全地恰当地统一起来，就是说，和民族的特点相结合，经过一定的民族形式，才有用处，决不能主观地公式地应用它。"① 这才是近代以来中国人关于中国文化出路问题的正确选择。

---

① 毛泽东：《新民主主义论》，《毛泽东选集》第二卷，人民出版社 1991 年版，第 706—707 页。

第七讲

晚清时期儒学独尊地位的动摇

　　纲常伦理是儒家思想的核心，自西汉以来成为维系封建制度的精神力量。它关注的不是个体之人，而是人与人之间的义务关系，强调人应当遵守他在社会关系中所承担的角色和规范，这种规范便是"三纲五常"思想。所谓三纲，即君为臣纲、父为子纲、夫为妻纲；所谓五常，即为君臣、父子、夫妇、兄弟、朋友五种伦常关系，叫作君臣有义、父子有亲、夫妇有别、长幼有序、朋友有信。中国传统社会的人伦关系，是建立在宗法血缘关系与小农经济相结合的社会基础之上的。古代国家实际是家族的扩大，故儒家将家族的人伦关系政治化，提出忠孝合一、家国合一、道德教化的政治思想。在儒家看来，既然国家建立在"三纲五常"的人伦关系之上，那么治理国家就不能仅仅依靠武力来统治，而要靠统治者的道德教化，靠统治者自身的道德修养来维护统治，即所谓诚心、正意、修身、齐家、治国、平天下。纲常伦理作为儒家文明体系的核心，支配或影响着中华文明的各个部门，成为历代占统治地位的官方意识形态。社会意识形态的其他领域，均是为了"扶持名教，砥砺气节"。在士大夫的观念中，纲常伦理如"日月经天，江河行地"，是"万古不易之常经"，是"万事之根本，百川之源头"。甚至到鸦片战争以后，西方文明开始在中国传播，中国开始产生了新的文明因素，他们仍然固守儒家这种伦理观念，鼓吹"五伦之要，百行之原，相传数千年，更无异义。圣人所以为圣人，中国所以为中国，实在于此"，甚至认为"礼义纲常之盛，甲于地球诸国"。①

贺麟在《儒家思想的新开展》中指出："中国近百年来的危机，根本上是一个文化的危机"，又云："儒家文化在中国文化生活上失掉了自主权，丧失了新生命，才是中华民族的最大危机。"②这些说法从某种意义上说是有道理的。儒家文明在近代面临的危机，是由于西方文明的输入而导致的。以儒家思想为核心的中华文明在晚清遭遇的挑战是全方位的，但最根本的是中华文明的核心——儒家的纲常名教受到空前未有的冲击。由于历代统治者大力提倡，使儒家思想与君主专制捆绑在一起，故晚清时期对传统君主专制进行批判时，与其紧密相连的儒学也难免遭到质疑，其独尊地位开始动摇。

一、太平天国的反孔排儒

自汉武帝罢黜百家、独尊儒术之后，孔子创立的儒学便成为占统治地位的官学，始终居于意识形态的主流地位。孔子的地位自汉代以后日益提高，以至于达到"吓人的高度"。顾颉刚在《春秋时代的孔子和汉代的孔子》中指出："各时代有各时代的孔子，即在一个时代中也有种种不同的孔子"，他认为孔子原本是一个很切实的人，是一个最诚实的学者，"春秋时的孔子是君子，战国的孔子是圣人，西汉时的孔子是教主，东汉后的孔子又成了圣人，到现在又快要成君子了。"③孔子创立的儒家学说在汉代取得了独尊地位。儒家思想之所以能在汉代取得独尊地位，是因为它适应了

① 薛福成：《筹洋刍议》，《薛福成选集》，上海人民出版社 1987 年版，第 556 页。
② 贺麟：《儒家思想的新开展》，《文化与人生》，商务印书馆 1947 年版，第 2 页。
③ 顾颉刚：《春秋时代的孔子和汉代的孔子》，《厦大周刊》第 160 期，1926 年 10 月 23 日。

汉代社会结构及文化上的需要。

汉以后的中国社会并没有发生大的改变，仍然是宗法社会，建立于其上的儒家道德学说，自然有其存在的理由。"中国的社会，始终以家为单位。三晋的思想家每每只承认君权，但宗法社会在中国的中等阶级以上，是难得消失的，这种自完其说的宗法伦理渐渐传布，也许是鲁国文化得上风的由来。"①在中国两千多年的社会演进中，尽管儒家思想内部有着代表不同阶层和集团利益的派系斗争，但崇奉孔子却是一致的，既以儒家经籍为法定的教本，又把孔子奉为神圣不可侵犯的偶像。以孔子学说为核心的儒家经典，是当时读书人必须诵读的，科举考试也以儒家经典命题。历代统治者对孔子的尊崇格外重视，使孔子成为"万世师表"的"至圣先师"。圣庙大成殿供奉"大成至圣先师孔子"之神位，两旁有"四配""十哲"，东西两庑有历代先儒名贤牌位。春秋致祭，朔望焚香，备极隆礼。儿童入塾，朝夕礼拜孔子牌位，诵读经书，接受儒家系列思想教育。清代每个县城都有儒学教谕、儒学训导及孔庙，孔子的权威是不能动摇的。

不仅如此，儒家三纲五常的伦理规范，通过多种教化形式渗透到社会民众的日常生活中，形成了稳定的风俗习惯及各种礼仪。从汉代以后，孔子之道在政治社会法律层面上逐渐制度化，孔子作为政治偶像与皇权结合，形成了强固的政治与教化合一的文化传统，深刻影响着古代中国的政治社会生活。正如陈寅恪所言："故二千年来华夏民族所受儒家学说之影响，最深最巨者，实在制度法律公私生活之方面。"②

清政府深知利用儒学作为意识形态控制民众思想意识的重要性，康熙曾云："自古帝王治定功成，尤加意乎人心风俗之所尚，以图万世治安之

---

① 傅斯年：《论孔子学说所以适应于秦汉以来的社会的缘故》，《傅斯年全集》第 4 册，(台北) 联经出版公司 1990 年版，第 1491 页。

② 陈寅恪：《冯友兰〈中国哲学史下册审查报告〉》，冯友兰：《中国哲学史》下册，商务印书馆 1935 年版。

本。"① 以儒家伦理教化民众，形成风俗，维护社会稳定，以求万世治安。清政府将尊孔读经、崇儒重道作为其基本的文化政策，其巩固儒学正统地位之举动从来没有停止过。1823 年，道光为了推崇程朱理学、提高理学地位，采纳通政司参议卢浙的奏请，将清初理学名臣汤斌从祀文庙，称赞汤斌"正色立朝，著书立说，深醇笃实，中正和平，洵能倡明正学，运契心传"。1851 年初，咸丰发表尊崇儒学防止"聚众滋事"谕："朕思性理诸书，均为导民正轨，著各直省督抚会同各该学政，转饬地方官及各学教官，于书院家塾教授生徒，均令以《御纂性理精义》《圣谕广训》为课读讲习之要，使之家喻户晓，礼义廉耻油然而生，斯邪教不禁而自化，经正民兴，庶收时效。"甚至到了同治元年（1862 年），朝廷仍然发布上谕"崇儒重道，正学昌明"。上谕云："各直省学政等躬司牖迪，凡校阅试艺，固宜恪遵功令，悉以程、朱讲义为宗，尤应将性理诸书随时阐扬，使躬列胶庠者咸知探濂洛关闽之渊源，以格致诚正为本务，身体力行，务求实践，不徒以空语灵明流为伪学。至郑、孔诸儒，学尚考据，为历代典章文物所宗，理不偏废，惟不得矜口耳之记诵，荒心身之践履。"②

鸦片战争之后，随着社会的急剧变革与西学东渐之强化，逐渐出现了反孔非儒思潮，孔子的独尊地位受到挑战，儒学的正统地位开始动摇。这种挑战最初来自两个方面：一是太平天国运动对孔子及儒学的涤荡；二是西方来华传教士对孔子和儒学的批评。

洪秀全对孔孟及儒学的态度有一个从认同、离异到排斥的转变过程。他自幼深受儒学熏陶，多次参加科举考试。1843 年，洪秀全因科考失利而大受刺激，对儒学持怀疑态度，并依据基督教布道书《劝世良言》中的若干教义和儒家学说，创立了中西结合的新宗教——拜上帝教。洪秀全创

---

① 《帝王圣论》，《清实录·圣祖实录之二》，河北教育出版社 1996 年版。
② 《大清十朝圣训·穆宗毅皇帝》卷十三，《文教》，北京燕山出版社 1998 年版。

立拜上帝教后，劝人敬拜上帝，不拜祖先，不行恶事。1845年，洪秀全在撰写的《原道救世歌》《原道醒世训》《原道觉世训》中，一方面宣传独拜上帝、不拜邪神，另一方面称引儒家经籍和历史典故，并把它与基督教教义糅合在一起。在《原道救世歌》中，他糅合了基督教和儒家的思想，宣传上帝是共同的独一真神，劝诫世人拜上帝、捐妄念、学正人，以历史上的"正人"如舜、禹、伯夷、叔齐、周文王、孔丘、颜回等多人为例，宣传孝顺、忠厚、廉耻等正道，反对淫、忤父母、行杀害、为盗贼、为巫觋等不正行为。他写道："周文孔丘身能正，陟降灵魂在帝旁"，表明在洪秀全的心目中，孔子虽已不是"至圣先师"，但仍然是值得效法的"正人"。《百正歌》是《原道救世歌》的姊妹篇，仍然称道尧、舜、禹、稷、周文、孔丘等为君正、臣正、父正、子正的典范，批判桀、纣、齐襄公、楚平王等人的不正行为。这两篇文章都以孔子为正人，所提出的道德及政治要求，也明显地受了儒家"正心诚意修身齐家治国平天下"思想的影响。他在《原道醒世训》中，多次引用《诗》《书》《易》《大学》《中庸》及汤、文、武的事迹，以证明上帝之存在、权能、恩德及与人事祸福之关系。这些文献材料表明，早期洪秀全对孔孟和儒学经典的态度并不是否定和排斥的。

洪秀全第一次明确提到排斥孔子，是在1848年初刻本《太平天日》中。洪秀全编造了一则上帝鞭挞孔子的神话故事，其大意是：有一天，天父上主皇上帝"推勘妖魔作怪之由"，认为孔子的书多有错误，把人教坏了，致使一般人不认识皇上帝，而孔子的名声反而超过了皇上帝，于是严厉地责备起孔子来。开始时，孔子还强词夺理，"终则默想无辞"。后来天兄耶稣和众天使都对孔子大加责备。孔子见人人责备自己，便与妖魔头一起私自逃下了凡界。皇上帝立即命洪秀全和天使去追赶孔子。洪秀全和天使捉住孔子，并把他捆绑到皇上帝面前。皇上帝命天使鞭挞孔子，孔子下跪"哀求不已"。皇上帝后来下令，罚孔子到菜园种菜，永远不准他下凡害人。① 在这则故事中。孔子之书被指责"甚多差谬",孔子本人遭皇上帝的"鞭挞甚多",说明洪秀全是以西方基督教为基础的拜上帝教作为反对孔孟之道的思想武器的。但当上帝"鞭挞"孔子之后,又说他"功可补过","准他在天享福",表明此时洪秀全的反孔态度还是有所保留的。

　　洪秀全对儒学的态度由温和利用转向激烈排斥,则是在金田起义之后。太平军北上攻克永安后,焚烧了该县儒学副署;进军郴州后焚毁孔庙,毁坏孔子木主,将庙中排列的孔子门徒"十哲"牌位尽行扫除。太平军进驻湖北后,烧毁了武昌县、江夏县、汉阳县和汉阳府的学宫。太平军所到之处,占领孔庙、学宫,焚烧四书、五经,"凡学宫正殿两庑木主亦俱毁弃殆尽,任意作践,或堆军火,或为马厩,江宁学宫则改为宰夫衙,以璧水圜桥之地为椎牛屠狗之场。"② 北伐军攻到临清后,"文庙大成殿焚,圣像及两庑木主无存者。各庙神像或剜目,斫手足及首,无一全者。"③ 太平天国的激烈反孔,显然是对数千年来孔子"至圣"地位的空前蔑视和挑战。

　　1853 年 3 月,太平天国定都天京后,对孔子和儒学采取了更为严厉的措施,宣布儒家经典为"妖书",严禁军民习诵和收藏,从而掀起了反孔高潮。其发出严令:"凡一切妖书,如有敢念诵教习者,一概皆斩。"④"凡一切孔孟诸子百家妖书邪说尽行焚除,皆不准买卖藏读,否则问罪也。"⑤ 有人曾怀着敌意和恐惧的心情,对太平天国的反孔活动作过如下描述:"尔本不读书,书于尔何辜;尔本不识孔与孟,孔孟于尔亦何病。

① 中国史学会主编:《太平天国》(二),上海人民出版社 1957 年版,第 635—636 页。
② 中国史学会主编:《太平天国》(三),上海人民出版社 1957 年版,第 326—327 页。
③ 《山东近代史资料》(一),山东人民出版社 1957 年版,第 27 页。
④ 中国史学会主编:《太平天国》(三),上海人民出版社 1957 年版,第 232 页。
⑤ 中国史学会主编:《太平天国》(一),上海人民出版社 1957 年版,第 313 页。

搜得藏书论担挑，行过厕溷随手抛，抛之不及以火烧，烧之不及以水浇。读者斩，收者斩，买者卖者一同斩。"① 有人以"禁孔孟书"为题咏道："敢将孔孟横称妖，经史文章尽日烧。灭绝圣贤心枉用，祖龙前鉴正非遥。"② 这些记述表明，太平天国确实掀起了一场反孔运动，孔孟圣贤和儒家经典被视为妖和妖书而严加禁绝。

太平天国激烈的反孔行为，主要基于两个原因：一是出自拜"皇上帝"的宗教信仰，因此对于儒学以及佛道之"偶像崇拜"一概摒斥；二是出自反清需要，力图冲破儒学经典的束缚，以暴力行动涤荡清政府的官方意识形态——儒学。在洪秀全等人看来，只要将孔子的偶像砸烂，就可以改变人们对清廷的崇拜心理；只要将儒家的典籍焚烧，就可以消除儒学对社会民众的广泛影响，从而树立起"皇上帝"的新权威。故其反孔行为主要体现在弃木主、毁学宫、焚禁儒学经籍，编造神话斥打孔丘，蔑视"大成至圣先师"等表层，并没有对儒学进行理论上的剖析和深刻批判。因此，太平天国激烈的反孔行为，虽然有助于动员广大民众参加反清斗争，但对孔子及其儒学采取简单抛弃，甚至焚毁的粗暴做法，显然是错误的。

简单粗暴的办法是难以持久的。在经过短暂的激烈反孔运动之后，太平天国内部便开始调整反孔政策。1853 年 5 月，杨秀清托天父下凡，发布指示："'天命之谓性，率性之谓道，以及事父能竭其力，事君能致其身'，此等尚非妖话，未便一概全废。"③ 孔孟之书中尚有可为我用者，不应一概废弃，应对其中有用部分加以汲取。1854 年 3 月，杨秀清又以天

---

① 马寿龄：《金陵癸甲新乐府》，中国史学会主编：《太平天国》（四），上海人民出版社 1957 年版，第 735 页。

② 太平天国历史博物馆编：《太平天国史料丛编简辑》第 6 册，中华书局 1963 年版，第 386 页。

③ 《贼情汇纂》，中国史学会主编：《太平天国》（三），上海人民出版社 1957 年版，第 327 页。

父下凡传言的方式，明确提出对儒家典籍予以保护与使用的政策。其云："凡有合于正道忠孝者留之，近乎绮靡怪诞者去之。至若历代史鉴，褒善贬恶，发潜阐幽，启孝子忠臣之志，诛乱臣贼子之心，劝惩分明，大有关于人心世道。再者，自朕造成天地以后，所遣降忠良俊杰，皆能顶起纲常，不纯是妖。所以名载简编，不与草木同腐，岂可将书毁弃，使之湮没不彰?"[①]杨秀清开始意识到，焚烧儒家典籍是不妥的，故建议改焚烧儒家典籍为设删书衙对儒家经典进行删改，令民众"静候删改镌刻颁行之后"再行习读。

洪秀全接受了杨秀清"评存圣人书"建议，对《四书》《五经》进行删改。他发出删改经书的诏旨，并对《诗经》作了示范性的删改，改书名为《诗韵》："咨尔史臣，万样更新，《诗韵》一部，足启文明。今特诏左史右史，将朕发出《诗韵》一部，遵朕所改，将其中一切鬼话、妖怪话、妖语、邪语，一律删除净尽，只留真话、正话，抄得好好缴进，候朕披阅刊刻颁行。"洪秀全对删书之事非常重视，设有"删书衙"专门负责此项工作，由曾钊扬、卢贤拔、何震川、赖汉英等人负责。太平天国对待儒学的政策，从扫地荡尽转变为删改利用。

太平天国删书的目的，是要将儒家典籍及其他古籍中的"一切鬼话、妖怪话、妖语、邪语，一律删除净尽，只留真话、正话"。从当时一些文人报道的太平天国删书情况看，太平天国的所谓删书，主要集中于两个方面：一是按上帝是"独一真神"及不拜偶像的基督教教义，将"涉鬼神丧祭者削去"。二是按照太平天国尊崇上帝、贬斥历代帝王和孔孟以及避讳的规定，改字或增字。如在上帝前加上"皇"字为"皇上帝"，改国为"郭"，改夫子为"孔丘"，改某帝、某王为某侯、某相等。这样看来，太平天国的删书，并没有对儒家典籍和其他古籍做太大的实质性改动，儒家思想中

---

① 王庆成编注:《天父天兄圣旨》，辽宁人民出版社1986年版，第103页。

"宣明齐家治国孝亲忠君之道"的思想内容仍然被保留下来。太平天国反对"君不君、臣不臣、父不父、子不子、夫不夫、妇不妇",并且宣称"贵贱宜分上下,制度必判尊卑",其受儒家思想影响的痕迹依然严重。

1856 年的天京事变,使太平天国军民"人心涣散,锐气减半",对拜上帝教产生了严重的信仰危机。1860 年,洪秀全为了挽回天京内讧造成的颓势,维系人心,重新刊印自 1854 年后停印的《钦定旧遗诏圣书》《前遗诏圣书》并做了批注。其发布《改太平天国为上帝天国诏》云:"天父上帝独尊,此开辟来最大之纲常",愈益推崇拜上帝教,突出"敬拜天父上帝造化万物大主宰"——皇上帝,更加迷信自己创建的拜上帝教,对儒学的态度又转向激烈排斥。1861 年,太平天国颁行的《钦定士阶条例》规定:读书人以攻习"圣书"为主,并重申《四书》《五经》要"御笔改正"刊颁后才能诵读。

太平天国对孔子及儒学的激烈排斥态度,在其控制的江浙地区比较集中地体现出来。太平天国建都天京,江宁府"圣庙木主已为所毁",改作宰夫衙。1860 年,太平军第二次攻破江南大营后,立即遵照洪秀全诏令普遍地废弃"圣像",焚毁孔庙,反孔排儒再趋激烈。镇江府学、丹徒县学、高淳县学、金坛庙学、江阴庙学、无锡文庙、金匮县文庙、常州文庙"焚毁无存"。苏州士绅冯桂芬叹道:太平军"踞吴,始举三学而一空之,为八百余年未有之大劫,吾道之厄于兹极矣"。①

太平天国尊奉上帝为"唯一真神",反对人世间一切偶像崇拜,对中国传统的神道系统和日益宗教化的儒学采取严厉的排斥态度。太平军所到之处,烧寺观、毁木主、砸偶像、焚诗书,对儒、释、道刮起了阵阵破坏性的旋风。但这并不是洪秀全与儒家文明决裂的表征,而是出于一神教的需要:它要树立皇上帝的权威,就容不得孔孟和其他神道的权威;它

---

① 冯桂芬:《重修吴县学记》,《显志堂稿》,光绪二年冯氏校邠庐刻本。

要人们敬拜"皇上帝"，就不允许再拜别的神灵和已经神化了的孔子。所以，太平天国的排儒反孔仅仅是形式上的，并没有将儒学作为封建礼教加以反对，没有把儒学作为一种理论体系加以排斥，更没有把儒学作为维护封建制度的意识形态加以清算，反而吸纳和利用了儒学中有利于太平天国建立专制政权和维护等级秩序的纲常伦理的内容。在《幼学诗》中，太平天国规定了君道、臣道、家道、父道、母道、子道、媳道、兄道、弟道、姊道、妹道、夫道、妻道、嫂道、婶道、男道、女道。妻道规定："妻道在三从，无违尔夫主。"夫道规定："夫道本于刚，爱妻要有方。河东狮子吼，切莫胆惊慌。"女道规定："女道总宜贞，男人近不应。幽闲端位内，从此兆祥祯。"《天父诗》有云："子不敬夫（父）失天伦，弟不敬兄失天伦，臣不敬君失天伦，下不敬上失天伦。"主张"生杀由天子"，"王独操威柄"；劝导子当"无怨"，弟当"从兄"，"妻道在三从，无违尔夫主。"并说："父怒子跪求开恩，兄怒弟跪求当虔，君怒臣跪求本分，尚（上）怒下跪本连连。"这与所谓"无不是的君父""臣罪当诛兮，天王圣明"的儒家伦理说教并无根本区别。

这样，太平天国对儒学的态度便出现了矛盾的奇特景象：一面大烧孔孟经书、废弃孔子牌位，另一面却在宣扬孔孟之道，实行君臣之制，甚至到孔庙朝圣，行三跪九叩之礼；一面设立删书衙，尽删不合宗教教义的内容，另一面却又宣布"孔孟之书不必废，其中有合于天情道理亦多"，要士子们熟读牢记，学习"尧舜之孝悌忠信，遵孔孟之仁义道德"。由此可见，太平天国对儒学实际上采取了排斥与接受的双重态度。有人研究后指出："太平天国留下了皇上帝如何打孔丘屁股的神话，可是没有留下一则对儒家学说的理论批判，没有具体指出过一项儒学的原则错误，相反地，随着领导层的逐步封建化，在天国内部儒学也很快就合法化了，封建礼教几乎是原封不动地被保留，并得到官方的提倡和传播，前期的反孔活动不见了，洪秀全本人以及洪仁玕这样的领袖，也都成了三纲五常的鼓吹者。"① 这样的评价是有道理的。

太平天国对儒学采取了近乎野蛮的焚毁政策，从某种意义上是对中国学术文化的破坏和摧残。梁启超指出：洪杨之乱"学术上也受非常坏的影响。因为文化中心在江、皖、浙，而江、皖、浙糜烂最甚。公私藏书，荡然无存，未刻的著述稿本，散亡的更不少。许多耆宿学者，遭难凋落。后辈在教育年龄也多半失学"。② 这种貌似激进的反孔非儒政策，并没有真正动摇儒学的统治根基，反而因摧残了中国儒家文明而激起了以曾国藩为代表的封建士大夫的诅咒和强烈反对。

1854 年初，曾国藩发布的《讨粤匪檄》，表明中国受儒学熏陶的士大夫对孔子纲常名教之捍卫："自唐虞以来，历世圣人，扶持名教，敦叙人伦，君臣、父子、上下、尊卑、秩序如冠履之不可倒置。粤匪窃外夷之绪，崇天主之教，自其伪君伪相，下逮兵卒贱役，皆以兄弟称之，谓惟天可称父，此外凡民之父皆兄弟也，凡民之母皆姐妹也。……此岂独我大清之变，乃开辟以来名教之奇变。"③ 为了捍卫孔孟"圣道"，为了"扶持名教"，儒家士大夫必须起而抗击太平天国。曾国藩公开打出"卫道辟邪"旗帜，将接受孔孟之道的儒生们组织起来，以捍卫名教、保卫圣道之名对付太平军。

二、甲午以前士林的儒学观

鸦片战争后，西方来华传教士为了让中国人接受基督教教义，开始对

---

① 丁伟志：《论近代中国反孔思潮的兴起》，《社会科学研究》1981 年第 2 期。
② 梁启超：《中国近三百年学术史》，《梁启超论清学史二种》，复旦大学出版社 1985 年版，第 119—120 页。
③ 曾国藩：《讨粤匪檄》，《曾文正公全集·文集》卷三，上海国学整理社 1948 年版，第 3 页。

孔子与儒学进行批评和质疑。尧舜是儒家塑造的理想人格的最高典范，尧舜之道是郅治之世的经纬，三皇五帝当政的上古时期也被儒家描绘为难以企及的三代盛世。在华传教士为了打破儒家思想的桎梏而疑古证伪，对所谓"三代"传说及记载这个时代的典籍深表怀疑。尽管在华传教士对孔子及儒学的批评有许多片面和错误的地方，但也有不少中肯之处，如"君为臣纲"导致绝对专制，"父为子纲"导致家庭专制，"夫为妻纲"导致男女不平等，陷女子于极悲惨的境地；如说孔儒重修身克己，致使人"但有柔弱之心，而无刚强之气"。他们指出，孔儒之教束缚身心，以至"中国崇尚孔教二千于兹矣，乃积弱积贫至于今日，岂非儒教当其咎乎！"①其对儒家"尊圣宗经"传统之质疑，具有一定的思想启蒙意义，对晚清"疑古"思潮的兴起有一定影响。

从总体上看，孔子及儒学独尊的状况，并没有因传教士的非难和太平天国的反孔而改变。在鸦片战争后的较长时间内，朝野人士仍然把儒家纲常伦理视作国本，不容任何怀疑和背离。在他们看来，儒家经典及经学之独尊地位是不能动摇的。为了抵制太平天国对孔子及儒学的冲击，清政府采取了一些"崇儒重道"措施，倡导程朱理学。1860年，清政府发布上谕，规定"嗣后从祀文庙，应以阐明圣学，传授道统为断"，先后将清初理学家张履祥、张伯行及陕西理学名儒王建常从祀文庙，予以表彰。理学大师倭仁掌管翰林院之后，着手制定新的《翰林院学规》，将《四书》《朱子语类》《朱子大全》等理学经典定为翰林院学士必读之书，以培养讲求性理之学的风气。清政府在各地设置官书局，刊刻经史书籍，借以振兴文教。其中比较著名的官书局者有金陵官书局（南京）、正谊堂书局（福州）、江苏官书局（苏州）、淮南官书局（扬州）、江西官书局（南昌）、思贤官书局（长沙）、崇文官书局（武昌）、广雅官书局（广州）、存古官书局（成都）、云

---

① 盖乐惠：《论政教之关系》，《万国公报》第170册，1903年3月。

南官书局（昆明）、陕西官书局（西安）、皇华官书局（济南）、天津官书局等。官书局的创设是清政府奉行崇儒重道政策的具体体现。由于清政府的奖掖，同光之际出现了理学复兴气象。

尽管儒学难以应对内外危机和洪秀全等人对孔子的蔑视与反叛，使中国有识之士看到了儒学自身的问题，产生了引入西学以补救社会危机的想法，但这些都没有根本上动摇儒学的独尊地位。鸦片战争前后，一些有识之士开始对儒学的价值和功用产生怀疑，龚自珍赋诗云："兰台序九流，儒家但居一。诸师自有真，未肯附儒术。后代儒亦尊，儒者颜亦厚。洋洋朝野间，流亦不止九。不知古九流，存亡今孰多？或言儒先亡，此语又如何？"① 在他看来，儒家只是先秦诸子中的一家，后来儒家的地位被愈抬愈高，儒者的"颜面"也愈来愈厚。这首诗表现了龚氏对儒学独尊地位的强烈不满，包含有"诸子平等"的意向。但魏源及后来的洋务知识分子（冯桂芬、王韬、薛福成、马建忠、郑观应、陈炽等），还不敢直接批判以孔孟为代表的先儒，只是批判程、朱、陆、王等后儒；只敢批判汉学和宋学，而不敢直接把矛头指向孔孟儒学。在他们看来，孔子和儒学还是完美无缺的，其崇高地位也是不能动摇的，儒学存在的弊端是程、朱、陆、王等后儒造成的。他们的思想还难以冲破儒学传统的束缚，难以动摇儒学的独尊地位。

守旧派与洋务派在学习西方文明问题上有较大分歧并引起争论，但在维护儒学及孔子的独尊地位上，则没有根本分歧。张盛藻看到，一旦采用西学，必将导致数千年传统的纲纪伦常及礼义法度终将动摇，故主张中国必须恢复"孔孟之书"和"尧舜之道"，"臣民之强惟气节一端耳"；倭仁提出"根本之图，在人心不在技艺"，因此面对"耶稣之教"，"所恃读书之士讲明义理，或可维持人心"。守旧派反对引入西学之宗旨，只是担心西学引入会危及孔孟之道的独尊地位。由于华夷之别的文化观念仍然支配

---

① 龚自珍：《龚自珍全集》，上海人民出版社 1975 年版，第 487 页。

着人们的思想，守旧派的卫道言论代表着晚清社会舆论的文化取向。受孔孟之道陶冶的中国士大夫在西学冲击潮面前，既感到中学不足以经世而引入西学，又担心西学引入后会导致中学衰微，因而产生了对孔孟之道的忧虑与眷恋，并对危及"孔子之道"的西学之不满。他们虽然不赞同守旧派抵制西学的言行，但对其卫道之举仍然抱有同情之心。

洋务派在与守旧派进行文化论战时，论证了"采西学"的必要性，一再强调采用西学合乎"以夏变夷"古训，并将西学定位于"器"的层面，用"中道西器"模式来处置西学与儒学的关系，在尊孔崇儒的前提下采纳西学。李鸿章认为："中国文武制度，事事远出西洋之上，独火器万不能及。"薛福成等人着力从道器关系上阐明西学之效能："盖中国人民之众、特产之丰、才力聪明、礼义纲常之盛，甲于地球诸国，既为天地精灵所聚，则诸国之络绎而来合者，亦理之然也。"[1]冯桂芬虽然看到了中国儒家文明的危机，注意到向西方学习，但他所强调的学习内容依然局限在坚船利炮等技术层面——"有待于夷者独船坚炮利一事耳"，而对于西方制度文明仍采取不屑一顾的态度，并明确提出"如以中国之伦常名教为原本，辅以诸国富强之术，不更善之善者哉？"[2]主张在维护儒家"伦常名教"前提下，而"辅以诸国富强之术"。

洋务时期持有这种观点者，绝非冯桂芬一人，当时许多主张向西方学习的有识之士，如王韬、马建忠、薛福成、陈炽、何启、胡礼垣等，均试图在坚守儒家文化价值基础上对中西文明进行沟通和融合。他们一方面迫切意识到中国必须学习西方；另一方面，又深切地感到"中国之病固在不能更新，尤在不能守旧"，力图在新旧之间寻求平衡。他们坚信，中国在科学技术上或许不及西方，但中国的道德、学问、文章、制度等，则远超

---

① 薛福成：《筹洋刍议》，《薛福成选集》，上海人民出版社 1987 年版，第 555—556 页。
② 冯桂芬：《采西学议》，《校邠庐抗议》，上海书店出版社 2002 年版，第 57 页。

西方。陈炽甚至宣称，"他日我孔子之教，将大行于西，而西人之所以终底灭亡者，端兆于此。"王韬公开申明："器则取诸西国，道则备自当躬，盖万世不变者，孔子之道也，儒道也，亦人道也。道不自孔子始，而道赖孔子以明。"① 这显然是从采用西人器技而不违背中国圣道的角度立论的。在他看来，孔子之道是"人道"，只要人类不绝，孔子之道就不会改变。郑观应亦指出："道为本，器为末；器可变，道不可变；庶知所变者富强之权术，非孔孟之常经也。"故其断言："尧、舜、禹、汤、文、武、周、孔之道，为万世不易之大经。"②

所以，洋务知识分子对中西文明的基本态度，就是薛福成所概括的"取西人器数之学，以卫吾尧舜禹汤文武周孔之道，使西人不敢蔑视中华。吾知尧舜禹汤文武周孔复生，未始不有事乎此。而其道亦必渐被乎八荒，是乃所谓用夏变夷者也"。③ 也就是后来著名的"中体西用"论。郑观应严厉抨击抵制西学的守旧派为自命清流，主张向西方学习科学技术，广译西书，广设书院，富国强兵，注重兵战，更注重商战，甚至建议像英国、日本等君主立宪政体那样建立议院制度，以沟通民情。这些主张比龚自珍、林则徐、魏源、曾国藩、李鸿章、冯桂芬等人仅从科技层面学习西方具有更为深刻的文化意义，但郑观应对中国儒学的基本态度，仍然充满了恋恋不舍之情。当儒学与西学冲突时，他希望回到"圣之经"上，强调"中学其本也，西学其末也。主以中学，辅以西学。知其缓急，审其变通，操纵刚柔，洞达政体"。④

① 王韬：《杞忧生〈易言〉跋》，《弢园文录外编》卷十一，上海书店出版社 2002 年版，第 266 页。
② 郑观应：《盛世危言·道器》，夏东元编：《郑观应集》上册，上海人民出版社 1982 年版，第 244 页。
③ 薛福成：《筹洋刍议·变法》，《薛福成选集》，上海人民出版社 1987 年版，第 556 页。
④ 郑观应：《盛世危言·西学》，夏东元编：《郑观应集》上册，上海人民出版社 1982 年版，第 276 页。

此时对孔子及儒学进行抨击者，是极少数儒学异端。极端仇视太平天国的汪士铎，公开指斥孔子"迂腐"，是一个"长于修己，短于治世"的"自了汉"，天下之所以大乱，皆因"笃信孔子之祸也"，指责孟子"大言不惭，刚愎自用"，是个"足责之人"，其仁义学说"可笑又可憎也"。认为程朱理学的罪责超过桀纣、玄学和佛道，儒家伦理道德"误人家国""无益于世"："儒者诡言无用之道德仁义"，不仅"终不能有益于人"，而且"过仁"势必"酿乱"。故他极力褒扬法家，赞赏韩非"惜草茅者耗禾穗，惠盗贼者伤良民"的观点，主张以法家辅助孔子之道。他说："周孔贤于尧舜一倍，申（不害）、韩（非）贤于十倍，韩（信）白（起）贤于百倍。"[①]这种评孔非儒的极端观点，尽管仅仅是少数儒者的偏激之论，尚不足以动摇儒学的独尊地位，但儒学难以应对现实的"空疏"之弊已经呈现，孔子及儒学在部分士大夫心中的地位似有动摇。

洋务派提出的"中体西用"论，是在维护儒学主体地位的前提下，强调引进西方近代文明的必要性，但在客观上承认了这样的基本事实：只靠中国固有儒学的修齐之道、治国之方，已不足以自立图强，必须引进更先进的西方近代文明。这样，洋务派所坚守的中国儒学，实际上不得不退居较为抽象的"主体"地位，儒学一统天下的局面逐渐改变了。

三、康有为的孔子观及孔教构想

正是由于儒学作为清王朝官方正统地位的稳固与社会上崇儒重道观念的强大，若要对孔子及儒学进行非难和批评，显然会被视为异端邪说而难以生存。孔孟之道是不能动摇的，如何才能将坚守儒学与维新变法结合

---

① 汪士铎：《乙丙日记》卷二，江宁邓氏民国二十五年铅印本。

起来呢？当时可行办法是在尊孔崇儒的旗帜下，把流行的占统治地位的儒学，指斥为伪造的儒学而加以攻讦，而把自己的新见解立为"真儒学"，即对孔子之道重新进行阐释，借助于"孔圣人"的权威进行社会变革。这样，嘉道以后兴起的今文经学，就为重新解读孔子及其经典提供了这种可能。康有为正是利用今文经学派的"公羊三世说"，来阐述自己以进化论为核心的社会历史观，并利用对古文经的辨伪来动摇人们对儒学传统的信仰。康有为曾说："布衣改制，事大骇人，故不如与之先王，既不惊人，且可避祸。"[①]故他采取尊崇儒学并对儒学经典重新解读的方式，把孔子塑造成"托古改制"的改革家，为维新变法提供理论依据。

今文经学在清代复兴之创始者是庄存与，而后又传承于刘逢禄、宋翔凤等人。但明确地把今文经学与社会变革联系起来的，则是龚自珍和魏源。龚自珍以犀利的笔锋，对当时的专制、黑暗、腐败现象进行了猛烈抨击，利用《易经》中"穷则变，变则通，通则久"的变革思想，倡导社会变革。魏源撰写《诗古微》《书古微》《董子春秋发微》等著，借助今文经学的"三世说"倡导变法革新，"以经术为治术"，讲求经世致用之学。

康有为早年研习古文经学，著有《何氏纠谬》，专攻东汉经学大师何休。其后厌弃在故纸堆中讨生活的考据之学，师从朱次琦，对陆王心学产生兴趣。随后，他认为理学空疏，无济于世；心学空想，无补于世；汉学琐碎，无用于世，故专究佛道之书。1879年，康有为赴香港游历，开始接触西方新学。1888年，他第一次上书光绪皇帝，历陈中国处境危险的真相，建议取法泰西，提出"变成法、通下情、慎左右"建议，但因九门深远而终不得达。这次上书失败，使康氏深感守旧势力的强大，立志从儒学中寻找变法依据。受清代今文经学家刘逢禄、龚自珍、魏源等人影响，康氏已经关注今文经学，开始从古文经学向今文经学转变。

---

① 康有为：《孔子改制考》，中华书局1958年版，第267页。

1890 年，康有为经人介绍在广州与廖平相识。廖平是晚清今文学家王闿运的弟子，毕生致力于经学，尤其是对公羊学的研究。廖平作《知圣篇》和《辟刘篇》，前者述今文经学之正，后者抨击汉代学者刘歆，证明古文经学为刘歆伪造，故竭力攻击王莽、刘歆的古文经学，认为古文经学与西汉正统的今文经学"天涯海角，不可同日而语"。廖平鼓吹孔子受命改制，认为孔子垂经立教，不仅在中国是"生民未有之圣"，更是"世界中一人已足"的神圣；他崇信"孔子，中国教宗也；《六经》，中国国粹也"。廖平的观点正好符合康有为"托古改制"的需要，康氏乃尽弃其学而学之，汲取廖平及嘉道以来今文经学的成果"而推阐之"，遂成为晚清今文经学的集大成者。

1891 年，康有为在广州长兴里设万木草堂开始讲学，并在弟子的协助下，刊行《新学伪经考》，创造性地建立了变法维新的理论体系。梁启超对《新学伪经考》的主要内容作了准确而简明的概括："《新学伪经考》之要点：一、西汉经学，并无所谓古文者，凡古文皆刘歆伪作；二、秦焚书，并未厄及六经，汉十四博士所传，皆孔门足本，并无残缺；三、孔子时所用字，即秦汉间篆书，即以'文'论，亦绝无今古之目；四、刘歆欲弥缝其作伪之迹，故校中秘书时，于一切古书多所羼乱；五、刘歆所以作伪经之故，因欲佐莽篡汉，先谋湮乱孔子之微言大义。"[①] 因此，古文经是刘歆假借孔子的名义伪造出来的，是王莽建立的"新朝之学"。东汉以来的经书多出自刘歆伪造，并不是孔子真经，故当称作"伪经"。对此，康氏云："凡后世所指目为'汉学'者，皆贾、马、许、郑之学，乃新学，非汉学也；即宋人所尊述之经，乃多伪经，非孔子之经也。"刘歆伪造圣经危害极为严重："阅二千年岁月日时之绵暖，聚百千万亿衿缨之

---

① 梁启超：《清代学术概论》，《饮冰室合集》专集之三十四，中华书局 1989 年版，第 56 页。

问学，统二十朝王者礼乐制度之崇严，咸奉伪经为圣法，颂读尊信，奉持施行，违者以非圣无法论，亦无一人敢违者，亦无一人敢疑者。于是，夺孔子之经以与周公，而抑孔子为传；于是，扫孔子改制之圣法，而目为断烂朝报，六经颠倒，乱于非种，圣制埋赉，沦于雯雾，天地反常，日月变色。"①

康有为将所有的古文经都视为刘歆的伪造，显然是武断之论："其属词也肆，制断也武，立宜也不稽，言之也不怍。"② 但《新学伪经考》并不是单纯的辨伪著作，而是"以经术为治术"来宣传维新变法的理论著作，故其价值不在其学术而在政治和社会影响方面。康氏通过文献考证，宣称古文经学家所推崇的经典不是孔子的真经，而是刘歆编造的"伪经"；乾嘉汉学家所服膺的"汉学"也不是孔子的真传，而是刘歆替新莽统治辩护的"新学"，这就从根本上动摇了古文经学的基础，抹去了汉学家所尊奉的古文经典的神圣灵光。在视儒家经典为万世不易之真理的时代，居然将部分经典判为"伪经"，从而引起人们对儒学经典的怀疑，这对国人思想之冲击是震撼性的。原史部主事叶德辉惊呼："六经既伪，人不知书，异教起而乘其虚，岂非孔子之大祸？"③ 指责康氏"其貌则孔也，其心则夷也"。④ 梁启超则称赞《新学伪经考》之社会影响云："第一，清学正统派之立脚点，根本动摇；第二，一切古书，皆须从新检查估价。此实思想界之一大飓风也。"又称康氏"虽极力推挹孔子，然既谓孔子之创学派与诸子之创学派同一动机、同一目的、同一手段，则已夷孔子于诸子之列，所

---

① 康有为：《新学伪经考·序》，《康有为全集》第 1 册，上海古籍出版社 1987 年版，第 572—573 页。
② 符定一：《新学伪经考驳谊》，商务印书馆 1937 年版，第 1 页。
③ 叶德辉：《叶吏部与南学会皮鹿门孝廉书》，苏舆辑：《翼教丛编》卷六，光绪二十四年武昌重印本。
④ 叶德辉：《叶吏部与刘先端、黄郁文两生书》，苏舆辑：《翼教丛编》卷六，光绪二十四年武昌重印本。

谓'别黑白定一尊'之观念，全然解放，导人以比较的研究"。①康有为的大胆论断，在沉寂的晚清思想界无疑响起了一声惊雷。当康氏《新学伪经考》刊布后，儒家经典在学术界及士子们心中之地位迅速下降。

《新学伪经考》刊行不久，康有为即着手撰写《孔子改制考》，1896年定稿，翌年印行。在《孔子改制考》中，康氏通过对今文学经典的研究，断定《春秋》为孔子改制创作之书，正面阐发被古文经学所湮没的孔子托古改制的微言大义，重塑孔子形象，重释儒家思想传统。康氏"托古"是为了"改制立法"、创生新文明："中国义理制度皆立于孔子，弟子受其道而传其教，以行之天下，易其旧俗。"他指出，"六经"皆孔子亲自撰述，其所记载乃孔子假托尧舜文武周公而制定之政教礼法："孔子之为教主，为神明圣王，何在？曰在'六经'。'六经'皆孔子所作也。……学者知'六经'为孔子所作，然后孔子之为大圣、为教主，范围万世而独尊者乃可明也。"②

孔子"改制立法"之所以要"恒托古人"，是因为"布衣改制，事大骇人，故不如与之先王，既不惊人，自可避祸"。康有为认为，孔子身处"乱世"而创立"三世"之说，向往着"升平""太平"之世并试图有所作为："孔子拨乱、升平，托文王以行君主之仁政；尤注意太平，托尧、舜以行民主之太平。"这样，孔子被康有为塑造成为"托古改制"的圣人，而"六经"也就成了"改制"的经典之作。康氏之说在学术上虽然难以让人信服，但其现实指向则是明确的。对此，梁启超后来在解释康氏撰写《孔子改制考》之用意时说："有为所谓改制者，则一种政治革命、社会改造的意味也，故喜言'通三统'。'三统'者，谓夏、商、周三代不同，当随时因革也。

---

① 梁启超：《清代学术概论》，《饮冰室合集》专集之三十四，中华书局1989年版，第56、58页。

② 康有为：《孔子改制考》，姜义华等编校：《康有为全集》第3集，中国人民大学出版社2007年版，第128页。

喜言'张三世'。'三世者'，谓据乱世、升平世、太平世，愈改而愈进也。有为政治上'变法维新'之主张，实本于此。"①

概括地说，《孔子改制考》的主要内容有三项：第一，推翻孔子"述而不作"的传统观点，认为"六经"都是为托古改制而写，其"微言大义"均在其中，从而把孔子打扮成托古改制的大师和主张革新的"素王"。他指出，孔子"祖述尧舜，宪章文武"，只是寄托"太平世"的理想。他为了改革当时的社会现状，特意按照自己的政治理想，假托古人的言论而制定了"六经"，尧、舜、文、武有无其人不能肯定。这样，自西汉以后士大夫们所深信不疑的道统，即所谓尧、舜、文、武、周公、孔子之道的观念就被打破了，那种以为今不如汉唐、汉唐不如三代、三代不如五帝的观念就难以立脚。第二，反对"荣古虚今，贱近贵古"的守旧思想，主张因时变革，并通过今文经学与西学的结合，《周易》的阴阳之变、《公羊传》的通三统、张三世学说与西方进化论结合，宣传历史进化观。他指出，"据乱世"是西方的君主专制时代，"升平世"是君主立宪时代，"太平世"是民主共和时代，人类社会就是沿着"据乱、升平、太平"三世的轨迹发展的。他根据历史进化观，论证历史愈演化愈进步，一代胜过一代，因此不能墨守成规，而要日新又新，因革改制以达到"太平世"。第三，宣传西方的人权平等思想，批判君主专制制度。他指出，孔子所以要托古改制，就是因为"尧舜为民主，为太平世，为人道之至"，"孔子之道，务民义为先"。他还对"君""王"作了近代意义的阐释，认为"君者群"，能"群天下人"者便是"君"。

如果说《新学伪经考》的作用在"破"，那么，《孔子改制考》的作用则在"立"。与前书相较，后书的政治色彩更为浓厚，对晚清思想界的震

---

① 梁启超：《清代学术概论》，《饮冰室合集》专集之三十四，中华书局 1989 年版，第 57 页。

动亦更大。康有为试图通过对儒学经典的重新解释，寻求维新变法的历史依据，他在貌似不谈政治的掩护下，借助学理的研究开通了政治变革的道路。诚如梁启超对乃师所分析的那样，康有为的这两部著作不乏武断、强辩之处，以好博好异之故，往往不惜抹杀或曲解证据，其对客观的事实，或竟蔑视，或必欲强之以从我，以证明自己的观点。就学术研究本身来说，康氏著作的学术价值确实令人怀疑，它使本来已经相当混乱的今古文学问题更加混乱。但就其政治影响来说，康氏抽空了正统儒学的学术根基，启发人们保持一种怀疑态度，儒学经典也需重新估价。他将《孔子改制考》进呈光绪帝御览并说明云："臣今所编撰，特发明孔子为改制教主，六经皆孔子所作，俾国人知教主，共尊信之。"

正因如此，梁启超将《新学伪经考》比作"思想界一大飓风"，将《孔子改制考》比作"大喷火"和"大地震"，是很恰当的。康有为否定古文经学，从内部动摇了儒学的根基；他在尊孔的旗帜下将孔子阐释成托古改制的"教主"和"素王"，实际上将孔子工具化、手段化了，这恰恰破坏了孔子偶像的神圣性，使人们对孔子及儒学产生了怀疑，真正动摇了孔子与儒学在士人心目中的地位，其思想启蒙意义是巨大的。谭嗣同称赞《新学伪经考》于"扫除乾嘉以来愚谬之士习，厥功伟；而发明二千年幽部（加草头）之经学，其德宏"。① 对此，朱一新在《新学伪经考》刊印后致函康有为，认为把古文经学说成是"伪经"，势必会"启后生以毁经之渐"，就像把一座房舍打通了后壁一样，一发而不可收，必定会将整个房子拆垮，对于经学之存在将是致命的。他写道："窃恐诋讦古人之不已，进而疑经；疑经之不已，进而疑圣；至于疑圣，则有效可睹矣！"②

康有为撰《孔子改制考》的目的，是要托孔子之名，行变法之实，以

---

① 蔡尚思、方行编：《谭嗣同全集》（增订本），中华书局 1998 年版，第 445 页。
② 朱一新：《朱侍御答康有为第三书》，苏舆辑：《翼教丛编》卷一，光绪二十四年武昌重印本。

国人推崇的孔子权威作为维新变法的护身符，借以减少变法的阻力。他借重孔子，把孔子打扮成托古改制的圣主，通过重新阐释儒家精神，以求在孔子的权威下获得儒学士林同道的认同，这对于打击守旧派对维新变法的障碍有一定的积极作用，但也同样为守旧派攻击维新变法提供了借口。苏舆认为："其言以康之《新学伪经考》《孔子改制考》为主，而平等、民权、孔子纪年诸谬说辅之。伪六籍，灭圣经也。而托古改制，乱成宪也。倡平等，堕纲常也。伸民权，无君上也。孔子纪年，欲人不知有本朝也。"①其结果必然是"邪说横溢，人心浮动"。故在守旧派看来，六经是不容怀疑的，怀疑六经将会产生极坏的社会影响。他们意识到康有为宣称"六经皆伪"和孔子是"托古改制"的"素王"之深层政治动机：前者是要通过"诋讦古人"达到"疑经"，通过"疑经"进而"疑圣"；后者则是要假借孔子"托于素王改制之文，以便其推行新法之实"。他们还认为，康有为的托古改制是"以夷变夏"，是用西法来变中国的法制，而中国"法制本自明备，初无俟借资于异俗"。因此，守旧派要求将康氏《新学伪经考》和《孔子改制考》毁版。《翼教丛编》的作者苏舆明确指出，康有为之徒，"煽惑人心，欲立民主，欲改时制，乃托于无凭无据之《公羊》家言，以遂其附和党会之私智。"②他们借重孔孟的招牌，以康有为相同的手段重新塑造孔子的形象，重新解释儒家的精神，鼓吹纲常名教为千古不易的定律。并指责康氏擅解儒家精神，鼓吹君主立宪与孔子的事君以忠、孟子的保民而王的精义大相径庭，是非驴非马的议论。御史文悌认为康有为"明似推崇孔子，实则自申其改制之义"。③说康氏在《孔子改制考》中所阐发的理论，是"灭圣经""乱成宪"之叛逆行为，建议除将该书毁版外，还应把"无君无父"的康有为明正法典。

① 苏舆：《翼教丛编·序》，苏舆辑：《翼教丛编》，光绪二十四年武昌重印本。

② 叶德辉：《𫐐轩今语评》，苏舆辑：《翼教丛编》卷四，光绪二十四年武昌重印本。

③ 文悌：《严劾康有为折》，苏舆辑：《翼教丛编》卷二，光绪二十四年武昌重印本。

尽管守旧派和洋务派在引入西方器物文明上有很大分歧，但在维护儒学正统地位和孔子纲常名教、反对引入西方制度文明上，两者达到了惊人的一致。洋务派并不反对变革，但他们只主张"变器""变事"，而不主张"变政""变法"，对变革的内容和范围有着严格限定。张之洞《劝学篇》强调："夫不可变者伦纪也，非法制也；圣道也，非器械也；心术也，非工艺也。"在他看来，可变者是法制、器械和工艺，但伦纪、圣道和心术是不可变的，这是中国的立国之本："法者，所以适变也，不必尽同。道者，所以立本也，不可不一。"张氏认为，"文王受命、孔子称王之类"是今文经学家杜撰的，"实有不宜于今之世道者，如禁方奇药，往往有大毒可以杀人"。① 故应严厉禁止康有为在《新学伪经考》《孔子改制考》中所宣扬的公羊三世说、孔子改制说。强调伦纪、圣道和心术是中国的立国之本，因而不能变，强调学西学须"先以中学固其根柢"，以"杜离经叛道之弊"，这是洋务派与守旧派一致的地方。

　　湖南守旧派士绅苏舆编辑《翼教丛编》，内收守旧派朱一新、王先谦、叶德辉等人维护封建纲常名教，批驳、攻击维新变法思潮和维新变法运动的文章，同时也将张之洞《劝学篇》中的《教忠》《明纲》《正权》诸篇收入书中，并称赞《劝学篇》是"挽澜作柱"。《翼教丛编》的编辑出版，是守旧派、洋务派结成联盟反对维新变法的标志。守旧派和洋务派对封建伦理纲常则持的是肯定和维护的态度。守旧派认为："吾人舍名教纲常，别无立足之地，除忠孝节义，亦岂有教人之方？"② 张之洞《劝学篇》有《明纲》一篇，其中写道："三纲为中国神圣相传之至教，礼教之原本，人禽之大防，以保教也。"③ 既然伦理纲常是"礼教之原本，人禽之大防"，那

---

① 张之洞：《劝学篇·内篇》宗经第五，两湖书院 1898 年刊印本，第 20 页。

② 《岳麓书院宾凤阳等上王益吾院长书》，苏舆辑：《翼教丛编》卷五，光绪二十四年武昌重印本。

③ 张之洞：《劝学篇·序》，两湖书院 1898 年刊印本，第 2 页。

么他们对康有为批判伦理纲常痛心疾首，指责维新思想家们批判伦理纲常是"怵心骇耳，无过于斯"！ ①

儒学的形态与内容虽然几经变化，但是从来没有发生过戊戌维新时期这样深刻的变革。康有为等人对儒学的冲击都是空前剧烈的。由于康有为的《新学伪经考》和《孔子改制考》宣称古文六经都是伪经，孔子是托古改制的"素王"，这不仅与传统的观点大相径庭，且多"穿凿附会""武断太过"，不仅守旧派和洋务派对其大加诋毁，一些对维新变法持同情、理解甚至支持态度的开明士人，也对康氏"伪经改制"说较为反感，提出过不少批评，不赞同康氏武断牵强的学风。《新学伪经考》刊行后，帝党领袖、光绪帝师傅翁同龢在日记中写道："《新学伪经考》以为刘歆古文无一不伪，窜乱六经，而郑康成以下皆为所惑云云，真说经家一野狐也，惊诧不已。"② 当康氏《孔子改制考》刊印后，翁氏因读《孔子改制考》而对康氏变法动机产生怀疑，认为"此人居心叵测"。其他如陈宝箴、黄遵宪、何启、胡礼垣、严复、唐才常等都对康氏的"伪经改制"说提出批评。湖南巡抚陈宝箴在《孔子改制考》刊行不久，即上《奏厘正学术造就人才折》，认为孔子改制之说"偏宕之辞""伤理而害道"，要求"将所著《孔子改制考》一书版本，自行销毁"。章太炎甚至撰写《新学伪经考》驳议数条，只是考虑到维新变法的大局才没有公开发表。

康有为将孔子重新塑造为"托古改制"的素王，利用公羊学说为维新变法提供理论依据的同时，还受到了西方基督教的启示，将孔子视为中国儒教的教主，欲将儒学改造成孔教。在他看来，西方近代文明及西方人奋发进取的精神，均与基督教有直接关系，故认为缺乏宗教传统乃为儒家文明之不足。为此，康氏主张建立孔教。同时，康有为看到了西方宗教在华

---

① 张之洞：《劝学篇·内篇》明纲第三，两湖书院 1898 年刊印本，第 14 页。

② 中国史学会主编：《戊戌变法》（一），神州国光社 1953 年版，第 511 页。

扩张对儒学的威胁。面对西方宗教的威胁,康氏希望通过尊奉孔教来统合民心,重振民族精神。不仅康氏鉴于基督教之盛而有创建孔教之意,其弟子梁启超、唐才常均主张以孔子立统,将其视孔教教主,以与基督教之耶稣对抗。

孔子不言"怪力乱神",强调"不知生,安知死",具有无神论倾向,故两千年来一直被尊为圣人、先师而非神明和教主;儒学强调人的内在自觉自律和道德修养来完善自我,不依靠外在的神力规范自我的精神生活,故不像佛教那样讲究"出世",而是强调"入世",注重修齐治平之道,关注现实社会政治生活。儒学在两千多年的发展历程中尽管多次被改造,但始终未成为制度化的宗教。尽管"儒教"一词古已有之,但在中国士人心目中,儒教之"教"并非宗教之"教",而是教化之"教"。然而,儒学同时也具有某些宗教色彩,有类似于制度宗教的经典、戒约、庙堂、圣地、信徒等因素。孔子的身份虽非神,但长期是中国人崇拜的偶像之一,"咸以孔子之是非为是非",居于神圣不容怀疑的地位;儒学讲究天人合一、天命论、祖先崇拜,合于中国宗法性宗教的传统;儒学讲究人人可为圣贤,强调超越自我,与西方宗教的博爱、佛教的普度众生思想有着相似之处。因此,儒学统摄着中国人的精神生活,在一定程度上起到了宗教的作用。加上全国从京师到各府州县均建有孔庙,而且有一套法定的祭祀典礼,孔子在中国的地位实际上已等同于神灵,故儒学与宗教"虽不中,不远矣",其本身存在着被改造成为制度宗教的可能性。

康有为力倡孔教,固然是由于儒学有改为宗教之可能,固然是由于有着保国、保教、保种的现实动机,同时还由于康有为具有浓厚的宗教意识使然。梁启超介绍道:"先生幼受孔学,及屏居西樵,潜心佛藏,大彻大悟。出游后,又读耶氏之书,故宗教思想特盛,常毅然以绍述诸圣,普度众生为己任。"① 康有为认为，孔教与佛、回、耶诸教相比有三方面优点：第一，孔教为人道教，其他宗教都是神道教。"太古草昧尚鬼，则神教为尊；近世文明重人，则人道为重。故人道之教，实从神道而更进焉。"② 不语怪力乱神的孔教更适合于近代社会；第二，经其改造之后的孔教主维新，主进化，适合于晚清社会；第三，孔教可以包容其他宗教：孔教"自人伦物理国政天道，本末精粗，无一而不举也……故自鬼神山川、昆虫草木，皆在孔教之中，故曰范围天地而不过，曲成万物而不遗也"。③ 在他看来，唯有孔教最适合于中国。若中国有像西方那样的宗教并能将孔教改造为中国国教，那将不仅利于"保教"，而且会使"国性"不丧。对于康氏"保种""保教"之用意，古文经学家宋恕亦表示理解："白种横行，草芥我族，于是保种之说兴；基督末流，妄攻儒教，于是保教之以兴。"④

为使孔子之教"复原"为宗教，发挥其宗教功能，康有为"以神秘性说孔子"，对孔子极力神化。他宣称，孔子乃"黑帝降精"而生，"为神明，为圣王，为万世作师，为万民作保，为大地教主。"⑤ 他将孔子视为儒教之"教主"加以崇拜："盖天不能言，使孔子代发之。故孔子之言，非孔子言也，天之言也。孔子之制与义，非孔子，天之制与义也。"⑥ 很显然，康氏是以公羊学发明孔子"微言大义"的办法，将孔子及其学说神秘化，进而将其改造成制度化之孔教。1877 年，康氏在《性学篇》中开始将孔教与佛、回、耶稣诸教并列："今天下之教多矣，于中国有孔教，二帝三皇所传之

① 梁启超：《南海康先生传》，《饮冰室合集》文集之六，中华书局 1989 年版，第 67 页。
② 康有为：《孔教会序二》，汤志钧编：《康有为政论集》下册，中华书局 1981 年版，第 739 页。
③ 康有为：《中国学会报题词》，汤志钧编：《康有为政论集》下册，中华书局 1981 年版，第 797 页。
④ 宋恕：《宋恕集》上册，中华书局 1993 年版，第 589 页。
⑤ 康有为：《孔子改制考·序》，汤志钧编：《康有为政论集》上册，中华书局 1981 年版，第 198 页。
⑥ 康有为：《春秋董氏学》卷五，上海大同译书局 1897 年刊本。

教也。"1895 年春，康有为发动了公车上书，建言设立"道学科"，以挽救"人心之坏"而抵御"异教"诱惑。其云："今宜亟立道学一科，其有讲学大儒，发明孔子之道者，不论资格，并加征礼，量授国子之官，或备学政之选。其举人愿入道学科者，得为州县教官。其诸生愿入道学科者，为讲学生，皆分到乡落，讲明孔子之道，厚筹经费，且令各善堂助之。并令乡落淫祠，悉改为孔子庙，其各善堂会馆俱令独祀孔子，庶以化导愚民，扶圣教而塞异端。"[①] 这是康氏首次公开主张创设孔教及广立孔庙。

随后，康有为在上海建立强学会，定其宗旨之一为"上以广先圣孔子之教，下以成国家有用之才"，并"以孔子经学为本"。1897 年，德国占胶东、毁孔庙后，康有为借机宣传立孔教为国教，在北京成立保国会，将"保国"与"保教"相联系。保国会的宗旨是"卧薪尝胆，惩前毖后，以图保全国地、国民、国教"，职责是"讲求保国、保种、保教之事"，其具体任务就是：为保国家之政权土地；为保人民种类之自立；为保圣教之不失。戊戌时期仿效西方创立的学会，多含有发扬中国圣贤之"圣经遗意"，集合士人研习"圣学宗风"。

1898 年 5 月，康有为在《请商定教案法律，厘正科举文体，听天下乡邑增设文庙，并呈〈孔子改制考〉以尊圣师而保大教绝祸萌折》中，提出了完整的孔教方案。其主要设想有两项：一是主张设立孔教会，把衍圣公改造成类似于基督教系统中的主教，由衍圣公出任总理办理教务。二是尊孔子为中国教主，由皇上举行临雍之礼，酌订祭孔之典；天下淫祠悉改为孔子庙，令士庶男女膜拜祭祀。为此，他进而提出了从厘正文体、废除八股下手，以便学者"发明大道"。

百日维新期间，康有为除了将《孔子改制考》缮录进呈之外，还专门

---

① 康有为：《上清帝第二书》，汤志钧编：《康有为政论集》上册，中华书局 1981 年版，第 132 页。

向光绪皇帝进呈《请尊孔圣为国教立教部教会以孔子纪年而废淫祀折》，提出了孔子实为中国之教主、定孔教为国教、行孔子祀年等主张。他指出，"臣窃考孔子实为中国之教主，而非谓学行高深之圣者也。"强调"惟有孔子，真文明世之教主，大地所无也"。并解释撰写《孔子改制考》之目的在于"发明孔子为改制教主，六经皆孔子所作，俾国人知教主，共尊信之"。他指出："夫孔子之道，博大普遍，兼该人神，包罗治教，固为至矣。"因此，他建议将以孔子为代表的儒教定为"国教"，在中央立教部，在地方立教会，在各地遍设孔教会和孔子庙，对孔子圣像加以祭祀供奉。其云："首宜定制，令举国罢弃淫祀，自京师城野省府县乡，皆独立孔子庙，以孔子配天，听人民男女，皆祀谒之，释菜奉花，必默诵圣经。所在乡市，皆立孔教会，公举士人通六经四书者为讲生，以七日休息，宣讲圣经，男女皆听。讲生兼为奉祀生，掌圣庙之祭祀洒扫。乡千百人必一庙，每庙一生，多者听之，一司数十乡，公举讲师若干，自讲生选焉。一县公举大讲师若干，由讲师选焉，以经明行修者充之，并掌其县司之祀，以教人士。或领学校，教经学之席，一府一省，递公举而益高尊，府位曰宗师，省曰大宗师，其教学校之经学亦同。此则于明经之外，为通才博学者矣。合各省大宗师公举祭酒老师，耆硕明德，为全国教会之长，朝命即以为教部尚书，或曰大长可也。"① 这样，便可达到"国势可张，圣教日盛""敬教劝学，匡谬正俗"的功效。

康有为将孔子形象从万世师表的"圣人"转化为开宗立派的"教主"，将儒学改造成孔教，的确对改变人们对孔子的认识具有重大启蒙意义。也正是从这样的意义上，梁启超将康有为视为"孔教之马丁·路德"。他公开指出："先生者，孔教之马丁路得也。其所发明孔子之道者，不一而足，

---

① 康有为：《请尊孔圣为国教立教部教会以孔子纪年而废淫祀折》，汤志钧编：《康有为政论集》上册，中华书局 1981 年版，第 282—283 页。

约其大纲，则有六义：一、孔教者，进步主义，非保守主义。二、孔教者，兼爱主义，非独善主义。三、孔教者，世界主义，非国别主义。四、孔教者，平等主义，非督制主义。五、孔教者，强立主义，非巽懦主义。六、孔教者，重魂主义，非爱身主义。"①

康有为倡立孔教活动，并没有得到清政府及时人的赞同。中国人性趋向实用，故儒家不愿言神秘性而强调日常性；中国以家族伦理为主，宗教观念淡薄，纯粹宗教在民众生活中难以发挥太大作用。因为中国民间信仰具有较强的功利色彩，民众向他们心中的神明膜拜、贡献，或是为了解脱畏惧，或是为了求得利益，而康有为倡导的孔教本质上还是一种人生哲学，难以解决广大民众的现实问题，以致难以引起民众的兴趣。加上儒学的一些信条如天朝上国、农本商末、男尊女卑、君权神授等观念及夷狄观、义利观的相继瓦解；康有为将儒学神秘化，只会对儒家的价值产生负面影响。故其孔教难以变成现实，反而引起朝野上下的非难和批评。

康有为倡立孔教活动，实际上是进行近代制度化儒学重建的尝试，尽管这种尝试因与政治势力关联太紧而未必能够走通，但其重建儒学之大方向是应该肯定的。这种对传统儒学现代转型的尝试，从某种意义上启发了现代新儒学的产生。现代新儒学之所以称为"新"，在很大程度上是因为吸纳了西学并将其引进儒学之中，而这正是由康有为最早倡导并开始尝试的。

四、梁启超、章太炎等人的"订孔"论

戊戌时期的梁启超对孔子是非常推崇的，其尊孔之意甚为虔诚，甚至

① 梁启超：《南海康先生传》，《饮冰室合集》文集之六，中华书局 1989 年版，第 67 页。

到了迷信的地步。他接受了康有为"孔子为教主"之说，积极支持并宣传其师康有为的"保教"论，是康有为孔教理论的忠实信奉者和孔教运动的积极参与者。他呼吁在全国各地遍设孔庙、举行祭孔，以示对孔教之尊崇，使孔子之教深入人心，以保圣教之不失。但受到严复、黄遵宪等人的影响，梁启超开始怀疑建立孔教以"保教"之可能性。严复认为，儒家强调的道德礼仪皆本天道而立，非因宗教而起，其所谓神道设教之"神"，并非鬼神之"神"，孔子不语"怪力乱神"，表明孔教并非近代意义上的宗教；儒家专言人事、注重教化，寓"教"于"学"，表明孔教之"教"并非西方宗教之"教"。既然孔教非宗教，则康氏尊孔教而与基督教抗衡之举显得相当不合情理。他认为，孔儒之道适应了中国传统的政教社会，但难以应对中国急剧变动的危难局势，故引起人们的怀疑和指责是正常的。既然儒术难以挽救中国危局，则"保教"实无必要，况且孔教作为历代统治者推崇的官方意识形态，其真义未必为民众所领悟，在民智未开之际更难以为民众接受，故无必要"保教"。因此，他对康有为构建"孔教"之举提出了严厉批评，指责康氏孔教之论是"武断支离，牵合虚造，诬古人而厚自欺，大为学问之蟊障"，其所塑造之孔子乃为"假设之平圣人，而非当时之真孔子"。[1] 黄遵宪对康有为创立孔教及保教之说颇为反感，并表示反对，坚持认为孔子"为人极，为师表，而非教主"。[2]

严复、黄遵宪对康有为"保教"之论的批评，对梁启超思想产生了很大影响。他赞同严复提出的"定孔教于一尊"会抑制思想自由的见解："教之一尊未定，百家并作，天下多学术；既已立教，则士人之心思才力，皆为教旨所束缚，不敢作他想，窒闭无新学矣。"[3]这种情况表明，梁启超尽

---

[1] 严复：《救亡决论》，王栻主编：《严复集》第 1 册，中华书局 1986 年版，第 51 页。

[2] 黄遵宪：《致梁启超函》，《黄遵宪全集》上册，中华书局 2005 年版，第 426—427 页。

[3] 梁启超：《与严幼陵先生书》，丁文江等编：《梁启超年谱长编》，上海人民出版社 1983 年版，第 76 页。

管赞同其师康有为"保教"说，但明显地受到严复思想的影响，开始对"保教"产生怀疑。

戊戌政变之后，梁启超流亡日本，在横滨创办《新民丛报》，提出"新民为今日中国第一要务"。他广泛涉猎日本人翻译的西方启蒙思想家卢梭、孟德斯鸠等人的著作，在孔教问题上发生了很大转变。1899 年 6 月，梁启超向日本哲学会介绍"孔教之真教旨"，虽然声言自己所说的只是"南海先生所发明者"，但实际上却以揭示被湮没两千多年的"孔子之真面目"名义，"发明"了许多新义，将孔子学说阐释为"进化主义非保守主义，平等主义非专制主义，兼善主义非独善主义，强立主义非文弱主义，博包主义（亦谓之相容无碍主义）非单狭主义，重魂主义非爱身主义"。① 他还特别强调孔子的思想自由："今当发明并行不悖之义，知诸子之学即孔子之学，尊诸子即所以尊孔教，使天下人人破门户之意见，除保守之藩篱，庶几周秦古学复兴而人智发达矣。"② 这样就给孔子带上了思想自由的现代色彩，并把孔子之学与诸子并列，已失去康有为以孔子为教主的意思。

随后，梁启超陆续发表《保教非所以尊孔论》《新民说》《论中国学术思想变迁之大势》等文，逐渐放弃保教论，以学者和思想家的眼光，对孔子及儒教进行较客观的评述。梁启超对孔子及儒学的基本态度是：尊孔而不赞同保教，视孔子为教育家而非宗教家。他对孔子进行了批评，首次明确指出孔子和儒家思想的弊端及时代局限性。他认为，孔子"得政而诛少正卯"，"乃滥用强权，为思想自由、言论自由之蟊贼"；孔子"崇古保守之念太重"，"非先王法言不敢道，非先王法行不敢行，其学派之立脚点，近于保守无疑矣"；孔子根本思想在于尊君，"儒教最缺点者，在专为君说

---

① 梁启超：《论支那宗教改革》，《饮冰室合集》文集之三，中华书局 1989 年版，第 58—60 页。

② 梁启超：《论支那宗教改革》，《饮冰室合集》文集之三，中华书局 1989 年版，第 61 页。

法，而不为民说法"，"严其等级，贵秩序，而措而施之者，归结于君权"。因此，孔子是封建君主专制的工具，"对帝王驭民最为合适，故霸者窃而用之，以宰割天下"；独尊儒术妨碍了学术的发展，"中国政治之所以不进化，曰惟共主一统故；中国学术之所以不进化，曰为宗师一统故"，"儒学一统者，非中国学术之幸，而实是中国学术之大不幸也"；孔子思想已经不合时代之潮流，"孔子立教，对二千年前之人而言也"，不适于新世界者多矣。梁启超的这些观点，为后来的批孔者所继承。这种情况说明，梁启超开始用近代平等的眼光重新审视孔子及其儒学，孔子不再是其心目中神圣不可侵犯的偶像。

梁氏阐述了反对保教的四条原因："一曰不知孔子之真相，二曰不知宗教之界说，三曰不知今后宗教势力之迁移，四曰不知列国政治与宗教之关系。"孔教"不当"保的基本要点，是保教之说束缚国民思想。他认为孔子是哲学家、教育家、政治家，而不是宗教家，所以保孔教则成其无目标的运动："孔子者哲学家、经世家、教育家，而非宗教家也。西人常以孔子与梭格拉底并称，而不以之与释迦、耶稣、摩诃末并称，诚得其真也。夫不为宗教家，何损于孔子！"①正因孔子不是宗教家、孔教之性质也不是西方近代意义上的制度化的宗教，故不能将孔子称为"教主"，更不能将孔教强行转变为近代制度化的宗教。梁氏之论，显然是以科学理性的眼光审视孔教，婉转地批评了其师康有为征引纬书，将孔子神秘化的做法，将孔子从被其师推崇的圣坛"教主"，复原为"先圣先师"的教育家和哲学家，将宗教化的孔教还原为世俗化的儒学。

梁启超在该文中表现出思想上的两难困境：一方面力驳保教之说，提出思想解放、学习西方等有见解、有价值的主张；另一方面仍然情系孔子与孔教，视之为"万古不灭"之物。他指出："我爱孔子，吾尤爱真理；吾

---

① 梁启超：《保教非所以尊孔论》，《新民丛报》第 2 期，1902 年 2 月 22 日。

爱先辈，吾尤爱国家；吾爱故人，吾尤爱自由。吾又知孔子之爱真理，先辈、故人之爱国家、爱自由，更有甚于吾者也。吾以是自信，吾以是忏悔。为二千年来翻案，吾所不惜；与四万万人挑战，吾所不惧。吾以是报孔子之恩我，吾以是报教主之恩我，吾以是报我国民之恩我。"①尽管孔教不必保，但孔子及孔教却不能不尊。

随后，梁启超致函其师康有为，阐述反对保教的见解，并公开倡言："弟子以为欲救今日之中国，莫急于以新学说变其思想（欧洲之兴全在此），然初时不可不有所破坏。孔学之不适合新世界者多矣，而更提倡保之，是北行南辕也。"②梁氏致康有为的这封书函，标志着他改变了"保教"立场，在思想上与其师之保皇、保教做法划清了界限。他从康氏孔教理论及孔教运动的追随者，逐渐转变为西方近代自由平等学说的服膺者和倡导者。

梁启超对孔子及孔教这种比较理性的评判态度和基本观点，受到了黄遵宪的称赞。黄氏读过《保教非所以尊孔论》后致函梁氏云："读公之论，于己有翻案进步之疑，于人有持矛挑战之说，故出其一二以相证。仆之于公，亦犹耶之保罗、释之迦叶、回之士丹而已。"③梁氏之论在清末产生较大影响。

1904 年，古文经学家刘师培先后发表《论孔教与中国政治无涉》《论孔子不能无弊》《孔学真论》等文，提出了与梁氏类似的主张，从古文经学的角度批评康有为保教之论，对孔子学说提出了严厉批评。他对孔门所谓"教"之含义做了认真考证，认为孔门之"教"指"教育""教化"，并非西方之"宗教"，并在《孔子传》中指责孔学存在四大问题：一是泥

---

① 梁启超：《保教非所以尊孔论》，《新民丛报》第 2 期，1902 年 2 月 22 日。

② 梁启超：《致夫子大人书》，丁文江、赵丰田编：《梁启超年谱长编》，上海人民出版社 1983 年版，第 277—278 页。

③ 黄遵宪：《致梁启超函》，《黄遵宪全集》上册，中华书局 2005 年版，第 428 页。

古，中国的不肯变法，就是中了泥古之毒。二是迂阔，尊王贱霸，造成艺事不发达。三是迷信，孔子信鬼神，对后世影响不好。四是自尊、执一，排斥别的学说。① 在孔子及儒学仍然处于独尊地位的情况下，刘师培的批评是相当大胆和严厉的。其对孔学的批评，对化解人们对孔子和儒学权威的敬畏起了很大作用，也开创了清季从学术层面"订孔"非儒思潮之先河。

真正动摇了孔子和儒学独尊地位者，是清季章太炎等人。19 世纪末，日本思想界出现了远藤隆吉、白河次郎等非儒反孔的思想家。在其影响和启迪下，章太炎一方面肯定孔子是中国古代优秀的历史学家、教育家和无神论者，同时也对孔子和儒学提出了激烈批评，从过去的尊孔，发展为"订孔"。他于 1900 年前写的《儒墨》《儒道》《儒法》《儒侠》等诸篇，已无独尊孔儒的心态。1902 年，章氏撰写《订孔》一文，赞同日本学者远藤隆吉的评论："孔子之出于支那，实支那之祸本也。""故更八十世而无进取者，咎亡于孔氏。祸本成，其胙尽矣。"② 这种激烈言论，开晚清以来直接抨击孔子之先河。1903 年，章氏发表轰动一时的《驳康有为论革命书》，揭露清政府"尊事孔子，奉行儒术"的目的，在于"便其南面之术，愚民之计"。③

1906 年，章太炎出狱后东渡日本加入同盟会，主编《民报》，其批孔言论日趋激烈。他在东京中国留学生大会上发表演说，批评孔子"最是胆小"，"不敢去联合平民，推翻贵族政体"。其断定："孔教最大的污点，是使人不脱富贵利禄的思想。自汉武帝专尊孔教以后，这热衷于富贵利禄的人，总是日多一日。我们今日想要实行革命，提倡民权，若夹杂一点富贵

---

① 刘师培：《孔子传》，《中国白话报》第 10、13、14 期。

② 章太炎：《订孔》，汤志钧编：《章太炎政论选集》上册，中华书局 1977 年版，第 179 页。

③ 章太炎：《驳康有为论革命书》，汤志钧编：《章太炎政论选集》上册，中华书局 1977 年版，第 195 页。

利禄的心，就像微虫真菌，可以残害全身，所以孔教是断不可用的。"①章氏对孔子的批评相当严厉。

1906年，章太炎在《国粹学报》上发表《诸子学略说》，继续发挥"订孔"之义，将儒家与道、墨、阴阳、纵横、法、名、杂、农、小说等诸家平列，并对孔子及儒家提出了尖锐的批评。他指责道："儒家之病，在以富贵利禄为心。"孔子所处的春秋时期，世卿当政，贤路壅塞，孔子得不到重用，所以作《春秋》来批评世卿，表达自己的志向。他教授弟子，也只是希望他们成为吏才，以便从政。故他认为"孔子之教，惟在趋时，其行义从时而变"。他斥孔子为"国愿"："所谓中庸者，是国愿也，有甚于乡愿者也。孔子讥乡愿而不讥国愿，其湛心利禄又可知也。"章氏在严厉批判孔儒之后，比较理性地肯定了孔子的历史功绩："虽然，孔氏之功则有矣，变禨祥神怪之说而务人事，变畴人世官之学而及平民，此其功亦复绝千古。"但两千年来孔儒之功，"已属过去，独其热中竞进在耳。"②

抬高诸子而贬低孔子，将孔子还原为先秦之孔子，是章氏"订孔"论的突出特征。他在《致国粹学报社书》中主张诸子平等，反对独尊孔子及儒学。章太炎站在古文经学立场上，赞同"六经皆史"，反对经书的独断和威权地位。他把"六经"视为后人研究中国古代文化的资料，就必然要冲淡其伦理权威，把孔子和诸子并列为历史学家而不是中国的教主，从而降低了孔子的神圣地位，打破了儒学独尊的格局。在先秦诸子中，章氏注重荀子，尊荀子为"先师"，以荀学为儒学正宗，断言"荀卿学过孔子"。因荀子既是儒家的重要代表，又对后世法家产生了深远影响，故其对荀子的称赞便包含着对法家的肯定，认为法家者流"犹西方所谓政治家也，非

---

① 章太炎：《东京留学生欢迎会演说辞》，汤志钧编：《章太炎政论选集》上册，中华书局1977年版，第272—273页。

② 章太炎：《诸子学略说》，汤志钧编：《章太炎政论选集》上册，中华书局1977年版，第291页。

胶于刑律而后已"。①

章太炎的"订孔"思想有不少精辟独特的见解，但也有偏颇失平之论与捕风捉影之谈。他在《诸子学略说》中，编造的"孔子要杀老子"故事，更是靠不住的。章氏对孔子和儒学批评的偏颇之处，主要集中于两点：一是其批评根据不少出于《庄子》《墨子》，庄、墨都是儒家的对立面，所述并不可靠；二是其批评矛头在许多地方实际指向康有为，是站在古文经学的立场上阐释孔子及儒学的，带有明显的经学门户偏见。他笔下的孔子，等于官迷、伪君子、两面派、投机家、阴谋家，辛辣的嘲讽多于严肃的研究。

尽管章太炎由尊孔转向订孔，赞同日本人说孔子是中国不能进步的祸根，但他并没有对孔子全盘蔑弃，而是有所保留。他在《诸子学略说》中，分出三个孔子各加评论：一是"湛心利禄"的孔子，是骂乡愿而自己更"甚于乡愿"的"国愿"；二是商订历史的孔子；三是从事教育的孔子，这是两大千古功绩，但是"此事已属过去，独其热中竞进在耳"，成绩是过去的，现在能看见的是争逐钻营。《诸子学略说》说独尊孔子的学术弊病是"愈调和者愈失其本真，愈附会者愈违其解故"。②

民国成立后，章太炎对孔子及儒学的态度发生了很大变化，其对孔子的评价越来越高。他以佛证孔，用佛教唯识论来解释《论语》中的一些语句，并以佛学为纽带，将孔子与老子、庄子联系在一起。对于早年的"订孔"之举，他也进行了自我检讨。1922 年，章太炎在复柳诒徵的信中，痛切地反省了当年对孔子的批判，说自己是因"深恶长素孔教之说"，"遂至激而诋孔。中年以后，古文经典笃信如故，至诋孔则绝口不谈"，认为

---

① 章太炎：《球书商鞅第三十五》，《章太炎全集》第 3 卷，上海人民出版社 1984 年版，第 79 页。

② 章太炎：《诸子学略说》，汤志钧编：《章太炎政论选集》上册，中华书局 1977 年版，第 285 页。

那些"订孔"言论"乃十数年前狂妄逆诈之论，以有弟兄啼之语，作逢蒙杀羿之谈，妄疑圣哲，乃至于斯"。①

章氏"订孔"包含着深刻的文化内涵。它意味着儒家信条不再是当然的"真理"，孔子不再是不可怀疑的"至圣"，意味着孔子及其儒学需要接受人们的重新审视。"订孔"之论的提出，标志着晚清思想文化界对孔子态度的巨大变化：从尊孔转向订孔，将孔子及儒学视为诸子学之一，在诸子平等的理念观照下，重新审视孔子及儒学的近代价值。

由于章太炎是晚清著名的经学大师，故其"订孔"之论对饱读经书的晚清士人及转型中的读书人产生了重大影响。对此，许之衡评论说："余杭章氏《訄书》，至以孔子下比刘歆，而孔子遂大失其价值，一时群言，多攻孔子矣。"复云："近一二年来，有梁氏之《论保教》，章氏之论《订孔》，而后生小子，翁然和之，孔子遂几失其故步。"② 人们"多攻孔子"，实际上是在章氏"订孔"影响下，对孔子及儒学抱着重新审视的眼光，进行了深入的研究和客观的评判。这种做法，冲淡了孔子权威，为五四时期公开反孔批儒开辟了道路。

章太炎提出"孔氏闻望之过情"，须恢复孔子的本来面目之见解后，邓实在《国粹学报》上发表《古学复兴论》，也不同意将孔子及儒学置于"独尊"地位，并赞同章氏"诸子平等"说："孔子之学固国学，而诸子之学亦国学也。同一神州之旧学，乃保其一，而遗其一，可乎？"③ 许之衡在《读"国粹学报"感言》中，赞同儒学与诸子的平等地位，并用近代自由民主观念对孔子之道作了重新阐释："孔子之遗经，无一为主张专制者，虽不主共和之制，然其所言君权，大抵主限制君权之说居多（如以天临君，

---

① 章太炎：《致柳翼谋书》，汤志钧编：《章太炎政论选集》下册，中华书局1977年版，第763页。
② 许之衡：《读"国粹学报"感言》，《国粹学报》第1年第6期。
③ 邓实：《古学复兴论》，《国粹学报》第1年第9期。

即限制君权说之一证，特时代幼稚，不能如今日学说之缜密耳)。"① 尽管其解释有些牵强附会，但其力图发掘儒学之现代价值的趋向是明确的。既然孔子"限制君权"与近代"共和"极为相似，那么，孔子自有其现代价值。在欧化主义盛行之际，应当保存国粹。而孔子及儒学为国粹之主干，欲保存国粹必须提倡尊孔，发扬孔子之道。其云："孔子以前，虽有国学，孔子以后，国学尤繁。然皆汇源于孔子，沿流于孔子。孔子诚国学之大成也。倡国魂而保国学者，又曷能忘孔子哉!"② 此处虽然倡导尊孔，但显然是为了保存国粹，与清政府的尊孔崇儒政策有所不同。

王国维在《孔子之学说》中，对孔子思想作了认真研究，视孔子为政治家、道德家，而非宗教家，认为孔子的贡献在道德方面上，而不在政治上。王氏充分肯定了孔子的思想价值，并将这种正面的肯定建立在认真研究的基础上。其云："概而言之，则孔子政治思想，一遵先王之道，为君主封建专制主义，专尚保守，又恐君悖理暴行，致民心离叛，因复以道德贯通上下以规律之。因此德与政遂相混同。……要之，孔子之说，其可取者，不在其政治上，而在其道德上。孔子之道德，能经二千余年管理东方大半之人心者，实其道德之严正，且能实践故也。"③

章太炎、刘师培、王国维、邓实等人，均为饱读儒家经典之博学鸿儒，他们在戊戌之后对孔子及儒学的态度，已经从过去的"尊孔"转变为"订孔"，已经开始重新审视孔子及儒学的现代价值。这种情况表明，孔子及儒学开始从独尊的地位降为与诸子平行并列，清季思想文化界对孔子与儒学的认识发生了根本性逆转：由儒学独尊转变为儒学与诸子平列；由尊孔转变为订孔。儒学的独尊地位开始动摇了。

---

① 许之衡：《读"国粹学报"感言》，《国粹学报》第 1 年第 6 期。
② 许之衡：《读"国粹学报"感言》，《国粹学报》第 1 年第 6 期。
③ 王国维：《孔子之学说》，姚淦铭、王燕编：《王国维文集》第 3 卷，中国文史出版社 1997 年版，第 151 页。

五、科举停废与儒学社会根基的动摇

20 世纪初，中国社会、文化及思想发生了重大变化。清末新政诸举措、停废科举和大量新式学堂的出现、新型知识群体的形成，均动摇了儒学赖以生存的社会基础，孔子及儒学的独尊地位受到质疑。尤其是那些接受了西学的新知识群体，开始以近代民主观念及进化论为武器，对孔子及儒学进行了猛烈的批判，在清末掀起了一股"非圣排孔"思潮，从而使儒学独尊地位受到猛烈冲击。

作为官方意识形态的儒学，之所以能够长期占据独尊地位并对中国社会产生强大的影响力，是因为它有一套相应的制度来保障。科举制度便是支撑儒学独尊地位的重要制度。隋唐以后之科举制，为官学士子"入仕"提供了必要的制度保障，成为官学优异者入仕为官之奖励制度。明清时期科考内容虽集中于四书五经，但以"四书"为重；其考试形式虽仍为"明经取士"，但以"八股文"为主。士子须以"八股"文体来阐述"四书"义理，代圣人立言。颁行于明洪武十五年的《卧碑文》规定："国家明经取士，说书者以宋儒传注为宗，行文者以典实纯正为尚，今后务将颁降四书、五经、性理、通鉴纲目、大学衍义、历代名臣奏议、文章正宗及历代诰律典制等书，课令生徒诵习讲解，其有剽窃异端邪说、炫奇立异者，文虽工弗录。"这里，官府将科考内容做了明确限定。它还强调，科考之本意乃使士人研习儒家经典、发挥内蕴义理："习举业即穷理之一端，四书经文策论，务要说理详明，不许浮夸怪诞，记诵旧文，意图侥幸。"①

以科举考试为选官主渠道之科举制度，与以研习儒学经典为主之各级

---

① 明《卧碑文》，商衍鎏：《清代科举考试述录及有关著作》，百花文艺出版社 2004 年版，第 46—47 页。

官学体制是配套的。各级官学以儒家经典为主,科举考试同样以儒家经典为主,考试范围限于儒家典籍。以儒家经典为研习内容,尤其是集中于四书五经,强化了儒家思想在中国学术文化上之正统地位,儒家经典成为士子学术研习之主要内容。科举制度使更多的士人研读儒家经典,受科举制约之各级官学同样以儒家经典为研习范围,必然导致儒家思想影响的扩大,巩固了儒学的主流学术地位,使越来越多的士人从事于儒家经典及其辅助学术之研究中,促进了儒学的发展。因此,科举制度是儒学传播和发展的制度性保障,遂使儒学成为制度化儒学而得以强固。

鸦片战争以后,人们对科举制度开始进行抨击,并发出了变革科举制度、改革书院课程的呼声。冯桂芬在《改科举议》中对科举制提出改革意见:"宜以经解为第一场,经学为主。凡考据在三代上者皆是,而小学算学附焉。经学宜先汉而后宋,无他,宋空而汉实,宋易而汉难也。以策论为第二场,史学为主。凡考据在三代下者皆是。以古学为第三场,散文骈体文赋各体诗各一首。"[1] 通过这段文字可以看出,冯氏理解的中国学术,应该包括三大类:经学(包括小学、算学),史学(策论),古学(辞章之学、散文、骈体、文赋、各体诗)等。1884年,潘衍桐请开艺科,交阁部会议,因无恰当试官,举子不及额,礼部作了变通,改艺科为算科,以20名中1名为额,但成效不大。陈炽认为,欲变通科举,"非增设艺学科不可";"而欲增艺学科,非预有以教之、养之不可。"[2]

甲午战争后,这种呼声更为强烈。严复在《救亡决论》中,以犀利文笔对科举制进行了异常深刻的揭露:"八股取士,使天下消磨岁月于无用之地,堕坏志节于冥昧之中,长人虚骄,昏人神智,上不足以辅国家,下不足以资事畜。破坏人才,国随贫弱。此之不除,徒补苴罅漏,张皇幽

---

① 冯桂芬:《改科举议》,《戊戌变法》(一),上海人民出版社1961年版,第20—21页。

② 陈炽:《庸书》,《陈炽集》,中华书局1997年版,第79页。

渺，无益也。"① 康有为也对科举制下的儒学研究提出了批评，认为其除了"学八股试帖，读'四书''五经'而外，无他学矣"。中国号称博学方闻之士，所研究之学术门类，只有"义理、考据、掌故、词章、舆论、金石诸学"，对于"新世五洲之舆地国土政教艺俗，盖皆茫然无睹，瞪目拓舌，若罔闻知"，根本无法与西方各国的学术（即"各国之新法新学新器"）相对抗。② 正因如此，必须改革科举制度。

1896 年，梁启超在《变法通议》中专门讨论了变革科举问题，认为兴学校、养人才，以强中国，"惟变科举为第一义"。1897 年 12 月，贵州学政严修上奏清政府，请求速设经济专科，经济专科应考核六事："一曰内政，凡考求方舆险要、郡国利病、民情风俗诸学者隶之；二曰外交，凡考求各国政事条约、公法、律例、章程诸学者隶之；三曰理财，凡考求税则、矿产、农功、商务诸学者隶之；四曰经武，凡考求行军布阵、驾驶测量诸学者隶之；五曰格物，凡考求中西算学、声光化电诸学者隶之；六曰考工，凡考求名物象数、制造、工程诸学者隶之。"③ 严修上奏后，光绪谕令总理衙门会同礼部妥议具奏。1898 年 1 月 27 日，总理衙门具奏，议定以"内政""外交""理财""经武""格物""考工"六事合为经济特科；同时还建议"特科"与"岁科"不可合办，特科无年限，"或十年一举，或二十年一举，候旨举行，不为常例。"④ 光绪允准总理衙门所议，责令各省督抚学政，务将新增算学、艺学各学院学堂，切实经理，随时督饬院长教习，认真训迪，精益求精；该生监等亦当思经济一科，与制艺取士并重。

---

① 严复：《救亡决论》，《严复集》第 1 册，中华书局 1986 年版，第 43 页。
② 康有为：《请广译日本书派游学折》，汤志钧编：《康有为政论集》上册，中华书局 1981 年版，第 301 页。
③ 严修：《贵州学政严修奏请设经济专科折》，《知新报》第 46 册，1898 年 3 月 13 日。
④ 《总理衙门、礼部会奏遵议贵州学政严修请设经济特科疏》，陈学恂主编：《中国近代教育史教学参考资料》上册，人民教育出版社 2006 年版，第 276 页。

在变革科举制度的同时，书院课程也开始变革。1896年，胡聘之等上书清廷，提出变通书院章程。他们认为，书院不仅要"延硕学通儒，为之教授，研究经义，以穷其理，博综史事，以观其变"，而且要"参考时务，兼习算学，凡天文、地舆、农务、兵事，与夫一切有用之学，统归格致之中，分门探讨，务臻其奥"。① 这就是说，除了"研究"中国传统的经史之学外，必须"分门探讨"格致诸学。翰林院侍讲秦绶章进而提出，整顿旧式书院首先要"定课程"，在学科设置及研习上，应该将传统的"四部之学"进行分类，并加以扩充。为此，秦氏提出了一个兼采中西学术之"六斋分科"方案："曰经学，经说、讲义、训诂附焉；曰史学，时务附焉；曰掌故之学，洋务、条约、税则附焉；曰舆地之学，测量、图绘附焉；曰算学，格致、制造附焉；曰译学，各国语言文字附焉。"② 这就是说，书院课程应该包括经学、史学、掌故之学、舆地之学、算学、译学等六大门类。秦绶章提出的方案，很快便由礼部议复之后颁行各省实行。

这些改革科举及书院的举措尽管因百日维新的失败而很快被废止，但随着庚子之乱后清政府被迫实行新政，人们呼吁已久的科举改革再次启动并开始付诸实施。1901年初，慈禧太后发布实行新政的谕旨："查中国之弊在于习气太深，文法太密；庸俗之吏多，豪杰之士少；公事以文牍相往来，而毫无实际人才，以资格相限制，而日见消磨，误国家者在一私字，祸国家者在一例字。至近之人学西法者，语言文字、制造器械而已。此西艺之皮毛，而非西政之本原也。居上宽，临下简，言必信，行必果。我往圣之遗训，即西人富强之始基。中国不此之务，徒学其一言一行、一技一能，而佐以瞻徇情面，自私身家之积习；舍其本原而不学，学其皮毛而不精，天下安能富强？"③ 张之洞立即致电朝廷表示赞同："益必变西法，然

① 胡聘之等：《请变通书院章程折》，《皇朝经世文新编》卷五，大同译书局1898年刊刻本。
② 《礼部议复秦学士整顿各省书院预储人才折》，《时务报》第22册，1897年4月2日。
③ 《变法诏书》，朱寿朋编：《光绪朝东华录》第4册，中华书局1958年版，总第4601页。

后可令中国无仇视洋人之心；必变西法，然后可令各国无仇视朝廷之心；且必政事改用西法，教案乃能消弭，商约乃不受亏，使命条约乃能平恕，内地洋人乃不敢逞强生事；必改用西法，中国吏治、财政积弊乃能扫除，学校乃有人才，练兵乃有实际，孔孟之道乃能久存，三皇五帝神明之胄乃能久延，且康党、国会之逆党乱民始能绝其煽惑之说，化其思乱之心。"①

1901 年 7 月 26 日，张之洞等人上奏《筹议变通政治人才为先折》，提出了"酌改文科"建议，减少了四书五经的比重，逐年减少科举取士名额，扩大学堂学生出身名额，将科举和学堂合流，以十年为期废除科举制。清廷接受该建议并发布诏书，规定"嗣后乡会试，头场试中国政治史事论五篇，二场试各国政治艺学策五道，三场试四书义二篇，五经义一篇"；并指出，凡四书五经义一律不准用八股文。1903 年 3 月，袁世凯和张之洞上奏，提出逐年递减科考名额，以达到"俾天下士才，舍学堂一途，别无进身之阶，则学堂指顾而可以普兴"的目的。②1904 年 1 月，张之洞、荣庆、张百熙等重新修订学堂章程时再度联名上奏，要求递减科举和推广学校。1905 年 8 月，袁世凯会同张之洞等上奏，主张为推广学堂必须停止科举："故欲补救时艰，必自推广学校始；而欲推广学校，必先自停科举始。"③

1905 年 9 月，清廷接受袁世凯等的奏请，正式下令全国停止科举："著即自丙午科（1906 年）为始，所有乡、会试，一律停止；各省岁、科考试，亦即停止。其以前举、贡、生员，分别量予出路，及其余各条，均照所请办理。"④

科举制度是制度化儒学的核心部分。科举制度的废除，切断了儒学与

① 张之洞：《致西安鹿尚书》，《张文襄公全集》奏议一七一，中国书店 1990 年影印本。
② 朱寿朋编：《光绪朝东华录》第 4 册，中华书局 1958 年版，总第 4997—4998 页。
③ 袁世凯、赵尔巽、张之洞等：《请废科举折》，沈桐生：《光绪政要》卷三十一，宣统元年上海崇义堂石印本，第 57—59 页。
④ 《清德宗实录》卷五四八，中华书局 1987 年影印本。

政治权力的联系，动摇了儒学传播的制度根基，对儒学的打击是致命的。科举制度的废除，中断了长期延续的"仕学合一"传统，传统读书人失去了赖以生存之社会基础。各省数万举贡、数十万生员，纷纷流向与社会分工相连之各种社会新职业。这些获得社会新职业的士绅，不得不接受与传统读书人完全不同的西学新知。过去八股经义之类的教学科目，变为近代学校中诸多社会科学及自然科学课程。如果说科举时代的书院课程是以四书五经为主的话，那么，科举废止之后的新式学堂则以西方新学为主。以传播近代新知为主的近代学校制度，并没有给予儒学崇高的地位。传统的士绅阶层逐渐瓦解，儒学赖以传承的载体亦随之逐渐丧失了。

关于晚清学堂学生知识结构的变化，台湾学者张朋园根据陈启天著《最近三十年中国教育史》，将小学、中学、师范三类学校在清季及民国两阶段相互比较后认为：第一，清季新式学堂设立之初，无论小学、中学或师范学校，唯恐一旦纳入新式课程，学子尽弃传统知识，因此读经课程仍占相当比重。尤其是高小及师范学校特别重视读经。第二，到了民国时期，读经的课程显然减少了。清季占 27.1%，民国仅得 8.4%，下降的趋势非常明显。民国八年政府更明令废止读经，传统知识的课程更为减少。①第三，新式课程，数理化三者，小学仅授算术，中学则授代数几何、三角及理化，另有博物及外国史地。清季占 38.2%，民国占 34.9%，两个时期相差虽然不大，但在全部课程中，比重已超过三分之一。第四，读经的课程在高小较重，而新式课程则在中学及师范学校较重。②故其得出结论："由新式学堂的兴起而知有新知识的兴起，由新知识的兴起而知有知识阶级的蜕变。中国的传统社会由知识阶级与非知识阶级所组成，前者领导后者。自科举考试之废除，旧的绅士阶级不再有继起者，新式学堂的兴

---

① 陈启天：《最近三十年中国教育史》，（台北）文星书店 1962 年影印本，第 304 页。

② 张朋园：《湖南现代化的早期进展》，岳麓书社 2002 年版，第 368 页。

起，知识阶级的内涵亦为之一变。"①

科举制度之废弃和新式学堂之兴建，逐渐形成了一个追求西学的新知识群体，出现了西学取代传统旧学的趋势。正因学堂学生之知识结构发生了巨大变化，故有人叹曰："学堂奏定章程非不重四书五经，然大概多视为具文。盖办学之人既多尚新异，而教科太形糅杂，势亦相妨。上年在里，十龄外幼童入学堂已四五年，尚未读四书五经者，可为叹息。"②地方乡绅刘大鹏也发出了学堂"所学皆洋夷之学，孔孟之学俱弃之而不一讲求"的抱怨。③

科举既废，新式学堂和东西洋游学所造就者，即为近代知识人。清季遂出现了传统读书人与新式知识人并存之奇特场面："光绪三十年后，开考试东西洋游学生之例，由考官会同学部，考取游学之毕业生给以进士、举人，再经廷试，高第者授翰林院编修检讨，数年间至百余人，一时称为洋翰林，谓其学由外洋而来考试，与未出国之翰林有异也。恰是时湖南王闿运年逾七十，以宿学保举，于光绪三十四年授为翰林院检讨，正值游学生之进士颇多，王曾有句云：'上无齿录称前辈，尚有牙科步后尘。'上句言科举已停，已无齿录之刻、翰林前辈之称，下句谓游学生考试有医科进士，而医科中有牙科也。"④

科举制度及儒学濡化出来的传统读书人，与近代知识人的差异，除了知识结构上的不同外，更体现在人格追求上的差异。读书人追求的并非纯粹知识，而是闻道、传道与卫道。故古代之"士"是卫道、行道型之"读书人"，而近代"知识人"之基本使命，则是"为知识而知识"。孔子云"士志于道"，又云"天下有道，则庶人不议"，实乃规定士之"明道"使命。

---

① 张朋园：《湖南现代化的早期进展》，岳麓书社 2002 年版，第 380 页。
② 《候选道许珏陈学务折》，光绪三十年六月，《四川学务处文件汇编》。
③ 刘大鹏：《退想斋日记》，山西人民出版社 1990 年版，第 149 页。
④ 商衍鎏：《清代科举考试述录及有关著作》，百花文艺出版社 2004 年版，第 334 页。

传统士人强调读书目的在于明道，明道之法始于修身，故特别注重学者之德行修养，强调读书是为"学"先圣仁义之道。清人陈确云："举子之学，则攻时艺；博士之学，则穷经史，搜百家言；君子之学，则躬仁义。仁义修，虽聋瞽不失为君子；不修，虽破万卷不失为小人。"①研学在于读书，但不是为了读书；举子之学、博士之学、君子之学既为三个层次之学问，亦乃三个层次之修养功夫。只有躬行仁义者，方称"君子之学"。三者区别并不在于所获得知识之多寡深浅，而在仁义德行修养之高低。

伴随着西学东渐而形成的近代知识人，与传统儒学熏习濡化出来的读书人在知识与修养上是不同的。胡适在比较读书人与近代知识人读书之动机时曾说："从前有人作'读书乐'，说什么'书中自有千钟粟，书中自有黄金屋，书中自有颜如玉'，现在我们不说这些话了，要说，读书是求智识，智识就是权力。"②同为"读书"，近代知识人之追求与传统读书人是不同的：近代知识人关注于知识本身，而非知识外之东西。

兴办新式学堂，废除科举，输入西学新知，培养出的是与传统读书人根本不同的近代知识人。他们不再是儒学的承担者和承载者，更失去了传统士人闻道、求道与卫道的使命。因此，新式学堂的兴办及科举制度的废除，必然要从根本上动摇儒学的社会根基，将会导致以儒学为代表的中国传统学术文化的衰落。

六、"非圣排孔"思潮的兴起

经学是社会稳定之利器，当国家遇到危难时，它往往受到人们的诋

---

① 陈确：《学解》，李国钧主编：《清代前期教育论著选》上册，人民教育出版社1990年版，第35—36页。
② 胡适：《读书》，姜义华主编：《胡适学术文集·教育》，中华书局1998年版，第82页。

毁。20世纪初，随着学堂的兴起和科举的停废，相应出现了一个新的知识群体。他们不再以四书五经为研读内容，经学日益边缘化，而且在他们接受西学新知后，对儒学及孔子的认识也会发生变化。在他们眼中，不仅"经学"内涵发生了很大变化，而且对经学之功用表示怀疑，"废经"之声渐起，甚至出现"烧经"的极端做法。这种言论固然是少数人偏激之见，但对于经学之生存影响巨大。这实际上揭示出一个重要问题：传统儒学如何应对晚清变动着的新环境。

面对西学输入及制度变动后出现的经学面临消亡的窘象，吴汝纶、张之洞等人均提出了一些保存儒学之道，力谋有所补救。从研习国文入手，进而研习六经，以培植中国传统学术文化之根底。西学必须研求，但不能废止中国儒家的经史之学，两者应该兼顾，是当时人们较为普遍的看法。1903年，张之洞等人在拟定新学制时，特别强调"崇经重道"，给予"经学"以崇高地位："至于立学宗旨，无论何等学堂，均以忠孝为本，以中国经史之学为基础。"《学务纲要》明文规定："中小学尤宜注重读经以存圣教。"张氏认为，"中国之经书，即是中国之宗教。若学堂不读经书，则是尧舜禹汤文武周公孔子之道，所谓三纲五常者，尽行废绝，中国必不能立国矣。学失其本则无学，政失其本则无政。其本既失，则爱国爱类之心以随之改易矣，安有富强之望乎？故无论学生将来所执何业，在学堂时，经书必宜诵读讲解。各学堂所读有多少，所讲有浅深，并非强归一致。"但经学奥博，即使经学大师，也罕有兼精群经者，故张氏规定："计中学堂毕业，皆已读过《孝经》《四书》《易》《书》《诗》《左传》，及《礼记》《周礼》《仪礼》节本，共计读过十经（《四书》内有《论语》《孟子》两经），并通大义。较之向来书塾书院所读所解者，已为加多。"[①]他认为，小学、中学皆有读经之课，高等学有讲经之课，大学堂、通儒院则以精深经学列为专

① 张之洞等：《奏定学堂章程·学务纲要》，湖北学务处1903年刊印本。

科，自然会达到"尊崇圣道""保存古学"的目的。

清政府废除科举制度后，特别强调各级学堂"首以经学根柢为重"。《清帝谕立停科举以广学校》曰："今学堂奏定章程，首以经学根柢为重。小学中学，均限定读经讲经温经晷刻，不准减少；计中学毕业，共需读过十经，并通大义。而大学堂、通儒院，更设有经学专科；余如史学、文学理学诸门，凡旧学所有者皆包括无遗，且较为详备。盖于保存国粹，尤为兢兢。"尽管经学在新学制中立于群学之首，但它仅仅是大学"八科"中的一科而已。各种书院改为新式学堂后，儒家经史之学在新式学堂中所占之比重毕竟有限。更重要的是，此时"趋新"之风日盛，旧学万难引起读书人之兴趣。正因如此，清学部采行了变通办法，允许获得举人或取得优贡、拔贡资格者直接进入大学经科就读。

为了保存中国传统学术文化，张之洞等人力谋设立存经书院。1906年，湖南巡抚庞鸿书上奏清廷，认为"学堂科目赅括中西，其于经学、史学、理学、词章学，皆未暇专精，窃恐将来中学日微，必至各学堂亦鲜教国文专门之教员，而中师渐绝"。[1] 请求将达材、成德、景贤、船山各学堂，改为专门研习中国旧学的存古学堂。存古学堂重点是研习中国固有之经学、史学、文学等，西学门类如算学、艺学、政学仅仅是"兼通"而已。

1907年，张之洞上奏清廷，将湖北经心书院故址改为"存古学堂"。该学堂同样以研习经学、史学等中国旧学学科为主："经学为一门，应于群经中认占一部，《说文》《尔雅》学、音韵亦附此门内。史学为一门，应于二十四及《通鉴》《通考》中认占一部，本朝掌故即附此门内。词章为一门，金石学、书法学亦附此门内。以上或经或史，无论认习何门，皆须兼习词章一门。"他强调："此项存古学堂，重在保存国粹，且养成传习中

---

① 庞鸿书、支恒荣：《护理湖南巡抚庞学政支会奏改设学堂以保国粹而励真才折》，《东方杂志》第 3 年第 3 期。

学之师，于普通各门止须习其要端"。① 因此，存古学堂重在"保存国粹"。1911 年 4 月，清学部在《奏修订存古学堂章程折》中，对存古学堂立学之目的作了规定："存古学堂以养成初级师范学堂、中学堂及与此同等学堂之经学、国文、中国历史教员为宗旨，并以预备储升入经科、文科大学之选。"它分设中等科、高等科，其学科分经学、史学、词章三门："经学门为预备升考经科大学者治之，史学门为预备升考文科大学之中国史学门者治之，词章门为预备升考文科大学之中国文学门者治之。"②

清政府对研习"经学"诸门类之规定虽非常细密，但在西学大潮冲击下的中国儒学，毕竟无法适应近代新式学堂讲授及学科整合的需要，因而日益受到人们的冷落。1904 年，张之洞承认："近日风气，士人渐喜新学，顿厌旧学，实有经籍道息之忧。"③1906 年，清学部颁布了"忠君、尊孔、尚公、尚武、尚实"的教育宗旨，宣称孔子不仅是"中国万世不祧之宗"，而且是"五洲生民共仰之圣"。学部还奏请祭孔由中祀升为大祀，慈禧太后批准："孔子至圣，德配天地，万世师表，宜升为大祀，以昭隆重。"并规定学校在春秋入学及孔诞日应"祀孔"。这些措施旨在谋求在教育制度改革中维持儒学的官方意识形态独尊地位，维持中国传统的社会伦理秩序和孔子的伦理权威。但儒学独尊地位动摇的情景并未因此改变。张之洞指出："近数年来，各省学堂建设日多，风气嚣张日甚。大率以不守圣教礼法为通才，以不遵朝廷制度为志士。即冠服一端，不论文武各学，皆仿效西式，短衣皮鞋，扬扬自诩……至于学堂以内，多藏非圣无法之书，公然演说，于读经讲经功课钟点，擅自删减。以及剪发胶须诸弊层出，实为隐忧。"④

---

① 张之洞：《创立存古学堂折》，《张文襄公全集》奏议六十八，中国书店 1990 年版。
② 学部：《奏修订存古学堂章程折》，《政治官报》第 1249 号，宣统三年三月二十六日。
③ 张之洞：《致瑞安黄仲韬学士》，《张文襄公全集》卷一九〇，中国书店 1990 年版。
④ 朱寿朋编：《光绪朝东华录》，中华书局 1958 年版，第 5676 页。

清季兴学堂、废除科举之后，儒家经典在新学制中难以找到合适的地位，张之洞等设计的大学"经学科"也受到人们的讥讽和猛烈抨击，儒家纲常伦理赖以生存的制度依托发生根本动摇，儒学衰亡遂成历史必然。陈寅恪论儒家伦理观念在近代的变迁时指出："夫纲纪本抽象之物，然不能不有所依托，以为具体表现之用。其说依托以表现者，实为有形之社会制度，而经济制度尤其最要者。故所依托者不变易，则依托者亦得因以保存。吾国古来亦尝有悖三纲违六纪无父无君之说，如释迦牟尼外来之教矣，然佛教流传播衍盛昌于中土，而中土历世遗留纲纪之说，曾不因之动摇者，其说所依托之社会经济制度未尝根本变迁，故犹能藉之以为寄命之地也。近数十年来，自道光之季，迄乎今日，社会经济之制度，以外族之侵迫，致剧疾之变迁，纲纪之说，无所凭依，不待外来说之挢击，而已销沉沦丧于不知觉之间。"① 儒学赖以生存的社会经济制度之"皮"已经发生"剧疾之变迁"而不复存在，遂使主"纲纪之说"的儒学之"毛"无所凭依，儒学之"销沉沦丧"便成为必然之势。

1906 年，清政府正式确定将"忠君""尊孔"列为教育宗旨，以孔子之道作为新式学堂教育之指导方针。新知识群体针锋相对地将矛头对准"大成至圣先师"之孔子，开始对孔子"至圣"地位提出质疑和挑战，公开提出了"无圣""排孔"口号。黄梓才在《万国公报》上发表的《政教分权论》中，对各级学堂尊孔提出了批评，提出了政教分离、信仰自由的主张："政教不分权限，士大夫终不得宗教自由。此为中国进步之最大阻力，亦为政府致乱之一大原因。"② 君衍在《童子世界》上发表的《法古》一文，以近代进化论为指导，对"法古"思想进行批判，对孔子"至圣"地位提出了公开挑战。该文对孔子被历代帝王利用的历史做了回顾，公开

---

① 陈寅恪：《王观堂先生挽词并序》，《陈寅恪诗集》，清华大学出版社 1993 年版，第 10—11 页。
② 黄梓才：《政教分权论》，《万国公报》第 196 号。

对孔子"至圣"地位提出了根本否定。其云："'至圣'两个字，不过是历代的独夫民贼加给他的徽号。那些民贼为什么这样尊崇孔子呢？因为孔子专门叫人忠君服从，这些话都很有益于君的。所以，那些独夫民贼，喜欢他的了不得，叫百姓尊敬他，称他作'至圣'，使百姓不敢一点儿不尊敬他，又立了诽谤圣人的刑法，使百姓不敢说他不好。那百姓到了日久，自然变做习惯，都入了那些独夫民贼的圈套，一个个都拿'忠君'当自己的义务，拿'法古'当最大的事体。"① 历代帝王封给孔子"至圣"徽号，是要使人们做孔子的奴隶，做古人的奴隶，做统治者的奴隶。

李石曾（笔名"民"）在《新世纪》上发表《好古》一文，用进化论观点对孔子"好古敏以求知者"的观点进行批判。他指出，使孔子好古而不敏于求知，温故而不知新，则孔子亦无所表彰于后世矣。他指出："为至圣，而排斥百家，奉孔门之一言一语为金科玉律，而不因时省察，不随事更化，徒株守拘泥，以致不可随世运而进化者，知好古而不敏于求知，温故而不知新，便失进化之理也。"② 他认为处于世界交往密切的新时代，绝不能好古而忽今，更不能因循保守。他批评说："数千年老大帝国之国粹，犹数百年陈尸枯骨之骨髓，虽欲保存，其奈臭味污秽，令人掩鼻作呕何，徒增阻力于青年之吸受新理新学也。"而正确的态度，应该是以开放的心态输入并接受外来之新理新学："中国之所以不能随世运而进，好落人后者，以尊古薄今也。泰西之所以实事求是，精益求精者，以尊今薄古也。惟尊今薄古，故能今胜于古，而进化无极也。"③

署名"凡人"者在《河南》杂志上发表《无圣篇》一文，明确否定孔

---

① 君衍：《法古》，《童子世界》第 31 期，1903 年 5 月 27 日。

② 民：《好古》，张枬等编：《辛亥革命前十年间时论选集》第 2 卷下册，生活·读书·新知三联书店 1963 年版，第 1049—1050 页。

③ 民：《好古》，张枬等编：《辛亥革命前十年间时论选集》第 2 卷下册，生活·读书·新知三联书店 1963 年版，第 1050—1051 页。

子为中国之圣人。作者认为，尽管希腊有苏格拉底、印度有释迦佛尊等圣人，但都没有像中国这样定于一尊的圣人，没有中国圣人对中国社会文化有如此大的影响。他国的圣人仅仅是"贤能"之称，中国之圣则"为民立极，足为万世法"。接着，作者对所谓"圣学""圣道"进行批判，公开亮明了"无圣"的观点：一是要破专制之恶魔，必自无圣始。二是要谋人类之独立，必自无圣始。三是立学界前途之大本，必自无圣始。① 这篇文章对孔子的抨击是相当尖锐的，其影响力也是巨大的。"凡人"随后在《河南》杂志上发表《开通学术议》一文，继续对孔子及儒学进行猛烈抨击。他指出，西洋文明之所以优于中国文明，与孔子"尊君敬长之道"有关。在东西文明竞争的时代，中国仍然尊孔崇经是不合时宜的。作者继承了《无圣篇》的观点，对"孔子，圣人也"提出了质疑，重新对孔子及其学说作了审视，塑造了新的孔子形象。他指出："吾固目孔子为时势所造之英雄，无见其造福于当时也。至若四科之目，则因其门人有此四类之材，孔子引而导之，非所谓圣学四科也。"② 他眼中的孔子便有了这样三种新形象：一是革命的孔子；二是教育的孔子；三是政治的孔子。他认为过去人们对孔子的理解有偏差，实际上，孔学之根本在于"开通之学术"："夫孔子为开通之学，固开通之圣也。"③ 作者公开指出，自己撰写《无圣篇》及《开通学术议》的宗旨："予非訾毁孔子，实研求孔学之所以为学，以解决数千年来迷信之历史。"④ 在他看来，孔学的弊端是明显的，并且这弊端多是后

① 凡人：《无圣篇》，张枬等编：《辛亥革命前十年间时论选集》第 3 卷，生活·读书·新知三联书店 1977 年版，第 267—268 页。
② 凡人：《开通学术议》，张枬等编：《辛亥革命前十年间时论选集》第 3 卷，生活·读书·新知三联书店 1977 年版，第 342 页。
③ 凡人：《开通学术议》，张枬等编：《辛亥革命前十年间时论选集》第 3 卷，生活·读书·新知三联书店 1977 年版，第 344 页。
④ 凡人：《开通学术议》，张枬等编：《辛亥革命前十年间时论选集》第 3 卷，生活·读书·新知三联书店 1977 年版，第 345 页。

儒末流所致。故主张在"訾毁孔子"的同时，必须对后儒圣贤予以批判。

吴稚晖、李石曾等人在法国巴黎创办的《新世纪》，是无政府主义的重要刊物。它公开倡言三纲革命、孔丘革命、祖宗革命、家庭革命，对孔子及儒学进行猛烈的抨击和尖锐批判，在清末思想文化界产生了重大影响。

"真"在《新世纪》上发表《祖宗革命》，对中国家庭"崇拜祖宗"迷信进行抨击，公开提出了"祖宗革命"口号。作者首先对迷信中祖宗与科学中之祖宗作了比较，提出了"不主祖宗革命者非自愚则自私"的论断，"凡有道之革命党必主张祖宗革命"。其云："祖宗迷信之反背科学，有伤公理，为知道者所最不能堪者也。革命无非为求伸公理而已。然支那人生平最早所遇不合公理之事，未有如崇拜祖宗者也。是故祖宗革命，为支那革命党之'初学试验品'无疑。"如何实行祖宗革命？作者提出的方案为：（一）于书报演说中阐发此种新理，破数千百之迷信。（二）凡遇含有祖宗迷信性质之礼仪（祭丧葬者），皆指公理以拒之。（三）平坟墓，火神牌，以为警世之钟，藉行传布之法，或将墓牌神位，送入博物院，资后来考人智进化者之研求。（四）凡主张祖宗革命者，当嘱其子孙，于其死后，勿以昔日待祖宗之法相待；或笔之于书，俾子孙懦者，或受他种强权所阻者，亦得勉行祖宗之革命。[1]

随后，"真"在《新世纪》上发表《三纲革命》，直接抨击孔子及儒学的纲常名教。作者指出，"所谓三纲，出于狡者之创造，以伪道德之迷信保君父等之强权也。"君为臣纲，父为子纲，夫为妻纲，是"宗教迷信"；与其相对的人人平等、父子平等、男女平等，则是"科学真理"。[2]他指出："家庭革命、圣贤革命、纲常革命，所以助人道进化者也。"复云："实行

---

① 真：《祖宗革命》，张枬等编：《辛亥革命前十年间时论选集》第 2 卷下册，生活·读书·新知三联书店 1963 年版，第 982—983 页。

② 真：《三纲革命》，《新世纪》第 11 期，1907 年 8 月 31 日。

政治革命、经济革命，皆不能免激烈之作用，因革命之主动者，与反对党性质正反，必有冲突故也。"① 革命之法有二："一曰尚真理以去迷信，此思想之革命也（直接）。一曰求自立以去强权，经济革命与有切要之关系也（间接）。"②

绝圣在《新世纪》上发表《排孔征言》，公开提出了"排孔"口号。文章首先将中国之困乱归罪于孔子，认为孔学"自政府之所利用，人民之所迷信观之"，不能说它没有宗教性。孔子的罪责更在于成为专制政府之根基。其云："呜呼！孔丘砌专制政府之基，以荼毒吾同胞者，二千余年矣。……吾请正告曰：欲世界人进幸福，必先破迷信；欲支那人之进于幸福，必先以孔丘之革命。"他指出："破世界人之迷信，世界人之所有事也。支那人者，世界人之分子也。破支那人之迷信，即破世界人之迷信。吾辈支那人也，请行孔丘之革命，以破支那之迷信。"③ 在他看来，既然孔子是"砌专制政府之基"的"贼王"，是思想专制的"教主"，那么要推翻专制、追求自由，就必然进行"孔丘之革命"。因此，作者号召天下之仁人志士，切心救世者，皆以排孔为旨，著作文章，破除孔儒一尊的局面："鄙意尽集其一生之言行，分门著论。言则取类似者，仿《左氏博议》之例排比为题，痛加驳斥。行则或就身世，或以所言反诘，要勿稍留余地。"④

20世纪初，新知识群体对孔子及儒学的批判，还集中于儒学与君主专制的关系上。吴魂在《中国尊君之谬想》中，在对中国君权所以发达之原因进行分析时，将"圣人教忠之学说"列为首要原因。孔孟教忠之道为君主所利用，造成了君权发达："所谓圣人为君主教猱升木，而君主因而利用之，祭庙、拜神像、用圣言，彼非真信圣人也，信圣人学说之足以驾

---

① 真：《三纲革命》，《新世纪》第 11 期，1907 年 8 月 31 日。
② 真：《三纲革命》，《新世纪》第 11 期，1907 年 8 月 31 日。
③ 绝圣：《排孔征言》，《新世纪》第 52 期，1908 年 6 月 20 日。
④ 绝圣：《排孔征言》，《新世纪》第 52 期，1908 年 6 月 20 日。

驭国民也。"①中国君权发达，还"由于君主之利用圣人学说"。他指出："历代君主，当定鼎之初，即以偃武修文之要药，无他，圣人固言尚德不尚力也。君主已习闻之，因窃其义而用之。彼固以圣人学说，纯正无弊，不妨屡用之。文则尚学，学则尊君，尊君则子孙万世帝王之业可固。又复出一令曰：当法圣人，非圣者无法。使之不敢不从，而后可以高枕。由是言之，圣人与君主，互相为因，互相为果，岂一人之咎哉。"②

1903年，《国民日日报汇编》第3集所载《道统辨》一文，更是一篇批判专制主义的名作。该文指出，道统论之所以能够流行，主要有两个原因：一是世儒之标榜也，二是君主之愚民也。正因有此二因，而道统之说，遂历久而长存。道统论是"中国腐儒之说"，其流弊有四："一曰不合论理，二曰重诬圣贤，三曰缩圣道之范围，四曰遏人民之思想。"③

总之，清季批判孔子与儒学之言论是相当激烈的。尽管这些言论还难以从根本上动摇儒学的正统地位，孔子独尊的局面没有根本改变，但可以清楚地看出，孔子的地位开始动摇，儒学面临着极大的困境。人们对孔子和儒学已经产生了质疑，儒学在意识形态方面的统治地位被不断消解。清末对孔子及儒学的批判，为五四时期激烈地批判儒家思想奠定了基础。五四新文化激烈的反孔及清除儒家思想，显然是清季排孔思想之继续和发展。

---

① 吴魂：《中国尊君之谬想》，《复报》第1期，1906年5月。
② 吴魂：《中国尊君之谬想》，《复报》第1期，1906年5月。
③ 《道统辨》，张枬等编：《辛亥革命前十年间时论选集》第1卷下册，生活·读书·新知三联书店1960年版，第736页。

第八讲

尊孔读经与儒家思想的新开展

　　尽管孔子及儒学的独尊地位在清季开始动摇，但儒学真正退出政治教育领域而趋于崩溃，则是在辛亥革命之后，尤其是在五四新文化运动时期。辛亥革命推翻了封建专制王朝，废除了君主专制制度，建立了亚洲第一个民主共和国，西方近代政治文明，如议会制度、选举制度、政党政治、三权分立等均在中国引入并开始尝试。但袁世凯继任临时大总统后，实行专制独裁统治，政治上出现了混乱局面。同时，他为了复辟帝制，公开命令尊孔读经，企图在"保存国粹"的幌子下，加强对民众进行思想控制，思想文化界出现了一股尊孔复古潮流。以康有为、陈焕章为代表的孔教会发起了国教运动，以陈独秀等人为代表的《新青年》派起而抵制，掀起了空前规模的反孔批儒运动。因此，民国初期思想文化界的尊孔与反孔斗争显得格外突出。正是在这样的尊孔与反孔较量中，孔子及其儒学受到了空前未有的批判，儒学的尊崇地位彻底瓦解，"打倒孔家店"成为五四以后中国激进分子之共识。

一、民初孔教会与国教运动

中国君主政体之所以能够存在二千多年，是因为它与中国古代社会的血缘政治、宗法政治以及小农经济形态相吻合。在中国绝大多数人的心目中，君主是中国秩序和谐与持续稳定的保障和象征。辛亥革命后君主政体的废除，对于当时尚不具备民主共和知识的中国多数民众所产生的冲击是强烈而深远的。专制君主从人们的心目中消失后，新的政府首脑暂时难以获得民众思想意识上的认可，加上辛亥革命之后中国政治并没有走上正轨，军阀擅权，武人专制，政府的权威并没有树立起来。正是在这种皇帝被推翻、新权威尚未建立之际，国人对现存的社会秩序与政治秩序产生了怀疑感及危机感，多数民众既对新社会秩序感到迷惘不解，又不可避免地对中国旧有社会秩序怀有眷恋之情，从而出现了前所未有的信仰危机。

民初国人的信仰危机不仅在政治层面凸显，而且在社会道德价值层面也开始呈现。1912 年初，由蔡元培任教育总长的教育部公布了《普通教育暂行办法》，否定了清政府"忠君尊孔"的教育宗旨，规定"小学废止读经"；后来，教育部重申"废止读经"规定，废除跪拜孔子之礼，禁止使用清季学部颁布的各种教科书，旧时"御批"各书和《大清会典》《大清律例》等一概禁止讲授。随后，教育部公布的《大学令》规定，大学废除"经学科"，把十三经分别列入文科的相关学科，作为学习和研究的对象。从此，儒学失去了在国家教育体制中的独尊地位，儒家经典从政治、教育领域全面退出，不复为人们必读之经典，中国开始进入没有"经典"的新时代。蔡元培在《对于新教育之意见》中指出："满清时代，有所谓钦定教育宗旨者，曰忠君，曰尊孔，曰尚公，曰尚武。忠君与共和政体不合，尊孔与信教自由相违。"主张"孔子之学术与后世所谓儒教、孔教者当分别论之，嗣后，教育界何以处孔子，及何以处孔教，当特别讨论之"。① 故其将清季学部忠君、尊孔、尚公、尚武、尚实的教育宗旨，修改成符合共和民国精神的军国民主义、实利主义、公民道德、世界观、美育教育。

内务、教育两部通告全国各省，文庙暂时照旧致祭，但不再下跪磕头，只三鞠躬，祭祀时所穿衣服也改用便服。在这些法令的影响下，有些省、市、县把孔庙改为学校，将庙产（主要是祭田）充作学校经费。在执行规定的过程中，"私家如有私授经者，官吏至加以刑罚。"② 广东、江苏、湖南、四川等地的学校，废除了尊孔读经，把孔庙改为学校或习艺所，停止了祀孔典礼。1912 年 7 月，教育部在全国临时教育会议上提出了《学校不应拜孔子案》，随后公布的《普通教育暂行条例》则明确规定"小学读经科一律废除"，拜孔仪式逐渐废止。

这些改革措施被一些守旧者称为废弃孔教，禁十三经，毁孔庙。在中国传统社会，孔庙遍布于省州府县各地，庙学一体的教育体制使得各地的孔庙据有大量的庙产。辛亥巨变后各地的孔庙无人管理，随后的社会动荡致使各地的孔庙遭受程度不等的损失。孔教会、孔道会、宗圣会等孔教组织纷纷在其会章中规定：孔庙就是孔教组织的财产与活动场地。民国肇建，百废待兴，教育部也要求各地教育机构将各地的孔庙财产补助当地的教育经费，教育部的措施随即招来孔教会的反对。由教育部令引发的各地孔教会人士对孔庙财产的争夺的记载，更是广见于《孔教会杂志》各期。

自西汉以来，孔子及儒家学说作为治理国家的基本原则而得到推崇，不仅成为官方意识形态，而且深刻影响着中国民众的日常生活。儒学虽非典型意义上的制度化宗教，但实际上充当了本由宗教来承担的社会教化功

---

① 蔡元培：《对于新教育之意见》，中国蔡元培研究会编：《蔡元培全集》第 2 卷，浙江教育出版社 1997 年版，第 16 页。

② 劳乃宣：《桐乡劳先生遗稿》卷五，桐乡卢氏民国 16 年刻印本。

能，支撑着中国人的意义世界。辛亥革命之后从根本上废除孔子和儒家思想作为治国的原则，而代之以西方民主共和思想，不仅关涉着中国政治教育的发展，而且触及中国民众的社会信仰问题。以政府的权威强行要求人们信仰孔子和儒家学说固然与信教自由不相适应，而以政府的权威强行废除儒学独尊地位，并改变人们对孔子的尊奉，也很难说符合信教自由。因此，儒家经典尽管从政治教育领域退出了，但并不意味着孔子和儒学的精神权威就彻底丧失了。

对孔子的尊奉与信仰是客观存在的社会现实，这种事实的形成在一定程度上是由于政府的倡导，在更大的程度上则取决于中国社会的经济状况，是中国的社会存在决定了国人的孔子信仰。因此，关于孔子学说的存废问题便不是人为的力量所能决定的，只能有待于社会经济状况的根本改观。辛亥革命虽然带来了急剧的政治变动，但社会经济的状况并没有在短时期内发生根本变动。在这种情况下骤然废止孔子及儒学的官方意识形态主导地位，虽然是社会进步的标识，但难免带来社会价值标准的紊乱，也确实导致了国人空前未有的信仰危机。因此，民初出现的政治社会秩序的混乱，除了地方势力破坏之外，主要是由于国人信仰体系的崩溃。对此，康有为哀叹："以今兹之革命，非止革满洲一朝之命也，谓夫教化革命、礼俗革命、纲纪革命、道揆革命、法守革命，尽中国五千年之旧教、旧俗、旧学、旧制而尽革之，如风雨迅烈，而室屋尽焚，如海浪大作，而船舰忽沉，故人人彷徨无所依，呼吁无所诉，魂魄迷惘，行走错乱，耳目不知所视听，手足不知所持行，若醉若狂，终之惟有冷死沉溺而已。若今之中国，其情实已然也。"[1]康氏之言尽管有夸张的成分，但其所描述的民初国人精神信仰的危机感是真切的。

---

[1] 康有为：《中国以何方救危论》，汤志钧编：《康有为政论集》下册，中华书局1981年版，第818页。

在新的信仰体系难以确立之际，社会民众要么归于复旧的信仰，要么处于无所适从的茫然状态。如何尽快地收拾世道人心，统一国人思想观念，重建中国人的价值规范，整合社会伦理秩序，重树国人之信仰，便成为民初意识形态领域中的迫切问题。从当时的实际情况看，共和原则下的新观念与新道德在新知识分子阶层拥有一定的影响力，但对中国绝大多数人特别是中下层的民众来说，新道德与新观念毕竟影响甚小，民权自由之说尚不足以成为社会道德的主流，孔子及儒学对民众思想观念及日常生活的影响更为深厚。故那些受孔子及儒家文明熏习的人们很自然地会认为，欲存中国必先救人心、善风俗、拒邪行、放淫辞；而欲做到这些，则舍尊崇孔子及倡导孔教之外无从下手。这样，面对民初社会价值和信仰体系的危机，尊孔崇儒便成为很自然的选择，国教运动因此应运而起。

辛亥革命后孔子及儒学地位的根本动摇，对康有为等保皇派产生了巨大刺激。他严厉批评民国成立以后政府采取的激进政策，斥之为"扰民害民"，导致了"礼崩乐坏"。他对辛亥革命后废除尊孔读经不满："经传不立于学官，庙祀不奉于有司，向来民间崇祀孔子，自学政吴培过尊孔子，停禁民间之祀，于是自郡县文庙外，民间无祀孔者。夫民既不敢奉，而国又废之，于是经传道息，俎豆礼废，拜跪不行，衿缨并绝，则孔子之大道，一旦扫地耗矣，哀哉！"① 并表示对这种"亘古未有之变，俎豆废祀，弦育绝声，大惊深忧"。

如何拯救礼俗教化？康有为提出了创立孔教会的主张。他指出："时变之大者，必有夫巨子出济艰难而救之，今其时也。吾欲复立孔教会以振之。"为什么要立孔教、提倡以孔教为国教？其主要理由有三：第一，宗教是人类文明的普遍特征，"凡国必有所谓国教也"，孔教是宗教，可定孔教为中国国教。他力图将孔教宗教化，以使孔教符合宗教定义。他说：

---

① 康有为：《孔教会序一》，《孔教会杂志》第 1 卷第 2 号。

"孔子尊天事帝，无贰尔心，明命鬼神，为黔首则，原始反终，而知死生之说，精气为物，游魂为变，而知鬼神之情状，孔道何所不有？孔子弟子传道四方，改制立法，实为中国之教主。"既然孔子创设了圣教，则宜遍立孔教会，广为传布，以治人心，定风俗。第二，孔子之道亘万世而常新，适合于共和时代。他强调孔子大同之道适合于共和之世："今孔子有平世大同之道，以治共和之世，吾国人正可欢喜恭敬，讲明而光大之。"①孔子太平大同之义，只需经重新诠释，自能发现近代人道、博爱、平等、自由之说，因而适合现代社会。第三，尊孔与帝制无必然联系。康有为赞赏欧美各国"妙用政教之分离"，政治与宗教两不相碍，两不相失。孔教可相对独立于政治，提倡孔教与帝制复辟也无必然联系。

康有为及孔教会积极提倡读经，认为在现代教育体系中设立"读经"课程是必要的。康氏对教育部废止读经和将学田充公作为小学经费这两项对于儒家生存极为不利的新政策，表示极大的愤慨。他致函教育部云："顷乃闻部令行饬各直省州县，令将孔庙学田充公，以充小学经费，有斯异政，举国惶骇，既已废孔，小学童子，未知所教，俟其长成，未知犹得为中国人否也，抑将为洪水猛兽也。"②

民初的尊孔活动，有着相当深厚的社会基础和思想基础。虽然君主专制政体被推翻了，但儒家思想仍然在社会生活中占有重要地位。那些本来就对辛亥革命抵制和仇视的清朝遗老，企图利用孔子达到自己的政治目的，狂热地鼓吹尊孔复古；而多数民众则是在新旧鼎革之际，仍然在思想意识和价值观念上认同传统儒学，并在社会生活中沿袭儒家伦理习俗。道德伦理和精神信仰上出现的严重危机，是民国初年尊孔的重要思想基础。

---

① 康有为：《中华救国论》，汤志钧编：《康有为政论集》上册，中华书局 1981 年版，第727、728 页。

② 康有为：《复教育部书》，汤志钧编：《康有为政论集》下册，中华书局 1981 年版，第863 页。

康有为等人的孔教论，强调尊重儒家文化传统，并试图以西方近代精神对儒学作出转换性解释，有一定的合理成分，也引起了很多人的同情和支持。对于康有为等人发起孔教会以倡导国教运动，民初不少人确实看到了孔教会挽救国人道德和信仰危机的良苦用心，更看到其动机缘于民国政府的激进措施。有人撰文道："原国教之说之所由起，实种因于（民国）二年以前，民国第一任临时内阁教育总长蔡元培，逞其一偏之心思，欲为惊人之创举，昌言曰废孔。废孔于是丁祭不准举行，学校不许拜孔，学田学产，没收入官。举中国数千年来尊无二上之至圣先师，例诸淫祀妖庙，禁绝无余，于是弦歌绝响，舞灭影者，几二年。当时之士，莫不痛心疾首，然怵于政府之威严，大都敢怒而不敢言。蔡氏去位，此案全翻，未几而孔教出焉。"① 这种判断基本上是合乎历史事实的。

不仅康有为及孔教会发动国教运动旨在挽救民初道德信仰危机，而且掌握国家政权的袁世凯也看到了民初社会秩序及信仰危机的存在，并以此为借口尊孔复古，借恢复孔教而达到社会秩序稳定之目的。1914 年 9 月 25 日，袁世凯在《祭孔告令》中称："近自国体变更，无识之徒，误解平等自由，逾越范围，荡然无守，纲常沦弃，人欲横流，几成为土匪禽兽之国。……中国服循圣道，自齐家、治国、平天下，无不本于修身。语其小者，不过庸德之行，庸言之谨，皆日用伦常所莫能外，如布帛菽粟之不可离。语其大者，则可位天地，育万物，为往圣继绝学，为万世开太平。"② 尽管康有为倡导的定孔教为国教运动与袁世凯尊孔复古的政治动机有相当大的差别，但均认为孔子学说代表了中国文化精神，是中国社会秩序得以恢复和持续稳定的根本条件，其思想原则不仅合乎帝制时代，而且与民主

---

① 丁义华：《教祸其将发现于中国乎》，沈云龙主编：《民国经世文编》，（台北）文海出版社有限公司影印本，第 62 页。

② 袁世凯：《大总统发布亲临祀孔典礼令》，《中华民国史档案资料汇编》第 3 辑《文化》，江苏古籍出版社 1991 年版，第 11 页。

共和的原则并无根本滞碍。故两方势力在"尊孔"问题上达到了某种程度的认同，从而使民初康有为等人的国教运动与袁世凯的尊孔复辟活动纠缠在一起，徒然增加孔教问题之复杂性。

康有为的幕后策划和直接授意，促使陈焕章在上海成立孔教会。1912年10月7日，陈焕章、麦孟华、沈曾植、梁鼎芬、朱祖谋、陈作霖等人在上海发起成立孔教会，推康有为为会长，陈焕章任总干事，并创办《孔教会杂志》，其宗旨是拜圣读经，昌明孔教。孔教会把儒学当成真正的宗教，尊孔子为教主。孔教会成立后，立即组建事务所，作为全国孔教总会机关。《孔教会开办简章》初步确定了孔教会的宗旨、组织等事宜。《孔教会章程》将会务分为"讲习"和"推行"两部，前者以研习孔教经典为主要任务，后者负责传教、养正、执礼、济众等职责，并规定了相关的祭祀、庆典礼仪及颂圣读经制度。12月12日，孔教会发起人王人文、姚丙然、沈守廉、姚文栋、张振勋、陈作霖、沈恩桂、麦孟华、陈焕章、陈三立等发出《孔教会公呈》，分寄大总统、教育部、内务部，争取立案，取得组织的合法地位。1912年12月23日，教育部批准孔教会立案并嘉奖："呈及简章均悉，当兹国体初更，异说纷起，该会阐明孔教，力挽狂澜，以忧时之念，为卫道之谋，苦心孤诣，殊堪嘉许。所请立案之处，自应照准。"次年1月7日，内务部批文准予立案："所订开办章程尚属切实妥洽，自应查照约法，准予立案，并仰将详细章程续呈本部核定可也。"①2月，孔教会的机关刊物、陈焕章任主编的《孔教会杂志》在上海正式出版。

1913年3月22日，康有为在上海创办《不忍》杂志，自任主编。他先后发表《中华救国论》《中华学会报题词》《中国以何方救危论》《以孔教为国教配天议》《复教育部书》等文，系统阐述了自己的尊孔保教主张，

---

① 中国社会科学院近代史研究所编：《中国近代尊孔逆流史事纪年》，中华书局1974年版，第29页。

建议国会将孔教定为国教，并在全国各地孔庙举行宗教仪式。与此同时，全国各地的孔教人士纷纷发表文章，宣扬"孔教大一统论"，"孔教乃中国之基础论"，"孔子受命立教论"，探讨"论废弃孔教与政局之关系"，形成了尊孔崇儒浪潮。

到 1914 年初，孔教会在上海、北京、天津、济南、西安、成都、兰州及纽约、东京等地建立了 130 多个分会，在全国造成了很大影响。除了孔教会外，此时在全国各地还相继成立了孔道会、孔社、孔道维持会、宗圣会、庚子读经会、孔教尊经会、尊孔文社等名目繁多的尊孔组织，以讲明圣学、尊崇孔子为号召，提倡尊孔读经，造成了较大的社会影响。1913 年夏，陈焕章北上在北京组织成立孔教会，并联合各种尊孔势力对国会施加压力，力争在即将起草的宪法中明确规定孔教为国教。

1913 年 8 月，陈焕章、严复、夏曾佑、梁启超、王式通等孔教会代表人士向北京政府呈送《孔教会请愿书》。在请愿书中，孔教会对孔教的历史地位及立孔教为国教的合理性从两个方面做了阐述。一是定孔教为国教乃尊重"民意"之必然。其云："今日国体共和，以民为主，更不容违反民意，而为专制帝王之所不敢为。且共和国以道德为精神，而中国之道德，源本孔教，尤不容有拔本塞源之事。故中国当仍奉孔教为国教，有必然者。"二是定孔教为国教与信仰自由可以并行不悖，并不违背《中华民国临时约法》关于"信教自由"之规定。其云："吾国自古奉孔教为国教，亦自古许人信教自由，二者皆不成文之宪法，行之数千年，何尝互相抵触乎？今日著于宪法，不过以久成之事实，见诸条文耳。信教自由者，消极政策也；特立国教者，积极政策也。二者并行不悖，相资为用。"故当既定孔教为国教，复许民有信教自由，才是合理之道。他们还以历代立孔教为国教后不妨碍其他宗教存在为证，说明两者并不矛盾："吾国固自古奉孔教为国教，亦自古许人信教自由，二者皆不成文之宪法，行之数千年，何尝互相抵触。"故其提出："适当新定宪法之时，则不得不明著条文，定孔教为国教,然后世道人心方有所维系,政治法律方有可施行",强烈要求"于宪法上明定孔教为国教"。①

康有为等定孔教为国教之论,试图以近代精神对儒学作出转换性解释,有一定的合理成分。故《孔教会请愿书》公开发表后,立即在社会上引起强烈反响。孔教会在提交请愿书的同时,于8月下旬在曲阜召开了第一次全国代表大会。这次祭孔大会是民国初年规模较大、影响较大的尊孔活动。据载:"尊亲孔圣,举国同情,赴会者竟异常踊跃","与祭者二千余人",除了孔教会的各省代表外,全国各界也派人参加。与会记者也不能不感叹:"自开会至闭会,如期七日,均秩序整然,庄敬而和乐,实难得之事也!"②

这场轰轰烈烈的祭孔盛典,既有亡清皇室贵族复辟集团以及前清遗老的支持,又有袁世凯复辟集团的襄助,他们抬着孔子偶像招摇过市,既聚合了复辟势力,又扩大了孔教运动的社会基础。副总统黎元洪及山东都督靳云鹏、浙江都督朱瑞、河南都督张镇芳、安徽都督倪嗣冲等10余省的都督或民政长官先后通电要求将孔教定为国教之议写入宪法。一时间,立孔教为国教的请愿活动形成高潮。

但孔教会的孔教主张和请愿活动也受到了章太炎、蓝公武、马相伯及部分国会议员的抨击。许世英发表《反孔教为国教呈》、艾知命发表《上国务院暨参众两院信教自由不立国教请愿书》等文,针对孔教派要求宪法起草委员会规定孔教为国教于宪法的提议,认为孔教不是宗教,把孔教规定于宪法中是违背信教自由、破坏五族共和。议员何雯、伍朝枢等人也反对将孔教定为国教,并阐述了孔教不应被定为国教的四条理由:(一)中国非宗教国;(二)孔子非宗教家;(三)信教自由宪法之通例,如定孔教

---

① 《孔教会请愿书》,《孔教会杂志》第1卷第6号。
② 《曲阜孔教大会盛典详志》,《孔教会杂志》第1卷第9号。

为国教，与宪法抵触；（四）五族共和，孔教之外仍有喇嘛教、回教等种种，如定孔教为国教，易启蒙藏二心。①

章太炎撰写《驳建立孔教议》一文，系统地阐述了"孔教非教"观点，严厉驳斥康有为及孔教会的国教理论。他首先斥倡孔教会者的"怪妄"，认为这些人"猥见耶苏、路德之法，渐入域中，乃欲建树孔教，以相抗衡，是犹素无创瘕，无故灼以成瘢，乃徒师其鄙劣，而未有以相君也"。随后，他论证了中国历史上根本没有定儒教为国教之说。在他看来，孔子为"百世之英，人伦之杰，与尧、舜、文、武相伯仲，未尝侪之圜丘清庙之伦也"。他强调："孔子于中国，为保民开化之宗，不为教主。世无孔子，则宪章不传，学术不起，国沦戎狄而不复，民居卑贱而不升，欲以名号列于宇内通达之国难矣。"②把孔子视为中国文明创造和传承人，这是孔子应当受到尊敬之处，而不宜以"教主"冠之。既然孔子本非教主，中国历史上也并无孔教，那么所谓孔教的废兴便是子虚乌有。此外，张东荪发表《余之孔教观》、蓝公武撰写的《辟近日复古之谬》、蔡元培发表《在信教自由会上演说》、常乃德发表《我之孔教观》等文，反对定孔教为国教。

9月23日，赵炳麟提议孔教案当属宪法大纲外经表决应列入之议题。随后，国会围绕着孔教是否宗教及拜神自由是否与国教抵触等问题展开激烈争论。陈铭鉴认为"孔教为文明进步之国教"而非迷信宗教；何雯则反驳说中国非宗教国，孔子非宗教家，定国教与信教自由抵触，且易使蒙藏怀二心；徐镜心等人附议何氏意见，而汪荣宝等则持异议，认为六经乃中国伦理道德之基，与国教无关。朱兆莘、汪荣宝等人认为，世界宗教已经由神道教进化为人道教，孔教属人道教，已成为中国民族的"国民性"，再次动议定孔教为国教。可见，此时国会立孔教为国教的争论，体现的是

---

① 何雯等：《宪法规定国教问题之舌战》，《申报》1913年10月3日。

② 章太炎：《驳建立孔教议》，汤志钧编：《章太炎政论选集》下册，中华书局1977年版，第689—692页。

对于儒家的矛盾态度和法律与道德之间的复杂关系。在宪法中将孔教定为国教，可以视为在现代宪法的框架下将儒家制度化的有效方式，但与古代中国将儒家定于独尊方式不同，定孔教为国教必须妥善处理好宪法中"信仰自由"原则和独尊"孔教为国教"之间的矛盾。这是倡立国教与反对定孔教为国教者争论的焦点问题。

10月28日，在孔教案三读会上，汪荣宝率先提议在第3章第19条后加上"国民教育以孔子之道为修身之大本"，蓝公武、陈铭鉴等人分别提出在第19条后增加"国民教育以孔子之道不抵触共和国体者为大本"等。最后，黄云鹏提出"国民教育以孔子之道为修身大本"的修正案，经表决通过。1913年10月31日，国会通过的《天坛宪法草案》的第19条第2项中就确定了"国民教育以孔子之道为修身之大本"条文。《天坛宪法草案》这种提法显然是双方争论和妥协的结果，因为孔子之道并非宗教教义，其伦理道德学说首在修身，"修己以安人"，修己以安天下，暗含了否定孔教为宗教而只以孔教为人生修养之根本。这种提法尽管离孔教会"定孔教为国教"要求有相当大的差距，但也取得了一定成效。可惜的是，因二次革命爆发，袁世凯取消国民党议员资格，致使国会开会不足法定人数，遂于11月4日被迫解散，孔教定为国教案亦随之被搁置。

但康有为、陈焕章及孔教会的国教运动并未停止。1913年9月，第一届全国孔教大会在曲阜召开，议决"将上海暂设之总会迁入北京"。曲阜是孔子林庙所在地，即孔教的圣地，北京孔教总会决定在曲阜设立孔教总会事务所。1913年12月召开成立大会时，会员共到335名，县知事贾廷琛参加会议，会议推举"名誉会长为张少轩、靳翼卿、田焕廷、田韫山、邹申甫诸公，所长兼会长为孔君祥霖，副会长为孔君繁朴"等职员。1914年春，他决定将孔教总会由北京迁往圣地曲阜。在1914年的第二届全国孔教大会上，公布了康有为重新修订的《孔教总会章程》。

袁世凯称帝之前，孔教会安徽支会会长马其昶致函袁世凯，指责其

"名不正则言不顺"，再由于康有为、梁启超、麦孟华、潘若海及蔡锷等人投入反对袁世凯阵营，不利于袁世凯的复辟帝制大业，致使袁世凯下令内务部逮捕了孔教会的两名干事，并勒令孔教会曲阜总会改名。康有为被迫从上海赴杭州"自游西湖"以避风，而身在北京的陈焕章亦"韬光养晦"，闭门撰写《孔教经世法》。此时的孔教会除了全国孔教大会继续如期举行外，几乎各地的支分会都处于低迷状态。

在局势不利的情况下，陈焕章在 1915 年秋天回到了北京，继续主持孔教会的工作。在本年的第三届全国孔教大会上，康有为再一次向大会提出了辞去总会长的要求："鄙人以病躬不任，恐致陨越，去岁已腾书力辞，请诸公公举。诸公未行，经托总理孔少霑太史代理。今兹诸公咸集，鄙人既未任会事，敬再申请，请诸公妙选硕望，以任会长，以振会事。"①

1916 年 6 月，袁世凯复辟帝制失败后病死。国会恢复后重开宪法会议，讨论孔教问题，孔教会再次开展了国教请愿活动。9 月 20 日，康有为致电政府，要求"以孔教为大教，编入大法，复祀孔子之拜跪明令，保守府县学宫及祭田，皆置奉祀官，勿得荒废污莱，勿得以他职事假赁侵占。且令议员有司，永不提议"。②因此要求国会在宪法中明确地写上"以孔教为国教"。

孔教会首领陈焕章等人也上书国会请定国教，并在社会上掀起了定孔教为国教、以孔教入宪法的请愿活动，遂使孔教问题成为宪法会议的重要议题。此时国会中对"孔教定国教"的争论更加激烈，分歧也更大。此时国会关于孔教之争论，已非是否立孔教为国教的问题，而是《天坛宪法草案》中第 19 条第 2 项关于"国民教育以孔子之道为修身大本"的条文是

———————

① 康有为：《辞孔教总会长书》，蒋贵麟编：《万木草堂遗稿外编》下册，（台北）成文出版社 1974 年版，第 644 页。

② 康有为：《康南海致北京政府书》，汤志钧编：《康有为政论集》下册，中华书局 1981 年版，第 957 页。

否合适的问题，即是否取消该项条文的问题。张鲁泉、何雯等人建议从宪法草案中删除此项条文，理由是：孔子学说主要是作为君主专制的思想资源，适应于专制政体，与共和国体不相符合；宪法中特别强调孔子之道的地位，与信教自由的宗旨不符合，有压制其他宗教之嫌；国民教育问题属于行政范围，不应由宪法来规定；修身大本属于道德领域，与宪法的性质相违背，而且国民教育是强迫教育，如果将孔子之道列入宪法，那么别的宗教信徒的信仰就会被视为非法。故其提议"废弃原案，以免锢蔽国民思想，阻塞文化进步，且避耶、佛各教教理之嫌，保持信教自由之真谛"。而汤松年等人则针锋相对，主张维持原草案之规定，其理由是：孔子之道是教育问题，而非宗教问题，因而与信教自由无关，更不会引起宗教争端；全国人民依然信仰孔子，而孔子之道是培养社会道德的基础；在别国的宪法中已经有类似的做法可资效法。

1916年10月，张勋等13个省区的督军、省长致电大总统黎元洪，强烈要求"定孔教为国教，保存郡县学宫及其学田祭田，设奉祭生，行跪拜礼，编入宪法，永不得再议。"主张废除2/3人赞成通过的原则，而改以各国的通例直接定孔教为国教。国会中尊孔的100多名议员则在北京组成国教维持会，通电吁请各省督军支持，在全国掀起国教请愿运动。

1916年12月28日，宪法审议会审议国教专章，王敬芳、程大璋等人提议宪法中加入国教专章。他们指出，各国皆有国教，"我国文化礼教皆由孔子之垂训为指归"，孔教乃教育范围之事，与宗教自由"并行不悖"。而吕复、何雯等反对者则认为，宪法为国家的根本大法，定孔教为国教违背宗教信仰自由原则，易生宗教事端；孔教与现实的共和政体不合，只能择其道德部分作为国民教育修身教科，而不能将其定为国教。这样，赞同者与反对者在宪法审议会上展开激烈辩论，双方均未达到2/3的多数票，难以形成决议。

国会持续而无果的争论，显然不利于孔教会"定孔教为国教"的主张。

为了向国会施加压力，1917 年 3 月，康有为、陈焕章等人在上海成立"各省公民尊孔联合会"，组织请愿团解决国教问题。在 5 月 5 日召开的审议会上，汤漪主张将孔教案付表决，"国教派大哗，声势汹汹，将起争殴，汤见情势不佳，急行取消前说，于是付讨论"。5 月 14 日，国会通过刘恩格等人提出的修正案："中华民国人民有尊崇孔子及信仰宗教之自由，非依法律不受限制。"这样，国会不但没有接受康有为的建议，而且连原来"国民教育以孔子之道为修身之大本"的条文，也被"中华民国人民有尊崇孔子及信仰宗教之自由，非依法律不受限制"所取代。康有为及孔教会"定孔教为国教"运动再次受挫。

1917 年 6 月 8 日，倡导尊孔并在国教运动中表现非常积极的张勋率领辫子军进京，胁迫黎元洪解散了国会。7 月 1 日，张勋、康有为等人拥戴废帝溥仪复辟。"衍圣公"孔令贻致电贺道："日月重光，毅然殊猷，普天同庆。"康有为、沈曾植、任弼德等孔教会核心成员参与了帝制复辟，并宣布立孔教为国教，恢复孔教的至尊地位。但张勋复辟仅仅 12 天便宣告失败，康有为受到牵连被通缉，并于次年辞去孔教会会长，孔教运动因之遭受沉重打击而趋于消沉。

康有为及孔教会发动的两次国教运动，旨在民初社会政治大变动之际，通过对儒学进行宗教化阐释，使之成为挽救当时思想混乱、精神迷惘、信仰缺失的精神力量，以维系中华儒家文明之不坠。而其采取的途径，是在新的法律体制内为儒家寻求制度性保护，希望通过立法途径将孔教定为国教。但这种国教活动最后还是失败了。究其失败原因，主要基于两个方面：一是过分扩大儒学包含的宗教性，特别是不恰当地推崇孔子为教主，宣扬孔教，促使儒学宗教化，有悖于儒学的历史发展路向和伦理教化、实用理性的本质，从而使儒学革新变成了尊孔复古，难以吸引国人倾心相从；二是采取了借政治力量来推行宗教的思路，把孔教兴盛之希望寄托于政府，企图依靠国家政治力量将其确定为国教，进而重现汉儒独尊的思想统一格局，从而使国人很容易将国教活动与帝制复辟相联系。政治上的帝制失败，必然牵动国教活动的挫折和孔教的衰亡。

二、袁世凯的尊孔复辟

在康有为及孔教会发起国教运动的同时，以袁世凯为首的北京政府为了重建社会秩序，也竖起了"尊孔"旗帜。袁世凯就任临时大总统后说："本大总统深惟中华立国，以孝悌忠信礼义廉耻为人道之大经。……此八德者，乃人群秩序之常，非帝王专制之规也。"[1] 提倡祀天、尊孔、读经，借以维持民初道德秩序和社会风化。1912年9月，袁世凯发布的《尊崇伦常文》宣称："中华立国，以孝、悌、忠、信、礼、义、廉、耻为人道之大经"，儒教"八德"乃"人群秩序之常"，命令全国人民"恪循礼法，共济时艰"。1913年3月19日，依照袁世凯的指令，国务院训令各省民政长，"将天坛改为礼拜堂配祀孔子"。6月22日，袁世凯发布《尊崇孔圣令》，强调："国有治乱，运有隆替，惟此孔子之道，亘古常新，与天无极。"其云："天生孔子为万世师表，既结皇煌帝谛之终，亦开选贤与能之始，所谓反之人心既安，放之四海而准者。本大总统证以数千年之历史，中外学者之论说，盖灼然有以知日月之无伤，江河之不废也。……值此诐邪充塞，法守荡然，以不服从为平等，以无忌惮为自由，民德如斯，国何以立。"因此命令："应俟各省一律议复到京，即查照民国体制，根据古义，将祀孔典礼，折衷至当，详细规定，以表尊崇，而垂久远。"[2]

---

[1]《通令国民尊崇伦常文》，徐友朋编：《袁大总统书牍类编》，（台北）文星书店1962年版，第64页。

[2]《大总统发布尊崇孔圣令》，《中华民国史档案资料汇编》第3辑《文化》，江苏古籍出版社1991年版，第1—2页。

1913 年 9 月 17 日，北京政府教育部通电各省，宣布定孔子诞辰日（农历八月二十七日）为圣节，令各学校放假一日，并举行祀孔典礼。11 月 26 日，袁世凯发布的《尊孔典礼令》称："孔子之道，如日月经天，江河行地，树万世之师表，亘百代而常新。凡有血气，咸蒙覆帱，圣学精美，莫与比伦。溯二千余年，历史相沿，率循孔道，奉为至圣。现值新邦肇造，允宜益致尊崇。"并且规定："所有衍圣公暨配祀贤哲后裔，膺受前代荣典，祀典均仍其旧。惟尊圣典礼綦重，应由主管部详稽故事，博考成书，广征意见，分别厘定，呈候布行。"①

1914 年 1 月，袁世凯向政治会议提出祭天祀孔案，立即获得通过。政治会议议决："崇祀孔子，乃因袭历代之旧典；议以夏时春秋两丁为祀孔之日，仍从大祀，其礼节、服制、祭品与祭天一律。京师文庙应由大总统主祭，各地方文庙应由该长官主祭。"2 月 7 日，袁世凯发布《规复祭孔令》，通令各省崇祀孔子。2 月 20 日，北京政府发布《崇圣典例令》，详细规定了曲阜孔庙的组织和制度，并重新颁发"衍圣公印"。其中第一条规定："衍圣公膺受前代荣典祀典，均仍其旧。其公爵按旧制由宗子世袭，报经地方行政长官呈由内务部核请承袭。"第四条规定："圣贤后裔，旧有五经博士等世职，兹均改为奉祀官，世袭主祀。"②3 月，袁世凯派总统府秘书梁士诒至北京孔庙代行祀孔礼。

9 月 25 日，袁世凯发布《祭孔告令》，并规定每年 9 月 28 日中央与各地方一律举行祀孔典礼："本大总统谨率百官，举行祀孔典礼。各地方孔庙由各该长官主祭，用以表示人民俾知国家以道德为重，群相兴感，潜

---

① 《大总统发布尊孔典礼令》，《中华民国史档案资料汇编》第 3 辑《文化》，江苏古籍出版社 1991 年版，第 5—6 页。

② 《大总统发布崇圣典例令》，《中华民国史档案资料汇编》第 3 辑《文化》，江苏古籍出版社 1991 年版，第 8、9 页。

移默化，治进大同。"①9月28日，北京政府依照政治会议的决定，在北京孔庙举行了秋季祀孔典礼。袁世凯率各部总长并文武官吏，穿着新式祭服参加，并亲自主祭。鲁迅在日记中载当时祭孔情景云："昨汪总长令部员往国子监，且须跪拜，众已哗然。晨七时往视之，则至者仅三四十人，或跪或立，或旁立而笑，钱念劬又从旁大声而骂，顷刻间便草率了事，真一笑话。"②

袁世凯的"尊孔"之举，影响到教育部对儒学及孔教的政策。1914年6月，教育部发布指令，要求京城内外各中小学修身及国文教科书采取经训，务以孔子之言为旨归。1915年1月2日，袁世凯在回复教育部《拟定提倡忠孝节义施行方法呈》中强调："惟初等小学应将孟子列入科目，高等小学应将论语列入科目，俾资诵习，用端趋响。"2月，袁世凯颁布《教育纲要》，规定小学校初等小学讲读《孟子》，高等小学讲读《论语》，中学校节读《礼记》和《左氏春秋》，规定各学校均应崇奉古圣贤以为师法，"尊孔以端其基，尚孟以致其用。"③

1915年10月，孔子第76代孙孔令贻致电赞成袁世凯称帝。孔令贻还领衔以孔、颜、曾、孟四姓"奉祀官"名义电称："共和国体，既不适用于中华，君主立宪，已征大同于民意，惟我大总统……亟宜早正帝位，统驭群伦。"1916年1月1日，袁世凯改元洪宪，国号"中华帝国"。3月22日，袁世凯被迫下令取消帝制。教育总长范源濂随后表示，要确实执行民国元年的教育方针，取消了袁氏政府颁布的《教育纲要》和《特定教育纲要》，再度废除小学读经。

---

① 《大总统发布亲临祀孔典礼令》，《中华民国史档案资料汇编》第3辑《文化》，江苏古籍出版社1991年版，第11页。

② 鲁迅：《癸丑日记》，《鲁迅日记》上卷，人民文学出版社1976年版，第63页。

③ 《袁世凯特定教育纲要》，《中华民国史档案资料汇编》第3辑《教育》，江苏古籍出版社1991年版，第37页。

袁世凯对尊孔的积极倡导，无疑推动了民初的孔教运动，但袁世凯提倡尊孔与孔教会推崇孔子及孔教，其立意有所不同。1913 年 6 月 25 日，上海《中华民报》发表社论，批评袁世凯发布尊孔祀孔令是"因孔氏力倡尊王之说，欲利用之以恢复人民服从专制之心理"，指责其计虽至巧，然明眼人多能辨之。"由各方面观之，袁世凯近日之乱命，仍是愚民与防民之故智耳。"① 因此，袁氏推崇孔子，有着利用孔教来维护和加强其专制统治之意。

孔子自西汉以后享有尊崇的地位，儒学成为历代官方意识形态，孔子及儒学所代表的中国固有道德文明是维持社会风化和伦理秩序的精神力量。政府的尊孔崇儒有利于民初社会秩序的重建，袁氏推崇孔子，显然有着利用孔子重建社会秩序的意图。他在《尊崇孔圣令》中指出："近者国体改革，缔造共和，或谓孔子言制大一统，而辨等威，疑其说与今之平等自由不合，浅妄者流，至悍然倡为废祀之说，此不独无以识孔学之精微，即于平等自由之真相亦未有当也。"② 所以，袁氏申明自称尊孔祀孔、发明孔道之目的在于："惟此礼义廉耻之防，欲遏横流，在循正轨。总期宗仰时圣，道不虚行，以正人心，以立民极，于以祈国命于无疆，巩共和于不敝。"③ 这就是说，要通过尊孔崇儒来"欲遏横流""以正人心"，达到重建社会秩序和维持社会风化之目的。

与孔教会将孔子视为"教主"不同，袁世凯尊崇孔子，是视孔子为至圣先师、万世师表的"圣人"，而不是将孔子当作宗教家加以崇奉。同时，袁氏也不赞同将孔学及儒学等同于"孔教"，故其发布的尊孔告令中多用"孔子之道"而少用"孔教"一词，也反对孔教会提出的"定孔教为国教"主张。1914 年 6 月，《教育部为订定崇经尊孔教育方针致大总统呈》中明

---

① 《袁世凯命令书后》，《中华民报》1913 年 6 月 25 日。

② 《中华民国史档案资料汇编》第 3 辑《文化》，江苏古籍出版社 1991 年版，第 1 页。

③ 《中华民国史档案资料汇编》第 3 辑《文化》，江苏古籍出版社 1991 年版，第 2 页。

确提出:"微论孔圣,未可附会宗教之说,以相比伦。而按之国情及泰西宗教之历史,均难移植,致失孔道之真,而启教争之渐。"①因此,袁世凯尊孔欲以孔子之道维持社会秩序,与孔教会之尊孔及国教运动有着很大差异。尽管袁世凯尊孔祀孔推动了民初孔教会的国教运动,但其对孔教会呼吁"定孔教为国教"并非完全支持。尽管孔教会赞同袁世凯的尊孔祀孔,但对其帝制活动同样不完全支持。

尽管袁世凯尊孔未必与其帝制活动有内在的联系,尽管袁氏未必利用孔教会来推行帝制,但袁世凯在尊孔的旗号下公开进行帝制复辟活动,则是不争的事实;至于孔教会与张勋复辟帝制之间的密切关系,同样也是无可争议的事实。既然袁氏尊孔与孔教会之倡导孔教均与复辟帝制有联系,"尊孔"之举最后都走向了"帝制",那么,人们将尊孔与帝制相联系,便是很正常的逻辑。当时有人评论袁氏尊孔之举,"不过借祀孔之名,为收拾人心之具,帝制复活之实。"②陈独秀在《复辟与尊孔》中指出:"无君无孔道,尊孔势必立君,立君势必复辟,而遍于中国的孔教会、尊孔会都是复辟党。"③他从袁世凯、张勋两次复辟帝制都提倡尊孔的事实中断定:"孔教与帝制,有不可离散之因缘。"④鲁迅也将尊孔与复辟联系起来,尖锐地指出:"自 20 世纪开始以来,孔夫子的运气是很坏的,但到袁世凯时代,却又被重新记得,不但恢复了祭典,还做了古怪的祭服,使奉祀的人们穿起来。跟着这事而出现的便是帝制。然而那一道门终于没有敲开,袁氏在门外死掉了。余剩的是北洋军阀,当觉得渐近末路时,也用它来敲过另外的幸福之门。"⑤可见,无论"尊孔"的最初动机如何,最后必然导致

---

① 《中华民国史档案资料汇编》第 5 辑《教育》,江苏古籍出版社 1994 年版,第 34 页。
② 马大中:《大中华民国史》,中华书局 1929 年版,第 393 页。
③ 陈独秀:《复辟与尊孔》,《新青年》第 3 卷第 6 号。
④ 陈独秀:《驳康有为致总统总理书》,《新青年》第 2 卷第 2 号。
⑤ 鲁迅:《在现代中国的孔夫子》,《鲁迅全集》第 6 卷,人民文学出版社 1981 年版,第 252—253 页。

"帝制"的结果，是民初袁氏尊孔活动留给国人非常深刻的印象。

三、《新青年》的反孔批儒

康有为及孔教会欲立孔教为国教之活动，袁世凯借尊孔之名行复辟帝制之实的举动，使以陈独秀为代表的《新青年》杂志同人产生了这样的感觉：尊孔与复古、尊孔与帝制之间存在着密切的关联；为了防止帝制的发生并维护共和体制，必须反对尊孔复古，对孔子及儒学进行彻底的批判和清算。蔡元培对袁氏复辟帝制的社会基础做了分析，指出袁世凯称帝主要依靠三种社会势力，即官僚、学究和方士。尽管"帝制"未能成功，但此"社会之流毒"依旧。故其强调："中华民国约法，有责任内阁，而当时普遍心理，乃不以为然。言统一，言集权，言强有力政府。于是为野心家所利用，而演出总统制，又由总统制而演出帝制。此亦崇拜总统、依赖总统之心理有以养成之。"[①]

陈独秀对蔡氏之论深表赞同，并感慨道："现在袁世凯虽然死了，袁世凯所利用的倾向君主专制的旧思想，依然如故。要帝制不再发生，民主共和可以安稳，我看比登天还难！""如今要巩固共和，非先将国民脑子里所有反对共和的旧思想——洗刷干净不可。"[②]1915 年 9 月，陈独秀创办《青年杂志》（次年改为《新青年》），发起了新文化运动，公开举起了"反孔批儒"的旗帜。《新青年》对孔子及儒学的猛烈批判，是从 1916 年易白沙发表《孔子平议》一文开始的。

1916 年，易白沙在《新青年》第 1 卷第 6 号上发表长篇文章《孔子

---

① 蔡元培：《对于送旧迎新二图之感想》，《蔡元培全集》第 2 卷，浙江教育出版社 1997 年版，第 464 页。

② 陈独秀：《旧思想与国体问题》，《新青年》第 3 卷第 3 号。

平议》，从考察儒家思想演变的角度，比较客观公正地分析先秦以后孔子形象的演变，对被历代统治者奉为"独尊"的孔学采取了批判分析的态度。他首先对近代以来尊崇孔子的做法提出了批评，认为这样的做法离真实的孔子相距甚远，或为"瞽说"或为"大愚"，均不足信。易白沙指出，孔子在先秦时期不过是"九家"之一，是诸子百家中的普通学派，并未取得独尊地位，孔子更非素王，只是由于汉代以后之专制帝王为巩固自己的统治，利用孔子之名，逐渐使其神圣起来："汉武当国，扩充高祖之用心，改良始皇之法术，欲蔽塞天下之聪明才志，不如专崇一说，以灭他说；于是罢黜百家，独尊儒术，利用孔子为傀儡，垄断天下之思想，使失其自由。"① 汉武帝以后，历代帝王都极力尊孔崇圣，而其独尊孔圣的结果，是造成了中国学术文化上的高度统一，导致学术文化的衰落："不知汉高帝、武帝、魏文帝皆傀儡孔子，所谓尊孔，滑稽之尊孔也。典礼愈隆，表扬愈烈，国家之风俗人心学问愈见退落。孔子不可复生，安得严词拒绝此崇礼报功之盛德耶？就社会心理言之，昔之丈夫女子延颈举踵而望者，七十子之徒尊崇发扬者，已属过去之事。国人惟冥行于滑稽尊孔之彀中，八股试帖，俨然衣钵，久而又久，遂成习惯。"② 这是中国二千余年来尊孔之秘密所在，也是孔子为什么被后世野心家所利用、甘作滑稽之傀儡的原因。

但是，孔子为什么会被汉武帝之后的历代帝王所利用呢？易白沙认为，这应当归咎于孔子之道自身的弊端。易氏历数了孔学之四大弊端：第一，孔子尊君权，漫无限制，易演成独夫专制之弊。第二，孔子讲学不许问难，易演成思想专制之弊。第三，孔子少绝对之主张，易为人所借口。第四，孔子但重作官，不重谋食，易入民贼牢笼。正因孔子及儒学有此四弊，故为后世帝王及野心家所利用。实际上，正是汉武帝后之历代帝王

① 易白沙：《孔子平议》，《新青年》第 1 卷第 6 号。
② 易白沙：《孔子平议》，《新青年》第 1 卷第 6 号。

及野心家"利用孔子之缺点",遂使得全国上下日日败坏风俗,堕落人心,腐朽学问,专制思想横行。这样,易白沙眼中的孔子,便是一个既尊君权而又欲革命的儒学宗师,其本身的缺点易于为历代帝王及野心家利用,其学术不过是儒家一家之学而不足以"代表中国过去未来之文明",国人不必"推诿孔子"。可见,易白沙批判孔子及儒学,并不仅仅批判孔子本人,而是着力将原始的孔子学说与被历代帝王利用的正统儒学区分开来,"使国人知独夫民贼利用孔子,实大悖孔子之精神。孔子宏愿,诚欲统一学术,统一政治,不料为独夫民贼作百世之傀儡,惜哉!"①

易白沙的《孔子平议》,从孔子及儒学本身立论,深刻揭示了孔子思想为历代帝王及野心家所利用的原因,说明了孔子思想对中国君主专制所具有的特殊价值。其对孔子的批判,与历代的批孔言论相比,达到了一种新的历史高度,对当时长期被专制正统思想束缚的人们确实起到了振聋发聩的作用,故该文在五四时期产生了强烈反响,揭开了五四时期反孔批儒思潮的序幕。

吴虞曾经留学日本政法大学,辛亥革命后在成都任《西成报》总编辑、《公论日报》主笔、《四川政治公报》主编。1917年2月,吴虞在《新青年》上发表《家族制度为专制主义之根据论》,随后,相继发表《读〈荀子〉书后》《消极革命之老庄》《儒家主张阶级制度之害》《儒家大同之义本于老子说》《儒家重礼之作用》等文,对儒学及封建礼教进行了猛烈批判。吴虞认为,抨击儒教,不必涉及孔子本人人格之高下问题,孔子与孔教从根本性质而言是两回事,从道德人格上说,孔子自是当时之伟人。故其批判对象不是孔子,而是对中国社会造成极大危害的儒学。

吴虞批判的主要集中于儒学对国家和民众的种种危害,而明显的问题是迫害异端、禁锢思想、破坏学术等,旨在将人们从孔教束缚中解放出

---

① 易白沙:《孔子平议》,《新青年》第2卷第1号。

来。他指责儒学压制思想，排斥异端，误国殃民，因而成为专制制度的帮凶，故"为祸之烈，百倍于洪水猛兽也"。对于孔门好古之徒以各种理由迫害思想自由，钳制学术发展的做法，吴虞深恶痛绝。他认为，中国封建专制能延续二千多年的原因，在于有家族制度作为社会基础，而将宗法家族和封建君主专制联结起来的桥梁和纽带，则是儒家的孝悌学说。他着力揭示忠孝之间的关联，说明中国家族制度与君主专制制度的密切关系。在中国传统社会组织中，由于忠孝的连接，家、国以某种奇特的组合方式构筑成稳固的实体，共同履行着治理国家、维护君主专制统治的职责。针对这种社会现象，吴虞把孝与家族制度和君主政体连在一起进行批判。他指出：儒家"往往把君父二人并尊，忠孝二字连用。忠孝二字，就是拿来连结专制朝廷和专制家庭的一个秘诀"。① 吴虞指出，儒家提倡忠孝之社会目的就是强化家—国结构，"他们教孝，所以教忠，也就是教一般人恭恭顺顺地听他们一干在上的人愚弄，不要犯上作乱，把中国弄成一个'制造顺民的大工厂'。"② 正是由于忠孝观念的长期影响以及以之为核心建构起来的家—国同质同构的社会联合体，使中国几千年来宗法社会更为稳固。因此，儒家孝悌学说的实质就是维护君主专制：君主"既握政教之权，复兼家长之责，作之君、作之师，且作民父母，于是家族制度与君主政体遂相依附而不可离"。③

吴虞指出，要使中国传统的思想形态出现重大转折，除在接受新思想新文化的冲击外，就是努力促使家—国同质同构体分化，以恢复家、国各自的社会功能。要达到这一目的，吴虞认为首先必须破除忠孝观念在社会各领域的消极影响，其解决办法是：无"孝"则"忠"无所依附，由"孝"

---

① 吴虞：《墨子的劳农主义》，赵清、郑城编：《吴虞集》，四川人民出版社1985年版，第191页。

② 吴虞：《说孝》，赵清、郑城编：《吴虞集》，四川人民出版社1985年版，第173页。

③ 吴虞：《读〈荀子〉书后》，《新青年》第3卷第1号。

所构筑的家族制度既解，那么由"忠"所维系的君主制度也随之而散。他说："夫孝之义不立，则忠之说无所附；家庭之专制既解，君主之压力亦散，如造穹窿然，去其主石，则主体堕地。"①

1918 年 4 月，鲁迅的《狂人日记》发表在《新青年》上。吴虞读后颇有同感，撰写了《吃人与礼教》发表在《新青年》第 6 卷第 6 号上。他根据历史资料列举了齐桓公、刘邦、汉代臧洪与唐代张巡的事例，以血淋淋的史实，来证明《狂人日记》所阐述的道理，并发挥鲁迅的观点说："孔二先生的礼教讲到极点，就非杀人吃人不成功，真是惨酷极了！一部历史里面，讲道德说仁义的人，时机一到，他就直接间接地都会吃起人肉来了。就是现在的人，或者也有没做过吃人的事；但他们想吃人，想咬你几口出气的心，总未必打扫得干干净净！"他呼吁："到了如今，我们应该觉悟：我们不是为君主而生的！不是为圣贤而生的！也不是为纲常礼教而生的！什么'文节公'呀，'忠列公'呀，都是那些吃人的人设的圈套来诳骗我们的！我们如今应该明白了！吃人的就是讲礼教的，讲礼教的就是吃人的呀！"② 因此，要铲除三纲五常的奴隶道德，非废除孔学不可。随后，"礼教吃人"成为五四进步青年的共识，也成为当时最响亮的反礼教口号。

吴虞在五四时期发表的《家族制度为专制主义之根据论》《儒家主张阶级制度之害》等文，侧重于从儒家思想内部入手，对儒家忠孝观念进行分析，对家族制度与君主专制关系进行揭示，在对封建礼教的抨击手法上颇与明儒李卓吾相似，具有相当高的理论水平和思想深度，因而在当时产生了相当广泛的社会影响。胡适对吴虞之批孔言行颇为称赞，说他是"'四川省只手打孔家店'的老英雄"和"中国思想界的一个清道夫"。胡适对吴氏评价说："他的非孔文章大体都注重那些根据孔道的种种礼教、法律、

---

① 吴虞：《家族制度为专制主义之根据论》，《新青年》第 2 卷第 6 号。
② 吴虞：《吃人与礼教》，《新青年》第 6 卷第 6 号。

制度、风俗。他先证明这些礼法制度都是根据于儒家的基本教条的，然后证明这种种礼法制度都是一些吃人的礼教和一些坑陷人的法律制度。他又从思想史的方面，指出自老子以来也有许多古人不满意于这些欺人吃人的礼制，使我们知道儒教所极力拥护的礼制在千百年前早已受思想家的批评与攻击了，何况在现今这种大变而特变的社会生活之中呢?"[1]

1918 年 5 月，鲁迅在《新青年》第 4 卷第 5 号上发表了第一篇白话小说《狂人日记》，发出了"礼教吃人"的控诉和"救救孩子"的呼吁。他通过一个既有狂人病理特征又有传统叛逆者气质的独特形象，对旧家族制度及封建礼教的弊害进行了深刻揭露。鲁迅借狂人之口宣布中国封建社会全部历史的秘密是"吃人"，喊出了"将来容不得吃人的人活在世上"这个真理。其云:"凡事总须研究，才会明白。古来时常吃人，我也还记得，可是不甚清楚。我翻开历史一查，这历史没有年代，歪歪斜斜的每叶上都写着'仁义道德'几个字。我横竖睡不着，仔细看了半夜，才从字缝里看出字来，满本都写着两个字是'吃人'!"[2] 他剥开了"仁义道德"的伪装，控诉了礼教面具下"易子而食""食肉寝皮"等残酷罪行，尖锐地指出了几千年来的历史是"吃人的历史"。鲁迅以辛辣、幽默和夸张的笔调对儒家思想的无情而彻底的批判，立即在中国社会文化界产生强烈反响。

继《狂人日记》后，鲁迅相继发表了《孔乙己》《药》《明天》《风波》《故乡》等影响巨大的小说，主持《新青年》"随感录"，并先后发表了《我的节烈观》等著名杂文，对封建礼教进行深刻揭露。1921 年，他又发表小说《阿 Q 正传》，对国民性问题进行了深刻解剖。在《孔乙己》中，鲁迅通过酒客的笑声跟主人公悲惨命运的对比，反映了"社会对受苦人的冷

---

[1]　胡适:《〈吴虞文录〉序》，《胡适文集》第 2 卷，北京大学出版社 1998 年版，第 609 页。
[2]　鲁迅:《狂人日记》，《新青年》第 4 卷第 5 号。

漠";《药》反映了因群众的愚昧造成革命者的寂寞和悲哀；《示众》通过首善之区街头 18 个人物的群像，揭示出他们灵魂麻木的共性。在获得世界声誉的《阿 Q 正传》中，鲁迅更将几乎整个民族的精神弱点，特别是"精神胜利法"，融进了阿 Q 这个不觉悟的落后的农民形象中，从而完成一个包含复杂思想和社会心理的、具有很高美学价值的典型形象。

鲁迅撰写了一系列批判"尊孔崇儒"的杂文，对专制制度、旧伦理道德进行抨击，对儒家文明的阴暗面进行深刻揭露。他尖锐地指出："所谓中国的文明者，其实不过是安排给阔人享用的人肉的筵宴。所谓中国者，其实不过是安排这人肉的筵宴的厨房。"故其对一些人总是陶醉于中国传统文明的现象讽刺说："这人肉的筵宴现在还排着，有许多人还想一直排下去。扫荡这些食人者，掀掉这筵席，毁坏这厨房，则是现在的青年的使命！"① 鲁迅对中国儒家文明弊端的揭露入木三分，颇为深刻。

李大钊先后发表《民彝与政治》《宪法与自由》《孔子与宪法》《自然的伦理观与孔子》等文，对孔子、孔教与宪法的关系做了阐述，历数尊孔与宪法性质相悖之处，反对定孔教为国教并写入宪法。他认为，把孔子视作历史上一个伟人加以尊敬是应当的，但决不能将孔子当作一尊偶像顶礼膜拜。在阐述孔教不能入宪之原因时，李大钊明确指出：孔子与宪法两不相涉。孔子之道入宪，宪法便成了"陈腐死人之宪法""荒陵古墓中之宪法""护持偶像权威之宪法"，宪法于是不成其为宪法，而是"孔子之墓志铭"而已。他还指出，孔子是"历代帝王专制之护符"，宪法是"现代国民自由之证券"。孔子之道入宪，宪法便会孕育专制、束缚民彝，为野心家利用，成为专制复活的先声。他指出，社会、道德都是进化发展的，"孔子者，数千年前之残骸枯骨也。宪法者，现代国民之血气精神也。以数千年前残骸枯骨，入于现代国民之血气精神所结晶之宪法，则其宪法将

---

① 鲁迅：《灯下漫笔》，《鲁迅全集》第 1 卷，人民文学出版社 1981 年版，第 216 页。

为陈腐死人之宪法非我辈生人之宪法也。"①

李大钊指出，两千多年前的孔子之道只是两千多年前中国社会的道德，而不是今日的道德；孔子生在专制社会，其说不能不为专制君主所利用而成为帝王专制之护符，而今日当民权自由之说倡行时代，便不能不对历代君主所雕塑之偶像权威、所塑造之专制灵魂加以抨击。同时，他将孔子与历代君主塑造的孔子偶像区分开来，明确表示批判孔子之目的在于抨击专制政治："余之掊击孔子，非掊击孔子之本身，乃掊击孔子为历代君主所雕塑之偶象的权威也；非掊击孔子，乃掊击专制政治之灵魂也。"②

李大钊在随后发表的《物质变动与道德变动》《由经济上解释中国近代思想变动的原因》等文中，用唯物史观的基本观点阐述了孔子、儒学与道德变迁的关系。道德是随着物质生活的变化而必然要变化的，孔子之道适应了专制时代的社会生活的需求，当社会物质生活发生激烈的变动之后孔子之道必然动摇。他指出："孔子的学说所以能支配中国人心有二千余年的原故，不是他的学说本身具有绝大的权威永久不变的真理配作中国人的'万世师表'，因他是适应中国二千余年来未曾变动的农业经济组织反映出来的产物，因他是中国大家族制度上的表层构造，因为经济上有他的基础。这样相沿下来，中国的学术思想，都与那静沉沉的农村生活相照映，停滞在静止的状态中，呈出一种死寂的现象。"但随着时代的变化和西洋文明的输入，孔门伦理的基础就根本动摇了，"大家族制度既入了崩颓粉碎的运命，孔子主义也不能不跟着崩颓粉碎了。"③ 这种从经济社会组织方面立论阐释儒家学说能够长期占据政治意识形态主流的观点，是非常深刻和精辟的，堪称运用唯物史观批判孔子及儒学的典

---

① 李大钊：《孔子与宪法》，《李大钊文集》上册，人民出版社 1984 年版，第 264 页。

② 李大钊：《自然的伦理观与孔子》，《李大钊文集》上册，人民出版社 1984 年版，第 264 页。

③ 李大钊：《由经济上解释中国近代思想变动的原因》，《新青年》第 7 卷第 2 号。

范之作。

《新青年》虽曾发表过带有全面否定儒学及中国传统文化的言论，陈独秀及钱玄同等人也有类似的论点，但这并不是五四时期反孔批儒的主流。陈独秀等人并没有全部否定儒学，更没有全盘打倒中国儒家文明之意。从总体上看，《新青年》同人激烈的反孔批儒，有着历史的合理性，有着巨大的思想启蒙意义。

作为五四新文化运动的总司令，陈独秀先后发表《敬告青年》《今日之教育方针》《东西民族根本思想之差异》《吾人最后之觉悟》《驳康有为致总统总理书》《宪法与孔教》《孔子之道与现代生活》《袁世凯复活》《旧思想与国体问题》《复辟与尊孔》等文，严厉批驳康有为的国教运动及袁世凯的"尊孔"复辟活动，在五四反孔批儒运动中具有相当大的代表性。故有必要专门对陈氏反孔批儒思想进行重点分析。

陈独秀反孔批儒，首先是针对孔教会的尊孔活动而来的。他反对定孔教为国教，认为西方宗教已由隆盛逐渐衰微，教会仪式"尤所蔑视"，中国人本不重宗教，孔子思想"绝无宗教之实质与仪式，是教化之教，非宗教之教"，故康有为奉孔教为国教实乃"强欲平地生波，惑民诬孔，诚吴稚晖先生所谓'凿孔栽须者矣！'"。因此，非独不能以孔教为国教，定入未来之宪法，"且应毁全国已有之孔庙而罢其祀。"① 他从袁世凯、张勋两次复辟帝制都提倡儒学、鼓吹尊孔的事实中断定"孔教与帝制，有不可离散之因缘"，认识到"我们要诚心巩固共和国国体，非将这班反对共和的伦理文学等等旧思想，完全洗刷得干干净净不可。否则不但共和政治不能进行，就是这块共和招牌，也是挂不住的"。② 这就是说，以陈独秀为代表的新文化派之最初反孔，是基于孔教运动之刺激，是针对孔教会的尊孔

---

① 陈独秀：《驳康有为致总统总理书》，《新青年》第 2 卷第 2 号。
② 陈独秀：《旧思想与国体问题》，《新青年》第 3 卷第 3 号。

复辟之举而起的。对此，胡适在《新思潮的意义》中予以揭示："孔教的问题，向来不成什么问题。后来东方文化与西方文化接近，孔教的势力渐渐衰微，于是有一班信仰孔教的人妄想要用政府法令的势力来恢复孔教的尊严，却不知道这种高压的手段恰好挑起一种怀疑的反动。因此，民国四五年的时候，孔教会的活动最大，反对孔教的人也最多。孔教成为问题就在这个时候。"①

陈独秀在《宪法与孔教》中分析了作为"失灵之偶像、过去之化石"的孔教，与根据"欧洲法制之精神"制订的宪法之间的矛盾，揭示将"尊孔"条文载入宪法的荒谬。他说："'孔教'本失灵之偶像，过去之化石，应于民主国宪法，不生问题，只以袁皇帝干涉宪法之恶果，天坛草案，遂于第十九条，附以尊孔之文，敷衍民贼，致遗今日无谓之纷争。然既有纷争矣，则必演为吾国极重大之问题。其故何哉？盖孔教问题不独关系宪法，且为吾人实际生活及伦理思想之根本问题也。"所以，他尖锐地指出："吾人倘以为中国之法，孔子之道，足以组织吾之国家，支配吾之社会，使适于今日竞争世界之生存，则不徒共和宪法为可废，凡十余年来之变法维新，流血革命，设国会，改法律（民国以前所行之大清律，无一条非孔子之道），及一切新政治，新教育，无一非多事，且无一非谬误，应悉废罢，仍守旧法，以免滥费吾人之财力。万一不安本分，妄欲建设西洋式之新国家，组织西洋式之新社会，以求适今世之生存，则根本问题，不可不首先输入西洋式社会国家之基础，所谓平等人权之新信仰，对于与此新社会新国家新信仰不可相容之孔教，不可不有彻底之觉悟，猛勇之决心；否则不塞不流，不止不行！"②

陈独秀反孔批儒的重心，主要集中于以尊君为中心的礼教和以三纲

---

① 胡适：《新思潮的意义》，《新青年》第7卷第1号。
② 陈独秀：《宪法与孔教》，《新青年》第2卷第3号。

为中心的封建道德上，着力阐述孔子所提倡的宗法社会之道德不适应现代工商社会生活。他认为，儒学中以"三纲"为核心的伦理道德学说，是中国封建社会道德的理论基础，并对现代中国社会生活产生了严重的消极影响。他指出："儒者三纲之说，为一切道德政治之大原。君为臣纲，则民于君为附属品，而无独立自主之人格矣；父为子纲，则子于父为附属品，而无独立自主之人格矣；夫为妻纲，则妻于夫为附属品，而无独立自主之人格矣。率天下之男女，为臣，为子，为妻，而不见有一独立自主之人者，三纲之说为之也。缘此而生金科玉律之道德名词，曰忠，曰孝，曰节，皆非推己及人之主人道德，而为以己属人之奴隶道德也。"[1] 陈氏揭示忠、孝、节三种旧道德在中国社会中产生了广泛的消极影响，认为儒学"与近世文明社会绝不相容者，其一贯伦理政治之纲常阶级说也。此不攻破，吾国之政治、法律、社会道德，俱无由出黑暗而入光明"。[2] 要建设西方式的新社会，就必须对孔子的"三纲"之说进行彻底批判。

陈独秀反孔批儒的重要目的，在于输入西方近代民主与科学。他公开申明："记者非谓孔教一无可取，惟以其根本的伦理道德，适与欧化背道而驰，势难并行不悖。吾人倘以新输入之欧化为是，则不得不以旧有之孔教为非。倘以旧有孔教为是，则不得不以新输入之欧化为非。新旧之间，绝无调和两存之余地。吾人只得任取其一。"[3] 陈独秀在《孔子之道与现代生活》中，从西方民主、自由的政治经济制度及其个人主义价值观与孔子之道尖锐对立的角度，论证了批判儒家思想的必要性。他指出："现代生活，以经济为之命脉，而个人独立主义，乃为经济学生产之大则，其影响遂及于伦理学。故现代伦理学上之个人人格独立，与经济学上之个人财

① 陈独秀：《一九一六年》，《新青年》第 1 卷第 5 号。
② 陈独秀：《通讯·答吴又陵》，《新青年》第 2 卷第 5 号。
③ 陈独秀：《宪法与孔教》，《新青年》第 2 卷第 3 号。

产独立，互相证明，其说遂至不可摇动；而社会风纪，物质文明，因此大进。中土儒者，以纲常立教。为人子为人妻者，既失个人独立之人格，复无个人独立之财产。……人格之个人独立既不完全，财产之个人独立更不相涉。鳏寡孤独有所养之说，适与个人独立之义相违。"①既然孔子之道不能适应于现代生活，那么就没有尊孔之必要，更谈不上定其为国教，而只能全力输入西洋文明。

陈独秀将儒学与现代社会生活对立起来，对作为偶像崇拜之孔子及儒家文明持激烈的破坏态度。他在《偶像破坏论》中指出，凡是无用而受人尊重的都是废物，也都算是偶像。对这样的偶像都应该加以破坏："天地间鬼神的存在，倘不能确实证明，一切宗教，都是一种骗人的偶像：阿弥陀佛是骗人的；耶和华上帝也是骗人的；玉皇大帝也是骗人的；一切宗教家所尊重的崇拜的神佛仙鬼，都是无用的骗人的偶像，都应该破坏！"不仅宗教偶像应该破坏，而且像君主、国家、节孝牌坊等偶像也在破坏之列："宗教上、政治上、道德上、自古相传的虚荣，欺人不合理的信仰，都算是偶像，都应该破坏！"②对固有文化持如此激进的破坏态度，带有文化虚无主义的倾向，但陈氏主旨并非破坏一切传统之物，而是破坏"无用的骗人的偶像"，应该尊重崇拜"真实有用的东西"。西方近代民主、科学、人权、法制、自由等因是"真实有用的"，故应成为中国现代国民尊重之新偶像。

对孔子及儒学的激烈批判，并不意味着陈独秀完全抹杀孔子及儒学的历史价值。陈氏在与吴虞、常乃德、俞颂华等人的通信中，就《新青年》反孔批儒的理由、意图以及已经发表的某些论文的具体观点展开了较详尽的讨论。他说："我们反对孔教，并不是反对孔子个人，也不是说他在

① 陈独秀：《孔子之道与现代生活》，《新青年》第2卷第4号。
② 陈独秀：《偶像破坏论》，《新青年》第5卷第2号。

古代社会价值。"① 在陈氏看来，孔子的思想价值在于其对宗教所持的理性态度："孔子不言神怪，是近于科学的。"② 他认为，孔子是教育家而非宗教家，儒学亦非宗教："夫孔教之名词既不能成立，强欲定孔教为国教者，讵非妄人？"③ 陈独秀在复俞颂华时，肯定儒学的历史地位："孔教为吾国历史上有力之学说，为吾人精神上无形统一人心之具，鄙人皆绝对承认之，而不怀丝毫疑义。"④ 因此，尽管陈氏反孔时讲了一些"偏激""极端"的话，如"吾宁忍过去国粹之消亡，而不忍现在及将来之民族，不适世界之生存而归消灭也"。但是陈氏的本意是清楚的：为了建立一个欧化的中国新文明，就必须抛弃作为封建专制政体思想价值观基础的孔子之道，在这个问题上是没有调和余地的："只得取其一"——取西方近代民主与科学，而抛弃中国孔教。

陈独秀这些看法代表了新文化运动的参加者对孔子及儒学的总体态度。公开点名评论孔子的易白沙认为，孔子创立的儒学是古代显学之一，"为平民所喜悦"⑤。李大钊虽然强烈反对将孔教立为国教，但仍然肯定孔子对中国文明的历史贡献："孔子于其生存时代之社会，确足为其时代之中枢，确足为其时代之圣哲，其说亦确足以代表其社会其时代之道德。"⑥ 他申明自己对孔子的态度为："孔子之道有几分合于此真理者，我则取之；否者，斥之。"他对孔子的人格和文化贡献是尊重和崇敬的："以孔子为吾国过去之一伟人而敬之，吾人亦不让尊崇孔教之诸公。即孔子

① 陈独秀：《孔教研究》，《每周评论》第 20 号。
② 陈独秀：《孔子与中国》，任建树编：《陈独秀著作选》第 1 卷，上海人民出版社 1984 年版，第 386 页。
③ 陈独秀：《再论孔教问题》，任建树编：《陈独秀著作选》第 1 卷，上海人民出版社 1984 年版，第 254 页。
④ 陈独秀：《答俞颂华》，《新青年》第 3 卷第 1 号。
⑤ 陈独秀：《孔子评议》，《新青年》第 1 卷第 6 号。
⑥ 李大钊：《自然的伦理观与孔子》，《李大钊选集》（上），人民出版社 1959 年版，第 263—274 页。

之说，今日有其真价，吾人亦绝不敢蔑视。"① 蔡元培也对儒家"三纲"说采取了理性的分析态度。他指出："君臣一伦，不适于民国，可不论"，而"父子有亲，兄弟相友（或曰长幼有序），夫妇有别，朋友有信"及"言仁爱、言自由、言秩序、戒欺诈"等道德信条，还是应当保留的，"宁有铲之理欤？"② 可见，五四时期以《新青年》为阵地的新文化派激烈地批评孔子及儒家学说，主要是针对以"三纲"为核心的封建道德在现代社会中所起的消极作用，他们对孔子及儒家在中国历史上的贡献和作用基本上还是肯定的。

正因陈独秀等人并不全盘否定孔子和儒学，尤其不否定孔子的历史地位和价值，故其并不赞同新文化阵营中那些极端偏激的意见。钱玄同是当时提倡白话文的最有力的学者之一。他主张使用标点符号和阿拉伯数字；采用公元纪年；改汉文右行直下为左行横写；在小学教科书中采用注音字母等，对我国的文字改革、白话文的规范化，都有深远的影响。但是，他在对待儒学的态度上却很偏激。他把陈独秀倡导的道德革命，批评儒家的三纲学说，误认为"推翻孔学"，并认为"欲祛除三纲五伦之奴隶道德，当然以废孔学为唯一之办法"；而"欲废孔学，不可不先废汉文"。③钱玄同致函陈独秀说："欲使中国不亡，欲使中国民族为二十世纪文明之民族，必以废孔学、灭道教为根本之解决；而废记载孔门学说及道教妖言之汉文，尤为根本解决之根本解决。"陈独秀对钱氏的偏激意见表示理解，认为"实在是愤极了才发出这种激切的议论"，但并不予支持，而是公开声明："像钱先生这种用石条压驼背的医法，本志同人多半是不大赞

① 李大钊：《宪法与思想自由》，《李大钊文集》第 1 册，人民出版社 1999 年版，第 232—233 页。

② 蔡元培：《致〈公言报〉并答林琴南君函》，高平叔编：《蔡元培全集》第 3 卷，中华书局 1984 年版，第 268—269 页。

③ 陈独秀：《通讯》，《新青年》第 4 卷第 4 号。

成的。"①

陈独秀等人激烈的反孔批儒，只是一种输入西方近代文明的策略而
已。而对于陈氏"不得不反对"儒家文化的态度，连当时提倡儒家文化复
兴的梁漱溟也深表同情和理解："从前的人虽想采用西方化，而对于自己
根本的文化没有下彻底的攻击。陈先生他们几位的见解，实在见得很到，
我们可以说是对的。"②

由于辛亥革命的政治冲击和新文化运动的理论抨击，作为意识形态
的儒学失去了以往的独尊地位，结束了在政治和伦理道德领域的崇高地
位，以"三纲"为核心的专制思想和封建礼教受到空前规模的批判，历代
附加在孔子和儒学身上的迷信色彩得以清除，从而为儒学复兴创造了必要
条件。值得指出的是，新文化运动虽然打倒了孔子的权威，根本动摇了儒
学的崇高地位，但以民主与科学为核心的中国近代新文明并没有真正地建
构起来。儒学并没有消灭，而是浸入中国人的政治思想、道德伦理、民族
性格和风俗习惯之中，顽强地发挥着或积极或消极的作用，影响着国人的
社会日常生活。就像鲁迅的小说《伤逝》中所描写的那样，子君虽然勇敢
地喊出了"我是我自己的"，但她最后还是被吞没了，"吃"掉子君的不是
别人，正是《狂人日记》中控诉的中国历史与传统社会，即中国传统的
儒家道德。其实在新文化运动时，陈独秀就觉得"吾人惰性过强，旋觉旋
迷，甚至愈觉愈迷"，因此告诫人们："今兹之役，可谓为新旧思潮之大激
战。浅见者咸以吾人最后觉悟期之，而不知尚难实现也。"③故在终结儒学
独尊地位之后，如何沟通中西文明以创建中国现代新文明的任务，仍然非
常严峻。

---

① 陈独秀：《本志罪案之答辩书》，《新青年》第 6 卷第 1 号。
② 梁漱溟：《东西文化及其哲学》，商务印书馆 1935 年版，第 10 页。
③ 陈独秀：《本志罪案之答辩书》，《新青年》第 6 卷第 1 号。

四、尊孔读经与恢复"固有道德"的努力

经过新文化运动的反孔批儒，儒家思想受到猛烈冲击而全面解体，失去了以往的独尊地位而似乎成为历史的"陈迹"。时人感慨道："举凡旧有道德，盖已渐灭殆尽，不绝如缕。"① 这虽有言过其实之处，却真实地反映了当时儒家道德遭受唾弃的时代厄运。然而，具有很强生命力的儒学因早已深入民族的骨髓而并未消失，它仍然在中国民众及其社会生活中产生着深刻而持久的影响。同时，中国是一个拥有两千多年"德治"传统的文明古国，如何协调西方近代伦理道德与中国固有道德的关系，进而创建中国近代新道德，是一个复杂的问题。混战中的北洋军阀为了争得正统地位及其执政的合法性，为了稳定统治秩序及社会风化，仍然利用儒学作为其官方意识形态，极力提倡尊孔读经。这样，五四新文化运动冲击以后的儒学反而有了某些"复兴"的迹象。在儒学受到猛烈抨击和严厉批判而面临生存危机中，儒学被迫走上了自我更新与复兴之路。现代新儒家的兴起，儒家思想在新的时代环境中的"新开展"，标志着中国传统儒学开始进行着曲折而复杂的现代转化。

1925 年 11 月，北京政府教育总长章士钊鼓吹尊孔读经、读经救国。他以"提高国民的语文水平"为由，通令小学自四年级起开始读经，每周一小时，至高小毕业止。一些地方守旧势力乘机强令中小学生读经，甚至废止白话文。章士钊的教育政策引起了思想文化界的强烈反对，鲁迅专门发表《十四年的"读经"》加以严厉批评："这一类的主张读经者，是明知道读经不足以救国的，也不希望人们都读成他自己那样的；但是，耍些把

---

① 中国第二历史档案馆编:《中华民国史档案资料汇编》第 5 辑《文化》，江苏古籍出版社 1994 年版，第 516 页。

戏，将人们作笨牛看则有之，'读经'不过是这一回耍把戏偶尔用到的工具。"①鲁迅随后在《灯下漫笔》中深刻揭露了北洋军阀尊孔读经的虚伪，指出他们"一面制礼作乐，尊孔读经，'四千年声明文物之邦'，真是火候恰到好处了，而一面又坦然地放火杀人，奸淫掳掠，做着虽蛮人对于同族也还不肯做的事"。②许寿裳公开反对章士钊的读经政策，认为政府通令中小学读经是"精神的杀人罪"，将章士钊视为与袁世凯一样的"精神杀人的主犯"。③周作人认为，只要读经的人是"通"的，古书是可以读的；但当政府强令人们读经时，"大家正应该绝对地反对读古书了"。

章士钊倡导的尊孔读经因种种原因并未产生太大社会反响，五四以后真正产生巨大影响的尊孔读经活动，是戴季陶、蒋介石、陈立夫、孔祥熙等人打着继承孙中山"三民主义"旗号而掀起的恢复中国固有道德运动。

如果说孙中山早年将关注点主要放在如何在中国实现西方近代"法治"，将中华民国建设成一个近代"法治国"方面的话，那么，孙中山晚年思想发生了极大的转变，除了重新解释三民主义，确立"联俄联共扶助农工"三大政策外，则对"德治"问题作了较多的思考，改变了以往忽视中国固有道德的看法，重新解释中国传统"德治"之内涵。

1924 年 3 月，孙中山在《民族主义》第六讲中，重点解决怎样才能恢复中华民族的地位的问题。他指出："我们现在要恢复民族的地位，除了大家联合起来做成一个国族团体以外，就要把固有的旧道德先恢复起来。有了固有的道德，然后固有的民族地位才可以图恢复。"他批评"一般醉心新文化的人"对中国传统道德的全面否定，认为"此刻中国正是新旧潮流相冲突的时候，一般国民都无所适从"，必须加以引导，保存固有

---

① 鲁迅：《十四年的"读经"》，《鲁迅全集》第 3 卷，人民文学出版社 1981 年版，第 127—129 页。
② 鲁迅：《马上支日记》，《鲁迅全集》第 3 卷，人民文学出版社 1981 年版，第 332 页。
③ 上遂：《精神的杀人罪》，《国民新报副刊》乙刊第 1 号，1925 年 12 月 5 日。

道德中好的东西。孙氏所要恢复的"中国固有道德",主要是指忠孝仁爱信义和平。他说:"讲到中国固有的道德,中国人至今不能忘记的,首是忠孝,次是仁爱,其次是信义,其次是和平。"①这七项德目,是中国固有道德之核心内容,孙中山在提倡恢复它们时,对其含义作了新解释。

"忠孝"是中国传统道德的核心,是维系封建宗法制度和专制制度的基本道德规范。"忠"专指君臣关系,即孔子所谓"臣事君以忠"。封建专制制度被推翻后,中国是否还要讲"忠"?孙中山对此作了明确答复:所谓忠,不是忠于君主,而是忠于国,忠于民,要为四万万人去效忠。他说:"我们在民国之内,照道理上说,还是要尽忠,不忠于君,要忠于国,要忠于民,要为四万万人去效忠。为四万万人效忠,比较为一人效忠,自然是高尚得多。故忠字的好道德,还是要保存。"②孙氏这番议论,不仅从新的环境和条件对"忠"作了近代意义上的新解释,而且在关于道德的批判继承方面,也提供了一种典范。

至于"孝""仁爱""信义""和平"等中国固有道德的"德目",孙中山也作了中肯的分析与崭新的解释,注入了近代意义上的新内涵。他说:"《孝经》所讲孝字,几乎无所不包,无所不至。现在世界中最文明的国家讲到孝字,还没有像中国讲到这么完全。所以孝字更是不能不要的。国民在民国之内,要能够把忠孝二字讲到极点,国家便自然可以强盛。"③很显然,在孙氏看来,中国固有之"孝道",大部分是可以直接继承下来的。所谓仁爱,与西方讲的"博爱"是一样的,中国学习外国,"只要学他们那样实行,把仁爱恢复起来,再发扬光大,便是中国固有的精神。"他除了推崇孔子"仁民爱物"外,还对墨子"兼爱"极为推崇,并认为它与西方"博爱"是相通的。他说:"古时讲爱字的莫过于墨子。墨子所讲的'兼

---

① 孙中山:《民族主义》第六讲,《孙中山选集》,人民出版社1981年版,第680页。
② 孙中山:《民族主义》第六讲,《孙中山选集》,人民出版社1981年版,第681页。
③ 孙中山:《民族主义》第六讲,《孙中山选集》,人民出版社1981年版,第681页。

爱'，与耶稣所讲的'博爱'是一样的。"他所理解的"博爱"，是"为公爱而非私爱"。①

中国历来崇尚信义，并将信义作为立身处世、为政治国之基本道德规范。孙中山使用"信义"观念，来规范近代国家与国家、民族与民族之间的关系。他说："中国古时对于邻国和对于朋友，都是讲信的"，"中国所讲的信义，比外国要进步得多。"由崇尚信义，孙氏发现了中国固有道德中的"和平"观念。他认为，中国更有一种极好的道德，是爱和平。中国人几千年酷爱和平，都是出于天性。论到个人便重谦让，论到政治便说"不嗜杀人者能一之"，和外国人便有很大的不同。在孙氏看来，中国固有的这种特别好的道德，便是中华民族的精神，"我们以后对于这种精神不但是要保存，并且要发扬光大，然后我们民族的地位才可以恢复。"②此外，中国民族所具有的"信义和平"等美德，都是外国所不及的，应该加以发扬光大。他强调说："所以中国从前的忠孝仁爱信义种种的旧道德，固然是驾乎外国人，说到和平的道德，更是驾乎外国人。这种特别的好道德，便是我们的民族精神。"③

不仅如此，孙中山晚年还对儒家强调的"格物、致知、诚意、正心、修身、齐家、治国、平天下"之论格外欣赏和推崇，应该保存和继承。他说："像这样精微发展的理论，无论外国什么政治哲学家都没有见到，都没有说出，这就是我们政治哲学的知识中独有的宝贝，是应该保存的。"④他认为，"正心、诚意的学问是内治的功夫，从前宋儒是最讲究这些功夫的。修身、齐家、治国那些外修的功夫，恐怕我们现在还没有做到"，中国现在落后，是因为国人不讲修身。他认为："中国从前讲修身，推到正

---

① 《孙中山全集》第 6 卷，中华书局 1985 年版，第 22 页。

② 孙中山：《民族主义》第六讲，《孙中山选集》，人民出版社 1981 年版，第 684 页。

③ 孙中山：《民族主义》第六讲，《孙中山选集》，人民出版社 1981 年版，第 684 页。

④ 孙中山：《民族主义》第六讲，《孙中山选集》，人民出版社 1981 年版，第 684 页。

心、诚意、格物、致知，这是很精密的知识，是一贯的道理。像这样很精密的知识和一贯的道理，都是中国所固有的。我们现在要能够齐家、治国，不受外国的压迫，根本上便要从修身起，把中国固有知识一贯的道理先恢复起来，然后我们民族的精神和民族的地位才都可以恢复。"①孙中山不是一个国粹主义者，而是放眼看世界的革命家，他在强调恢复和发扬固有政治哲学的同时，并没有忘记向西方学习。他说："恢复我一切国粹之后，还要去学欧美之所长，然后才可以和欧美并驾齐驱。如果不学外国的长处，我们仍要退后。"②学习外国，就要迎头赶上，后来者居上。孙氏指出："我们要将来能够治国平天下，便先要恢复民族主义和民族地位。用固有的道德和平做基础，去统一世界，成一个大同之治，这便是我们四万万人的大责任。"③在他看来，恢复中国固有道德，是将中国传统文明中有用的东西加以发扬，其遣词命意，犹如今人之倡言弘扬中华文明。

很显然，孙中山晚年对中国固有道德是非常推崇的，标志着他开始考虑如何将中国固有的道德观念与西方近代道德观念融合在一起的问题。当然，这也是他在思想上向中国传统复归的重要标志。他的这些演讲，后来成为戴季陶、蒋介石等国民党要人恢复"固有道德"的理论依据。

孙中山逝世后，戴季陶接连发表了《国民革命与中国国民党》《孙文主义之哲学的基础》等著，对孙中山提倡恢复中国固有道德的思想大加渲染，力图把孔子三民主义化，将三民主义儒学化。

首先，将孙中山孔子化，把孙中山阐释成儒家道统的继承者。戴季陶编织了一套新的"道统说"，把孙中山视为孔孟以来中国正统思想的继承者，说孙中山是"继往开来，道统直承孔子"，孙中山的三民主义完全渊源于中国正统的"中庸之道"。其云："中山先生的思想，完全是中国的正

---

① 孙中山：《民族主义》第六讲，《孙中山选集》，人民出版社 1981 年版，第 687 页。
② 孙中山：《民族主义》第六讲，《孙中山选集》，人民出版社 1981 年版，第 689 页。
③ 孙中山：《民族主义》第六讲，《孙中山选集》，人民出版社 1981 年版，第 691 页。

统思想，就是继承尧舜以至孔孟而中绝的仁义道德的思想。在这一点，我们可以承认中山先生是二千年以来中绝的中国道德文化的复活。"①

其次，戴季陶重新解释孔子的思想，将孔子三民主义化，进而将三民主义儒学化。他认为，孙中山的三民主义理论来源于孔子的"民生哲学"，"孔子的思想，注意全在民生；就他所说的性质来说，可以叫他作'社会连带责任主义'"。他将孙中山的三民主义做了儒学化的阐释："天下之达道三：民族也、民权也、民生也；所以行之者三。智也、仁也、勇也。智仁勇三者，天下之达德也。所以行之者一也。一者何？诚也。诚也者，择善而固执之者也。"②这样，三民主义与孔子学说混同起来，三民主义与孔子学说在"仁智勇"和"诚"的基础上结合起来。

戴季陶还认为，儒家的仁爱学说是民生史观的基础。他声称："民生是历史的中心，仁爱是民生的基础。"认为中山先生的仁爱之心才是民生的真义，才是社会变革的动力。他视仁爱为人类的本性，是一种"爱人利他的仁心"，超越了阶级的差别。孙中山对"民生"下过定义："民生就是人民的生活，社会的生存，群众的生命。"③戴季陶对其做了自己的阐释，将民生解释为"生存的欲望"。其云："所谓民生，就是要生存。自己要生存，子孙也要生存。"④他将民生解释为生存本能，进而将这种求生本能视为社会发展的原初动力，显然背离了孙中山的民生史观。其目的在于图国民党之生存与发展："要图中华民国的生存，先要图中国国民党的生存，要图中国国民党的生存，一定要充分发挥三民主义的中国国民党之生存欲望所必须具备的独占性、排他性、统一性、支配性。"⑤戴季陶的这些

---

① 戴季陶：《孙文主义之哲学的基础》，上海民智书局 1925 年版，第 36 页。

② 戴季陶：《孙文主义之哲学的基础》，上海民智书局 1925 年版，第 7 页。

③ 《孙中山选集》，人民出版社 1981 年版，第 765 页。

④ 时希圣：《戴季陶言论集》，上海广益书局 1929 年版，第 488 页。

⑤ 戴季陶：《国民革命与中国国民党》，中央政治会议武汉分会 1928 年刊印本，第 3 页。

观点，除了具有特定的政治目的之外，还代表了国民党内一种文化倾向：力图从中国儒家思想中吸取对自己统治有用的东西，调和近代以来中西道德观念上的冲突。此后，国民党内主张恢复中国固有道德的呼声始终没有停止。

南京国民政府建立后，为了稳定统治秩序及社会风化，阻止马克思主义和自由主义，国民党打着恢复中国固有道德的旗号，极力提倡尊孔读经，日趋文化复古。1928年4月，蒋介石本人亲赴山东曲阜朝圣，并以"国民革命军总司令"名义张贴布告，称颂孔子是"千秋仁义之师""万世人伦之表"。1929年制定的《中华民国教育宗旨及其实施方针》明确提出：以中国儒家道德中的所谓四维（礼义廉耻）、八德（忠孝仁爱信义和平）、五达道（即五伦：君臣、父子、夫妇、兄弟、朋友）、三达德（又称武德，即智、仁、勇）等等作为中华民国道德教育的基本内容。国民政府把儒家伦理的道德原则视为中华民族的固有德行，将"四维""八德"作为中国立国的根本，带有明显的三民主义儒学化倾向。

1933年，国民党下令各级党部及社会团体悬挂"忠孝仁爱信义和平"匾额；教育部宣布以"忠孝仁爱信义和平"为"小学公民训练标准"。1934年7月5日，国民党第四届中央执行委员会第一二八次常务会议通过孔子诞辰纪念办法，定8月27日为孔子诞辰。8月27日，在山东曲阜召开"孔子诞辰纪念会"，举行祭孔大典。国民政府在曲阜祀孔大典上的祝文，将孔子说教与孙中山的思想结合起来，以示二者一致。其云："恭维先师，万世仪型，明德新民，知化穷神，折衷六艺，譬如北辰，天下为公，大同仰止，货力致用，不必为己，唯我国父，弘喻此旨，心乎诸夏，左衽是惧，明愚强柔，民族之絜，亲亲仁民，示以义方，选贤与能，民权用张，既庶何加。日富与教，患在不均，民生策效，凡斯微言，台德相告，百世损益于此洪造，邦家多难，民思威仪，崇德辨惑，礼以致辞，祗陈芳馨，宫墙在兹，同觉天民，神其格斯。"①

国民政府在祀孔的同时，也对孔子陵庙进行修缮。9 月 27 日，韩复榘致电南京行政院院长汪精卫说："现在道德沦丧，风俗日偷，非发扬孔教，实无以约束人心，非修复孔庙，实无以昭示诚敬。"②南京政府组织修复孔庙委员会，戴季陶为委员长，韩复榘为副委员长，着手对孔庙进行修复。为了筹集修理经费，国民党中央执行委员会规定经费募集分摊派与募捐两种。摊派以一次为限，中央 20 万元，各省及直辖市，参照总理陵园各省市分担经费办法。国民政府还给予孔子后裔及四配后裔以优渥，改衍圣公称号为大成至圣先师奉祀官，并享受特任官待遇，至圣及四配后裔由国家培养至大学毕业，并于曲阜特设小学，优遇孔、颜、曾、孟后裔。

南京政府的尊孔活动，基本袭用了戴季陶采取的办法，将孙中山孔子化并将三民主义儒学化。行政院院长汪精卫在国民党中央党部和国民政府举行的孔子诞辰纪念大会上，作了《纪念孔子诞辰之意义》演讲，认为孙中山继承了孔子的大同说，并说："孔子不但是中国四千余年文化之总代表，而实在是中国四万万人的智识之父，绝不能与诸子百家相提并论，我们没有教主，而有这样一个先师，为我们一切智识的先导，这不但是中国的光荣，也是我们的幸福"。③戴季陶在会上谈了尊孔的意义，认为中华民国二十三年八月二十七日，"此伟大之纪念日，实中华民国国民永远不能忘记之民族文明复兴的纪念日。"上海市长吴铁城在各大报刊上发表《尊孔论》，宣扬"孔子是集古代的大成，而总理是集古今中外的大成"，认为纪念孔子就要使全国人民明确"孔子学说与总理学说彼此一贯的关系"。

---

① 《先师孔子之诞辰纪念办法》，《中华民国史档案资料汇编》第 5 辑《文化》，江苏古籍出版社 1994 年版，第 534—536 页。

② 吕伟俊：《民国山东史》，山东人民出版社 1995 年版，第 513 页。

③ 《汪精卫在国民党中央党部举行的孔子诞辰纪念会上提倡尊孔的讲演词》，《中华民国史档案资料汇编》第 5 辑第 1 编《文化》（二），江苏古籍出版社 1994 年版，第 539—541 页。

与五四新文化运动反孔批儒相反，国民党政府极力美化孔子，鼓吹儒学具有永恒的价值。国民党要员邵元冲的《孔子之人格与时代精神》、孔祥熙的《孔子日常生活与礼义廉耻诠释》、吴鼎昌的《孔子的伟大》、陈立夫的《孔学刍言》等文，都极力赞美和称颂孔子及其儒学。

南京国民政府的尊孔措施，助长了儒家传统伦理的延续，无论是对资产阶级新道德还是对无产阶级新道德之发展，都起到了消极作用。国民党前后政策的矛盾不一，也令人心生感慨。时人评论道："自革命军兴，'打倒孔家店'之呼声，传遍全国，国民政府成立，且曾明令废止孔祀，曾几何时，向之主张废孔者，今又厉行尊孔，抚今追昔，真令人百感丛生，觉人事变幻，殆有非白云苍狗所能喻者。"①

南京国民政府的尊孔活动，直接掀起了全国各地的尊孔读经高潮。汪懋祖发起"中小学文言运动"，再次提出中小学读经的主张，并得到了湖南的何键、广东的陈济棠、华北的宋哲元等地方实力派的支持和推动。据胡适《南游杂记》记载，他在1935年初南游两广的时候，发现南方的军阀如陈济棠等人对孔子的作用特别偏爱。陈济棠在广东不但提倡古文，反对用语体文，而且明确提倡读儒家的经书。

对于国民党掀起的尊孔读经运动，蔡元培、胡适、鲁迅、张东荪、傅斯年、冯友兰等人给予激烈的批评。1934年9月，胡适撰写《写在孔子诞辰纪念之后》，阐述了他一以贯之的社会改良思想："现代政府的责任在于充分运用现代科学的正确知识，消极地防患除弊，积极地兴利惠民。这都是一点一滴的工作，一尺一步的旅程，这里面绝对没有一条捷径可以偷度。"他认为："这二十年的一点进步不是孔夫子之赐，是大家努力革命的结果，是大家接受了一个新世界的新文明的结果。只有向前走是有希望的。开倒车是不会有成功的。"胡适大声呼吁："孔圣人是无法帮忙

---

① 《由庆孔到尊孔》，《国闻周报》第11卷第35期。

的，开倒车也决不能引你们回到那个本来不存在的'美德造成的黄金世界'的!"①1935 年 4 月 7 日，傅斯年在《大公报》星期论文栏目发表《论学校读经》一文，反对强令中小学读经。他指出，从历史上看，倡导读经的人从来就没有取得过成功；从现实而言，要想在学校倡导读经也不可能。故质问道："这样的效用，究竟是有益于儿童的理智呢，或是他们的人格?"②

1934 年 11 月，《清华周刊》编辑部发起"尊孔与复古"问题讨论，并开辟了"尊孔与复古问题特辑"，刊载了冯友兰、陶希圣、张申府、林风等人讨论尊孔复古问题的文章。针对国民政府宣扬的尊孔可以弘扬民族精神的说法，陶希圣责问道：孔子已经死了很久，"他又有什么方法管到于今的民族主义的思潮?"他进而分析了尊孔读经的社会基础，认为五四反孔仅仅影响到大都市的学术界，"各地的地方政府，乡村的家族制度，任何官厅里的撤销主义的精神，都没有动摇。"③这个见解是很深刻的。柳亚子认为国民党将读经作为救国的"一种方术"，是"浅薄的可笑"，认为"民族的自救，除了向'维新'的路上走去，再没有别的办法了"! ④

鲁迅接连发表《在现代中国的孔夫子》《关于中国的两三件大事》《不知肉味和不知水味》等文，对蒋介石及国民政府的尊孔活动进行抨击。他刻薄地指出：孔子在世时并不得志，只是死后运气比较好些，这是"因为他不会噜苏了，种种的权势者便用种种的白粉给他来化妆，一直抬到吓人的高度"。他尖锐地指出：孔子是"权势者们的圣人"，是他们的"敲门砖"，和民众并无多大关系，故鲁迅得出了这样精辟的结论："孔夫子之在中国，是权势者们捧起来的，是那些权势者或想做权势者们的圣人，和一般的民

---

① 胡适：《写在孔子诞辰纪念之后》，《独立评论》第 117 号。
② 傅斯年：《论学校读经》，《大公报》1935 年 4 月 7 日。
③ 陶希圣：《对于尊孔之意见》，《清华周刊》第 42 卷第 3 期。
④ 柳亚子：《我们对于文化运动的意见》，《新生》第 2 卷第 21 期。

众并无什么关系。然而对于圣庙，那些权势者也不过一时的热心。因为尊孔的时候已经怀着别样的目的，所以目的一达，这器具就无用，如果不达呢，那可更加无用了。"①

1934年12月，张东荪撰写《现代的中国怎样要孔子》，尖锐地指出："中国历史上的尊孔者几乎从来都是利用孔子。他们利用孔子做了无数的罪恶，却不曾被人们发现，于是一概记载在孔子的账上。于是推崇孔子的人愈推崇孔子，而痛恨孔子的人便愈痛恨孔子。"② 在他看来，30年代兴起的全盘西化思潮导致了中国人自信心的丧失、消化能力和承受能力的衰退，导致了中华文明主体资格和自主性的丧失，故中国首要的任务就是重新恢复民族自信心，重新培植对外来文化的消化能力和承受能力。要恢复民族自主性，必须恢复民族的固有文化；恢复中国固有文化，实际上就是提倡儒家文明中有价值的"人生哲学"。其云："因为中国固有的文化可以儒家思想为代表，他只是讲做人的道理，并且这种人生哲学即从西方眼光看来，仍不失为很有价值的，在西方思想中很难寻到与他相等的，所以这一方面非但不应该打倒，并且应该提倡。"个人有些"人生哲学"则因"重心在内"而不致自卑，民族有此"人生哲学"则会看重自己文化中的优劣精华，树起民族自信心，不至于完全拜倒于西方文化脚下。

张东荪只是赞同恢复儒家思想中有价值的东西，即"人生哲学"，"有许多方面，例如政治经济等，是非用欧洲的方法不行。"所以，他反对当时守旧者"整理国故"的态度和办法，并不赞同尊孔读经，认为这是一种无补于事、反而危害于固有文化的行为。所以，他表示："我以为今后孔子要在现代的中国发生一些效用，必须把孔子灌入人们的血管里才行。倘只是腾在口头，则孔子依然是个死东西。所以尊孔不能使孔子复活，惟有

---

① 鲁迅：《在现代中国的孔夫子》，《鲁迅全集》第6卷，人民文学出版社1981年版，第316—317页。
② 张东荪：《现代的中国怎样要孔子》，《正风》半月刊第1卷第2期。

体会孔子的精神，口头虽不提孔子而血管中充满了孔子，方可算用孔子来复兴民族。"①这才是中国人对待孔子及儒家学说的理性态度，也是张东荪所谓"恢复固有道德"论与陈济棠、何键之流倡导"尊孔读经"之根本不同处。

1935 年 5 月，《教育杂志》编辑部组织了唐文治、顾实、王新命、陈立夫、蔡元培、陶希圣、周予同、叶青、陈望道等 70 多人，围绕是否提倡读经问题展开讨论，并发表了"读经专号"。在 30 年代尊孔读经活动中，多数人对国民政府倡导以尊孔读经来恢复民族精神的做法不满，更不赞同中小学校将经书列为必修课，但在批孔的同时，他们逐渐放弃了古今、东西对立的二元对峙的思维方式，开始对孔子及儒学进行批判继承地研究，并取得了一些重要成果，如蔡尚思的《孔子哲学之真面目》、周予同的《孔子》、胡适的《说儒》等，推动了对孔子及儒学的研究。如胡适在《说儒》中将历史上的孔子与作为偶像的孔子分开，采用中西比较的方法，对孔子作历史的再评价。这显然是将孔子及儒学作为研究对象而进行的纯学术研究，不再有超出学术研究之外的非理性的褒扬或贬斥气息。

在五四新文化运动后接连不断的尊孔复古活动中，规模最大、持续时间最长、最为海内外关注的，当数蒋介石在 1934 年发起的新生活运动。蒋介石继承戴季陶主义，将孙中山晚年肯定中国固有道德之论加以发挥，认为要抵抗外敌，复兴民族，必须先恢复中国固有的民族精神，而要恢复中国固有的民族精神，就必须整理、培植、实行中国固有的民族哲学。他力图将三民主义与儒家思想糅合起来，故赞同并支持尊孔复古潮流。

1934 年 2 月 19 日，蒋介石在南昌各界扩大纪念周上作《新生活运动之要义》的演讲，强调恢复中国固有的道德——"礼义廉耻"，并宣示八项原则，号召以"昨死今生"精神首先在"剿共"前线南昌发起新生活运

---

① 张东荪：《现代的中国怎样要孔子》，《正风》半月刊第 1 卷第 2 期。

动，以作全国之模范。①2月21日，南昌新生活运动促进会成立，开始实施各项推行"新运"措施。蒋介石不仅亲任"新运会"会长，负责"新运"指导工作，而且亲自出面，大造舆论，从2月起仅4个月就作了《新生活运动之中心准则》《新生活的意义和目的》等6次演讲，发表了许多文章和手谕，颁布《新生活须知》《新生活运动公约》《新生活运动歌》等文件。5月15日，他向全国发表手订《新生活运动纲要》，作为"新运"纲领性文件。国民党其他军政要员和各种新闻媒体也拼命鼓噪，对新生活运动的目的、内容和意义做了详细阐释，从而初步形成了一套新生活运动的理论。

按照蒋介石的解释，新生活运动就是"提倡礼义廉耻的规律生活，以礼义廉耻之素行，习之于日常生活衣食住行四事之中"，用所谓"社会教育"的方式，使一般国民日常生活能够"整齐""清洁""简单""朴素""迅速""确实"，达到生活军事化、生产化和艺术化目标的运动。② 新生活运动的中心准则是礼义廉耻，中国固有道德很多，有"智信仁勇"和五伦五常，有"忠孝仁爱信义和平"八德，蒋介石认为，"礼义廉耻"是民族道德之本，要挽救中国虚伪浮夸凌乱的风气，"惟有齐之于礼，使民能崇信"；要挽救中国浅薄残忍、冷酷自私的风气，"惟有晓之于义，使民能兴仁"；要挽救中国贪婪放浪、义利不分的恶习，"惟有砥之以廉，使民能有辨别是非的智慧"；要挽救中国怯懦苟且、堕落消沉的恶习，"惟有励之以耻，使民能有感激效命牺牲奋斗的勇气"；把"礼义廉耻，国之四维，四维既张，国乃复兴"作为座右铭，选"礼义廉耻"这四个为中国人耳熟能详，易于记忆的字作为新生活运动的准则。同时，蒋介石认为，"礼义廉耻""智信仁勇"或"忠孝仁爱信义和平"，"虽然德目之多寡与文字之标

---

① 蒋介石：《新生活运动之要义》，中国国民党中央党史会编：《革命文献》第68辑《新生活运动史料》，1975年版，第13页。
② 蒋介石：《新生活运动纲要》，《大公报》1934年5月15日。

示各不相同"，但所指的真正意义都是"互相包涵、互相关连、可以彼此发明，贯通一致的"，能够真正做到"礼义廉耻"也必能做到"忠孝仁爱信义和平"。所以蒋介石强调，规定"礼义廉耻"为新生活运动的中心准则，"并不是说离开其他的德目不要，也没有分别取余的意思在内"，其真实意义"乃是特别选定这简单明确的四个字，拿来统摄我们民族固有的一切美德，使全国国人易于记忆，易于实现"。①

蒋介石对"礼义廉耻"作了近代意义上的解释：礼，即"规规矩矩的态度"——"凡守规矩之行为的表现，谓之规规矩矩的态度"。义，即"正正当当的行为"——"合乎自然定律、社会规律与国家纪律者，谓之正正当当行为"。廉，即"清清白白的辨别"——"合乎礼义为足，反乎礼义为非。知其足而取之，知其非而舍之，此之谓清清白白的辨别"。耻，即"切切实实的觉悟"——"有切实之羞，必力图上进，有切实之恶，必力行涤雪，此之谓切切实实的觉悟"。礼义廉耻，四者相需相成，缺一不可，"耻是行为之动机，廉是行为之响马，义是行为之履践，礼是行为之表现"。"四者相连贯，发于耻，明于廉，行于义，而形之于礼。"他认为，礼义廉耻毕竟是抽象的伦理说教，只有落实到国民日常生活的衣食住行中才会有实效，故特别强调"食衣住行之必合乎礼义廉耻"。②他发动的新生活运动，"就是要使全体国民，凡日常生活食衣住行，统统要照到我们中国固有的礼义廉耻道德的习惯来做人"，"就是根据中国固有道德的习惯，来决定人人所必需的日常生活行动。"③

蒋介石发起新生活运动的目的，是以"礼义廉耻之四维，习于国民日

---

① 蒋介石：《礼义廉耻之精义》，《先总统蒋公全集》（一），中国文化大学中华学术院1986 年编印。
② 蒋介石：《新生活运动纲要》，《大公报》1934 年 5 月 15 日。
③ 蒋介石：《新生活的意义和目的》，中国国民党中央党史会编：《革命文献》第 68 辑《新生活运动史料》，1975 年版，第 32 页。

常生活"中，培养有礼义、知廉耻、守纪律的所谓"新国民"。在具体的推行过程中，蒋介石规定，新生活运动第一期的任务是清洁整齐运动。国民生活军事化、生产化和艺术化是新生活运动第二期的任务和总目标。蒋介石特别强调"军事化"："我现在所提倡的新生活运动是什么？简单地讲，就是要使全国国民的生活能够彻底军事化。"①"军事化的精神就是礼义廉耻，军事化入手的地方，就是衣食住行，军事化的目的，就是要整齐划一。"② 为达此目的，南昌"新运会"制订并公布《新生活须知》，对人民的各种言行进行严格、具体的规范。《新生活须知》共96条，包括整齐、清洁两项，对人民的衣食住行各方面作了详尽规定，包括衣服要整齐，纽扣要扣好，饭屑不乱抛、行坐要正直、升降国旗要敬礼，走路靠左边等关于规矩的54条规定；要扑灭苍蝇、蚊子、老鼠，脸和手要干净等关于清洁的42条规定。③ 上海"新运会"制定的《新生活公约》共110多条，包括"吃饭要规矩""座位要端正"等关于食的13条规定；"衣服要朴素""纽扣要扣好"等关于衣的11条规定；"房屋要清洁"等关于住的23条规定以及关于行的15条规定；关于工作、娱乐的53条规定。其他各地的"大同小异、不出此范围"。④ 不仅如此，南昌和各级"新运会"还制订《新生活心理公约》，共34节，约100多条，与"偏重于形式方面的新生活公约相辅而行"。⑤ 孔祥熙撰专文论述孔子日常生活作为新生活的标准，详列孔子日常生活与礼义廉耻对照表，规定几十条范例要求人们严格效仿

---

① 蒋介石：《新生活运动之要义》，中国国民党中央党史会编：《革命文献》第68辑《新生活运动史料》，1975年版，第21页。

② 蒋介石：《新生活的意义和目的》，中国国民党中央党史会编：《革命文献》第68辑《新生活运动史料》，1975年版，第33页。

③ 《新生活须知》，《民国二十三年新生活运动总报告》，新生活运动促进总会1935年编辑刊印本。

④ 《新生活公约》，胡怀琛编：《新生活文选》第1册，上海大华书局1935年版。

⑤ 《新生活心理公约》，胡怀琛编：《新生活文选》第1册，上海大华书局1935年版。

实践。

　　尽管这些规定借用了许多西方近代文明的文字，如"约会要守时""走路靠左边"等，但其本质上是用"礼义廉耻"来规范人们的言行，禁锢人民的思想和干涉民众正常的生活，实际上是传统的"德治"思想在新形势下的复活，骨子里含有浓重的传统"德治"色彩。如果严格按照这些规定去实施，无疑使广大民众日常生活和言行完全纳入中国儒家伦理纲常规范，使广大民众成为国民党统治下的顺民。

　　需要指出的是，蒋介石所谓的"新生活"与五四新青年倡行的"新生活"是有根本区别的。"新生活"是五四新文化运动的健将们为冲决封建罗网而倡导的，主要内容是反对旧道德、旧礼教，提倡人性和个性、自由、平等和活泼生动奋发向上的个人主义生活。《新生活》周刊标揭"博爱、自由、平等、牺牲"之精神，此四大精神"是我们创造'新生活'的基础，也就是我们建立民国的基础"。① 可见，五四时期提倡的"新生活"实质上是西方个人主义的生活方式对中国传统旧生活方式的一种反叛和冲决，是一次社会生活领域内的反封建斗争。十多年后，蒋介石发动"新生活运动"，号召人们厉行所谓"新生活"，与五四时期所提倡的"新生活""完全是两样绝对不同的东西"。其所谓"新生活"实际上就是恢复中国固有道德，使国民的全部生活都符合礼义廉耻。故蒋介石新生活的"新"，"并不是'时髦'摩登的思想"，而是"苟日新，日又新，又日新"的"新"，"是时间上的'新'，即'与日俱新'"，"而不是内容上的新"。换言之，蒋介石的"新生活"不过是借"新"之名行"旧"之实，即恢复儒家固有道德，"提倡礼义廉耻的规律生活"而已。②

　　蒋介石在南昌发起新生活运动后，国民党各级宣传机关积极推动，各

---

① 李大钊：《双十字上的新生活》，《李大钊全集》第 3 卷，河北教育出版社 1999 年版，第 341 页。

② 蒋介石：《新生活运动纲要》，《大公报》1934 年 5 月 15 日。

地官员不遗余力加以仿效，全国20个省和江西省各县纷纷发动新生活运动，新生活运动迅速扩大到全国。1934年5月15日，为统一全国新生活运动的理论和组织，蒋介石颁布手订《新生活运动纲要》，规定运动由南昌新生活运动促进总会主持。7月1日，南昌新生活运动促进总会正式办公，作为全国新生活运动的指导总机关。从组织上看，1935年，各省新生活劳动服务团共有295个，人数达69108人，遍及全国11个省。南昌和各县镇、各铁路、海外"新运会"所指导的劳动服务团业已建立。1936年，各地成立的服务团已发展到2470团，总人数达395263人。1935年，全国省级新生活运动促进会发展到苏、浙、闽等19省，县新运会发展到132个（宁夏、贵州2省除外），市新运会有南京、上海、北京、青岛、天津5市，铁路新运会有京沪、平汉、正太等12条铁路线，形成上有"新运总会"指导，中有各省市"新运会"推动，下有各县镇"新运会"实施，并且有各种新生活劳动服务团配合的全国性新生活运动组织网络。同时在海外也建立了许多新生活运动组织，妇女新生活运动各种组织也建立并发展。从而奠定了新生活运动长期存在并在海内外造成广泛影响的组织基础。

从宣传上看，新生活运动是一场社会教育运动，因此，蒋介石与国民党各级新生活运动推行机关特别重视宣传活动，通过口头宣传和文字宣传两种方式，以扩大"新运"影响。从内容上看，1935年"新运"周年纪念时，蒋介石强调，"规矩""清洁"两项运动，不过是新生活运动最初步的工作，号召进一步推行"军事化、生产化和艺术化之三大原则"，实施"三化"方案。军事化就是"重组织、尚团结、严纪律、守秩序、知振奋、保严肃、一洗从前散乱浪漫推诿因循苟安之习性"；生产化就是"能节约、能刻苦、能顾全物力之艰、能自食其力，以从事劳动生产之途"；艺术化就是"持躬接物、待人处事，能肃仪循礼、整齐清洁、活泼谦和、迅速确实"。新生活运动"推行的区域一天一天地加广，工作的项目和范围，一天一天地加多，推行团体和人员，也随时都有增加"。①

1937 年全民族抗战爆发后，蒋介石认为新生活运动应该"发挥我们固有仁爱的道德"，为抗战服务。新生活运动工作的重心开始转移到为抗战服务上。武汉弃守后，"总会"迁到重庆，蒋介石发表训词，重新解释"新运"意义，规定抗战时期"新运"的工作。蒋介石认为，国家处于抗战的非常时期，"新运"跟着进到一个新的阶段。考虑到"抗战的形势，一般国民生活的状态，都已经起了很大的变化"，②故重新解释了"礼义廉耻"的含义。礼，由原来的"规规矩矩的态度"改为"严严整整的纪律"；因为抗战时期是"纪律高于一切"，遵守纪律和国家法令，"他的态度才算合乎规矩"；义，由原来的"正正当当的行为"改为"慷慷慨慨的牺牲"；廉，由原来的"清清楚楚的辨别"改为"实实在在的节约"；耻，由原来的"切切实实的觉悟"改为"轰轰烈烈的奋斗"。概而言之，每个国民在战时的行为，"必须守纪律、负责任、明公私、尚力行，而在国家民族利益之前，绝对不惜牺牲。"③

全民族抗战时期，"新运总会"在蒋介石的指导下，开展了各种战时服务工作，发起节约献金运动和拒毒运动；开展战地服务、空袭救济和体育活动；推行国民精神总动员运动；组织"伤兵之友"社、"盟军之友"社；成立战时服务委员会，协助兵役工作；拍摄新生活运动示范电影；开展"新运"流动宣传；设立各地新生活运动服务所，健全各级"新运"机关；发动学生暑期农村服务；等等。这些活动，对促进抗战具有一定的积极作用。

---

① 蒋介石：《新生活运动二周年纪念之感想》，中国国民党中央党史会编：《革命文献》第 68 辑《新生活运动史料》，1975 年版，第 44 页。

② 蒋介石：《新生活运动五周年纪念训词》，中国国民党中央党史会编：《革命文献》第 68 辑《新生活运动史料》，1975 年版，第 66 页。

③ 蒋介石：《新生活运动五周年纪念训词》，中国国民党中央党史会编：《革命文献》第 68 辑《新生活运动史料》，1975 年版，第 68 页。

尽管如此，新生活运动并没有达到蒋介石的预定目的。新生活运动具有明显的表面化、口号化和官僚化倾向。国民党的各种腐败现象严重地表现在各级"新运会"中，以致造成在推行新生活运动过程中，"做官样的文章多"。连蒋介石也尖锐地批评说"到处都可看到新运的标语，而很少看到新运的实效，到处都可看到推行新运的团体或机关，却是很少看得见有多数国民确实受了新生活运动的效果"的局面。[①]

蒋介石企图用新生活运动来恢复中国固有道德，以改变国民党日益严重的腐败现象，恢复国民党的生机，其立意是高远的，其动机是应当肯定的。但新生活运动一开始便染上官办的毒素，成为官办政治运动，国民党各种腐败习气的毒素也逐渐渗透到新生活运动中，新生活运动各级组织的倡导者和推行者不能以身作则，为人表率，切实推行，因此，新生活运动带有明显的官僚化和表面化，不仅没有能够挽回道德堕落之世风，而且也无力改变国民党腐败的现实。蒋介石发动的新生活运动的失败，证明国民党道德沦落与政治腐败已经到了无可救药的地步。"无德无能"的国民党在政治上失败，也就成为历史的必然。

五、梁漱溟、张君劢与现代新儒家的兴起

五四新文化运动对孔子及儒学的批评，启发了人们对儒家思想真面目的重新认识及对其真精神的重新阐扬。贺麟在《儒家思想的新开展》中指出，由于"西洋文化之输入"所引起的猛烈的文化冲击，使"儒家思想在中国文化生活上失掉了自主权，丧失了新生命"，五四新文化运动的最大

---

① 蒋介石：《新生活运动二周年之感想》，中国国民党中央党史会编：《革命文献》第68辑《新生活运动史料》，1975年版，第45页。

贡献在于破坏和扫除了儒家文明的僵化躯壳及束缚个性的腐化部分，但它并没有打倒孔孟之真精神及真学术，反而因其洗刷扫除功夫而使孔孟程朱之真面目及真价值彰显出来。他认为："假如儒家思想能够把握、吸收、融会、转化西洋文化以充实自身，发展自身，则儒家思想便生存、复活，而有新的开展。"① 因此，新文化派的反孔批儒，为儒家思想的更新开辟了新道路，为儒家思想的近代转化提供了必要前提，在客观上激发了现代新儒家之崛起。

最先对五四新文化运动的批孔反儒进行回应者，是梁漱溟。他在1921年完成的《东西文化及其哲学》一书中，基于对中、西、印三种文明的比较研究，回答了新文化派对儒学的责难，论证儒家文明代表着人类文明的未来发展方向。他认为，从精神生活、物质生活、社会生活三个方面看，儒家文明远远不及西方近代文明，尤其是西方近代以来的科学与民主精神，更是世界上无论哪个民族都不能自外的优秀东西。但因中西文明之间的差异是民族特性的根本差异，而不是中国文明比西方文明落后的时代性差异，故其断言：假如西方不与我们接触，中国不与外界交流，就是再走三百年、五百年也断不会有近代火车、轮船、飞行艇、科学方法和民主精神。中国文明未来发展的唯一出路，是中华固有文明的新创造，就是回归到儒家的真精神而后再开出"现代化"，而不是"全盘西化"或中西文明之调和。所以，梁漱溟率先倡言要走"中国孔子的路"，赞美儒家崇尚直觉的精神和礼乐意识，并用西方现代哲学的重要流派——柏格森的唯意志论来改造传统儒学，率先进行了中国传统儒学与西方现代哲学结合之尝试，建构了一套直觉主义的"新孔学"体系。

梁漱溟的"新孔学"，主要来源于中国传统儒学中的宋明理学和西方现代哲学中的柏格森"生命哲学"，是用柏格森哲学改造中国儒学的产物，

---

① 贺麟：《儒家思想的新开展》，《文化与人生》，商务印书馆1947年版，第3页。

其基本倾向是中国传统的儒家学说。梁漱溟将"生活"或"生命"视为宇宙的本体，由"生活"追溯到"意欲"，最后将"意欲"落实到"我"，建立了以"生活—意欲—我"为骨架的生机主义宇宙观。他认为，宇宙的基础是"生活"，它本身没有客观实在性，完全从属于"生活"本体。宇宙的统一性在于它的生命性，宇宙万物都是由"生活"本体创造的。他用生命主义哲学阐释了儒学，认为《易传》所言"生生之谓易"是指"宇宙之生"，"生"是儒家最基本的观念。为了论证该宇宙观之合理性，他对人类的生命活动作了神秘主义解释。梁漱溟从"生活"（"生命"）观念出发，在阐述宇宙起源及其演化实质过程中，形成了以"生命—意欲—我"为骨架的生机主义宇宙观。这个宇宙观继承了中国传统的陆王心学"吾心即是宇宙"思想，同时借鉴了柏格森的生命哲学的观点，是其糅合东西方哲学之思维结晶。

梁漱溟从生机主义宇宙观出发考察人与人的关系，形成了一套以"生命"为道德根源、崇尚"尚情无我"人格、建立伦理本位社会的思想。首先，关于道德的根源问题。他认为，本能是道德的根源和基础，而本能就是"生命本性"的直接体现，故"生命本性"即为道德的根源。既然道德起源于本能，那么道德判断就不是理性之自觉，而只能依赖直觉，只要是顺乎直觉的行为便是合乎道德的。其次，关于理想的人格问题。他认为，"尚情无我"是最理想的人格，孔子便是理想人格之典范。"尚情"是指如何培养和发挥基于"生命本性"的道德性，具体表现为：一任直觉，以求"对"；履行人道以求"安"；回头认取自身活动以求"乐"。所谓"无我"，就是排除理智对直觉的干扰，去掉"计算之心"，灭绝"有欲"，达到"我欲""无我"境地。最后，关于未来理想社会，他把社会关系归结为"情谊关系"，据此认为"以伦理为本位"的社会才是理想社会。这种社会是基于人们之间的天然关系，由家庭推广而形成社会组织，没有对立的阶级，只有职业的分途。这种理想的社会就是中国传统"伦理本位、职业分途"社会。

梁漱溟着力发挥孔子及儒家思想中的人生哲学，对孔子人生态度作了发挥，主张恢复孔子的"真精神"，提倡孔子"阳刚乾动"的人生态度，以达到"弥补了中国人夙来短缺，解救中国人现在的痛苦，又避免了西洋的弊害，应付了世界的需要"。其所设想之未来孔家生活是：在物质方面，采用机械化生产和社会主义，使生产向着艺术创造方面发展；社会生活方面，用尚情谊、尚礼让、不计较的孔子礼乐，代替统驭生活的、尚计较的法律，以礼俗代法律，实现真正的礼乐生活；在精神生活方面，充分发挥"情理"的功能，使人的感性欲望和计算之心在审美的道德生活中得以协调，使人清明安宁，生命畅达。[①]

可见，梁漱溟用柏格森的生命哲学印证儒家心性学说，用直觉主义补充儒家的心性修养方法，用唯意志论充实儒家伦理思想，试图建立一套"不中不西，亦中亦西"的"新孔学"，开创了五四以后"以西释儒"的新学风，成为中国现代新儒家的开山之祖。

继梁漱溟之后正面阐释儒家思想者，是以提倡"新宋学"相标榜的张君劢。张君劢早年受过正统儒学训练，后留学英国和德国，对西方现代哲学，尤其是柏格森哲学比较熟悉，并直接师从德国现代哲学家倭铿研习哲学。1923 年 4 月，他在清华大学发表演讲，认为人类文明在欧战之后发生了巨大转变，这种转变的实质是从西方走向东方，从物质走向心灵，从向外追求走向反求内省。西方近代科学方法不能解决人生观问题，因为人生观的基本特点在于主观、直觉、综合、自由意志和单一性。而这五个特点是西方近代科学无论怎样发达都无法真正解决的。基于这种认识，张君劢猛烈抨击唯科学主义，认为国人迷信科学，以科学无所不能、无所不知，实在是不知科学成为"主义"之后带来的诸多流弊。

[①] 黄克剑编：《梁漱溟集》，群言出版社 1993 年版，第 186—189 页。

对科学的迷信、工商立国的政策，与单纯追求物质利益、追逐一时之虚荣的价值观汇集在一起，导致了欧战的惨祸，并促使欧洲思想从原来的机械主义、主智主义和命定主义转向新玄学。在张君劢看来，欧洲战后兴起的新玄学与儒家"尽性以赞化育"之义颇为吻合，与宋明理学之基本精神足资相互发明。

所以，张君劢主张恢复新宋学："诚欲求发聋振聩之药，唯在新宋学之复活。"还认为"心性之发展为形上的真理之启示，故当提倡新宋学"。所谓新宋学，主要是与科学主义相对立的儒家道德理想主义，是以提倡儒家道德主义来纠正西方近代科学主义之弊病，主张以道德立国并倡导修身养性，在思想倾向上回归儒家之伦理本位。张君劢继承并发挥了宋明理学陆王心学的思想，同时用倭铿、柏格森的哲学加以补充，发挥了阳明心学的修身养性、内求于心的思想传统，提出了"自由意志"的人生观和以"我"为界的物质观，以消解近代科学主义人生观的影响。

1935 年，张君劢出版《明日之中国文化》，在批判西方近代机械主义和物质功利主义基础上，力主以儒学为本，以民族为本位来沟通中西文化，以建立"以精神自由为基础的民族文化"，并对儒家思想做了较为公允的分析。他注重儒家心性之学的现代价值，认为孔孟和宋明理学的"存心养性""修齐治平"，是"力求义理之标准以范围人心，更本其平日之修养义孝忠于社会"。故民族精神文化建设必须发挥儒家"内圣外王"之道。张君劢认为，儒家思想不仅不会成为中国现代化的障碍，而且"可为导致中国现代化的基本方法"，故儒家思想之复兴有益于中国现代化。在他看来，中西文明各有所长，中国应吸收西学之长以补己之短，发扬自家之长以去别人之短，在融会贯通的基础上建设中国现代新文明。那么，通过创新而建构的中国现代新文明的基本点是什么？张君劢将其作了高度概括："以精神自由为基础之民族文化，乃吾族今后政治学术艺术之方向之总原则也。"① 因此，发挥宋明理学之道德精神，吸收西洋近代民主与科学精神而建立的新文化，必然是精神自由的民族文化。

六、熊十力、冯友兰对传统儒学的新阐释

熊十力早年倾向于王夫之、顾炎武等人的学术，后受章太炎思想影响，崇佛贬儒。1922年，他应蔡元培之邀到北京大学讲学并逐渐改变了佛教信仰，忽悟于《大易》，归宗于儒家大易"生生"之旨。1932年，他正式出版《新唯识论》文言文本，提出了新唯识论，成为现代新儒学的开山大师之一。从思想来源上说，熊十力的新唯识论是以中国传统的佛家唯识宗和儒家心性学说为主体，参照西方现代哲学的一些观点，如柏格森思想，由研究佛家唯识理论入手，通过对其进行怀疑、批评和重新阐发，最后归宗于儒家思想。熊十力的新唯识论主要包括以下三个方面。

首先，"体用不二"的本体论。他所谓的体，指宇宙本体，"用"指本体的功用或表现。他认为本心是宇宙的本体，宇宙万物归根到底都是本心的功用。他主要分"扫相""显体""释用"三个步骤论证这一核心观点。所谓"扫相"，就是破除一切"相"，为认识真实的本体做准备。他认为，无论是"物相"还是"心相"都不是真实的存在。人们之所以视之为真实的存在，不外乎两点，一是"应用不计"，二是"极微计"。所谓"应用不计"就是"在日常生活方面，因应用事物的惯习，而计有外在的实境，即依妄计的所由而立名"。所谓"极微计"就是"于物质宇宙推析其本，说有实在的极微，亦是离心而独在的"。他认为这两种认识都是人们的偏见或"俗见"。从"物相"出发，将导致"粗俗"的唯物论，由"心相"出发，

---

① 张君劢：《明日之中国文化·自序》，商务印书馆1936年版，第2页。

将导致唯我论。只有把两者结合起来思考，才能寻求到宇宙真实的本体。所谓"显体"就是从正面提出"心为本体"的观点。他认为物相与心相都是"绝对的真实（本体）显现为千差万别的功用"。① 这个真实的主体就是"衡转"，即是"变动不居、非常非断"的流变过程。"恒转"本体的最后落脚点是生命这种具体的运动形式上，由此，他提出了"本体即是生命"的命题。

他认为本心具有三个特点：（一）本心是存在的主体，宇宙万物由它派生；（二）本心是运动变化的源泉，它以生生不息的运动本性把万物统一起来；（三）本心是认识的主体，它通过"识"显现出"境"（外物）。由此可见，他的这套本体论体系中同时又包含了认识论思想。所谓"释用"，就是在提出"本心即是本体"命题基础上，进一步提出"举体成用"的命题。所谓"举体成用"就是指本心不能离开宇宙，必须通过宇宙表现出来。其表现的方式，是"翕""辟"两种势用。由"翕"的势用而形成物质宇宙，由"辟"的势用又使物质宇宙复归本体。这是"体用不二"宇宙论的核心思想。

其次，"翕辟成变"的辩证法思想。熊十力认为，事物的矛盾，可以通过"翕辟"的矛盾运动得到体现。两者既是相反的两极，又有内在的统一性。他说："我说翕和辟，是两端，只形容其相反的意思，非谓其如一物体之有二端，其二端不可同处也。……这两种不同的动势（翕和辟）是互相融合在一起，决不是可以分开的。"② 他用"翕辟成变"范畴表述矛盾的思想，与中国传统哲学的乾坤、阴阳范畴精确，比较全面地反映了矛盾双方既对立又统一的辩证关系，在一定程度上摆脱了中国古代辩证法的素朴性。事物的变化一方面是"翕辟成变"，另一方面是"刹那生灭"。他说：

---

① 熊十力：《新唯识论》，中华书局 1985 年版，第 302 页。
② 熊十力：《新唯识论》，中华书局 1985 年版，第 444 页。

"从另一方面说，变化是方生方灭的。换句话说，此所谓翕和辟，都是才起即灭，绝没有旧的势用保存着，时时是故灭新生的。"①这便是他所谓的"翕辟成变"说。

再次，"内圣外王"的人生论。由宇宙观出发，他又提出了一套"内圣外王"人生观。他认为，本体具有道德属性，它自然应当成为人生价值的源头，对此，他说："吾人一切纯真、纯善、纯美的行，皆是性体呈露。"②他的这种观点沿袭了儒家的伦理思想，但他并不是将封建伦理纲常作为价值评判尺度，而是以"独立""自由""平等"等近代西方资产阶级价值观念作为评判标准。他所谓的独立，是指"尽己之谓忠，以实之谓信。唯尽己，唯以实，故无所依赖，而昂然独立耳"。③ 既保留了"忠""信"等儒家伦理思想的色彩，但更多地强调"无所依赖"的主体人格。他所谓的自由，是指"各得自治，而亦互相比辅也"。主要是指道德上自我完善的自由。他所谓的平等，指"以法治言之，在法律上一切平等"。④ 他所谓的"内圣"，实际上是在旧的形式下的包含资产阶级新观念的"内圣"。

熊十力指出，长期以来，儒家内圣外王并重的精神并没有得到发扬，宋明理学过分强调"内圣"而忽视"外王"，致使道德价值"失其固有活跃开辟的天性"，使儒学"失其真"。⑤ 因此，必须注重发挥"外王"精神，讲求经世致用。为此，一方面要发挥儒家传统的自强不息精神，另一方面学习西方某些人生态度，如民主制度、进取精神、格致之学（自然科学）等等，并将两者加以调和。其云："能观异以会其通，庶几内外交养，而人道亨、治道具矣。吾人于西学，当虚怀容纳，以详其得失。于先哲之

① 熊十力：《新唯识论》，中华书局 1985 年版，第 317 页。
② 熊十力：《新唯识论》，中华书局 1985 年版，第 389 页。
③ 熊十力：《十力语要》卷三，上海书店出版社 2007 年版，第 27 页。
④ 熊十力：《十力语要》卷四，上海书店出版社 2007 年版，第 18 页。
⑤ 熊十力：《十力语要》卷三，上海书店出版社 2007 年版，第 49 页。

典，尤须布之遐使得惜其臆测，睹其本然，融会之业，此为首基。"①

既然"本心"是道德价值的源泉，那么能否解除"染习"的蔽障、恢复本心的本然状态，便成为实现"内圣外王"价值的关键所在。故此，熊十力又提出"断染"是造成理想人格的唯一途径。在他看来，人的行为分为"净习"和"染习"两种。净习是本心"显发之资具"，是善；而染习是对本心的侵蚀，是恶。提起本心之法就是所谓"证量""保任""推扩"。所谓证量，就是直觉到"本心"本体，确立"体用不二"的宇宙观；所谓保任就是经常保任本心的明觉状态；所谓推扩，就是以"体用不二"宇宙观为指导应物处世。

对儒家思想作出近代阐释并产生巨大影响者，当数冯友兰。冯氏深受美国新实在主义哲学影响，并用新实在论梳理中国儒家哲学演变史，撰写了两卷本的《中国哲学史》，成为著名的中国哲学史家。1937年后，冯氏不满足做一个哲学史家，而是要做一个哲学家。他融会中西哲学思想，撰写了《新理学》《新事论》《新世训》《新原人》《新原道》《新知言》，统称为"贞元六书"，承接程朱理学的传统，借用了宋明理学的固有范畴，将自己理解和接受的西方新实在论与宋明理学融合起来，建构了所谓"新理学"哲学体系。

冯友兰认为，中国传统哲学主流即"极高明而中庸"传统，讲求"天地境界"而不脱离人伦日用之常。这种传统是由孔、孟开其端，中经先秦的道家、魏晋的玄学、唐代的禅宗，至宋代的程朱道学而集其大成。他强调自己的"新理学"是"接着宋明道学中底理学讲底"，其宗旨就是"继往开来"而建立"新统"，并视之为儒学现代化的一种途径。冯友兰的"新理学"体系主要包括以下两个方面的内容。

首先，理气论的自然观。冯友兰在《新理学》和《新知言》中集中阐

---

① 熊十力：《十力语要》卷三，上海书店出版社2007年版，第73页。

述了一种离现实最远、最思辨的哲学，建构了新理学体系的形而上学本体论基础。其基本观点是通过对理、气、道体和大全四个基本范畴的分析而展开的：理是事物所依照的本体；气是事物所依据的条件；道体是事物运动发展的全过程；大全是哲学所说的宇宙。理是整个新理学哲学体系的逻辑起点。他所谓的理，有四种规定性：一是指潜存于真际的抽象的共相；二是指超时空、超动静的绝对；三是指先于实际世界的永恒的实在；四是事物的标准和极限。所以，理既不是客观事物本身所具备的规律，也不是物质或精神的所谓纯实在，而只能是脱离了物质及其规律的抽象共性，即精神性的东西。因此，事物是由理决定的，理是事物的主宰。他说："说理是主宰者，即是说，理为事物必依照之而不可逃。某理为某事物所必依照而不可逃。不依照某理者，不能成为事物，不依照任何理者，不但不能成为任何事物，而且不能成为事物，简直是不成东西。"[①]在他看来，气是事物所依据的条件，是神秘的经验材料，是理由真际见诸实际的契机，是事物存在所依据的条件。他认为，事物所依据的太极（理）与所依据的无极（气），构成了事物存在的内在条件和外在条件。故此，理气是不分先后的。

理和气如何有机地结合起来？他认为是通过"道体"。他所谓的"道体"，具有三种规定性：一、道体是动的宇宙，它在逻辑上先于具体的过程，所以，"总一切的流行谓之道体"。是脱离一切具体事物的纯粹的动；二、这种运动是不可思议的动，是"无极而太极的程序"，是气实现理以成物的过程；三、它是玄而又玄的众妙之门，不仅是联系无极和太极的中介，而且也是联系两极与事物的中介。理、气、道体和大全四个命题总括起来，便构成了新理学的理气论宇宙观：它从精神性的理开始，虚构出同样是神秘的精神性的绝对的料（气），通过道体把理和气"而"（联系）起

---

① 冯友兰：《新理学》，生活·读书·新知三联书店 1990 年版，第 125 页。

来，再用一个大全作为网子把它们都提起来。理作为共相、作为本体决定着作为殊相的事物。这是理气论的最根本观点，也是新理学理想人格论和社会历史观的基础。

其次，四种"境界"说。冯友兰认为，人的精神境界可分为四种：自然境界、功利境界、道德境界和天地境界。自然境界的人"其行为是顺才或顺习"，① 完全是一种近乎本能的行动。功利境界的人，"其行为是'为利'底。所谓'为利'是为他自己的利。"② 道德境界的人，"其行为是'行义'底。义与利是相反亦相成底。求自己的利底行为，是为利底行为；求社会的利底行为，是行义底行为。在此种境界中底人，对于人之性已有觉解。"③ 由此，他坚持"公利即义"观点，认为重义的人必重他人之利和社会之利。人只要有一颗廓然大公的心，就是进入了道德境界。比道德境界更高的是天地境界。"在此种境界中底人，其行为是'事天'底。在此境界中底人，了解于社会的全之外，还有宇宙的全，人必于知有宇宙的全时，始能使其所得于人之所以为人者尽量发展，始能尽性。"④ 它是高于其他三种境界的最高境界；只有达到这种境界的人，才是具有真正理想人格的"圣人"。道德境界中的人，是以人性的自觉行人道；而天地境界的人，是以天理的自觉行天道。

这四种人生境界，是从低级向高级发展的过程。无论是个人，还是社会，人的精神境界都是由低级向高级发展的过程，是由自私的小我向大公的大我自觉的过程。大我才是人之所以为人的真正主宰，"我"之主宰意识的不断觉醒就是人生境界的逐步提升。

---

① 冯友兰：《三松堂全集》第 4 卷，河南人民出版社 2000 年版，第 551 页。
② 冯友兰：《三松堂全集》第 4 卷，河南人民出版社 2000 年版，第 552 页。
③ 冯友兰：《三松堂全集》第 4 卷，河南人民出版社 2000 年版，第 552—553 页。
④ 冯友兰：《三松堂全集》第 4 卷，河南人民出版社 2000 年版，第 553 页。

七、贺麟的"新心学"与儒家思想的新开展

正式提出重建儒家精神、复兴儒家文化者，是以研究黑格尔哲学而闻名的贺麟。1941 年 8 月，他发表《儒家思想的新开展》一文，公开提出了儒学的现代转化问题。所谓"儒家思想的新开展"，是指儒家思想从"传统"向"现代以及今后的发展而言"，也就是指儒学由传统向现代转化的问题。他提出："儒家思想的新开展，不是建立在排斥西洋文化上面，而乃建筑在彻底把握西洋文化上面。"欲求儒家思想的新开展，"在于融会吸收西洋文化的精华与长处"以充实和发展儒学。他将儒学能否有"新开展的问题"归结为"儒化西洋文化是否可能，以儒家精神为体以西洋文化为用是否可能的问题"。在贺麟看来，面对西学东渐的强势冲击，儒学欲求得"文化上的独立与自主"，关键在于儒学要有"新的开展"。而儒学能否有"新的开展"的关键，又在于能否"儒化西洋文化"、能否"以儒家精神为体以西洋文化为用"，即能否实现"儒体西用"。①

如何实现"儒家思想的新开展"呢？贺麟结合现代生活重新阐释了儒家的"三纲""五伦"说，提出了"以儒家文化为体，以西洋文化为用"主张。其主张实际上可称为"儒体西用"。他认为，应该从哲学、宗教和艺术等方面发挥儒家思想，相应吸收西洋哲学、基督教和艺术思想之精华，以改造儒学之理学、诗教和礼教。他认为新的儒家思想应该包含三个方面：一是有理学，以格物穷理，寻求智慧；二是有礼教，以磨炼意志、规范行为；三是有诗教，陶养性灵，美化生活。他据此提出儒学由传统向现代转化"所须取的路径"：第一必须"以西洋之哲学发挥儒家之理学"；第二须"吸

---

① 贺麟：《儒家思想的新开展》，《文化与人生》，上海书店出版社 1991 年版，第 3 页。

收基督教之精华以充实儒家之礼教";第三须"领略西洋之艺术以发扬儒家之诗教",从而使儒学"循艺术化、宗教化、哲学化之途径迈进"。[①] 他尤为重视西方哲学与儒家理学的"会合融贯",认为这能够"使儒家的哲学内容更为丰富,系统更为谨严,条理更为清楚,不仅可作道德可能之理论基础,且可奠科学可能之理论基础"。[②]

五伦观念是儒家文明的核心观念之一,也是几千年来支配中国人的道德生活的最有力量的传统观念之一。因此它是儒家礼教的核心,是维系中华民族群体的纲纪所在。要实现儒家思想的新开展,必须认真加以检讨,对这些旧的传统观念进行新的阐释,以发现其近代精神。为此,贺麟撰写了《五伦观念的新检讨》一文,系统研究了儒家"五伦"观念,对其内涵作了重新阐释。

贺麟在讨论儒家五伦观念时,首先提出了四项原则:一"是只根据其本质,加以批评,而不从表面或枝节处立论";二是"不从实用的观点去批评五伦之说,不把中国之衰亡不进步归罪于五伦观念,因而反对之;亦不把民族之兴盛之发展,归功于五伦观念,因而赞成之";三是"不能谓实现五伦之观念之方法不好,而谓五伦观念本身不好,不能谓实行五伦观念之许多礼节仪文须改变,而谓五伦观念本身须改变";四是"不能以经济状况生产方式的变迁,作为推翻五伦说的根据"。[③] 贺麟所要表达的意思,是五伦观念尽管可以批评,但批评须从本质着手。正是依据这四层意义,贺麟对"五伦"观念作了根本性的阐释。

(一)五伦是五个人伦或五种人与人之间的关系的意思。贺麟指出,中国的五伦观念特别注重人、人与人之间的关系。若用天人物三界来说,五伦说特别注重人,而不注重天(神)与物(自然),特别注重人与人之

---

① 贺麟:《儒家思想的新开展》,《文化与人生》,商务印书馆 1947 年版,第 4—5 页。

② 贺麟:《儒家思想的新开展》,《文化与人生》,商务印书馆 1947 年版,第 5 页。

③ 贺麟:《五伦观念的新检讨》,《文化与人生》,商务印书馆 1947 年版,第 13—14 页。

间的关系，而不十分注重人与神及人与自然之间的关系。注重神便产生宗教。注重物理的自然便产生科学。注重审美的自然便产生艺术。注重人和人与人之间的关系便产生道德。故在种种价值中，儒家五伦说特别注重道德价值，而不甚注重宗教、艺术、科学的价值。希腊精神注重自然、物理的与审美的自然，故希腊是科学艺术的发祥地。希伯来精神注重神，即注重宗教的价值。儒家注重人伦，形成偏重道德生活的礼教，故与希腊精神和希伯来精神皆有不同之处。表面上看，如果中国要介绍西洋文化、提倡科学精神和希伯来精神，就须得反对儒家注重人伦道德的五伦观念，但实际上并不尽然。因为西洋自文艺复兴以后，才有人或新人的发现，人本主义开始盛行，足见西洋文明也还是注重人和人与人之间的关系，中国没有必要放弃自己传统的重人伦的观念。①

（二）五伦又是五常的意思。他指出，儒家五伦观念认为人伦乃是常道，人与人之间这五种关系，乃是人生正常永久的关系。以五伦观念为中心的礼教认为人与人之间的关系是人所不能逃避的关系，而且规定出种种道德信条教人积极去调整这种关系，使人"彝伦攸叙"，而不许人消极地无故规避。故儒家五伦说反对人脱离家庭、社会、国家的生活，反对人出世。这是应该给予肯定的。儒家偏重五伦说的弊端，在于信条化、制度化之后，发生了强制的作用，便损害个人的自由与独立。故贺麟认为，不从减少五常伦说之权威性、偏狭性，而力求开明自由方面着手，而想根本推翻五常观念，不惟理论上有困难，而且事实上也会劳而无功。②

（三）就实践五伦观念言，须以等差之爱为准。儒家五伦观念实包含有等差之爱的意义在内。"泛爱重而亲仁"，"亲亲，仁民，爱物"就是等差之爱的典型理解。贺麟认为，爱有等差乃是自然的正常情绪。等差之爱

---

① 贺麟：《五伦观念的新检讨》，《文化与人生》，商务印书馆 1947 年版，第 14—15 页。
② 贺麟：《五伦观念的新检讨》，《文化与人生》，商务印书馆 1947 年版，第 15—16 页。

的意义不在正面的提倡，而在反面的消极排斥那"非等差之爱"。非等差之爱足以危害五伦之正常发展者，约有三途：一是兼爱，不分亲疏贵贱，一律平等相爱；二是专爱，专爱自己谓之自私，专爱女子谓之沉溺，专爱外物，谓之玩物丧志；三是躐等之爱，如不爱家人而爱邻居，不爱邻居而爱路人。故在他看来，儒家"等差之爱"的说法最少弊病。贺麟对"等差之爱"提出两条重要补充。首先，就等差之爱之为自然的心理情绪言，有三种决定爱之等差的标准：一是以亲属关系为准之等差爱，此即儒家所提出以维系五伦的说法；二是以物为准之等差爱，外物之引诱力有大小，外物之本身价值亦有高下，而吾人爱物之情绪亦随之有等差；三是以知识或以精神的契合为准之等差爱，大凡一个人对于有深切了解之对象其爱深，对于仅有浮泛了解之对象其爱浅。其次，普爱说或爱仇敌之说，若加以善意理解，有与合理的等差爱之说不相违背之处。①

（四）五伦观念之最基本意义为三纲说，五伦观念之最高最后的发展也是三纲说。三纲说实为五伦观念之核心，离开三纲而言五伦，则五伦说只是将人与人之间的关系分为五种，比较注重人生、社会和等差之爱的伦理学说，并无传统或正统礼教之权威性与束缚性。贺麟认为，尽管儒家三纲说已经是"死躯壳"而遭人抛弃，但只要积极地把握三纲说的真义并作出新的解释，它可以成为中国建设新的行为规范和准则的基础。故他花了较大功夫，"发现了与西洋正宗的高深的伦理思想和与西洋向前进展向外扩充的近代精神相符合的地方"。他认为，就三纲说之注重尽忠于永恒的理念，而不是奴役于无常的个人言，包含有柏拉图的思想；就三纲说之注重实践个人的片面的纯道德义务，不顾经验中的偶然情境言，包含有康德的道德思想。他认为："要人尽片面之爱，尽片面的义务，是三纲说的本质。而西洋人之注意纯道德纯爱情的趋势，以及尽职守忠位分之坚毅的精

---

① 贺麟：《五伦观念的新检讨》，《文化与人生》，商务印书馆 1947 年版，第 16—18 页。

神，举莫不包含有竭尽片面之爱和片面的义务的忠忱在内。所不同者，三纲的真精神，为礼教的桎梏，权威的强制所掩蔽，未曾受过开朗运动的净化，非纯基于意志的自由，出于真情之不得已罢了。"①

上述四点，是贺麟"用披沙拣金的方法"所考察出来的构成五伦观念的基本质素。为了实现"儒家思想的新开展"，贺麟将西方现代哲学上的新黑格尔主义与阳明心学相结合，对儒家心性之学作了新阐释，形成并提出了"新心学"思想。贺麟的"新心学"是中国传统的陆王心学与西方新黑格尔主义融合的产物。新黑格尔主义强调整体思维，把心视为"绝对实在"，与陆王心学"吾心即宇宙"的思想相近。贺麟把两者结合起来，提出了"心为物之体，物为心之用"的本体论思想；新黑格尔主义承袭并发挥黑格尔国家和社会学说中保守专断的思想，主张国家和社会至上，个人必须服从国家，这与陆王心学"扶持纲常名教"的观点相似，贺麟把两者结合起来提出新的"三纲五常"论。他继承了王阳明"知行合一"论，并从心理学和生理学的角度加以论证，提出"自然的知行合一论"。贺麟的"新心学"思想主要集中在 20 世纪 40 年代撰写的《近代唯心论简释》《文化与人生》《当代中国哲学》等文著中。大致说来，其"新心学"思想主要包括以下两方面内容。

（一）"心理合一"的宇宙观。贺麟从论述"心""理""价值"等基本范畴出发建立其宇宙观。他从主体的角度论证心的实在性，提出"合心而言实在"，得出"心为物之体"的结论。他认为，心与物的关系是："心为物之体，物为心者用。心为物之本质，物为心的表现。"心是主，物是用。他从客体的角度深化"合心而言实在"的命题，从"心"的范畴引申出"理"的范畴。他用"理"来解释事物的本质规定性，认为本质是"心中之理"对事物作出的规定，事物的本质来自"理"。他还用"理"来解释事物的

---

① 贺麟：《五伦观念的新检讨》，《文化与人生》，商务印书馆 1947 年版，第 21—22 页。

时空规定性，认为时空是"心中之理"赋予事物的规定性，由此，提出了"时空即理""时空是心中之理""时空是自然知识所以可能的心中之理或先天标准""时空是自然行为所以可能的心中之理或先天标准"等四个命题来论证。这样，他将事物的各种规定性都归结为"心中之理"，从而得出了"理外无物"的唯心主义结论。最后，他从主、客体相互关系的角度论证心为本体的观点，提出了"合价值而言实在"的命题。他认为，只有对主体有价值的东西才具有实在性。据此，贺麟得出了三个结论：一是心比物更具有实在性；二是理想比现实更具有实在性；三是儒家倡导的伦理规范本身就具有实在性。这个命题是新心学的独到之处，但他把价值问题与本体论问题混淆起来，无疑是一种错误的思想方法。

（二）自然的知行合一观。贺麟的认识论思想，主要是通过对"知行同是活动""知行自然合一""知主行从"等命题的阐述表达的。所谓的"知"，是指一切意识的活动；所谓的"行"，是指一切生理的活动，贺麟抓住心理活动与生理活动密切相关这一点，把知与行等同起来，认为既然两者都是"活动"，那么就没有质的区别，而仅是量的差别。知如何等同于行？他把知分为"显知"和"隐知"两个等级，沉思、推理及研究学问是"显知"，本能的意识、下意识的活动是"隐知"，两者间只有量的程度的差别。他又把行分为"显行"和"隐行"两个等级：动手动足的行为是显行，静思沉坐的行为是隐行，两者间也是量的程度上的差别。由此，他得出结论：最显之行，差不多等于"无知"，然而"最隐之行"常表现为"最显之知"，所以，最隐之行与最显之知是合一的。同时，"最隐之知，也差不多等于无知"，然而"最隐之知"常表现为"最显之行"，所以最隐之知与最显之行是合一的。可见，他是用心理学和生理学的"活动"概念偷换了哲学上的"知行"概念，通过对吸行关系的抽象分析，导出了"知行合一"的结论。

"知行永远合一"命题，是从"知行同是活动"命题演绎出来的。知行如何合一？他从纵横两个方面作了说明。从横向上说，知行同时发动，是一个整体的两面。他说："知是意识的活动，行是生理的活动。所谓知行合一就是这两种活动的同时产生，或同时发动。在时间上，知行不能分先后。"[①] 从纵向上说，知行平行。他说："平行说与两面说是互相补充的。单抽出一个心理生理活动的孤例来说看，加以横断面的解剖，则知行合一乃知行两面的意思。就知行在时间上进展言，就一串的意识与一串的生理活动之合一并进言，则知行合一即是知行平行。"[②] 他的知行观承袭并发展了王阳明的知行合一说。他把王氏的合一说称为"价值的或理想的知行合一说"，称自己的知行观是"自然的知行合一论"，是适用于一切有生之伦的绝对规律，可以印证、解释和发挥"价值的知行合一说"，又可以弥补其不足。贺麟认为，知行虽然是平行的，但就逻辑上看就是"知主行从"。从体用关系上看，知为体而行为用。从目的和手段的关系看，知是目的而行是手段。贺麟从认识论方面提出的这些命题，用以贬低实践在认识过程中的作用。他充分意识到了知的超前性，肯定人的特有的"知"对"行"的自觉能动性。这些分析是很深入和细致的，极大地继承和发挥了陆王心学"销行以归知"思想。

总之，五四新文化运动激烈的反孔批儒及大规模的西学东渐，极大地冲击了儒家思想。五四以后，中国部分哲学家站在中国儒家哲学的立场上，在了解和吸收西方现代哲学的基础上，开始用西方现代哲学的理论和方法从不同的角度对传统儒学进行发挥和改造，促使儒家的现代转型。从梁漱溟、张君劢开始运用柏格森的唯意志论来改造中国儒家的心性之学，批评西方实证主义倾向，在"复兴儒学"的旗帜下开始建构自己的"新孔学"和"新宋学"；30 年代以后，熊十力通过对中西印本体观念的检讨，

[①] 贺麟：《近代唯心论简释》，重庆独立出版社 1943 年版，第 56 页。

[②] 贺麟：《近代唯心论简释》，重庆独立出版社 1943 年版，第 57 页。

重建儒家的心性本体，建构了自己的"新唯识论"，奠定了现代新儒家哲学的形上学基础；贺麟则以新黑格尔主义哲学改造和发挥陆王心学，建立了"新心学"；冯友兰则运用西方新实在论的逻辑方法，继承、改造并发展了程朱理学，建立了"新理学"。

这样，从20世纪20年代到40年代，儒家思想得到"新开展"，中国思想文化界出现了融合中西哲学、而以中国儒家学说为基础的现代新儒家流派。现代新儒家的兴起及所取得的成绩，对儒家思想的现代转化起了重要的促进作用。

第九讲

近代中国的中西文明差异比较

在人类文明发展史上，西方文明与中华文明是两种各自独立发展而有着较大差异的文明。这种差异，究竟是根本性质上的民族性差异，还是人类文明发展阶段上的时代差异？这是近代中国人两种截然对立的意见，也是在中西文明比较中长期困扰中国人的重大问题。近代以来，随着中西文明的碰撞与冲突的加剧，中国人自觉或不自觉地比较中西文明的差异。大体上说，近代以来的中国人，对中西文明的认识经历了一个逐步深化的过程，即由认为中西文明为"古今之别"（承认时代性差异），到认为不仅仅是"古今之别"，而且同时又是"中外之别"（也有民族性差异）的发展过程。

一、中西文明的接触与最初比较

西方近代文明主要是从古希腊罗马文明，再经过以希伯来信仰为源头的中世纪基督教文明演变而来的。西方文明有两大源泉，一是古希腊罗马文明，二是基督教文明。经过文艺复兴和工业革命，西方文明在协调两种文明的基础上，发展为以民主、科学、人权、个人主义等理念为核心的近代文明。

中华文明却保持着长期的连续性和稳定性。它首先不是在沿海，而是在黄土高原上孕育和发展起来的，然后扩展到华北平原，进而扩展到长江流域和珠江流域。由于中原农业文明高于周边的游牧民族的草原文明，故尽管游牧民族一度征服过华夏汉族，建立了少数民族政权（北朝十六国、元、清），但为了稳固对中原地区的统治，不得不接受比自己高级的中原汉族文明，逐渐被汉族创造的华夏文明所征服。真正对华夏文明构成有力的挑战者，是从印度传来的佛教文明。印度佛教文明通过罗什、达摩东来，法显、玄奘西访，通过取经、讲经、翻译、研究等方式，逐渐渗透到华夏文明的许多方面，尤其是对中国的哲学、艺术影响较大，甚至对儒家思想的发展也产生了一定影响。但中华文明的主干和基本内核并没有改变，佛教逐渐中国化，佛教的许多精华被吸纳入宋明儒学之中。

西方近代文明的大举涌入，是伴随着资本主义势力扩张而进入中国的，这就使中西文明的第一次大规模相遇，是以一场激烈的冲突和震荡的方式来表现的。明清之际，中西文明就像两条原先互不相交的河流相交汇流了。中西文明接触之初，两种文明的差异性便凸显出来，人们自觉或不自觉地开始了中西文明之间的比较。最早进行中西文明比较者，是西方传教士，然后是中国人对西方文明有接触者、洋务派官员及早期维新派。

明清之际西方传教士在华传教之时，面对着一个迥异于基督教文明的儒教文明。他们自然会用自己比较熟悉的基督教文明作为参照系，来观察和认识儒教文明，对中西道德、民情及民众习俗进行比较，开了中西文明比较之先河。当然，这种中西文明比较，主要以西方传教士及中国教徒为主，旨在寻找中国儒教文明与基督教文明的相通之处，减少中国人对基督教的排拒，进而认同与接纳基督教文明。因中国士大夫所抱的华夏文明优越感特别强烈，对基督教文明不屑一顾，故很少有中国士人认真地研究基督教文明，更谈不上真正意义上的中西文明比较。这样，明清之际的中西文明比较，便主要由西方来华传教士及部分中国教徒来承当。明清之际传教士讨论中西儒耶异同的著作，主要有三部：一是利玛窦的《天主实义》，它是以批评佛教、道教，即"补儒易佛"的态度，与儒家文明协调；二是利类思的《不得已辩》，揭示了天主教与中华文明的多方面差异；三是中国教徒杨廷筠的《代疑编》。从这三部著作中，可以看到明清之际中外人士对中华儒家文明和西方基督教文明差别的认识。① 中国士大夫在反对基督教过程中，着重揭示基督教与儒家文明之差异。他们看到了天主教独尊上帝、人人平等与儒家讲纲常等第之间的差异，并站在儒教立场上对教会内的"平等"主张加以批评："以天主为父，万民为子，而仁孝转大，世间君父同为兄弟，何足事哉？噫，逆亦甚矣。"②

鸦片战争后，西方传教士来华者日多，对中国儒家文明的了解更加深刻，对中西两种文明差异性的认识更为深入。如果说西方传教士主要是拿自己观察到的并不熟悉的中国情况，与自己熟悉的西方文明相比较的话，那么，当时中国人则正好相反，是拿自己熟悉的中华文明，与自己所接触的并不熟悉的西方文明加以比较。鸦片战后国人关注中西文明比较之初，特别关注于两种文明之间的差异。换言之，当人们用比较的眼光审视东西方文明时，其第一种感觉便是两种文明间的差异性。他们比较中西文明，关注的是中西文明之间的差异。故关注两种文明之间的差异性，成为近代国人比较中西文明之基本趋向。而其文明比较观上的分歧与对垒，亦主要集中在对中西文明之"异"的理解上。

近代中国人的中西文明比较，大致与中国人对西学的认识同步并生，也与西学东渐的历程同步共进，基本上是沿着器物、制度、心理三个层面逐次演进的。从鸦片战争到甲午战争前，中西文明比较主要集中在器物层面。鸦片战争的爆发，使部分先进人士从封建的迷梦中醒来，放眼看世

---

① 参见李天纲：《早期天主教与明清多元社会文化》，《史林》1999 年第 4 期、2000 年第 1 期。

② 邹维琏：《圣朝破邪集·辟邪管见录》，日本京都 1972 年翻印本。

界。洋务派官僚及早期维新思想家，认识到中国在船坚炮利、声光电化等方面不如西方，故主张"自强""求富"，学习西方物质文明，但坚持认为中国道德精神、文教制度高于西方。王韬在游历欧洲时，以东方人的眼光对英国社会风俗作了描述，进而将中英两国民俗进行了简单类比："英国风俗淳厚，物产蕃庶……日竞新奇巧异之艺，地少庸怠游惰之民。"①王韬在英国考察期间，注意到英国近代科学文明与中国崇尚诗赋词章传统的差异，对英国崇尚近代科学的做法加以推崇："英国以天文、地理、电学、火学、光学、化学、重学为实学，弗尚诗赋词章。其用可由小而至大。"②他对英国科学思想及其产生原因作了分析："英人心思慧巧，于制造一切器物，务探奥窍，穷极精微，多有因此而致奇富者。此固见其用心之精，亦由国家有以鼓舞而裁成之，而官隐为之助也。"③在他看来，中西文化的致思特征确乎不同，中国孔学尽在人道，是以人为中心的致思趋向；但西学则不然，西方哲学的特征是首先探求自然。重人道者以伦理学见长，重自然者科学发达，这显然是由于两种不同的致思特征导致的结果。王韬在比较中西文明时，既看到了两者致思特征的不同，也看到了由于这种致思的差异所导致的中国在科技方面的落后。

王韬看到了中西文明之间的差异，这种差异既有民族风俗、思想及特性方面的不同，也有时代性的先进与落后之别。同时，面对两种文明之间的差异，他看到了两种文明之间的相通之处。因为西方科学虽追根于宇宙自然，但其根本目的还在于为了人，即"夫天道无私，终归于一"，起于异源的中西文明之间必然有统一性。其云："由今日而观其分，则同而异；由他日而观其合，则异而同。"④这显然是以儒家之"东方西方，心同理

---

① 王韬：《漫游随录》，钟叔河主编：《走向世界丛书》，岳麓书社1985年版，第119页。
② 王韬：《漫游随录》，钟叔河主编：《走向世界丛书》，岳麓书社1985年版，第116页。
③ 王韬：《漫游随录》，钟叔河主编：《走向世界丛书》，岳麓书社1985年版，第115页。
④ 王韬：《漫游随录》，钟叔河主编：《走向世界丛书》，岳麓书社1985年版，第98页。

同"观念来看待中西两种文明。尽管王韬对西方格致诸学及文教制度表示赞赏，但也看到了中西文明之根本差异所在，并强调了儒家文明之普适价值："孔子之道，人道也。有人斯有道。人类一日不灭，则其道一日不变。泰西人士论道必溯原于天，然传之者，必归本于人。非先尽乎人事，亦不能求天降福，是则仍系乎人而已。"①故从核心价值观上仍然推崇中国儒家文明。

驻英国公使郭嵩焘对西方社会风俗、政治制度给予关注，并将这些见闻载入日记，在比较中西文明差异时作出了自己的价值评判。首先，关于中西社会风俗之异，将英国社会流行的男女跳舞之风，与中国礼教男女之大防比较后认为："跳舞会动至达旦，嬉游之中，规矩仍自秩然。其诸太子及德国太子，皆与跳舞之列。以中国礼法论之，近于荒矣。而其风教实远胜中国，从未闻越礼犯常，正坐猜嫌计较之私实较少也。"②

其次，郭嵩焘对英国政治制度加以关注，并开始对中国专制政体与西方民主制度的差异进行比较，推崇西方以法治国的精神："圣人之治民以德，德有盛衰，天下随之以治乱。德者，专于己者也，故其责天下常宽。西洋治民以法，法者，人己兼治者也，故推其法以绳之诸国，其责望常迫。其法日修，即中国之受患亦日棘，殆将有穷于自立势矣。"③

再次，郭嵩焘通过对中西政治制度演变的梳理，对中国传统的"夷夏"观念提出了挑战："三代以前，独中国有教化耳，故有要服、荒服之名，一皆远之于中国而名曰夷狄。自汉以来，中国教化日益微灭；而政教风俗，欧洲各国乃独擅其胜。其视中国，亦犹三代盛时之视夷狄也。中国

---

① 王韬：《漫游随录》，钟叔河主编：《走向世界丛书》，岳麓书社 1985 年版，第 97—98 页。

② 郭嵩焘：《伦敦与巴黎日记》，钟叔河主编：《走向世界丛书》，岳麓书社 1984 年版，第 580 页。

③ 郭嵩焘：《伦敦与巴黎日记》，钟叔河主编：《走向世界丛书》，岳麓书社 1984 年版，第 627 页。

士大夫知此义者尚无其人，伤哉！"① 在时人视西人为不开化的"夷狄"之时，他却能肯定西方近代政教风俗之胜，敏锐地看到了西方近代文明的先进性，这种见解是相当精辟而大胆的，代表着 19 世纪 70 年代中国人对西方文明最为深刻的见解。

最后，郭嵩焘对中西学术精神亦作了比较，看到了中国学术文化的落后："西人格致之学，所以牢笼天地，驱役万物，皆实事求是之效也。"② 中国学术之所以落后于西方，原因之一是妄自尊大："中国士大夫一用其虚骄之风，庞然自大。井干之蛙，跃冶之金，非独所见小也，抑亦自甘于不祥矣。"③

薛福成出使欧洲诸国过程中，看到西洋政治制度之要有五：一曰通民气，二曰保民生，三曰牖民衷，四曰养民耻，五曰阜民财。"有此五端，知西国所以坐致富强者，全在养民、教民上用功。而之侈谈西法者，仅曰精制造，利军火，广船械，抑末矣。"④ 这种认识是相当深刻的。宋育仁在《泰西各国采风记》中，对中西学术文化作了比较，认识到中国物质器械方面的落后，但他还难以认同西方自由平等观念之价值，仍然强调中国在制度伦理上的优越。他们难以接受西方科学和民主思想，担心这些思想会冲击专制主义的纲常伦理，故将中西文明的配置设定于"中学为体，西学为用"的框架之中。

以李鸿章、左宗棠等人为代表的洋务派，在办理洋务过程中，对西方

---

① 郭嵩焘：《伦敦与巴黎日记》，钟叔河主编：《走向世界丛书》，岳麓书社 1984 年版，第 491 页。

② 郭嵩焘：《伦敦与巴黎日记》，钟叔河主编：《走向世界丛书》，岳麓书社 1984 年版，第 904 页。

③ 郭嵩焘：《伦敦与巴黎日记》，钟叔河主编：《走向世界丛书》，岳麓书社 1984 年版，第 960 页。

④ 薛福成：《筹洋刍议》，朱维铮主编：《郭嵩焘等使西记六种》，生活·读书·新知三联书店 1998 年版，第 304 页。

国家的军事、企业、教育有了较多了解，不自觉地将其与中国的情况进行类比，并根据自己的观察，对相关事物进行优劣判定。

李鸿章对中西文明的比较，是从比较中西军备状况入手的。他在与洋枪队协同作战镇压太平军过程中，看到了西洋近代武器装备的先进与威力的巨大，看到了"外国利器强兵百倍中国"的严酷现实："其大炮之精纯，子药之细巧，器械之鲜明，队伍之雄整，实非中国所能及。"[①] 在他看来，中国政治制度上虽然胜过西方，但在武器装备上远远落后了："中国文武制度事事远出西人之上，惟独火器万不能及。"[②] 故产生了"及早自强，变易兵制"的想法："必须尽裁疲弱，厚给粮饷，废弃弓箭，专精火器，革去分汛，化散为整，选用能将，勤操苦练，然后绿营可恃。海口各项，艇船师船概行屏逐，仿立外国船厂，求购西洋机器，先制夹板火轮，次及巨炮兵船，然后水路可恃。"[③]

正是从中西武器装备的初步认识起步，李鸿章对中西国力进行对比，看到了中国积贫积弱的严酷现状，并将比较中西文明的关注点集中于"格物之功效"方面。他在晚年出访欧美期间，目睹了西洋科技文明的先进并对此表现出极大兴致：在德国参观来复枪厂，"留心审视"，"眉色飞舞"[④]；在英国参观景星灯大博物院，"于机器木模，自古至今历代所变而益精者，无不留心垂查，喜形于色"[⑤]；在缝纫机厂，竟"亲摇其机，但见针动线随，缝布数行，宛转如意，心极爱之"；到了邮政总局，见发电者其多如蚁，"心甚震动"；游观工厂、历览船坞，不禁发出"天下不可端倪之物，尽在英伦矣"的慨叹。但对其政教事务的注意力和兴趣则相去甚远。英国人评

① 《李文忠公全书·朋僚函稿》卷二，光绪三十一年金陵刻本，第46页。
② 李鸿章：《上书总理事务衙门》，《筹办夷务始末（同治朝）》卷二十五，第9—10页。
③ 《李文忠公全书·朋僚函稿》卷五，光绪三十一年金陵刻本，第34页。
④ 蔡尔康编：《李鸿章历聘欧美记》，湖南人民出版社1982年版，第65页。
⑤ 蔡尔康编：《李鸿章历聘欧美记》，湖南人民出版社1982年版，第104页。

论说，李鸿章"来英而后，未遑而考吾英之善政，而惟留意于船台、枪炮与夫铁路、电报之属，未免逐末而忘本"①。这种情况表明，李氏对中西文明的认识和比较，仍然拘囿于"中体西用"的框架之内。

与其形成鲜明对比的是，洋务派的另一重要代表左宗棠，对中西思想的比较则相当深刻。其云："中国之睿智运于虚，外国之聪明寄于实；中国以义理为本、艺事为末，外国以艺事为重、义理为轻。彼此各是其是，两不相喻，姑置弗论可耳；谓执艺事者舍其精，讲义理者必遗其粗，不可也。谓我之长不如外国，籍外国导其先，可也；谓我之长不如外国，让外国擅其能，不可也。"②左氏显然看到了两种文明之间更为深刻的差异。

随着洋务运动的推进，人们对中西文明的比较模式有了很大转变：由过去注重"历时性"的纵向比较，转变为注重"共时性"的横向比较，比较的坐标逐渐从过去的"三代"，转变成了当下的"西洋"。换言之，从过去的古今纵向比较，逐步演变为横向上的中西比较，人们开始致力于中国与西洋之横向比较。在当时的报刊上，诸如《论中西历之所以不同》《中西饮食异宜说》《论中西民情不同》《论中西医学之所以不同》《论中西风俗之异》《中西刑律异同说》《中西政情之别》等类的文章，屡见不鲜。

郑观应19世纪70年代刊印的《救时揭要》收录的涉及中西比较的文章仅有8篇，占全书篇数的32%，比较的范围仅仅涉及7个方面；到80年代刊印《易言》时，其收录的涉及中西比较的文章达30篇，占总篇数的83%，比较的范围扩大到30个方面；90年代刊印《盛世危言》时，其中涉及中西比较的文章多达106篇，占总篇数的93%，比较的范围扩展到73个方面，涉及政治、经济、文化、军事、外交、习俗、法律、思想、学术等领域。

---

① 蔡尔康编：《李鸿章历聘欧美记》，湖南人民出版社1982年版，第117—118页。
② 左宗棠：《左文襄公全集·奏稿》卷十八，光绪十八年刊行本。

1883 年，袁祖志随招商局总办唐廷枢游历西欧各国，归国后撰著《谈瀛录》《出洋须知》等书，对西方礼俗作了介绍。他在《中西俗尚相反说》中，比较详细地罗列了中西社会习俗及婚姻家庭方面的 45 条相反之处，内容涉及中西政治、法律、婚姻、家庭、饮食习惯、男女地位、社会习俗、伦理道德等方面。他对中西日常生活及习俗上的描述，特别关注于中西俗尚之"相反"，表面上看仅仅列举中西习俗方面的差异，但在言辞之间包含着"扬中贬西"之深意："所最可骇者，中土父慈子孝，谊笃天伦，泰西则父不恤其子，子不养其父，既冠而往，视同路人；中土女慕贞洁，妇重节操，泰西则奸淫无禁，帷薄不修，人尽可夫，种皆杂乱。"随后，他在《西土不逮中土说》中，认为西洋在父子、君臣、夫妇方面，以及不惜字纸、不吃山珍海味等方面的俗尚均不如中土。他说："以人事而论，中土首重伦常，次隆仁义，泰西则子不养父，臣玩其君，妻贵于夫，三纲沦矣。"[①]尽管袁氏对西方习俗的描述带有很深的文化偏见，认识上也比较肤浅和笼统，还没有看到这些生活差异背后的深层文化意蕴，但这种中西比较对增加国人对西方近代文明的了解还是有益的。

二、戊戌维新前后的中西文明比较

甲午战争之后，中国人对中西文明的认识逐渐深化，对中西文明的比较也日渐深入，并有了更加自觉的意识，中西文明比较深化到制度层面。甲午战争的惨败，促使朝野人士痛定思痛，深刻反省。康有为、梁启超等维新派通过比较中西政治制度及社会民俗上的差异，探讨西方强盛的深层原因，为效仿西方政治制度而进行政治变革提供理论依据。

---

① 袁祖志：《西土不逮中土说》，《小方壶斋舆地丛钞》第 11 帙，上海著易堂 1891 年版。

戊戌时期的中西文明比较，主要在政体（制度）层面进行。康有为认识到洋务运动的弊端在于："今天下之言变者，曰铁路、曰矿务、曰学堂、曰商务，非不然也。然若是者，变事而已，非变法也。变一事者，微特偏端不举，即使能举，亦于救国之大体无成。"①这显然是从制度层面探讨了中国衰弱的原因。他较早看到了中西文明的巨大差异，并反复思考"中西相异之故"。中西相异之故何在？西方强大的原因何在？康氏在《上清帝第二书》中指出："泰西之所富强，不在炮械军器，而在穷理劝学。"②中西文明相异之处有二："一曰势，一曰俗。"③他通过考察中西历史，揭示了两种文明之差异，并揭示了中西近代民情政俗的差异："今泰西之言治道，可谓盛矣，其美处在下情能达。"④而中国的情况则在于上下之间的隔绝："同此兴作，并为至法，外夷行之而致效，中国行之而益弊者，皆上下隔塞，民情不通所致也。"⑤

康有为对西方君主立宪制度与中国君主专制政体，作了重点分析和比较。他认为，西方"君民有平等之俗"，男女同业，"无有别议"。如国家有事，不能君主一人专断，而必须由代表他们意愿的议院来决定。"以为不可则变之，一切与民共之"。⑥而中国社会秩序规范与西方正好相反。康有为着力于从价值观念上分析了中西文明之别。他指出："泰西之教，

---

① 康有为：《敬谢天恩并统筹全局析》，汤志钧编：《康有为政论集》上册，中华书局1981年版，第277页。

② 康有为：《上清帝第二书》，汤志钧编：《康有为政论集》上册，中华书局1981年版，第130页。

③ 康有为：《与洪给事右臣论中西异学书》，汤志钧编：《康有为政论集》上册，中华书局1981年版，第47页。

④ 康有为：《与曾劼刚书》，《康有为全集》第1集，上海古籍出版社1987年版，第348页。

⑤ 康有为：《上清帝第二书》，汤志钧编：《康有为政论集》上册，中华书局1981年版，第134页。

⑥ 康有为：《与洪给事右臣论中西异学书》，汤志钧编：《康有为政论集》上册，中华书局1981年版，第48页。

所谓尊贤而尚功，故如齐之功利而能强。"而"中国之教，所谓亲亲而尚仁，故如鲁之秉礼而日弱"。① 在他看来，"尊贤而尚功"的价值观带来的是用贤举能、启智劝学乃至创造日新。反观中国，"亲亲而尚仁"的价值观导致了"守旧从昧"而"安怠不进"的结果。康有为认为，近代西方之所以强大，很大程度上得益于其学术教育的发达。他说："泰西之富，不在治炮械军兵，而在务士农工商，农工商之业，皆有专书千百种，自小学课本，幼学阶梯，高等学校皆分科致教之，又皆有会，以讲格致新学新器，俾业农工商者考求，故其操农工商业者，皆知植物之理，通制造之法，解万国万货之源，用能富甲大地，横绝四海，今翻译其书，立学讲求，以开民智。"② 近代中国如想富民强国，就必须学习、引进近代西方"适于时用"、日新月异的学术成就及面向大众的教育制度。在他看来，废弃压制人性、阻碍创新的中国政制是必然的。

晚清时期对西方文明有深入认识者，当数严复；而比较中西文明系统而深刻者，亦当推严复。面对日渐衰颓的中华文明和正处盛时的西方文明，严复将比较中西文明的重心，放在对西方近代文明称赞和对中国固有文明的批判上。他把批判的矛头集中在那些不从实际出发、空洞无物的汉学考据、陆王心学及八股取士制度上。他通过中西文明的比较，认识到中西之争实际上是古今之争，是两种历史背景、社会结构和精神文明的对立。他在《论世变之亟》中说："尝谓中西事理，其最不同而断乎不可合者，莫大于中之人好古而忽今，西之人力今以胜古；中之人以一治一乱一盛一衰为天行人事之自然，西之人以日进无疆，既盛不可复衰，既治不可复

---

① 康有为：《与洪给事右臣论中西异学书》，汤志钧编：《康有为政论集》上册，中华书局1981年版，第48页。
② 康有为：《两粤广仁善堂圣学会缘起》，汤志钧编：《康有为政论集》上册，中华书局1981年版，第189—190页。

第九讲　近代中国的中西文明差异比较 | 385

乱，为学术致化之极则。"①他又说："中国最重三纲，而西人首明平等；中国亲亲，而西人尚贤；中国以孝治天下，而西人以公治天下；中国尊主，而西人隆民；中国贵一道而同风，而西人喜党居而州处；中国多忌讳，而西人重讥评。其于财用也，中国重节流，而西人重开源；中国追淳朴，而西人求欢虞。其接物也，中国美谦屈，而西人务发舒；中国尚节文，而西人乐简易。其于为学也，中国夸多识，而西人尊新知。其于祸灾也，中国委天数，而西人恃人力。"②

甲午战争前后，国人对中西文明的比较，已经不仅仅局限于器物层面，而且扩展到制度及社会习俗层面。1894 年 6 月，《申报》上刊载的《中西教养得失论》，从教养之道的角度进行了中西对比，列举了四条"不及泰西者"的"中国教养之道"。陈炽在甲午战后刊印的《续富国策》中，探讨中国落后于西洋的原因时，认真比较了中西政俗之差异。其云："中外之格格然终不能相入者，则中国求之理，泰西求之数；中国形而上，泰西形而下；中国观以文，泰西观以象；中国明其体，泰西明其用；中国泥于精，泰西泥于粗；中国失诸约，泰西失诸博，一本一末，相背而驰，宜数十年来，彼此互相抵制，互相挤排，而永不能融会贯通、合同而化也。"③

20 世纪初，梁启超等人开始用西方近代新观点和新方法对中国历史文化重新认识，并根据自己对西方历史文化的了解加以比较。他在《论中国学术思想变迁之大势》一文中，重点比较了中西学术文化之差异；他在随后发表的《保教非所以尊孔论》中，对中西宗教思想方面的差异作了认真比较。因为他们对中西社会历史、经济结构和哲学缺乏深入了解，故其对中西文明差异的比较分析，还显得比较肤浅和粗糙，虽然看到了中西文

① 严复：《论世变之亟》，王栻主编：《严复集》第 1 册，中华书局 1986 年版，第 1 页。
② 严复：《论世变之亟》，王栻主编：《严复集》第 1 册，中华书局 1986 年版，第 3 页。
③ 陈炽：《续富国策》，赵树贵等编：《陈炽集》，中华书局 1997 年版，第 147 页。

明之间的时代性差异，但尚难以从理论上揭示两种文明时代性差异之根源所在。以章太炎为代表的国粹派对中国精神文明的价值作了较多的阐发。邓实、许守微等人较早明确提出了西方物质、中国精神的观点："东洋文明所谓形而上者，精神的是也；西洋文明所谓形而下者，物质的是也。"[①] 他们主张，以西方物质和中国精神合炉同冶，创造新的文明。这种主张，把西方文明和中华文明放在了较为平等的位置上进行比较，看到了中西文明的民族性差异。

晚清时期中西文明比较有两个明显的特点：一是晚清国人对中西文明的比较，因为他们对本国文明尚有足够的自信心，对西方文明并不抱十分敌视的态度，所以，对中西文明的价值能够给予积极的评价。但他们主要是按照中国旧文明来理解和评论西方新文明，其比较中西文明之立足点，主要是"中体西用"模式的中西文化观，即站在"中体西用"的立场上比较中西文明。二是就事论事，比较肤浅，对两种文明各元素及构成部分的比较，是直观的而非自觉的，是具体的而非总体的。他们对中西发展历史、社会经济结构及哲学思想还缺乏全面、深透的了解，故其对中西文明差异的比较分析，从总体上来说还是不够深入、不够精确的，其对中西文明差异的根源更缺乏深刻的揭示。

三、五四文化论争中的东西文明比较

1915 年以后，随着新文化运动的兴起，中西文明比较深入到社会心理层面。黄远生有言："盖吾人须知，新旧异同，其要点不在枪炮工艺以及政法制度等等，若是者犹滴滴之水，青青之叶，非其本源所在。本源所

---

① 邓实：《东西洋二大文明》，《醒狮》第 1 期。

在，在其思想。"①把中（旧）西（新）文明的差异归结为"思想"的不同。此时期中西文明比较所要解决的问题是：张扬西方近代民主与科学，批判儒家道德伦理和封建礼教，并在此基础上建构中国近代新文明。所以，此阶段的中西文明比较，主要从伦理层面入手来比较两种文明的异同，评判中西文明之优劣，在强调西洋文明较中华固有文明"实居优越之域"的前提之下，有机地融合中西文明。围绕中西文明异同优劣问题，中国思想文化界掀起了非常激烈的争论。

以陈独秀为代表的《新青年》派，发表了《法兰西人与近世文明》《东西民族根本思想之差异》《质问〈东方杂志〉记者》《本志罪案之答辩书》等文，认为中西文明是古今之别，即"近世文明"与"犹古之遗"的差别，其实质在于说明：中国应彻底采用西方近世文明，抛弃中国"犹古之遗"。陈独秀指出："近世文明者，乃欧罗巴人之所独有，即西洋文明也，亦谓之欧罗巴之文明。"②实际上是认为东西文明为"古今之别"，即"近世文明"与"犹古之遗"的区别。他指出："欧洲输入之文化，与吾华固有之文化，其根本性质极端相反。数百年来，吾国扰攘不安之象，其由此两种文化相触接相冲突者，盖十居八九。"③他痛斥东洋民族具有卑劣无耻之根性，必须从根本上"改弦更张"，采纳并效法西方，全面输入西方社会制度与平等人权等新思想。

陈独秀在随后发表的《东西民族根本思想之差异》中，把东方文明和西洋文明加以比较后，概括出东方文明和西洋文明的特点，明确提出东西文明根本对立的观点。东西文明的差异集中于三个方面：（一）西洋民族以战争为本位，东方民族以安息为本位。西洋民族性恶侮辱，宁死斗，"以鲜血取得世界之霸权"；东方民族性恶斗死，宁忍辱，爱和平，故成为

---

① 黄远生：《新旧思想之冲突》，《东方杂志》第 13 卷第 2 号。
② 陈独秀：《法兰西人与近世文明》，《青年杂志》第 1 卷第 1 号。
③ 陈独秀：《吾人最后之觉悟》，《新青年》第 1 卷第 6 号。

"雍容文雅之劣等"。（二）西洋民族以个人为本位，东方民族以家族为本位。西洋民族"举一切伦理、道德、政治、法律，社会之所向往，国家之祈求，拥护个人之自由权利与幸福而已。思想言论之自由，谋个性之发展也，法律之前，个人平等也。个人之自由权利，载诸宪章，国法不得而剥夺之，所谓人权是也"，遂成"彻头彻尾个人主义之民族也"；而东方民族处于宗法社会，导致了四种恶果：损坏个人独立自尊之人格，窒碍个人意思之自由，剥夺个人法律上平等之权利，养成依赖性。（三）西洋民族以法治为本位，以实利为本位，东方民族以感情为本位，以虚文为本位。①

在陈独秀看来，东西文明的三大差别中，以个人本位主义与家族本位主义的差异最为突出，东西民族根本思想的差异，是新旧思想的差异，是现代生活态度与传统伦理精神的冲突。他在《孔子之道与现代生活》中指出："现代生活，以经济为之命脉，而个人独立主义，乃为经济学生产之大则，其影响遂及于伦理学。故现代伦理学上之个人人格独立，与经济学上之个人财产独立，互相证明，其说遂至不可动摇；而社会风纪，物质文明，因此大进。中土儒者，以纲常立教。为人子为人妻者，既失个人独立之人格，复无个人独立之财产。"他认为："西洋个人独立主义，乃兼伦理、经济二者而言，尤以经济上个人独立主义为之根本也。"②西洋伦理上的个人独立主义是以经济上的个人独立主义为基础的。而孔子的礼教即三纲说中，"人格之个人独立即不完全，财产之个人独立更不相涉"，人们缺乏个人独立之财产，也没有西洋式的个人独立主义。

在比较东西民族文化差异时，陈独秀特别注意中西文明之时代性差异，认为中西文明存在着明显的时代性差异，中国传统文明远远落后于西洋近代文明。他说："吾人之于学术，只当论其是不是，不当论其古不

---

① 陈独秀：《东西民族根本思想之差异》，《新青年》第1卷第4号。
② 陈独秀：《孔子之道与现代生活》，《新青年》第2卷第4号。

古；只当论其粹不粹，不当论其论其国不国；以其无中外古今之别也。"正因中西文明是新旧文明之间的根本性差异，故两者难以调和、折衷。他反复强调："若是决计革新，一切都应该采用西洋的新法子，不必拿什么国粹、什么国情的鬼话来捣乱。譬如既然想改用立宪共和制度，就应该尊重民权、法治、平等的精神；什么大权政治，什么天神，什么圣王，都应该抛弃。"①

以伧父（杜亚泉）为代表的《东方杂志》派，先后发表了《静的文明与动的文明》《战后东西文明之调和》等文，针锋相对地反对陈独秀的观点。这样，围绕东西文明异同优劣问题，形成了旗帜鲜明的两派，并展开了激烈论战。从表面上看，论战双方虽都关注于比较东西文明问题，但实际上双方更关注的是"东西文明观"问题。他们所进行的文明比较，实际上是两种中西文明观的反映，是站在不同文化观的立场上来比较中西文明的；而比较中西文明的目的，并不在于比较中西文明自身，而在于论证自己文化观的合理性。因而，双方进行的中西文明比较便不可避免地以"成见"居先，流于肤浅空疏，停留在表面的、笼统的低层水平上。尽管如此，五四时期的文化论争，开启了真正意义上的中西文明比较之先河。

1916 年 2 月，黄远生在《东方杂志》第 13 卷第 2 号上发表《新旧思想之冲突》，将晚清以来西方文明输入后导致的新旧冲突作了总结，认为中国思想内部的冲突实为新旧思想之冲突。同年 4 月，杜亚泉发表《再论新旧思想之冲突》，对黄远生的观点进行回应和发挥。他认为，中国思想内部的冲突，是东洋民族思想与西洋民族思想的冲突；中西文明是民族性的差异，并非时代性的差异。其云："况两种思想，各有悠久之历史、庞大之社会以为根据，其势自不能相下。然谓吾国民思想之冲突，即东洋思

---

① 陈独秀：《今日中国之政治问题》，《新青年》第 5 卷第 1 号。

想与西洋思想之冲突，则殊未是。"① 他在随后发表的《静的文明与动的文明》中，对中西文明的差异作了认真的观察和深入的研究，认定中西文明"乃性质之异，而非程度之差"。其性质之异主要在于：西方是动的社会，中国是静的社会；动的社会产生动的文明，静的社会产生静的文明。

中西文明之间存在着多方面的差异，这种差异是时代性差异还是根本性质上的民族性差异？杜亚泉提出了与陈独秀根本相反的意见：这种差异体现为两种社会及两种民族的性质上的差异。他概括道："综而言之，则西洋社会，为动的社会，我国社会，为静的社会；由动的社会，发生动的文明，由静的社会，发生静的文明。两种文明，各现特殊之景趣与色彩，即动的文明，具都市的景趣，带繁复的色彩，而静的文明，具田野的景趣，带恬淡的色彩。"中西文明之间的动、静差异，自然会产生两个民族完全不同的效果："动的社会，其个人富于冒险进取之性质，常向各方面吸收生产，故其生活日益丰裕；静的社会，专注意于自己内部之节约，而不向外部发展，故其生活日益贫啬。"②

杜亚泉尽管承认中西文明各有流弊，但因西方动的文明弊害更大，故其最后得出的结论是："吾国固有之文明，正足以救西洋文明之弊，济西洋文明之穷。"西洋文明可以输入，但必须靠中国固有文明的"统整"，以"纳入吾国文明之中"。如果中国固有文明"今后果能融合西洋思想以统整世界之文明，则非特吾人之自身得以救济，全世界之救济亦在于此"。③在他看来，中西文明是民族性质之差异，不承认西洋文明在总体上比中国文明优越。

陈独秀和杜亚泉对于东西文明比较之论断，引起了李大钊的浓厚兴趣。李大钊对杜亚泉"静的文明"与"动的文明"之论颇为认同。他采用

---

① 伧父：《再论新旧思想之冲突》，《东方杂志》第 13 卷第 4 号。
② 伧父：《静的文明与动的文明》，《东方杂志》第 13 卷第 10 号。
③ 伧父：《迷乱之现代人心》，《东方杂志》第 15 卷第 4 号。

了西方学者提出的以伊朗高原划分"南道文明"和"北道文明"的说法，从地理环境带来的民族特性方面将东西文明之差异归为"静的文明"与"动的文明"。从表面上看，李大钊的东西文明比较观与杜亚泉的观点相似，但实际上，李大钊通过分析比较后得出的结论，恰恰与杜氏相反：中国文明之长仅仅在于它有一种对于生活的"沉静与安泰"的精神追求，从而给沉溺于"机械的生活""重视人生于无限争夺之域"的西方人对人生目的思考以启发。但中国文明所存在的缺点是明显的，与西方动的文明、物质的生活相较，实处于"屈败之势"。西方动的物质的生活已经渗入中国人的生活之中，并给中国人带来便利，但是以静的态度和观念实行动的生活、物质的生活，不免矛盾百出，"结果必蹈于自杀"。故对于东西文明的态度应当是："将从来之静止的观念、怠惰的态度，根本扫荡"，以与西方动的观念及物质生活相适应。这样，李大钊赞同杜亚泉"静的文明"与"动的文明"之论，但在中国现代新文明的选择上却得出了与陈独秀相似的结论。

1922 年 1 月，冯友兰在所作的《论比较中西》一文中，对这场中西文明比较论争的实质作了精辟揭示：随着西方文明的输入，中西文明的冲突日益尖锐，中西文明比较日益成为人们关注的重心。然而，人们关注的并不是中西比较本身，而是比较之外："比较的目的，是看自己的能力，究竟够不够。……中国人所以急于要知道中西文化乃民族性的优劣之缘故，即是为此；知道中西文化及民族性优劣以后的行为上的结果，也可想而知。假使他知道中国文化好，他就相信自己的能力，他就敢放胆前进；他若知道中国文化坏，他就不相信自己的能力，他就要因失望而丧其勇气。"①

这才是双方比较中西文明的真实目的。正因如此，双方都想"立时得

---

① 冯友兰：《论比较中西》，《学艺》第 3 卷第 10 号。

出个圆满的答案",不能进行沉冷客观的"切实研究",双方"都是从他们各人的主观的直觉去下些判断"。这样,当时中西文明比较的水平就可想而知了。

四、五四以后文化论争中的东西文明比较

第一次世界大战暴露了西方近代文明的弊端,来华的罗素、杜威等欧美学者也表达了对西方近代文明的悲观情绪,并希望中国将自己的精神文明贡献于世界。这种情况,使有些本来衷心信任资本主义文化的人发生了怀疑动摇。梁启超在《欧游心影录》中,表达了对西方近代文明的失望及对中国传统文明的推崇。他指责西方近代科学文明的弊端,"我们人类不惟没有得着幸福,倒反带来许多灾难。"他认为,西方的进步只是物质的进步,再不能相信科学万能了,应该设法维护中国的精神,救济中国由于输入西方物质文明造成的迷乱,救济西方世界精神的贫乏。"救济精神饥荒的方法,我以为东方的中国与印度比较最好。东方的学问以精神为出发点,西方的学问以物质为出发点。"他呼吁青年以孔、老、墨三位大圣的精神,超拔西方物质文明破产的困窘。他认为中西文明存在着性质上的差异,并对两者作了类型上的区分:"东方的学问,以精神为出发点;西方的学问,以物质为出发点。救知识饥荒,在西方找材料;救精神饥荒,在东方找材料。"①以精神为出发点的东方文明追求精神生活的绝对自由,物质生活仅视为补助精神生活的工具;以物质为出发点的西方文明易受客观规律支配,而在精神上失去独立性创造性。

---

① 梁启超:《东南大学课毕告别辞》,《饮冰室合集》文集之四十,中华书局1989年版,第12页。

1922 年初，梁漱溟的《东西文化及其哲学》出版。在该书中，他把西方文明、中国文明和印度文明视为三种不同"路向"的文明，西方文明是"意欲向前"的路向，印度文明是"意欲向后"的路向，中国文明是"意欲自为调和持中为根本精神"的路向，三种文明平行发展，没有优劣之分。他比较了三种文明后认为，西方文明弊端显著，处于不得不向第二种路向转变中，人类文明将"由西洋态度变为中国态度"，"世界未来文化就是中国文化的复兴，有似希腊文化在近世的复兴那样。"[1] 由于梁漱溟是通过比较中、西、印文明后得出的结论，具有较强的说服力，加之又是在第一次世界大战后西方文明危机四伏时提出的，所以，立即得到怀疑和反对新文化运动的人们的赞同。在这种背景下，一贯主张"彻底输入西方文化"的胡适、常燕生、张东荪等人，先后发表文章，从理论上对梁氏观点进行批评，阐述了西化派对中西文明差异性的见解。

胡适认为，中西文明是"大同小异"的，并提出了"有限的可能说"。他说："人类的生理的构造根本上大致相同，故在大同小异的问题之下，解决的方法，也不出那大同小异的几种。这个道理叫做'有限的可能说'。"[2] 他认为，世界上各个"民族生活的样法是根本大同小异的"，"各种民族都在那'生活本来的路'上走，不过因环境有难易，问题有缓急，所以走的路有迟速不同，到的时候有先后的不同。"他举例说，欧洲民族在历史上也有千年黑暗时代，也曾迷信宗教而极力压抑科学，只是近三百年来"受了环境的逼迫，赶上了几步，在征服环境的方面的成绩比较其余各民族确是大的多多"[3]。这样，西方文明便成就了近代的

---

[1] 梁漱溟：《东西文化及其哲学》，《梁漱溟全集》第 1 卷，山东人民出版社 1989 年版，第 525 页。

[2] 胡适：《读梁漱溟先生的〈东西文化及其哲学〉》，陈崧编：《五四前后东西文化问题论战文选》（增订本），中国社会科学出版社 1989 年版，第 547—548 页。

[3] 胡适：《读梁漱溟先生的〈东西文化及其哲学〉》，陈崧编：《五四前后东西文化问题论战文选》（增订本），中国社会科学出版社 1989 年版，第 550 页。

特点：民主与科学。而相比较而言，近代以来中国和印度等文明古国确实是落后了。故中西文明的差异是"时间上，空间上的一种程度的差异"，是发展速度上的时代性差异，是古今之异而非根本性质上的"中外之别"。

胡适不赞同东方文化派视西方文明为物质文明、东方文明为精神文明的观点，认为任何文明都包含有物质与精神两个方面，西方文明既是物质文明也是精神文明。其云："凡一种文明的造成，必有两个因子：一是物质的（Material），包括种种自然界的势力与质料，一是精神的（Spiritual），包括一个民族的聪明才智，感情和理想。凡文明都是人的心思智力运用自然界的质与力的作品；没有一种文明是精神的，也没有一种文明单是物质的。"他对物质文明与精神文明的统一性作了论证后，强调了物质文明在整个文明中的重要作用，"精神文明必须建筑在物质的基础之上。提高人类物质上的享受，增加人类物质上的便利与安逸，这都是朝着解放人类的能力的方向走，使人们不至于把精力心思全抛在仅仅生存之上，使他们可以有余力去满足他们的精神上的要求。"[1]正因如此，胡适在比较中西文明时就特别重视物质文明，尤其是作为衡量物质文明发达与否的标志——生产工具，并以此来说明中西文明之间的先进与落后。他指出："近二百年来西方之进步远胜于东方，其原因就是西方能发明新的工具，增加工作的能力，以战胜自然。至于东方虽然在古代发明了一些东西，然而没有继续努力，以故仍在落后的手工业时代，而西方老早就利用电机与电气了。这才是东西文化真正的区别了。东方文明是建筑在人力上面的，而西方文明是建筑在机械力上面的。……这就是东西文化不同之处。它们原来不过是进步程度不同。"[2]在他看来，既然中国落后于西方文明，唯一的出路就是

---

①　胡适：《我们对于西洋近代文明的态度》，《现代评论》第 4 卷第 83 期。
②　胡适：《东西文化之比较》，罗荣渠主编：《从"西化"到现代化》，北京大学出版社 1990 年版，第 204—205 页。

学习西方近代文明。

梁漱溟在《东西文化及其哲学》中断定，中国的自得其乐主义将代替西洋向前奋进主义而兴。张东荪认为，梁氏这个观察是错误的。从西方文明的变迁看，西方文明不但没有回到中国文明之路上来，反而进展到一个更高阶段：思想上，科学发展如故，新式机器层出不穷，功利思想仍然发达；哲学上，实用主义是讲淑世主义的，柏格森等思想有接近中国文明的倾向，但他们是主张动的，与孔子自得其乐主义绝不相同；社会上，现代最大的潮流是社会主义，它只是个人主义的反动，即由个人享乐主义转为社会享乐主义，并不是调节意欲。所以，无论从哪方面，都看不出西方文明向中国文明转变的趋势。西洋文明已由"个人逐物"进至"社会逐物"阶段；其"向前要求"的精神不但未变，而且更强烈了，只是其方法变得更进步了。面对西洋文明的新发展，中国更应摒弃"自得其乐"的文明，彻底输入西方文明，走西方奋进主义之路。

梁漱溟认为，由于东西文明的民族性差异，中国不可能真正习得西方民族的文明，必须"批评的把中国原来态度重新拿出来"，才不失中国文明的民族特性。[①] 对此，胡适、常燕生、张东荪等人西化派坚决反对。他们除了用民族心理学的成果论证"民族根性是可以改变"的观点外，还为输入西方文明提供了一条十分重要的根据：西方文明已大部分处于"世界文明"的地位，代表"世界文明"发展的方向。张东荪说："我们须知西洋文化实在已不仅是西洋的了，已大部分取得世界文化的地位。例如梁君所举的科学与民治。就最浅近的而言，我敢问那一个民族能不坐火车点电灯么？如其不能，便是已经跪在科学的面前了。将来人类的交通日密，全地球的人类渐渐同化起来，自然都向这一条路走。

---

① 梁漱溟：《东西文化及其哲学》，《梁漱溟全集》第 1 卷，山东人民出版社 1989 年版，第 528 页。

因为奋进以征服自然而扩张生活是生命固有的倾向。"中国当然不能例外，必然要按照自然发展的趋势走到西洋文明所开创的道路上来。"西洋文化既是大部分上含有世界文化的要素，则我们采取西洋文化便不是直抄他族的东西。"① 于是，中国输入并采用西方文明的问题，转变成中国采纳"世界文明"的问题。中西文明的关系不仅仅是东西两个民族文明的关系，而是地方性文明与世界性文明的关系，是世界文明主流与支流的关系。这样，西化派实际上把中国学习西方文明的问题，提到了中国应走向世界、迈向现代化的高度，突破了狭隘的东西文明民族性、地域性观念。这种观点，对梁漱溟为代表的东方文化派以东西文明"性质之异"为由，反对输入和采用西方文明的论调，无疑是重大打击。

常燕生赞同张东荪提出的西方文明是"世界文明"观点。他说："我们大家要晓得世界上只有古代文明和近世文明，没有东方文明与西方文明的区别。现代西洋的文明是世界的，不是一民族的；是进化线上必经的，不是东洋人便不适用的；是精神物质都发达的，不是偏枯的；是科学的，不是非科学的。"② 这其中包含了西方文明处于世界文明地位的意思，与张东荪的观点相似。它们代表了近代中国先进分子对西方文明独立思考后的见解。然而，张东荪与常燕生的见解虽然相似，却仍有较大差别。常燕生的观点带有极强的偏激性：只承认中西文明是"古今之别"，根本否认中西文明有"性质之异"。他说："我对于世界文化的意见，向来主张世界上并没有东西文化之区别，现今一般所谓东西文化之异点，实即是古今文化之异点。""西洋近代文明之发展并非基于其民族性之特殊点，乃人类一般进化必然之阶级。"③ 张东荪承认"古今之别"，但又承认"民族根性"对

---

① 张东荪：《读〈东西文化及其哲学〉》，《时事新报》副刊《学灯》1922 年 3 月 19 日。
② 常乃德：《东方文明与西方文明》，《国民》第 2 卷第 3 号，1920 年 10 月。
③ 常燕生：《东方文化问题质胡适之先生》，《现代评论》第 4 卷第 90 期，1926 年 8 月。

中国输入和采用西方文明的巨大影响。他说："我也相信一个民族有他由历史而来的根性，断不是一旦要采取外来的文化而就能立刻办到的。并且外来的文化充分灌入以后，固有的根性也不会消灭，必仍杂然呈露于其间，所以总不免有些变态。"①

张东荪、常燕生等人的"西洋文化大部分取得世界文化的地位""大部分上含有世界文化的要素"的观点，是十分精辟的，它不仅体现了西化派对西方文明认识的深刻，而且标志着近代中国人士对西方文明认识的飞跃。李大钊在《东西文明根本之异点》中，虽提出了"世界新文明"概念，但与张东荪所谓"世界文化"的含义并不同；同时，他强调的是"东西民族文化差异"，即地域性差异，实际上与杜亚泉的文化观颇为相似。胡适在《读梁漱溟先生的〈东西文化及其哲学〉》中，强调中西文明是"古今之别"，侧重于从纵向的"迟速""先后"立论，似乎也未从横向上认识到中西文明乃"世界文明"与"地方文明"差异。

可见，在西化派看来，由于民族特性是可以改变的、西方文明经过"危机"进至更高阶段、西洋淑世主义是人类生活的正态，更因为西方文明已大部分取得世界文明的地位、大部分含有世界文明的要素，中国不仅能够、而且必须输入和采用西方文明。这是五四时期西化派对中西文明的基本认识。

胡适、常燕生、张东荪为代表的西化派，与梁漱溟、梁启超为代表的东方文化派在比较中西文明差异上的分歧，集中体现在中西文明是古今之异，还是中外之别上。梁氏认为中西文明是性质上的差异，是民族性的差异，永远也走不到一条道上，强调东西文化的"民族性"差异。西化派批评了中西文化是"性质之异"的观点，认为中西文化主要是"古今之异"。张东荪强调，"我们须知西洋文化实在已不仅是西洋的了，已大部分取得

---

① 张东荪：《读〈东西文化及其哲学〉》，《时事新报》副刊《学灯》1922年3月19日。

世界文化的地位。西洋文化既是大部分上含有世界文化的要素，则我们采取西洋文化便不是直抄他族的东西，乃是吸收人类公同的东西"①。这种见解，说明他认为中西文明的差异是时代性的差异，西方文明已先走一步，立于世界文明之地位，中国文明处于落后地位，自然应当奋起直追，采纳西洋文明。

中西文明究竟是"古今之异"，还是"性质之异"？这是五四时期乃至近代中国人关于中西文明比较的两种截然对立的意见，也是在中西文明比较中长期困扰近代中国人的重大问题。所谓"古今之异"，就是认为中西文明是"犹古之遗"与"近世文明"的差异，是中国文明落后于西方文明，是"时代性"的差异。承认这种差异，则主张中国应采纳西方文明。它代表了中国先进觉醒者向西方学习的态度，以陈独秀、胡适、常燕生、张东荪等人为主要代表，西化派大多持这种观点。所谓"性质之异"，就是认为中西文明是中西不同民族文明间的差异，是因为民族特性、地理环境以及其他因素决定的文明差异。它强调了中西文明各自的"民族性"特征，而否认中西文明的时代性特征，不承认中国文明落后于西方文明，当然不主张中国学习、仿效和采纳西方文明。以杜亚泉、梁漱溟为代表，东方文化派大多持这种观点。

这两种观点都各有道理，各自揭示了文明的"时代性"和"民族性"差异，但又都流于片面，各执一端：在肯定中西文明"时代性"差异时，否认"民族性"差异；或肯定"民族性"差异时，否定时代性差异。——实际上中西文明之差异既是"时代性"差异，又有"民族性"差异。古今之异或工农业文明之分，只说明了文明的时代差异。中西或东西之分，更深层的应是民族性差异，是不同的民族从生存方式引发的民族精神、气质、价值意识、思想与行为方式的区别。无论未来世界如何一体化，如何

---

① 张东荪：《读〈东西文化及其哲学〉》，《时事新报》副刊《学灯》1922年3月19日。

趋同，这些民族性的差别总是不会消失的。这样，便自然造成了在中西文明比较中的重大分歧。

但从总体上讲，中西文明的差异是"时代性"差异占主导地位：西方已进入近代文明，而中国尚停滞在中古文明中。陈独秀、胡适等人在五四时期坚持"古今之异"，抓住了中西差异的根本问题，应该说是进步的。强调时代性差异，并用以论证中国文明必须吸收采纳西方近代文明，使中国纳入世界文明发展的轨道，这在近代中国是应当充分肯定的，因为它顺应了时代发展的潮流。

在五四以后很多中国人看来，西方物质文明高于中国文明，是不证自明的事实，实在没有过多讨论的必要。近代中国的基本文化趋势，是西方文明处于强势地位，中华文明处于弱势而被迫接受的从属地位。张东荪说："说到中国接收西方文化一层，一班人不免有些误会，以为这是一个要不要的问题。其实西方文化之入于中国来正好像从高地的水向低地流一样。中国既是低地则他处如是较高，则水自然会向中国流来，决无法抗阻，并且不是文化传来，乃是外的势力进来，文化是他们的附带品。所以我们不能讨论要不要西方文化，而只能研究西方文化之必然传入以后我们如何应付它。"[1]

张东荪的这段话，代表了五四以后许多人的观点：西方文明高于中国文明是不言自明的，即中西文明是"古今之异"，无须过多地证明；中国现实的问题是如何接受西方文明的问题："须知今天的问题不是中西文化好坏比较的问题，乃是中国如何吸取西方文化的问题"。[2] 所以，西化派力主输入和采纳西方近代文化。

---

[1] 张东荪：《思想与社会》，商务印书馆1946年版，第182页。

[2] 张东荪：《现代的中国怎样要孔子》，《正风》半月刊第1卷第2期。

五、中西文明既有"古今之异"又有"中外之别"

中西文明是"古今之异"的观点，是五四时期西化派在中西文明比较问题上的基本见解。当他们对中西文明认识加深之后，这种观点得到了强化，并以此为基础提出了中西文明不仅是"古今之异"，而且也有"中外之别"的新见解，开始超越"古今之异"与"性质之别"的对立，而力图站在更公正的、更客观的立场上比较中西文明。这是像张东荪、冯友兰、陈寅恪等人比胡适、常燕生等坚持"古今之异"而不承认"中外之别"高明之处，自然比杜亚泉、章士钊、梁漱溟等人坚持中西文明的"性质之异"而否认时代性差异具有更大的合理性。

提出中西文明既是"古今之异"、又是"中外之别"的观点，是在 20 世纪 30 年代以后，但它的萌芽却在五四时期。学衡派代表人物吴宓认为，中西文明的确存在很大的差异，但两种文明是可以相互熔铸与贯通的。他认为，"中国文化，以孔教为中枢，以佛教为辅翼；西洋文化以希腊、罗马文章哲理与耶教融合而成"，故中国新文化"则宜于以上所言之四者为首当着重研究，方为正道"，即将"孔孟之人本主义"的精华，"与柏拉图、亚里士多德以下学说相比较，融汇贯通，撷精取粹，再加以西洋历代名儒巨子之所论述，熔于一炉……造成新文化融合东西文明之奇功。"[①] 在《读〈东西文化及其哲学〉》中，张东荪等人实际上不仅看到了文明时代性差异，也看到了民族性差异问题。他说："不过我也相信一个民族有他由历史而来的根性，断不是一旦要采取外来的文化而就能立刻办到的。并且外来的文化充分灌入以后，固有的根性也不会消失，必须杂然呈露于其间，所以总不免有些变态。"又说："我们不必因民族有特别本能而就认为

---

① 吴宓：《论新文化运动》，《学衡》第 4 期。

不能采用他族的文明。"这些均说明，他不仅看到了中西文明的时代性差异，也看到了民族特性的差异。他的这些认识为此后他进行中西文明的比较奠定了较好的基础，使他不至于如常燕生那样只承认"古今之异"，而否认"民族性"，也不至于如梁漱溟那样只强调文明的民族性差异而否认中西文明"古今之异"。

1934 年，张东荪在《现代的中国怎样要孔子》中，不仅认识到中西文明的"古今之异"，而且也认识到了中西文明的"中外之别"，即民族性差异。这是他对中西文明比较观的重大飞跃。他说："就社会组织与经济状态来讲，诚然只有古今的纵式区别；即欧美是现代，而中国是古代。但就思想而言，则确有东西的不同，不能以古今来概括之。因为东西双方的思想同发源于古代，而二者思想却不相同。西方思想的根源，一个希腊，一个是西伯来。其后发展起来，便成为一个是科学，一个是宗教。而我们中国却只有一个人生哲学，把政治经济法律等浑然包括在内。换言之，那只有一个做人问题。这便是梁漱溟先生所谓重心在内。就是以自立这个人为中心。既不像西方的宗教，以上帝为主，自己是上帝的所属，亦不像西方的科学，以物界为主，把自己认为自然界之一份子。所以西方无论宗教与科学，而总是重心在外——即在于自己以外的神或自然界。孔子不然，他既不拿自然法来套在人的头上，又不以神来吸取人的归依。所以这样东方思想确是在人类中放一异彩，开一新方面。在思想方面，我们决不能说只有古今而无中外。"①

这段文字是张东荪经过长期研究后的结果，表明他的确已由单纯的认为中西文明是古今之异，发展到中西文明既有"古今之异"、又是"中外之别"的新的认识阶段，标志着他对中西文明差异认识的飞跃和深化。同时，这段话所阐发的"古今之异"在于"社会组织与经济状态"，"中外之

---

① 张东荪：《现代的中国怎样要孔子》，《正风》半月刊第 1 卷第 2 期。

别"在于"思想方面"的基本观点，是张氏认真比较中西文明"中外之别"的总观点。此后，张氏系统地进行的中西文明的比较基本上是沿着这一思路而进的——此后他便将注意力集中于"思想"之"中外之别"的比较上。

1937年，张东荪在《科学与历史之对比及其对中西思想不同之关系》中讲："今天的中国学者中有人主张中西思想之不同只是古今之别。这句话在相当范围内我是承认的。不过我们的问题是：何以中国与西洋在古代都是差不多的而反到了近代便这样不同起来呢？"① 不久，他又在《从中国言语构造上看中国哲学》中对这一问题作了更进一步回答："现在有人主张中西文化之分只是古今之别。所谓有古今而无中外是也。我认为就经济方面的物质生活来说，我是承认此说。但就民族的心思来说，却不是如此简单了。我们不能不承认既有古今又有中外，我们决不能把中国人的心思当作'初民心思'看待。"② 他在《思想言语与文化》中又说："有人总欢喜把中国与西欧的中世纪作比较，而我则以为就中国人生活全部来看，当然是没有到达于现代；但专从思想的特点而言，以为是与欧洲中世纪相似，则必尚嫌说明不足。"③ 那么，中西文明的差异究竟是一种什么样的差异？张东荪在《思想与社会》中给予结论性的论断："因此我们乃可知道中西思想之不同不仅是思想本身上性质有异，并且在文化发展之阶段上中国确是与西方不同时期。"④ 即中西文明既是中外之别，又是古今之别；但最重要的是古今之别。

这是20世纪30年代后半期，张东荪认真比较研究中西文明后得出的结论。中西文明的"古今之别"是人们普遍承认的、显而易见的事实，而中西思想上的"中外之别"，则并不为一般主张西化者所了解。但这一差

① 张东荪：《知识与文化》，商务印书馆1946年版，第147页。
② 张东荪：《从中国言语构造上看中国哲学》，《东方杂志》第33卷第7号。
③ 张东荪：《思想言语与文化》，《社会学界》第10期，1938年6月。
④ 张东荪：《思想与社会》，商务印书馆1946年版，第181页。

别又的确十分重要，关系到中国如何采纳、应对西方文明的问题。

与张东荪持相似观点的，还有蔡元培、蒋梦麟、陈寅恪等人。蔡元培着重从探究中西文明各自的"底蕴"入手比较两种间的差异，认为中西文明的异同首先是各自"底蕴"的不同。欧洲文明的底蕴是"科学"，而中国文明的底蕴则是"非科学"；中国文明重技术而不重科学，重经世致用而不重理论探索。他指出，西洋文明"即在事事以科学为基础；生活的改良，社会的改造，甚而至于艺术的创作，无不随科学的进步而进步"。① 正因为中国文明缺乏"科学"底蕴，故蔡元培主张："且欲救中国于萎靡不振中，惟有力倡科学化。"② 正因蔡元培对中西文化的"底蕴"有着深刻认识，故面对欧战后所谓"科学破产"论保持了清醒的辨别力："虽知道物质文明的偏重，生存竞争的激烈，也有一种流弊；然而确信欧美的科学与工艺，确有输入中国的必要。"③ 这种文明"底蕴"差异，显然是时代性的差异。蔡元培在肯定中西文明时代性差异时，同时也看到了中西文明之间存在着民族特性上的不同。他对中西绘画艺术作了比较后指出："中国画与西洋画，其入手方法不同。中国画始自临摹，外国画始自实写。"④ 在考察了中西文明各自的发展轨迹后，其得出结论："综观历史，凡不同的文化互相接触，必能产出一种新文化。"⑤ 故主张中西文明进行交流和融合。

---

① 蔡元培：《三十五年来中国之新文化》，中国蔡元培研究会编：《蔡元培全集》第 7 卷，浙江教育出版社 1997 年版，第 136 页。

② 蔡元培：《〈科学界的伟人〉序》，中国蔡元培研究会编：《蔡元培全集》第 8 卷，浙江教育出版社 1997 年版，第 332 页。

③ 蔡元培：《为国内反对日英风潮敬告列强》，中国蔡元培研究会编：《蔡元培全集》第 5 卷，浙江教育出版社 1997 年版，第 366 页。

④ 蔡元培：《在北京大学画法研究会第二次始业式演说词》，中国蔡元培研究会编：《蔡元培全集》第 3 卷，浙江教育出版社 1997 年版，第 417 页。

⑤ 蔡元培：《东西文化结合》，中国蔡元培研究会编：《蔡元培全集》第 4 卷，浙江教育出版社 1997 年版，第 351 页。

蒋梦麟在看到中西文明时代性差异之时，也认识到了中西文明因社会历史条件的差异而形成的民族性差异。他认为，由于中西地理环境不同、历史发展各异，加之其他异质因素的影响，中西文明存在着较大的民族性差异。他指出，传统文明从产生之日起就走上了反省内求的道路，故伦理道德、经世致用成为中华文明的重心，中华文明可称为"德性文化"。而西方文明源于古希腊，走的是向外探寻的道路，产生了自然科学及平等、民主观念，故以科学、民主为重心，西方文明可称为"智性文化"。中西文明之间存在着重理智与重道德的明显差异。这种差异还集中体现在家族本位与个体本位的差异上。其云："中国传统文化以家族为本位注重个人的职责与义务，西方文化以个人为本位，注重个人的自由和权利。"故他强调："吾国文化较诸先进之国，相形见绌。吾人其欲追而及之乎，则必养成适当之特才。欲养成适当之特才，非发展个性不为功。"[①]故极力推崇源自古希腊文明的西方个性主义。在中西交流频繁的新时代，中国必须顺应世界文明发展潮流而接纳以个性主义为基础的西洋文明。

通过上述的分析和回顾可以看出，近代以来的国人对中西文明差异性的认识，经历了一个由只认为中西文明是"古今之异"（时代性差异），到认为中西文明"既有古今又有中外之别"的逐步深化的过程。这一过程与当时中国思想界对西方文明认识的深化是同步的。当胡适、张东荪等人尚未系统地展开对中西文明比较时（20世纪30年代以前），他们只是看到了西方物质文明高于中国文明，承认了中西文明的"古今之别"，虽也朦胧地意识到中西文明有"民族性"差异，但因并未对中西文明作系统比较和研究，故更强调东西文明的"时代性"差异，其认识水平是有限的。经过五四文化论争，尤其是经过30年代初的几次文化论战（全盘西化与本位文化论战、现代化问题论战、民主与独裁论战等），他们对中西文明作

---

① 蒋梦麟：《个性主义与个人主义》，《教育杂志》第11卷第2期。

了进一步思考和比较，对中西文明的差异性认识有了飞跃，既看到了中西文明时代性差异（"古今之异"），又看到了东西文明民族性差异（"中外之别"），并以此中认识来立论，进行了中西文明比较研究，着力于中西文明的沟通、融合，逐渐形成了通过沟通中西文明以建构中国新文化的思路。

如果说五四时期人们普遍地东西文明间的差异而否定两者之同，旨在论证中西文明水火不容，中西文明是冲突的、矛盾的、截然相反的，因而是不能"调和"的、不可同日而语的话，那么 20 世纪 30 年代人们关注中西文明之差异，则是为了首先发现中西文明之差异，进而解决中西文明融合、调和、沟通问题的，即"异中求同"，发现中西文明可以接轨之点，更好地接受西方文明。

中西文明存在时代性差异，决定了中国必须学习西方，接受西方近代文明；中西文明有着民族性差别，决定了中国在接受西方近代文明时，必须照顾中国的国情民情，这并不是容易的事情。因此，要真正地沟通和融合中西文明，必须寻找中西文明的结合点和切入点——中西文明的思想根基，将西方近代文明的新枝，嫁接到中华固有文明的老根上。这是需要几代中国人完成的伟大历史使命。

第十讲

文化核心价值观念的转变

  文化价值观念是浸透于民族群体之中的思想、感情、价值观、行为方式、行为规范的总和，是隐蔽在人们社会行为后面的、潜在的、无形的思想观念。文明的转轨，本质上是文化价值体系的转型，是旧的价值体系崩溃与新的价值体系重建的过程。文化核心价值观念的近代转变，是中国传统文明转型过程中最深刻、最困难、最复杂的转变。以儒家思想为核心的中华文明在近代的转型，从某种意义上说就是文明核心价值观念体系之转轨。

  鸦片战争以后，随着西方近代文明的输入，中国社会各阶层在生活方式及思想观念上都发生了变化，作为文化核心的思维模式、认知模式、价值观念也同样发生了重大转变。这种文化核心价值观念的变化，主要体现在六个重要方面：一是"夷夏之辨"观念的突破，华夏中心主义文化观逐渐崩溃，国人渐知域外有文明，产生了近代外交观念和民族国家观念，促发了近代民族意识的觉醒和民族主义的兴起；二是"道器"观念的转变，传统的"重道轻艺"观念受到怀疑和挑战，近代科学技术逐渐获得承认，并由低层的"技"进而上升为高层的"学"，近代物质主义逐渐兴起；三是"义利之辨"的突破，"本末"观念发生转变，传统的重农抑商观念逐渐被抛弃，"工商立国"观念逐渐确立，重商主义和功利主义思潮兴起；

四是"崇俭黜奢"观念发生了转变,奢侈的正面进步作用得到肯定,消费观念发表重大变化,消费主义和享乐主义兴起;五是"公私"观念发生转变,个人之"私"得到尊重,人的个性得以解放,个性主义逐渐兴起,逐步确定了建构中国近代新文明的核心价值理念;六是儒家强调的纲常名教受到严厉批判,"尊卑贵贱"观念发生转变,近代平等观念和平民意识觉醒,专制主义受到批判,平等主义兴起。故考察中国传统文明在近代的转轨,必须深入分析作为文化核心的价值观念及价值体系的转变。因篇幅所限,本讲主要对"夷夏"观念、"义利"观念及"公私"观念及个性主义作重点分析,梳理中华文明核心价值观念转变的轨迹,进而说明创建中国现代新文化核心价值观念的内在路径。

一、夷夏之辨与近代民族主义的兴起

中国传统文明核心价值观念在近代的转变,首先体现在"夷夏之辨"观念之突破上。夷夏观念,是古代中国根深蒂固的文化观念。早在上古时期,人们就开始以地域关系来辨别夷夏。《礼记·王制》对此有较为明确的表述:"东方曰夷,被发文身,有不火食者矣;南方曰蛮,雕题交趾,有不火食者矣;西方曰戎,被发衣皮,有不粒食者矣;北方曰狄,衣羽毛穴居,有不粒食者矣。"春秋时期,随着华夏与夷狄地缘关系之突破,礼仪文明成了区分夷夏的标准,遂有所谓"夷夏之辨"。所谓"夷夏之辨"(也称"华夷之辨"),就是严格区别"夷""夏"界限,以夏变夷,严防以夷变夏。《孟子·滕文公上》曰:"吾闻用夏变夷者,未闻变于夷者。"这种观念在儒家经典《春秋》中有所表现,并为汉代公羊学家所继承和阐发。从《春秋公羊传》到董仲舒再到何休,均着力阐发《春秋》"尊王攘夷"及"以夏变夷"观念,遂使"夷夏之辨"成为汉代公羊学的重要内容,并服务于汉代大一统政治的需要，对汉民族文化认同和古代中国统一国家的形成起了促进作用。但这种文化观念，蕴含着以自我为中心、以自大为特征的虚骄的文化心态。它强调以华夏礼仪来教化蛮夷，决不许反其道而行之。夏为夏、夷为夷，泾渭分明而不容混淆，否则就是离经叛道之邪说。

"夷夏之辨"包含着两个重要观念：一是地理环境上的"中国中心"论，认为中国处于天下的中心；二是文化观念上的华夏中心主义，认为是中原地区是先进的华夏礼仪文明，而周边的"外夷"则是野蛮落后的夷狄文化，华夏文明远远高于周边的夷狄文化。所谓华夏与夷狄之分，实际上就是文明与野蛮、高贵与卑贱之别。故"华夷之辨"中的"夷"代表着野蛮，那么与之相对应的"华"代表着文明。所谓"夷夏之辨"，实为道德之辨、文明与野蛮之辨。所谓华夷、夷夏不仅仅是一个种族概念，更是一个文化概念，"诸侯用夷礼则夷之，夷狄进于中国则中国之"，区分两者的标准在于文明程度之高低。

"华夷之辨"实际上是一种天下主义。这种天下主义和近代民族主义有着较大差异。近代民族主义的认同指向是民族或国家，含有较强烈的政治性；而"华夷之辨"只有"天下"观念而无"世界"概念，更没有明确的国家意识。这种以华夏中心主义为核心的夷夏观，突出强调了儒家思想的价值，使儒家思想在古代中国扮演着维系国人认同的角色。它经过儒家士大夫长期的阐释和强化，成为儒家文化性格的重要组成部分，也成为中国人处理中外关系的理论基础和指导原则。这种文化观念逐渐沉淀在中华民族的深层心理结构之中，以华夏中心主义和华夏文化优越感的形式，长期潜伏于国人思想观念之中，塑造了华夏民族根深蒂固的文化优越意识。当华夏文明遭到外族蹂躏和破坏时，这种华夏中心主义文化观起过动员中原民众奋起抵抗侵略的积极作用。但这种自大虚骄的文化观念，突出了儒家士大夫"天朝上国"的文化优越感；对他族文化采取了轻视和排斥态度，影响了中外文化的正常交流。明清之际来华的耶稣会士利玛窦，以自己的亲身感受描述道："他们不知道地球的大小而又夜郎自大，所以中国人认为所有各国中只有中国值得称羡。就国家的伟大、政治制度和学术名气而论，他们不仅把所有别的民族都看成是野蛮人，而且看成是没有理性的动物。他们看来，世上没有其他地方的国王、朝代或者文化是值得夸耀的。"①

深受儒家文化熏习的士大夫始终将中国视为唯一的世界文明中心，而把边境以外的一切民族斥为"夷狄"而予以排斥。"华夷之别""夷夏之辨"成为古代中国对外观念的基本内容，也是处理中国与外部世界的基本准则。古代中国的对外关系主要是以朝贡制度为依据，由理藩院来处理与周边藩邦的交往事务。中国古代所谓夷狄文化，主要是北方游牧文化，它们曾冲击和破坏了中原地区的农耕文化，出现过令儒家士大夫痛心疾首的"以夷变夏"，但它在为中原农耕文化注入新的因素和新的活力之同时，几乎无一例外地被中原农耕文化所征服，相继接受了文明程度较高的中原文化，出现了所谓"以夏变夷"的结果。这种现象，更加强儒家士大夫的文化优越意识。正因如此，当西方列强叩开中国大门之后，中国人仍然以"夷狄"视之，在文化心理上具有很强的优越感，坚守"华夷之辨"，用"内诸夏外夷狄"的天下观来处理中国与外部世界的关系。

1792年，英国为了谋求扩大对华贸易，派遣马戛尔尼为特使以补祝乾隆皇帝八十寿辰为由，携带厚礼出使中国。中国上自乾隆皇帝及文武大臣，下至一般士人百姓，对域外情况了解不多，将域外邦国蔑称为"夷"，而以"天朝上国"自居，将英使来华视作是荒远极西的蛮夷受到中华"礼乐教化"感召前来朝贡之举，体现出一种虚骄的"天朝心态"。所谓"天朝心态"，就是一种以中国作为天下中心、以中国皇帝作为天下共主的狭隘文化意识。在这种文化意识之框架中，中国享有施布文教的恩主之尊

---

① ［意］利玛窦：《利玛窦中国札记》上册，何高济等译，中华书局1983年版，第181页。

荣，外邦夷狄则只应无条件地处于臣属地位。由此而导致马戛尔尼使团与清朝官员的对话从一开始就不是在平等语境中进行的。马戛尔尼作为"特使"来华，清朝官员偏要称为"贡使"；使团给乾隆带来了贺寿的礼物，清朝官员却断然纠正道："不是礼物，是贡礼。"连英王乔治三世致乾隆皇帝的信，也被清朝官方的译员按中国人的一厢情愿的理解，翻译成英王向乾隆单方面表示效顺和吁请天恩的文字："如今闻得各处惟有中国大皇帝管的地方，一切风俗礼法，比别处更高，至精至妙，实在是头一处，各处也都赞美心服的。……所以趁此时候得与中国皇帝进献表贡，盼望得些好处。"①

乾隆在给英王的"敕谕"中以对臣属的口吻说："尔国王惟当善体朕意，益励款诚，永矢恭顺，以保尔有邦，共享太平之福。"对于不肯向皇上跪拜的贡使马戛尔尼，乾隆则宣称："念尔国僻居荒远，间隔重瀛，于天朝体制原未谙习，是以命大臣等向使臣等详加开导。"②集中体现了以"天朝上国"自居的虚骄心理和不谙世界大势的无知状况。这种"天朝心态"及华夏中心主义，严重阻碍了国人吸收外来文明以促进中国传统文明转型之进程。

在鸦片战争中，西方列强的炮火轰开了古老中国的大门，强行将中国纳入世界文明发展的行程之中。但中国士大夫在处理与西方列强的关系时，很自然地仍然以传统的"夷夏之辨"观念审视外部世界，视西方各国为"夷狄""野蛮"之邦，仍然抱有"天朝臣服中外，蕞尔夷邦，何得与中国并论"的文化优越感，强调"严夷夏之大防"及"用夏变夷"。这种观念，在大学士倭仁为首的守旧派身上得到了集中体现，并作为抵制西方文明的理论武器加以强化。倭仁基于对西洋的无知与偏见，再加上根深蒂

---

① 《英使马戛尔尼来聘案》，故宫博物院编：《掌故丛编》第 11 辑。
② 刘锦藻编纂：《清朝续文献通考》卷三百，浙江古籍出版社 1988 年版。

固的"天朝上国"心态,将洋务派呼吁研习的西方天文算学斥为"末艺"和"机巧之事",认为"读孔孟之书,学尧舜之道"的儒家君子不必研求此种"末艺",发出了这样的责问:"何必夷人?何必师事夷人?"他坚守"夷夏之辨",认为:"夷人机心最重,狡诈多端,今欲习其秘术以制彼死命,彼纵阳为指授,安知不另有诡谋?"正途士人"师事夷人"必然导致"为夷人用",正中"夷人"奸计,出现"变夏为夷"的危险:"闻夷之传教,常以读书人不肯习教为恨。今令正途从学,恐所习未必能精,而读书人已为所惑,适堕其术中耳。"① 故"师夷"将有导致中国儒学沦亡的危险。

尽管像倭仁这样抱定"夷夏之辨"观念者在当时尚占据主导地位,但拥有五千年泱泱文明的"天朝上国"被素来视为"夷狄"的英国所打败,对中国有识之士的震动是空前的。正如冯桂芬所云:"有天地开辟以来未有之奇愤,凡有心知血气莫不冲冠发上指者,则今日之以广运万里、地球中第一大国而受制于小夷也。"② 因此,部分有识之士开始认识到,"夷人之变,为旷古所未有",中国并非天下唯一文明之国。出于"筹夷情必先知夷情,知夷情必先知夷形"的策略考虑,一些有识之士突破"华夷之防"桎梏,将目光转向外部世界,通过各种途径认知这个前所未知的"蛮夷"。这样,在鸦片战后便掀起一股"悉夷"、"知夷"、编纂世界舆地著作的热潮,出现了林则徐的《四洲志》、魏源的《海国图志》、徐继畬的《瀛环志略》等重要著作,开始用"五大洲"的近代地理观念来认识世界,不再局限在"九州""夷夏"之畛域,国人的"华夷"观念开始有所变化。

魏源是鸦片战争后比较彻底地抛弃自我封闭的"华夷"观念的有识之士。其"华夷"观的变化,集中体现在1842年撰写的《海国图志》五十卷本到1852年最后编成的百卷本的修订过程中。作为经世学风的倡导者,

---

① 倭仁:《奏陈学习西洋天文数学为益甚微延西人教习正途学士为害甚大》,《筹办夷务始末》(同治朝)卷四十七,湖南人民出版社1982年版,第25页。

② 冯桂芬:《制洋器议》,冯桂芬:《校邠庐抗议》,上海书店出版社2002年版,第48页。

魏源敏锐地看到了西方列强的东渐之势："红夷东驶之舶，遇岸争岸，遇洲据洲，立城埠，设兵防，凡南洋之要津已尽为西洋之都会。"但受传统"夷夏之辨"影响，魏源坚信中国制度文明远胜于"夷"，认为中国不如"夷"者仅在战舰、火器及养练兵之法等技艺方面。但随着对西方了解的加深，到1852年《海国图志》百卷本编定时，魏源对"华夷之辨"进行了严肃批判："夫蛮狄羌夷之名，专指残虐性情之民、未知王化者而言之……非谓本国而外凡有教化之国皆谓之夷狄也。"他指出："诚知夫远客之中有明礼行义、上通天象、下察地理、旁彻物情、贯串今古者是瀛寰之奇士、域外之良友，尚可称之曰夷狄乎？"在他看来，西方人懂礼义、有文化便不能再以"夷狄"视之。故魏源后来舍弃了对外国的蔑视称呼"夷"而代之以不含褒贬尊卑意思的"洋"。在《道光洋艘征抚记》的定本中，魏源把抄本中"夷"字改作"洋"字。如"夷艘""夷人""夷商"皆改作"洋艘""洋人""洋商"。① 这种称谓上的改动，体现了魏源"夷夏"观念的重大改变。

正是依据对"华夷"观念比较合理的理解，魏源提出了比较开放的文化观念："圣人以天下为一家，四海皆兄弟，故怀柔远人、宾礼外国是王者之大度，旁咨风俗、广览地球是智士之旷识。彼株守一隅，自画封疆，而不知墙外之有天、舟外之有地者，适如井蛙蜗国之识见，自小自鄙而已。"② 这种精辟见解，对于冲破虚骄自大的"夷夏之辨"的桎梏意义重大。

魏源等有识之士发出"师夷长技以制夷"，开始突破传统的"夷夏之防"。但当时多数人仍然坚信：中国的礼乐教化远胜于西方，中华文明远胜于西方文明。故其主张并未引起政府决策者的反响。第二次鸦片战争的惨败，促使国人文化意识真正地觉醒。面对华夏千年未有之变局，洋务时期的有识之士开始仔细体味中西力量的差异，认识到中华文明在某些方面

---

① 魏源：《道光洋艘征抚记》，《魏源集》上册，中华书局1976年版，第171页。

② 魏源：《海国图志》卷七十六，咸丰二年古徽堂重刊定本。

落后于西方文明，其"华夷"观念有所转变。冯桂芬不仅看到中国技艺、器物不如西方，而且公开坦承中国在政教方面亦"不如夷"。其云："以今论之，约有数端：人无弃材不如夷，地无遗利不如夷，君民不隔不如夷，名实必符不如夷。"[1] 当今的天下与先秦时代迥然不同，不能再以传统"夷夏"观来看待泰西诸国。其分析道："顾今之天下，非三代之天下比矣。《周髀算经》有四极、四和与半年为昼、半年为夜等说，后人不得其解。《周礼》职方疏神农以上有大九州，后世德薄，止治神州。神州者，东南一州也。驺衍谈天，中国名曰赤县神州，中国外如赤县神州者九，当时疑为荒唐之言。顾氏炎武不知西海，夫西洋即西海，彼时已习于人口，《职方外纪》等书已入中国，顾氏或未见，或见而不信，皆未可知。今则地球九万里，莫非舟车所通、人力所到，《周髀》、《礼》疏、驺衍所称，一一实其地，据西人舆图所列，不下百国。"[2] 因此，中国必须改变传统的"夷夏"观念，起而"采西学"。冯桂芬"四不如夷"之论，在当时可谓惊世骇俗之言。

洋务派首领曾国藩看到了西洋器物文明之优势，但仍然坚持中华文明在政教方面有优势，仍然视西方列强为落后之"夷狄"，尚未突破传统的"夷夏之辨"观念。其云："彼外国之所长，度不过技巧制造，船坚炮利而已。以夷狄之不知礼义，安有政治之足言。即有政治，亦不过犯上作乱、逐君弑君、蔑纲常、逆伦理而已，又安足法。"因此，承认西方技艺的长处，而贬斥西方的政教习俗，是洋务时期比较普遍的现象。但仅仅十多年后，曾国藩之子曾纪泽对西洋国家的态度就发生了逆转：西方列强也是礼义教化之邦，不能因其与中国礼义教化不同以鄙视之。其云："西洋诸国，越海无量由旬，以与吾华交接，此亘古未有之奇局。中国士民，或畏之如神明，或鄙之为禽兽，皆非也。以势较之，如中国已能自强，则可似汉唐

---

① 冯桂芬：《制洋器议》，冯桂芬：《校邠庐抗议》，上海书店出版社 2002 年版，第 49 页。
② 冯桂芬：《采西学议》，冯桂芬：《校邠庐抗议》，上海书店出版社 2002 年版，第 55 页。

之驭匈奴、西域、土蕃、回纥，若尚未能自强，则直如春秋战国之晋楚齐秦鼎峙而相角，度长而絜大耳。彼诸邦者，咸自命为礼义教化之国。平心而论，亦诚与岛夷蕃苗瑶獠猓情势判然，又安可因其礼义教化之不同，而逮援尊周攘夷之陈言以鄙之耶？"① 故应当摒弃传统的"夷夏之辨"，改变对西洋文明的看法。

王韬对以地理位置来区分"内诸夏而外夷狄"之论作了严厉驳斥，认为华夷之分是指文化上先进与落后，有文明教化之国即可称"华"，反之则为"夷"。其云："华夷之辨，其不在地之内外，而系于礼之有无也明矣。苟有礼也，夷可进为华；苟无礼也，华则变为夷。岂可沾沾自大，厚己以薄人哉。"故华夷是可以相互转化的。区分夷夏之标准"系于礼之有无也"。历史上就是这样称谓中国的："有礼仪之大故称夏，有服章之美谓之华。"在他看来，泰西诸国不仅有自己的政教文化，而且还非常发达，不能再以传统之"夷"视之。他还指出："东方有圣人焉，此心同此理同也；西方有圣人焉，此心同此理同也。"② 从文化平等的立场上承认西方与中国一样有"心同理同"之圣人，突破了传统"用夏变夷"的文化观念。

郑观应则从近代地理学角度对夷夏之辨进行了批判："夫地球圆体，既无东西，何有中边。同居覆载之中，奚必强分夷夏。"③ 他不仅从理论上对华夷观念进行批判，而且明确地从经济、政治、文化等方面探索中国落后之根源，看到了西方治乱之源、富强之本，不尽在船坚炮利，而在议院上下同心，教养得法。其云："故泰西之强，强于学，非强于人也。然则欲与之争强，非徒在枪炮战舰也，强在学中国之学，而又学其所学也。今之学其学者，不过粗通文字语言，为一己谋衣食，彼自有其精微广大之

---

① 《曾纪泽遗集》，岳麓书社 1983 年版，第 194 页。
② 王韬：《原道》，《弢园文录外编》卷一，上海书店出版社 2002 年版，第 2 页。
③ 郑观应：《论公法》，夏东元编：《郑观应集》上册，上海人民出版社 1982 年版，第 67 页。

处，何尝稍涉藩篱？故善学者必先明本末，更明所谓大本末而后可言西学。分而言之，如格致、制造等学其本也（各国最重格致之学，英国格致会颇多，获益甚大，讲求格致新法者约十万人），语言文字其末也。合而言之，则中学其本也，西学其末也。主以中学，辅以西学，知其缓急，审其变通，操纵刚柔，洞达政体。"①

在洋务时期的多数国人看来，中国礼义教化远胜于当时的西方。但王韬、郑观应、郭嵩焘等人通过对西方的观察和体验，开始承认和肯定西方政教礼义的优越性。王韬在英国居留期间，坦率地承认说："孰谓泰西礼义之教不及中国哉？此韬知之深而后有是言，未至其地者必为河汉也。"他在公开发表的游记中谈到对英国的观感："盖其国以礼义为教，而不专恃甲兵；以仁义为基，而不先尚诈力；以教化德泽为本，而不徒讲富强。欧洲诸邦皆能如是，固足以持久而不敝也。"②王韬对西洋礼义文明之肯定，是相当有见识的。

1875年，马嘉理案在云南发生，英国要求清朝派出谢罪使臣谢罪。郭嵩焘因精通洋务被任命为谢罪使臣，兼任驻英公使。此举立即引起轩然大波，因为中国传统观念认为其他国家都是蛮夷之邦的"藩属"，定期要派"贡使"来中国朝拜，绝无中国派使"驻外"之说。守旧势力认为出洋即是"事鬼"，与汉奸一般。满城风雨，沸沸扬扬，名儒王闿运编出一副对联骂道："出乎其类，拔乎其萃，不容于尧舜之世；未能事人，焉能事鬼，何必去父母之邦。"表明当时士林之中持"夷夏之辨"观念者相当普遍。

1876年12月，郭嵩焘顶着巨大的舆论压力，毅然从上海登船赴英。他到英国后开始时也认为："此间富强之基，与其政教精实严密，斐然可

---

① 郑观应：《盛世危言·西学》，夏东元编：《郑观应集》上册，上海人民出版社1982年版，第276页。

② 王韬：《漫游随录》，钟叔河主编：《走向世界丛书》，岳麓书社1985年版，第127页。

观，而文章礼乐不逮中华远甚。"① 但经过一年的观察，其认识发生了根本变化："西洋立国二千年，政教修明，具有本末，与辽、金崛起一时，倏盛倏衰，情形绝异。"② 他称赞西洋文明道："计数地球四大洲，讲求实在学问，无有能及泰西各国者。"③ 他甚至称赞西人"以信义相先，尤重邦交之谊。致情尽礼，质有其文，视春秋列国殆远胜之"④。郭嵩焘从礼乐教化的角度阐释了"夷狄"内涵，不赞同视西方诸国为"夷狄"。其云："是所谓戎狄者，但据礼乐政教所及言之。其不服中国礼乐政教而以寇抄为事，谓之夷狄，为其倏盛倏衰，环起以立国者，宜以中国为宗也，非谓尽地球纵横九万里皆为夷狄，犹中土一隅，不问其政教风俗何若，可以陵驾而出其上也。"⑤ 故抨击那些固守"严夷夏之大防"的士大夫是"一用其虚骄之气，庞然自大，井干之蛙，跃冶之金，非独所见小也，抑亦自甘于不祥矣!"。反对传统的"夷夏之大防"："茫茫四海含识之人民，此心此理所以上契于天者，岂有异哉？而猥曰'东方一隅为中国，余皆夷狄也'，吾所弗敢知矣!"⑥

郭嵩焘观察到，尽管中国仍然视西洋为"夷狄"，但西洋之礼义教化并不落伍于中国，其议会民主制甚至远优胜于中国。他指出："三代以前，独中国有教化耳，故有要服、荒服之名，一皆远之于中国而名曰夷狄。自汉以来，中国教化日益微灭，而政教风俗，欧洲各国乃独擅其胜，其视中国，亦犹三代盛时之视夷狄也。中国士大夫知此义者尚无其人，伤哉!"⑦ 郭氏之论，不仅根本否定了流传了 2000 多年的夷夏观念，而且承认了中

① 《郭嵩焘日记》（三），湖南人民出版社 1982 年版，第 147 页。
② 《郭嵩焘日记》（三），湖南人民出版社 1982 年版，第 124 页。
③ 《郭嵩焘日记》（三），湖南人民出版社 1982 年版，第 203 页。
④ 郭嵩焘：《伦敦与巴黎日记》，岳麓书社 1984 年版，第 91 页。
⑤ 《郭嵩焘诗文集》，岳麓书社 1984 年版，第 202 页。
⑥ 《郭嵩焘日记》（三），湖南人民出版社 1982 年版，第 814—815 页。
⑦ 郭嵩焘：《伦敦与巴黎日记》，岳麓书社 1984 年版，第 491 页。

国文明落后于西方文明之现实，这对固守传统夷卑夏尊观念之国人来说，不啻是当头棒喝，具有振聋发聩的作用。在国人眼里，西人不过是些诡服异行的野蛮人，所谓"夷""外夷""逆夷""洋夷""夷人"。洋务派承认自己在船炮器物上不如夷人，还不足以动摇国人的文化自信，所谓"立国之道，尚礼仪不尚权谋；根本之图，在人心不在技艺"，但郭嵩焘居然公开盛赞西方政教人心修明美善，在国人看来简直就是大逆不道。中华礼义甲天下，是朝野人士唯一可以自恃自傲自卫自慰的文化信念，郭氏的言论动摇了国人的文化信念，其饱受朝野上下非议而不见容于天下就成为很自然的事情。梁启超回忆道："记得光绪二年，有位出使英国大臣郭嵩焘，做了一部游记。里头有一段，大概说：'现在的夷狄和从前不同，他们也有二千年文明。'嗳呦！可了不得！这部书传到北京，把满朝士大夫的公愤，都激动起来了，人人唾骂，日日奏参，闹得奉旨毁板才算完。"①

郭嵩焘将旅行日记寄回国内，总理衙门先后以《使西纪程》《伦敦与巴黎日记》之名公开刊印，立即引来朝野守旧者之口诛笔伐。有人以郭嵩焘"有二心于英国，欲中国臣事之"为由提出弹劾。结果此书旋即被清政府申斥毁板。副使刘锡鸿密劾郭嵩焘，列举了欲擅改大清黄龙旗，有违逆之心；对洋人不论尊卑之道，大失国体；刻意模仿洋人，趋媚忘本；败坏闺教，不成体统等十大罪状。郭嵩焘之所以遭到守旧派如此猛烈的攻击，关键在于他正面摒弃了"华夷之辨"，否定了守旧派坚持的华夏文化中心主义，肯定了西洋诸国为"文明之邦"，并进而说在西方眼里，中国才是夷狄。这些言论颠覆了传统的"夷夏"观念，深深刺痛了儒家士大夫的敏感神经，从根本上动摇了他们的文化优越感，因而不可避免地受到朝野上下的口诛笔伐。

---

① 梁启超：《五十年中国进化概论》，申报馆编：《最近之五十年》，上海申报馆 1923 年刊印本。

甲午战败对中国先进分子的刺激是强烈的，促使其民族意识的萌生，"甲午一役以后，中国人士不欲为亡国之民者，群起以呼啸叫号，声喊大地。"[1] 随着民族危机的加深与进化论的传播，传统夷夏文化观的最后防线——虚骄的文化优越感逐渐被突破。以康有为、梁启超、严复等人为代表的维新派，对传统"夷夏"观进行了更为严厉的批判。1895 年，谭嗣同指出："今中国之人心风俗政治法度，无一可比数于夷狄，何尝有一毫所谓夏者！"[2] 易鼐对传统"夷夏"观念作了严肃批评。其云："懵然不知《春秋》之义，夷狄不以地而以人。风俗不善，无礼与义，乃曰夷狄。是故中国而类乎夷狄，则降而夷狄之；夷狄而合乎中国，则进而中国之。斯义既昧，于己国之风俗，美者益夸大而张皇；劣者乃弥缝而掩盖。虽极陋甚弊者，亦举国习以为然。沉锢倦缚于其内，莫能冲破其藩篱。一语及他国之风俗较胜于己者，嫉之忌之而不宣诸口。恶者则援之以为谭柄，且过当其实。近者海禁宏开，万方辐辏，无识者仍欲以其夷狄同洲之故技，夷狄他洲也。"[3]

值得注意的是，甲午以后国人的"夷夏"观念发生了急剧转折，开始从自大的虚狂中走向另外一个极端——民族文化虚无主义，产生了文化自卑感和崇洋习气。国人受甲午战争的刺激，倾慕西学，出现了梁启超所描述的"争讲万国之故，及各种新学，争阅地图，争讲译出之西书"情景。严复将中国落后之因归结为文化落后，认为西方"无法""有法"均胜过中国："自其自由平等观之，则捐忌讳，去烦苛，决壅蔽，人人得以行其意，申其言，上下之势不相悬，君不甚尊，民不甚贱，而联若一体者，是无法之胜也。自其官工商贾章程明备观之，则人知其职，不督而办，事至纤悉，莫不备举，进退作息，未或失节，无间远迩，朝令夕改，而人不以

---

① 奋翮生（蔡锷）:《军国民篇》,《新民丛报》第 1 号。

② 蔡尚思、方行编:《谭嗣同全集》（增订本），中华书局 1998 年版，第 225 页。

③ 易鼐:《五洲各国风俗考》,《湘学新报》第 35 期。

为烦，则是以有法胜也。其民长大鸷悍既胜我也，而德慧术知较而论之，又为吾民所必不及。"①其推崇西方文明之情溢于言表。同时，也出现了以文化民族主义来振兴华夏文明，抵制西方文化侵略的民族意识，产生了近代民族主义思想。

康有为、梁启超在倡导"保国""保种"的同时，提出"保教"，认为西方基督教在中国的扩张威胁到儒学的生存地位，也影响到国人对儒家文明的认同，故主张按照西方基督教的模式来改造孔教，树立国人的认同感和归属感，抵御西方近代宗教的扩张。这种主张既超越了此前守旧派狭隘的文化排外主义，也克服了洋务派忠君与救国的矛盾，标志着近代文化民族主义的兴起。康有为开始使用"中华"一词："中国向用朝号，乃以易姓改物，对于前代耳，若其对外交邻，自古皆称中国。今东西国称我，皆曰支那，而我经典无此二文，臣细绎音义，支那盖即诸夏之音，或即中华之转也。古称诸夏，或曰诸华，频见传记，盖华夏音近而中诸音转，其蒙、回、卫藏，咸令设校，教以经书文字语言风俗，悉合同于中土，免有歧趋。伏惟今定国号，因于外称，顺乎文史，莫若用中华二字。"②传统"夷""夏"之词逐渐退出言论界。

20世纪初，梁启超率先使用"中华民族"一词来指代从古华夏族发展而来的汉民族："上古时代，我中华民族之有海思想者厥惟齐。"他指出："中华建国，实始夏后。古代称黄族为华夏，为诸夏，皆纪念禹之功德，而用其名以代表国民也。"③用"中华民族"来指汉民族，标志着梁氏接受了西方近代民族概念。随后，杨度发表《金铁主义说》一文，以西方

---

① 严复：《原强》，《严复集》第1册，中华书局1986年版，第11页。
② 康有为：《请君民合治满汉不分折》，汤志钧编：《康有为政论集》上册，中华书局1981年版，第342页。
③ 梁启超：《论中国学术思想变迁之大势》，《饮冰室合集》文集之七，中华书局1989年版，第5页。

近代民族主义概念为标准，以"中华"来指代汉民族。其云："中国向来虽无民族二字之名词，实有何等民族之称号。今人必目中国最旧之民族曰汉民族，其实汉为刘家天子时代之朝号，而非其民族之名也。中国自古有一文化较高、人数较多之民族在其国中，自命其国曰中国，自命其民族曰中华。即此义以求之，则一国家与一国家之别，别于地域，中国云者，以中外别地域远近也。一民族与一民族之别，别于文化，中华云者，以华夷别文化之高下也。即此以言，则中华之名词，不仅非一地域之国名，亦且非一血统之种名，乃为一文化之族名。"①杨氏将汉族文化冠以"中华文化"以与他民族文化相区分，显然突破了传统"华夷之辨"观念，接受了西方近代民族主义观念。

"华夷之辨"观念的变化和突破，还可从以"洋"代"夷"、以"新学"代"西学"来指称西方及西学之称谓上体现出来。"夷"本来是先秦时期士人对居于中原四周未开发的少数民族的鄙称。在他们看来，中原文明程度远远高于周边少数民族，只能"以夏变夷"，以程度高的中原文明改变和同化周边四夷的野蛮文化，而不能"以夷变夏"。鸦片战争前后，"夷"的范围扩大，中国士大夫将来自陌生的西方人视为野蛮的民族，而鄙称之为"夷"。其船艘称之为"夷船"，其商人称之为"夷商"，其商馆称之为"夷馆"，其语言称之为"夷语"，办理与泰西诸国事宜者称为"夷务"，将上海租界称为"夷场"。这些均为"夷夏之辨"观念之反映。即便是像魏源那样的有识之士，也同样在《海国图志》五十卷本中将西方各国称为"夷"，明确申明该著"为以夷攻夷而作，为以夷款夷而作，为师夷长技以制夷而作"，尚缺乏近代国家平等观念。

"夷"包含着一种妄自尊大的歧视之意，故遭到来华英人之抗议。1856 年 6 月签订的《中英天津条约》第 51 条规定："嗣后各式公文，无论

---

① 杨度：《金铁主义说》，《中国新报》第 5 期，1907 年 5 月。

京外，内叙大英国官民，自不得提书夷字。""嗣后中国大臣与合众国大臣公文往来，应照平行之礼。"①1860 年签订的《中英北京条约》再次申明《中英天津条约》有效。此后，尽管一些士大夫仍然坚持用"夷"字，并将洋务称为"夷务"，但清政府担心引起中外交涉冲突，其官方文书在提到西方人时很少再用"夷"字。清政府专门设立总理各国事务衙门与西洋各国打交道，"夷""夷船""夷商""夷馆""夷务"，逐渐为"洋""洋艘""洋商""洋馆""洋务"所取代，"洋务"一词逐渐流行起来。从"夷务"到"洋务"用词上的变化，表明国人价值观发生了深刻变革。对此，宋育仁《泰西各国采风记》阐述鸦片战后"夷夏"观念变化时云："法国议和条约一款云：以后凡中国自行一切公牍，自不得以夷相称。约虽施行，而其义终疑忌。此即各国与中国隔阂之情。可见人之好善，谁不如我，争名之习，人情大同。但彼知夷为贱称，而不知所以贱。中国知夏为大称，而不知所以大。徒拥虚名，以招攻射，其几甚微，始于经训不明，而贻害至于中外交乱。今于修订公法书中讲明此理，俾知圣人之书，一无偏倚，夷夏之名，非可力争。听命于道，自察于己。既释猜嫌，渐慕名教；既慕名教，则中国实为名教宗国，未有不推服钦崇。"② 从带有鄙视意味的"夷"，向带有平等意味的"洋"的转变，不仅仅是文字表述的改变，实际上反映着传统"夷夏之辨"观念的变化。

这样，1860 年以后，一批有识之士开始将西方学术文化称为"西学"。冯桂芬的《采西学议》、郑观应《盛世危言》之《西学》即为代表。甲午战争以后，"中体西用"论盛行，"西学"之名屡屡见诸报刊。与此同时，舆论界开始以"新学"之名替代"西学"，"西学"与"新学"二词并行不悖。林乐知将其编撰刊印的介绍西学之书命名为《新学汇编》，李提摩太则有

---

① 王铁崖编：《中外旧约章汇编》第 1 册，生活·读书·新知三联书店 1957 年版，第102 页。

② 宋育仁：《采风记·公法》，光绪丁酉年上海书局石印本。

《七国新学备要》，显然均是以"新学"指代"西学"。张之洞在《劝学篇》中所指称之西学亦用"新学"一词。20世纪初，人们普遍用"新学"之名替代"西学"："居今日而欲尚西学，莫如先变其名曰新学"①。"新学"名称已广为流行，对此，有人描述当时情景云："庚子重创而后，上下震动，于是朝廷下维新之诏，以图自强。士大夫惶恐奔走，欲副朝廷需才孔亟之意，莫不曰新学新学。"②

中国传统"华夷之辨"观念的突破，对国人的文化观念产生了深远影响。一方面，国人的地理概念和世界图像发生了变化，产生了近代外交观念，开始以平等的眼光审视西方各国，中国传统的"天下"观念逐渐让位于近代民族国家观念，促发了近代民族意识的觉醒和近代民族主义的兴起；另一方面，伴随着"华夷"观念的突破，国人开始正视中西文明之差异，认识到西方近代文明不仅在器物层面上高于中国，而且在典章制度及礼仪教化方面也胜过中国，从思想深处产生了效法西方、迎头赶上、再造中国近代新文明的文化意识。

二、义利之辨与重商思潮的兴起

在传统"夷夏之辨"观念发生变化的同时，重农抑商、重义轻利等传统观念也开始发生明显变化。农本商末是中国传统社会的经济模式，重农轻商是中国历代王朝的基本经济政策。农商被视为互不相侔的两极，官府通过抑商而重农、贬商而崇士，维持着"士农工商"的社会秩序，引导着传统社会经济的正常运行。在中国人的传统观念中，商民处于"士农工商"

---

① 范思祖：《华人宜习西学仍不能废中学论》，《皇朝经世文新编续集》卷十二。

② 冯自由：《政治学序言》，《政治学》前附，广智书局1902年版。

四民之末，重农轻商、崇本抑末是历代王朝相沿的治国方策。在人们的印象中，商人贪财好利、见利忘义、欺瞒奸诈、投机取巧、不劳而获、道德低下，故形成了较为普遍的"贱商"观念。但清中期以后，随着商品经济的发展和人口剧增导致生存状况的恶化，拥有资财的商人在社会生活中的地位有所上升，人们逐渐改变贱商、轻商观念，出现了官僚、士人经商趋利之风，出现了官、士、商三位一体的状况。商业的繁盛，使从商的谋生机会增多，官僚因利之所趋，或兼营商业，或弃学、弃官而经商。有人记载："同、光以来，人心好利益甚，有在官而兼营商业者，有罢官而改营商业者，殆欲于直接取民以外，复以间接之法，与民争利也。"[1]

儒家思想熏习的士人，是孔子之道的承载者，负有为民道德表率、教化民众的社会责任，身份居于四民之首，其社会地位受人尊崇。但清中期以后，那些仕途不达而家境贫寒的士子逐渐将经商作为谋生手段，出现了严重的趋利之风。嘉道之时的管同指出："今之风俗，其弊不可枚举，而蔽以一言，则曰好谀而嗜利。"[2] 咸同以后，"士大夫罕以节气为重。见夫赫赫隆隆者，辄卑礼哀辞，求其援引，甚至结为师生，誓为父子。一旦致身通显，则又愧其从前，而思有以自异，于是貌为恭顺，阴肆挤排。"[3] 还有人指出："夫士习之坏，向第阴背夫义以从利耳，今则显然逐利，并不知有义之名。民风之坏，向第尚力而未能重德耳，今则长幼无序，且并不知有贵贱之分。"[4]

鸦片战后，在商业繁盛的通商城市中的士人受商业化濡染，纷纷弃文经商、由文入商，逐利成为一般士人通行的行为方式。晚清竹枝词道："一经贸易便财东，者也之乎路路穷。何自古人轻市井，眼前若个不趋

---

① 徐珂编撰：《清稗类钞》第 4 册，中华书局 1984 年版，第 1672 页。

② 管同：《因寄轩文初集》卷四，光绪己卯年（1879）刻本。

③ 牛应之：《雨窗消意录》卷三，《笔记小说大观》第 25 册。

④ 宝鋆等编：《筹办夷务始末》（同治朝）卷四十七，中华书局 1964 年版，第 290 页。

风?"此处所谓"趋风",即为弃文经商之风。据《申报》载:"上海为商贾辐辏之地,铺户林立,各省趋利之徒固已少长咸集,而寒士之谋馆者,亦若以乐土之可居而群贤毕至。"① 同、光以后,这种情况更为普遍。社会舆论指斥"士习不端""嗜利无耻""士风日下"之声不绝于耳。士人由"四民之首望""齐民之表率",转而被视为社会中不道德的阶层。与此同时,社会上商贾纳资买官之风盛行,商人通过捐纳而得官的现象更加普遍。

随着人们纷纷弃文经商及在官经商,传统的四民次序受到严重冲击,商人社会地位得到前所未有的提高。在传统社会中,"士"居四民之首,处于社会等级的上层,他们进而为官,退而为绅,居于官民之间,是一群有身份、有地位、有学问的社会群体。商则居四民之末,与士存在着不可逾越的等级差别。然而,由于商人可以通过"经营大获,纳资得官,乃得厕于缙绅之列",以致"天下之士多出于商",出现了商人官绅化趋向。商人不仅通过捐纳可以得到功名,成为士绅,而且还可以成为官吏,由商从政。汪康年指出:"近来大商家或买办,率捐府道或府道职衔,以便与官场往来,亦有直自做官者。"有人将此现象戏称为"仕而优则商,商而优则仕"。伴随着商人社会地位的上升,传统的四民观念发生变化:从"士农工商"变为"士商农工"。薛福成指出,按照传统的观念,"商为中国四民之殿",但实际上"握四民之纲者,商也",故"西人则持商为创国、造家、开物、成务之命脉"。郑观应指出:"不知商贾虽为四民之殿,实握四民之纲。士有商则行其所学,而学益精;农有商则通其所植,而植益盛;工有商则售其所作,而作益勤。商足以富国,岂可视为末务。"他强调:"是商贾具生财之大道,而握四民之纲领也。商之义大矣哉!"②

士人弃文经商及官吏在官经商,直接导致了重商思潮的兴起。早在

---

① 《师说》,《申报》1872 年 8 月 17 日。
② 郑观应:《盛世危言·商务二》,夏东元编:《郑观应集》上册,上海人民出版社 1982 年版,第 607 页。

嘉、道年间，包世臣便开始重视商业在国计民生中的重要地位，提出了"本末皆富"、农工商并重的主张："夫无农则无食，无工则无用，无商则不给，三者缺一，则人莫能生也。"这种观点显然冲破了传统"重农抑商"束缚，肯定了商业及商人的作用和地位。魏源则提出"缓本急标"之论，主张将商业放在优先发展的地位，提出："语金生粟死之训，重本抑末之谊，则食先于货；语今日缓本急标之法，则货又先于食。"[1] 随着鸦片战争后国门的开放，"洋货之转输来华者，云集而辐辏"，中西交往扩大，重商思潮逐渐兴起。薛福成看到了西方近代以"工商立国"的趋势，认为："昔商君之论富强也，以耕战为务，而西人之谋富强也，以工商为先。"故指责中国传统的"重农"思想不合时宜："居今日万国相通之世，虽圣人复生，必不置商务为缓图。倘以其为西人所尚而忽之，则以中国生财之极富，不数十年而渐输海外，中国日贫且弱，西人日富且强，斯固西人所大愿也。"他强调商人在经济社会中的地位和作用，明确指出："盖有商则士可行其所学而学益精，农可通其所植而植益盛，工可售其所作而作益勤。是握四民之纲者，商也。"故要求改变中国传统"重农抑商"政策，确立新的立国之本："立国以商务为本，富国强民，全藉于商。"[2]

与此同时，马建忠提出"通商致富"说。他在《富民说》中指出：英、美、法、俄、德等西方国家"无不以通商致富。尝居其邦而考其求富之源，一以通商为准"。长期居住在香港的何启、胡礼垣在《新政论议》中，也提出了"重商"思想。他们指出："今之商不惟斯民富教之所关，且为一国兴亡之所系。"商业兴旺关系国家之兴亡，互通有无关系国计民生，故其进而提出了设立商部、兴修铁路、发展轮船航运等振兴商务的建议。陈炽云："宜仿泰西各国，增设商部，管以大臣，并立商律、商情、商平、

---

① 魏源：《军储篇一》，《魏源集》下册，中华书局 1976 年版，第 471 页。
② 薛福成：《出使日记》卷三，社会科学文献出版社 2007 年版，第 159 页。

商税四司，分任其事。"① 商律者，保商之政也；商情者，恤商之政也；商平者，限商之政也；商税者，榷商之政也。他建议设立商部以恤商情、振商务、保商权，国家必须采取改变"重农轻商"政策，对商业采取保护和鼓励措施。

郑观应从 19 世纪 60 年代开始"究心政治、实业之学"，批评传统的重农抑商政策，明确指出："稽古之世，民以农为本，越今之时，国以商为本。"重视商业在近代社会生活中的作用："商务者国家之元气也；通商者疏畅其血脉也。"② 故其提出了"商战重于兵战""习兵战不如习商战"的口号，强调要以商业为本，发展民族工商业，与西方列强进行商战。他认识到，要真正实现国家富强，必须在经济上战胜西方列强，实行"商战"。在他看来，强兵固然很重要，但强兵必须与政治教育尤其是发展经济联系起来考虑。只有富裕的经济力量作后盾，兵才能真正地强。因为近代工商业发展了，不仅能致富，不仅军队有自造的不断更新的武器装备，更能在市场上有廉价的商品与外国相竞争。故其得出了精辟结论："有国者苟欲攘外，亟须自强；欲自强，必先致富；欲致富，必首在振工商；欲振工商，必先讲求学校、速立宪法、尊重道德、改良政治。"③ 重商思潮的兴起，是中国传统农业社会转向近代工业社会转变的必然趋势，标志着中国文化价值观念的变动。

与"重农轻商"观念转变相适应，传统的"义利之辨"观念也发生了改变，开始由重义轻利转向义利并重。所谓"利"，指物质利益；所谓"义"，主要指正义和道义。儒家注重"义利之辨"，孔子强调"重义轻利"。

---

① 陈炽：《庸书》，《陈炽集》，中华书局 1997 年版，第 80 页。
② 郑观应：《盛世危言·商务一》，夏东元编：《郑观应集》上册，上海人民出版社 1982 年版，第 604 页。
③ 郑观应：《盛世危言后编·自序》，夏东元编：《郑观应集》下册，上海人民出版社 1982 年版，第 11 页。

孔子云："君子喻于义，小人喻于利。"君子与小人之别在于：君子追求道义而小人热衷于追逐个人利益。他将追求仁义之德视为君子的崇高品格。"君子之于天下也，无适也，无莫也，义之无比。"尽管孔子不讳言求利，但强调"放于利而行，多怨"，故主张重义轻利、以义制利。孟子沿袭了孔子"义利"观，强调人的行为须以义为准绳。《孟子·离娄下》云："大人者，言不必信，行不必果，惟义所在。"故"去利怀义""舍生而取义"，是孟子强调的基本原则。汉儒董仲舒发展了先秦儒家的义利思想，公开提出"重义轻利"的义利观："天之生人也，使之生义与利。利以养其体，义以养其心。心不得义不能乐，体不得不能安。义者，心之养也；利者，体之养也。体莫贵于心，故养莫重于义。义之养生人大于利。"①正因"义"之功能高于"利"，故其提出了"正其谊不谋其利，明其道不计其功"的经典命题。朱熹将儒家"义利之辨"转化为人欲与天理之辨，并将其根本对立起来。其释云："义者，心之制，事之宜也"；"利者，人情之所欲。"他明确提出："人之一心，天理存，则人欲亡；人欲胜，则天理灭，未有天理人欲夹杂者。"②将儒家"重义轻利"的义利观发挥到"存天理，灭人欲"之极端。这种"重义轻利"的价值观念，是中国传统义利观之主流，在中国古代社会中占据着统治地位，深刻影响着熏习儒学之士人。

然而，伴随着清中期以后趋利之风及重商思潮的兴起，传统的"重义轻利"观念受到了猛烈冲击。作为四民之首的士人不讳言利、言富。他们在趋利之风影响下开始从道德义理移向一己之利，并开始正面肯定"逐利"之正当性。魏源改变了向来对逐利所抱之贬抑态度，将"利"诠释为儒学的核心观念。其云："世疑天人之不合久矣，惟举天下是非、臧否、得失一决之于利不利，而后天与人合。"他对人们追求物质利益的行为抱

---

① 董仲舒：《春秋繁露》，山东友谊出版社 2001 年版，第 333 页。
② 黎靖德编，王星贤点校：《朱子语类》，中华书局 1994 年版，第 224 页。

宽容和肯定态度。他指出："圣人以名教治天下之君子，以美利利天下之庶人……故于士大夫则开之于名而塞之于利，于百姓则开之于利而坊之于淫。"①

洋务派以"自强求富"为标识，兴办新式企业，从实践层面冲破了传统的"重本抑末"和"重义轻利"观念。故守旧派攻击道："朝廷宜闭言利之门，而不尚理财之说。中国自古以来，重农而轻商，贵谷而贱金，农为本富，而商为末富，如行泰西之法，是舍本而务末也。况乎中国所产足以供中国之用，又何假外求而有俟乎出洋贸易也哉?"②但"重商""重利"是洋务运动发展的必然趋势，因此传统的"重义轻利"必然要被冲破。冯桂芬、薛福成、何启等人对儒家所谓"君子不言利"观念进行批判，公开为"私""利"辩护。冯桂芬看到了人们趋利的本性，"利之所在，人人趋之"，故提出"价高招远客"主张;郭嵩焘看到"利之所趋，虚文有所不能制也"，提出了保护商人以分外商之利的主张。薛福成则认为，"私"是人的天性，自己替自己打算即为"私"，此乃人们正当之要求，人各行其"私"，天下自然趋"公"。其云："人人之欲济其私也，惟人人之欲济其私，则无损于公家之帑项，而终为公家之大利。"陈炽认为求利为人之正当行为，阐述了"言利"并不违背"圣人之义"的精辟见解："盖为天下中人计，公其利于天下，薄其利于万民，即以食其利于国家，享其利于后世。故天下之工于言利者，莫圣人若也。"③

何启、胡礼垣也认为："财者，民所一日不能无者也。利者，民所一日必欲得者也"，难以根本禁绝。故其公开为"私"辩护，主张人不妨私其人，家不妨私其家，乡不妨私其乡，只有人人各得其私，天下才能长治

---

① 魏源:《默觚下·治篇三》，《魏源集》上册，中华书局1976年版，第44—45页。

② 石峻编:《中国近代思想史参考资料简编》，生活·读书·新知三联书店1957年版，第160页。

③ 陈炽:《续富国策》，中华书局1997年版，第273页。

久安。针对社会上的"贱商"观念,何启等人公开为商人辩护,认为"商亦有道",力图破除对"凡商必奸"的成见。他指出:"利非一人所能独擅。此理已具于生初,积粟千钟,日食不过数升之米;广厦千万,夜眠不过数尺之床,备物虽多,赡身而止。故晏平仲之禄,惠及乡邻,陶朱公之财,润沾里党,是人之所利于己,必能利于人;不能利于己,必至累于世。通商者求之有道,将欲利己而利人也。"① 在他们看来,商人并不都"奸",其求利行为应该予以鼓励。

1890 年,《申报》发表的一篇"时论",对所谓"君子不言利"的传统观念进行批评,公开称赞利为"时之义大"者,充分肯定"逐利"的正当性。其云:"天下之攘攘而往者何为?熙熙而来者又何为?曰:为利耳。富者恃筹握算,贫者奔走驱使,何为乎?曰:为利耳。泰西之人不惮数万里之程,不顾重洋之险挈妻孥偕朋友来通商于中国,何为乎?曰:为利耳。中国人之渡洋,习西法,购机器,聘教习,不以异言异服为憎,不以非我族类为异,何为乎?曰:为利。利,时之义大矣。吾茫茫四顾,见四海之大,五洲之众,非利无以行。中外通商以后,凡环附于地球者,无一不互相交易以通有无。当今之天下实为千古未有之利场,当今之人心亦遂为千古未有之利窟。"②

甲午战争以后,面临着迫在眉睫的民族危亡,康有为、严复等为代表的维新派对儒家"存天理去人欲"之说持否定态度,冲破传统"义利之辨",公开提倡功利主义,承认"私利"之正当性。康有为指出:"中国之教,所谓亲亲而尚仁,故如鲁之秉礼而日弱。泰西之教,我谓尊贤而尚功,故如齐之功利而能强。"③ 传统的"重义轻利",排斥功利,导致国势日趋衰

---

① 何启、胡礼垣:《新政真诠》,辽宁人民出版社 1994 年版,第 131—132 页。

② 《利害辨》,《申报》1890 年 7 月 23 日。

③ 康有为:《与洪给事右臣论中西异学书》,汤志钧编:《康有为政论集》上册,中华书局 1981 年版,第 48 页。

微。为扭转衰势，康有为推崇管子"衣食足而知礼节，仓廪实而知荣辱"之论，称赞其为"圣人厚生正德之经"。谭嗣同对传统"贱商"思想作了深刻批判。其云："商务者，儒生不屑以为意，防士而兼商，有背谋道不谋食之明训也。"① 他指出，儒生为遵"谋道不谋食"之训，竟置国家存亡于不顾，是迂腐之论。

严复以西方近代进化论和功利主义价值观为基础，提出了"开明自营"理论，对求富、求利主张更深入的阐述。他从功利主义出发，认为争取实现个人生存价值和合理营利是合情合理之事："大抵东西古人之说，皆以功利为与道义相反……而今人则谓生学之理，舍自营无以为存，功利何足病？"故以追求私人利益的"开明自营，于道义必不背也"。他批评了儒家将义与利、理与欲对立起来的说法，认为以义利为标准来区分君子小人是没有道理的，主张义利为基础来协调义利关系。他正面肯定了"自利"的积极作用，认为它是"富强"之动力所在："夫所谓富强云者，质而言之，不外利民云尔。然政欲利民，必自民各能自利始。"② 严复还从社会文明进步出发，认为追求个人利益与兼顾他人及国家利益是一致的，即所谓"两利为利，独利必不利"；"大利所存，必其两益，损人利己非也，损己利人亦非，损下益上非也，损上益下亦非。"③ 在肯定求利之合理性的基础上，严复呼吁重视商业，改变传统"重农轻商"政策，提高商人地位，实现士农工商之平等。他认为："农、工、商三业，皆有相因之机，不得谓此顺而彼逆也。"④

梁启超从人的自然本性出发，认为人天生有"求乐求利"之本性，难以泯灭，故合理之法为："如何因而利导之，发明乐利之真相，使人毋狃

---

① 蔡尚思、方行编：《谭嗣同全集》（增订本），中华书局 1998 年版，第 220 页。
② 严复：《原强修订稿》，王栻主编：《严复集》第 1 册，中华书局 1986 年版，第 27 页。
③ 严复：《天演论》，王栻主编：《严复集》第 5 册，中华书局 1986 年版，第 1349 页。
④ 严复：《〈原富〉按语》，王栻主编：《严复集》第 4 册，中华书局 1986 年版，第 882 页。

于小乐而陷大苦，毋见小利而致大害。"由此产生以实现个人快乐和利益为善的道德准则，"故道德云者，专以产出乐利预防苦害为目的。"他充分肯定了利己主义对社会进步的推动作用："人而无利己之思想者，则必放弃其权利，驰掷其责任，而终至于无以自立。彼芸芸万类，平等竞存于天演界中，其能利己者必优而胜，其不能利己者必劣而败，此实有生之公例也。"①

甲午以后重商思潮的兴起及"义利之辨"，不仅体现在思想观念的突破上，而且体现在制度层面的具体措施中。在戊戌维新运动中，主张以发展工商业为自强之计成为有识之士的共识。康有为在《公车上书》中提出了"富国为先"主张，并设计了"立国自强之策"，如精印钞票、设置银行、扩充商务；建筑铁路、制造机器和轮舟、奖励工艺、保护民营工业、开发矿藏；设铸银局、设邮政局等。他多次上奏朝廷，力言振兴工商，改良农业。他在《请厉工艺奖创新折》中提出，中国应从农业国向工业国转变，要以工业立国："去愚尚智，弃守旧，尚日新，定为工国，而讲求物质。"②主张摈弃重农轻商观念，发展近代工商业。胡燏棻提出："筹饷练兵"虽为求强之举，但其本源"尤在敦劝工商"，如筑铁路、铸钞票、办工厂、开矿产等。严复在其翻译的《原富》中以按语的形式，批评了传统的"贵本而贱末"，阐述了"工商立国"思想。他说："农工商贾，固皆相养所必资，而于国为并重。"③《申报》亦刊文公开赞成"以商富国"之论："古之为治者，以农为富国之本，今之为治者，当以商为富国之资，非舍本而

① 梁启超：《十种德性相反相成义》，《饮冰室合集》文集之五，中华书局 1989 年版，第 48 页。

② 康有为：《请厉工艺奖创新折》，汤志钧编：《康有为政论集》上册，中华书局 1981 年版，第 290 页。

③ 严复：《〈原富〉按语》，王栻主编：《严复集》第 4 册，中华书局 1986 年版，第 865—866 页。

逐末也，古今之时势有不同也。"①

在维新派的推动下，清廷开始将发展工商业作为"图自强而弥祸患"的国策，积极推行劝商、保商政策。1895 年 7 月，清廷表示：各大臣所提出的"修铁路、铸钞币、造机器、开各矿、折南漕、减兵额、创邮政、练陆军、整海军、立学堂，大约以筹饷练兵为急务，以恤商惠工为本源，此应及时举办"②。变法开始以后，清廷发布了一系列的振兴农工商业的上谕，把工商业放在与农业同等重要的地位。其云："图治之法，以农为体，以工商为用……兼采中西各法，讲求利弊，有能创制新法者，必当立予优奖。"③ 故制定《振兴工艺给奖章程》，对改进工业生产技术、发明创造新式产品、投资设厂开矿者，给予各种官衔奖励，或许专利，逐渐改变了传统的"重农抑商"政策。这种情况表明，甲午以后朝野上下不仅认识到求富、求利之必要性，而且将这种观念付诸行动，改变了"重农抑商"传统政策，开始确立"工商富国"的新政策，采取保护和鼓励工商业发展的措施，将人们"求利""求富"的思想合法化和制度化。

20 世纪初，政府和社会各界对商人的态度发生了从鄙视向尊重的急剧转变。士人对商人的社会地位更加推崇，对重商主义表示赞同。孙宝瑄指出："商业者，组织社会之中心点也。……苟无商以运输之，交易之，则农工无可图之利，而其利荒矣。是故，富之本虽在农与工，而其枢纽则在商。"④ 商人的自我意识强化，认识到自身的价值和力量："商业者，古今中外强国之一大关键也，上古之强在牧业，中古之强在农业，至近世则强在商业。商业之盈虚消长，国家之安危系之，故致强之道，务在兴商。"

---

① 《论商务》，《申报》1895 年 6 月 25 日。

② 朱寿朋编：《光绪朝东华录》，中华书局 1984 年版，第 3631 页。

③ 朱寿朋编：《光绪朝东华录》，中华书局 1984 年版，第 4150 页。

④ 孙宝瑄：《忘山庐日记》上，上海古籍出版社 1983 年版，第 799 页。

因而"商兴则民富，民富则国强，富强之基础，我商人宜肩其责"[①]。

与此同时，重商主义逐渐为清政府所接受，并于1903年设立了专司保护和奖励工商业的商部。清政府设立商部之目的在"总期扫除官习，联络一气，不得有丝毫隔阂"。故清政府在随后颁布了《公司法》《破产法》《奖励华商公司章程》《华商办理实业爵赏章程》等法规，对工商业采取保护和奖励措施，使重商主义在实践层面得到发展，商人的社会地位得到空前提高。

在重农轻商、重义轻利观念发生变化的同时，中国传统的"崇俭黜奢""尚俭去奢"观念也冲破了传统的"俭奢之辨"，出现了"崇奢黜俭"观念。古代中国以农立国，长期奉行"重农抑商"政策，倡导重利轻义，崇尚节俭。儒家向来重视"俭奢之辨"，孔子要求为政者俭以养德，主张"与其奢也宁俭"，形成了"知足常乐""俭不违礼，用不伤义"的价值趋向。儒家这种植根于小农经济之上的"尚俭去奢"消费理念，为后世所推崇。儒家"尚俭去奢"消费观，看到消费与社会积累之间的矛盾，但忽视了消费对生产的促进作用。它有利于民众养成勤俭持家的美德，便于在物质财富不充裕的情况下约束贪欲，维持社会稳定，但同时易于养成民众安贫乐道、知足常乐、吝啬守财的褊狭特性，遏制了消费与生产的互动，强化了小农自然经济的基础。客观地说，这种"崇俭黜奢"消费观，与中国自给自足的自然经济是相适应的。在收入微薄的既定条件下，通过"节俭"以维持基本的日常生活，不至因追求逾越其能力的消费而生攘夺之心，进而影响整个社会的稳定。

然而，消费是人之基本需求，在财富达到相当水平后，必然会增加消费水平，导致所谓"奢侈"之风。先秦时期之鼓励消费之言论，最早见于《管子》："不侈，本事不得立。"其分析云："富者靡之，贫者为之，此百姓

---

① 《兴商为强国之本说》，《东方杂志》第1年第3期。

之怠生百振而食。"肯定了消费对促进生产、扩大劳动就业之重要性。汉代桑弘羊发展这种消费论。其云："百工居肆，以致其事，农商交易以利本末，山居泽处，蓬蒿墝埆，财物流通，有以均之，是以多者不独衍，少者不独馑。"[1]他不仅看到消费对农工商业的积极促进作用，而且对奢侈消费影响社会财富的再分配亦有所触及。古代商人阶层对奢华的追求是相当普遍的。但由于正统意识形态的存在，商人的奢华意识在社会上并没有得到社会的承认，故这种"崇奢"论影响有限，儒家"尚俭去奢"成为古代中国占主流地位的消费观。

近代以来，传统节俭观念发生较大变化。"崇俭黜奢"一直被视为中国的传统美德，但在魏源看来，这是应该改变的观念："俭，美德也；禁奢崇俭，美政也；然可以励上，不可以律下；可以训贫，不可以规富。"他认为，如果居上者不俭则必多取于民，民不堪命势必揭竿而起。而且上有好者下必甚焉，由此诱发的社会奢靡之风会引起人们心态的失衡和社会的无序。但对那些富民而言，则当使其"尚奢"以刺激消费："车马之驰驱，衣裳之曳娄，酒食鼓瑟之愉乐，皆巨室贫民所以通工易事，泽及三族。"富民的奢侈消费扩大了对生产的需求，增加了贫者的就业机会和收入。若一味节俭，则会影响到贫民生计："俭生爱，爱生吝，吝生贪，贪生刻。三晋之素封，不如吴越之下户，三晋之下户，不如吴越之佣隶；俭则俭矣，彼贫民安所仰给乎？"[2]因此，对富民奢侈生活方式不可妄加指责。在他看来，富民的奢侈消费是贫民的衣食之源，富民越是奢侈就越能为贫民创造就业机会促进经济发展。

鸦片战争后，随着进口洋货、出口土货品种、数量的增加，国内市场的商品流通数量、种类和区域范围都在明显扩大。伴随着商业发展的是历

---

[1]　桓宽：《盐铁论·通有第三》，《诸子集成》刊印本。
[2]　魏源：《默觚下》，《魏源集》上册，中华书局1976年版，第73页。

久而浓厚的奢华之风。19世纪70年代初,署名"海上看洋十九年客"者在《申报》上发表《申江陋习》一文,批评当时人们争趋奢华的风气,并将上海人的所谓陋习归纳为"七耻"。①从"七耻"中可以看出追求奢华之风在上海之盛行。奢华之风的兴起,必然导致对传统的节俭观的质疑。1877年2月,上海《申报》登《论治世不必偏重节俭》文章,认为节俭作为一种美德,可行诸三代以上而不能行之三代以下。该文在对节俭提出质疑的同时,肯定人们的奢华行为,认为奢华之风对于"哀多益寡、以有济无"是有益的。晚清时期流行的竹枝词说:"申江自是繁华地,岁岁更张岁岁新。解取及时行乐意,千金一刻莫因循。"②奢侈消费促进社会财富的流通,刺激了生产,应该加以提倡。

甲午战争后,民族危机日益加剧,以梁启超、谭嗣同、严复等人继续对崇俭消费观进行批判,强调消费对促进货物流通、刺激经济发展的重要性。梁启超认为,古代尚俭缘于社会生产力之低下和物质财富之匮乏,崇俭实乃"上古不得已之陋俗",此种"陋俗"转而会"导民于苦,以塞地利"。其云:"举国尚俭,则举国之地利日堙月塞,驯至穷蹙不可终日,东方诸国之及瘠亡,盖以此也。"故其正面肯定富人尚奢之积极效用。他认为,富人之骄奢淫逸加速财富的流通,进而生产,故对社会与国家是极为有益的。富人之奢必然会引起社会消费的扩张,而消费需求的增加又会刺激生产的进步,最终达到国家的富强。

谭嗣同在《仁学》中,对传统俭奢观念作了检讨后尖锐地指出,崇俭是治者保持尊卑有序的社会等级的政治手段,用来维护等级特权的伦理教条,故严厉批驳了"崇俭"的虚伪性:"言俭者,龌龊之昏心,禽道也。"③

---

① 海上看洋十九年客:《申江陋习》,《申报》1873年4月7日。
② 袁祖志:《续沪北竹枝词》,顾炳权编:《上海洋场竹枝词》,上海书店出版社1996年版,第12页。
③ 蔡尚思、方行编:《谭嗣同全集》(增订本),中华书局1998年版,第323页。

他分析了"崇俭"对经济社会发展的消极影响，对当时的"崇俭"论作了分析，不仅揭示了"黜奢崇俭"的虚伪性，而且阐述了"黜奢崇俭"论的有害性："惟静故惰，惰则愚；惟俭故陋，陋又愚。兼此两愚，固将杀尽含生之类，而无不足。故静与俭，皆愚黔首之惨术，而挤之于死也。"①

从学理上正面肯定《管子·侈靡》并倡导"崇奢"论者，当数章太炎。1897年，他在《读管子书后》中明确指出："管子之言，兴时化者，莫善于《侈靡》，斯可谓知天地之际会，而为《轻重》诸篇之本，亦泰西商务所自出矣。"他公开倡导侈靡，肯定享乐、消费对生产、兴工、就业的促进作用，反对传统的制奢崇俭。他指出：侈靡并非穷奢极欲地挥霍物质财富，"只是程其时之所尚，而无医其地力人力之所生"，故"侈靡"是人类正常的物质需要。人类早期阶段消费水平很低，过着"智顽偷生"的生活，而随着物质生产的发展，侈靡作为社会生活的需要，推动了百工技艺的进步，"是故侈靡者，工艺之所自出也。"侈靡是社会趋于文明之象征，社会愈文明则生活愈侈靡，生活愈侈靡则愈能加快商业流通，刺激社会生产。其云："惟夫天地之运，愈久而愈文明，则亦不得不愈久而愈侈靡。而所谓侈靡者，其称固未有定也。"故其反复强调："侈靡者，轻重之本，而泰西商务之所自出也。"中国当效仿西洋鼓励侈靡之消费，促进商业之发达。这种"崇奢黜俭"观念，既是对传统等级消费观念的否定，也是对传统"崇俭"消费观念的突破。20世纪初以后，随着通商口岸工商业的发展，崇尚侈靡的奢靡之风更加盛行，人们的消费观念发生了更加迅速的变化，近代消费主义勃然兴起。

重商主义的兴起及传统"重义轻利""重农轻商""崇俭黜奢"等观念的突破，成为中华文明核心价值观念在现代转型的重要表现。正是在这种核心价值观念嬗变过程中，中国近代新文明的核心价值体系逐渐建构起来。

---

① 蔡尚思、方行编：《谭嗣同全集》（增订本），中华书局1998年版，第325页。

三、公私之辨与个性主义的兴起

古代儒家在"群己之辨"和"公私之辨"问题上，强调群体（"公"）而贬抑个体（"私"）的价值，导致对个人特别是对个性的忽略甚至压抑。然而，甲午战争后，随着西方近代功利主义及个性主义价值观的输入，中国传统"群己之辨"观念得以突破，个性解放、人格平等的新观念开始萌生。

1895 年，严复在天津《直报》上发表《论世变之亟》，认为中西文明之根本分歧在于"自由与不自由异耳"，并对西方近代以个人为本位的"自由"观念作了充分肯定。他指出："夫自由一言，真中国历古圣贤之所深畏，而从未尝立以为教者也。彼西人之言曰：唯天生民，各具赋畀，得自由者乃为全受。故人人各得自由，国国各得自由，第务令毋相侵损而已。……中国理道与西法自由最相似者，曰恕，曰絜矩。然谓之相似则可，谓之真同大不可也。何则？中国恕与絜矩，专以待人及物而言。而西人自由，则于及物之中，而实寓所以存我者也。"[1] 他认为，自由的主体是独立之个人，故云："自由者，惟个人之所欲为。"[2] 并指出："自由云者，不过云由我作主，为所欲为云尔。"[3] 严复所提倡的功利主义之核心内容，表面上是强调追求个人的私利（即"自营"），但这种"自营"并非极端的利己主义，而是既不损己利人，又不损人利己的兼利"自营"，即所谓"开明自营"论。严复在所译《天演论》的案语中指出："功利何足病，问所以致之之道何如耳，故西人谓此为开明自营。开明自营，于道义必不背也。复所以谓理财计学，为近世最有功生民之学者，以其明

---

① 严复：《论世变之亟》，《严复集》第 1 册，中华书局 1986 年版，第 2—3 页。
② 严复：《政治讲义》，《严复集》第 5 册，中华书局 1986 年版，第 1279 页。
③ 严复：《政治讲义》，《严复集》第 5 册，中华书局 1986 年版，第 1287 页。

两利为利，独利必不利故耳。"① 其所谓"开明自营"之论，体现了合理的利己主义观点。

早在戊戌维新时期，梁启超就提出了人之自主问题："西方之言曰，人人有自主之权。何谓自主之权？各尽其所当为之事，各得其所应有之利，公莫大焉。"②20 世纪初，他在《清议报》上发表《十种德性相反相成义》，对中国传统"公私之辨"观念进行批判，对人之自立及个性独立作了阐述。其云："为我也，利己也，私也，中国古义以为恶德者也。是果恶德乎？曰：恶，是何言！天下之道德法律，未有不自利己而立者也。对于禽兽而倡自贵知类之义，则利己而已，而人类之所以能主宰世界者赖是焉；对于他族而倡爱国保种之义，则利己而已，而国民之所以能进步繁荣者赖是焉。故人而无利己之思想者，则必放弃其权利，弛掷其责任，而终至于无以自立。"他在强调"利群""益群"观念的同时，明确指出利群是建立在利己基础上的，肯定了利己的合理性。梁启超以"物竞天择"的进化论阐述利己之价值。其云："彼芸芸万类，平等竞存于天演界中，其能利己者必而胜，其不能利己者必劣而败，此实有生之公例矣。"③肯定了利己主义的合理因素。在他看来，"利己"是"利他"之前提，没有"利己"就无所谓"利他"。以此为基础，他对先秦时期杨朱之"为我"论作了近代意义的新阐释。其云："盖西国政治之基础在于民权，而民权之巩固，由于国民竞争权利，寸步不肯稍让。即以人人不拔一毫之心以自利者利天下。……故今日不独发明墨翟之学足以救中国，即发明杨朱之学亦足以救中国。"故其呼吁："吾以为不患中国不为独立之国，特患中国今无独立之

---

① 严复：《天演论下》，《严复集》第 5 册，中华书局 1986 年版，第 1395 页。
② 梁启超：《论中国积弱由于防弊》，《饮冰室合集》文集之一，中华书局 1989 年版，第 99 页。
③ 梁启超：《十种德性相反相成义》，《饮冰室合集》文集之五，中华书局 1989 年版，第 48 页。

民。故今日欲言独立，当先言个人之独立，乃能言全体之独立。"① 以个性主义解释杨朱之"为我"，显然是崭新的近代文化观念。

梁氏在 1902 年陆续发表的《新民说》中，继续对自由与个性独立问题进行阐述。他认为，"自由"包括四个内涵：政治上之自由、宗教上之自由、民族上之自由、生计上之自由。尽管他比较强调民族自由和团体自由，有所谓"自由云者，团体之自由，非个人之自由也"的论调，甚至有将个人自由与团体自由对立起来的错误观点，但仍然没有抹杀个人自由的价值，并强调："团体自由者，个人自由之积也。"将个人自由作为团体自由的基础，强调个人之独立人格与价值。他说："我有耳目，我物我格；我有心思，我理我穷；高高山顶立，深深海底行，其于古人也，吾时而师之，时而友之，时而敌之，无容心焉。以公理为衡而已。"② 他在随后撰写的《新大陆游记》中，以美国为参照反观中国社会，指出中国人之缺点在于"有族民资格而无市民资格"，认为中国社会"以家族为单位，不以个人为单位"，而美国人则"以个人之资格，来往于最自由之大市"。③

许多有识之士均认识到西方个人主义之的价值，并加以宣传。章太炎提出"明独"论，认为个人之"独"是"大群"之基础："大独必群，群必以独成"，"大独，大群之母也。"④ 邹容肯定个人价值，强调"个人不可夺之权利，皆由天授"；"生命自由及一切利益之事，皆属天赋之权利"；"不得侵人自由，如言论、思想、出版等事。"⑤ 杨笃生在《新湖南》

① 梁启超：《十种德性相反相成义》，《饮冰室合集》文集之五，中华书局 1989 年版，第 49、44 页。
② 梁启超：《新民说》，《饮冰室合集》专集之四，中华书局 1989 年版，第 46、48 页。
③ 梁启超：《新大陆游记》，《饮冰室合集》专集之二十二，中华书局 1989 年版，第 121 页。
④ 章太炎：《明独》，姜玢编选：《章太炎文选》，上海远东出版社 1996 年版，第 80—81 页。
⑤ 邹容：《革命军》，《辛亥革命前十年间时论选集》第 1 卷，生活·读书·新知三联书店 1977 年版，第 675 页。

上宣传个人权利主义，并指出："所谓个人权利者，天赋个人之自由权是也"；"故天赋人权者，生人之公理也，天下之正义也。有遏抑此主义，使不得伸者，卧薪尝胆，炊矛淬剑，冀得一当而已矣，公理然也，正义然也。"①

1906年，《新民丛报》刊发《个人主义教育》，对欧洲近代个人主义加以介绍："此主义之主张，谓一切个人，皆有平等之价值，平等之权力，故对于个人，不可不赋予以发展其能力之自由权。而于道德范围之内，不可不许以行动自由。"并强调"无个人则无社会"的理念。鲁迅在《文化偏至论》一文中，极力张扬个性，倡导个性主义。其云："个性之尊，所当张大，盖揆之是非利害，已不待繁言深虑而可知矣。"复云："是故将生存两间、角逐列国是务，其首在立人，人立而后凡事举；若其道术，乃必尊个性而张精神。"②

如果说20世纪初仅仅是西方近代个性主义开始被中国有识之士所认识可肯定的话，那么，五四时期则是西方个性主义在中国得到高扬的时代。五四新文化运动的价值，在于人的价值发现与人的个性解放。以陈独秀、胡适为代表的新文化派高举民主与科学的大旗，倡导个性解放、人格独立和思想自由，提倡个性主义，将国人从蒙昧主义和专制主义的束缚中解放出来，实现"人的解放"，对中国思想文化界产生了深远的影响。

五四时期的个性主义，就是通常所谓的个人主义。但这种个人主义决不同于个人利己主义。按照杜威和胡适的解释，个人主义有"假的个人主义"与"真的个人主义"之分，前者指"唯我主义"（Egoism），其性质是自私自利，只顾自己的利益，不管群众的利益；后者指"个性主义"

---

① 杨笃生：《新湖南》，《辛亥革命前十年间时论选集》第1卷，生活·读书·新知三联书店1977年版，第633页。

② 讯行（鲁迅）：《文化偏至论》，《辛亥革命前十年间时论选集》第3卷，生活·读书·新知三联书店1977年版，第363页。

（Individuality），其特性有二：一是独立思想，不肯把别人的耳朵当耳朵，不肯把别人的眼睛当眼睛，不肯把别人的脑力当自己的脑力；二是个人对于自己思想信仰的结果要负完全责任，不怕权威，不怕监禁杀身，只认得真理，不认得个人的利害。只有"个性主义"才是健全的个人主义，才是真正的个性主义。

何谓个性主义？胡适在《易卜生主义》这篇经典文献中对其作了清晰界定。他指出："发展个人的个性，须要有两个条件。第一，须使个人有自由意志。第二，须使个人担干系，负责任。"①也就是说，个性主义是个人的自由意志与个人的负责任的结合，一方面要有个人的意志自由，一方面要自己担干系、负责任，两者缺一不可。没有个人的自由意志，固然不是真正的个性主义，而不负责任的个人自由意志，同样不是真正的个性主义，而只能是唯我主义和个人利己主义。胡适对个性主义的这种界说，既指出了个人自由意志的绝对必要，又指出了个人对自己的思想、言论、行为须负完全的责任，将真正的"个性主义"与通常所谓的"个人利己主义"根本区别开来。

"社会最大的罪恶莫过于摧折个人的个性，不使他自由发展。"胡适这句话在新文化运动中曾传诵一时。在他看来，旧社会一般是偏向于专制的，而那种专制的社会，"往往用强力摧折个人的个性，压制个人自由独立的精神；等到个人的个性都消灭了，等自由独立的精神都完了，社会自身也没有生气了，也不会进步了。"个性主义是现代社会保持健康发展的必要条件。他强调："社会国家没有自由独立的人格，如同酒里少了酒曲，面包里少了酵，人身上少了脑筋，那种社会国家决没有改良进步的希望。"②所以，要使社会能够不断地进步，就必须尊重人的个性，使其自由

---

① 胡适：《易卜生主义》，《新青年》第 4 卷第 6 号。
② 胡适：《易卜生主义》，《新青年》第 4 卷第 6 号。

发展，养成独立的人格，将自己铸造成有益于社会的"器"："把自己铸造成器，方才可以希望有益于社会。真实的为我，便是最有益的为人。"①

现代社会是建立在充分尊重个性和发展个性基础上的，这不仅是胡适的精辟见解，同时也是五四新文化派的共识。蔡元培指出："因而知教育者，与其守成法，毋宁尚自然；与其求划一，毋宁展个性。"②故其主张教育平等，消灭教育上之阶级制度，"阶级制度一旦打破，个人就从束缚中得到解放，而完全任其自由发展。"③陈独秀在比较东西文化时指出：西洋民族是"彻头彻尾个人主义之民族"；东洋民族则以家族为本位，而个人无权利，是以家族宗法制度为主的民族。宗法制度不仅损坏个人独立自尊之人格，窒碍个人意思之自由，而且剥夺个人法律上平等之权利，养成依赖性，戕贼个人之生产力，因此必须建立"以个人为本位"的社会，以奠定现代社会之根基："我有手足，自谋温饱；我有口舌，自陈好恶；我有心思，自崇所信；绝不认他人之越俎，亦不应主我而奴他人。盖自以为独立自主之人格以上，一切操行，一切权利，一切信仰，唯有听命各自固有之智能，断无盲从隶属他人之理。"在他看来，"尊重个人独立自主之人格，勿为他人之附属品"，是个人主义的精髓，故坚定地认为："宗法制度之恶果，盖有四焉：一曰损坏个人独立自尊之人格；一曰窒碍个人意思之自由；一曰剥夺个人法律上平等之权利（如尊长卑幼同罪异罚之类）；一曰养成依赖性，戕贼个人之生产力。"陈氏认为，欲祛除此四弊必须"以个人本位主义，易家族本位主义"。④

---

① 胡适：《介绍我自己的思想》，胡明编选：《胡适选集》，天津人民出版社 1991 年版，第 276 页。

② 蔡元培：《新教育与旧教育之歧点》，《蔡元培全集》第 3 卷，浙江教育出版社 1997 年版，第 338 页。

③ 蔡元培：《战后之中国教育问题》，《蔡元培全集》第 3 卷，浙江教育出版社 1997 年版，第 689—690 页。

④ 陈独秀：《东西民族根本思想之差异》，《青年杂志》第 1 卷第 4 号。

李大钊论及东西文明的差异时说:"东人以牺牲自己为人生之本务,西人以满足自己为人生之本务。故东方之道德,在个性灭却之维持,西方之道德在个性解放之运动。"他认为,中国旧传统不尊重个性之权威与势力,"视个人仅为较大单位中不完全之部分,部分之存在价值尽为单位所吞没。"① 蒋梦麟指出:教育之中心问题在于增进人类之价值。人类与其他动物不同,人类中之各个分子皆各具特别之秉性。他指出:"个人之天性愈发展,则其价值愈高。一社会之中,各个人之价值愈高,则文明之进步愈速。吾人若视教育为增进文明之方法,则当自尊重个人始。"② 尊重个人是建立现代文明社会的基础。他在《个性主义与个人主义》一文中指出:"对文化教育而言,曰个性主义。发展个性,养成特才,则文化得以发达。"他强调:"欲养成适当之特才,非发展个性不为功。"③ 总之,现代文明社会必须建立在充分尊重个性、充分发展个性的基础之上。

五四时期提倡个性主义,首先要求冲破束缚个性的中国旧家庭制度和封建伦理秩序,故五四新文化派在提倡个性主义之始,无一例外地将矛头对准旧的家族制度及封建礼教。批判旧的家庭制度和理论道德的束缚,成为个性主义的最直接体现。在他们看来,封建家族制度是摧残中国人个性的最大罪恶;封建礼教是束缚中国人个性的最大桎梏。傅斯年在《新潮》创刊号上发表的《万恶之原》明确指出:"'善'是从'个性'发出来的。没有'个性'就没有了'善'。……'善'是一时一刻离不开'个性'的。"④ 他将"中国的家庭"视为破坏"个性"的最大势力,是"万恶之原"。鲁迅的白话小说《狂人日记》,深刻批判了吃人的封建礼教。吴虞则进而提

① 李大钊:《东西文明根本之异点》,《李大钊文集》第 2 卷,人民出版社 1999 年版,第 205 页。
② 蒋梦麟:《个人之价值与教育之关系》,《教育杂志》第 10 卷第 4 期。
③ 蒋梦麟:《个性主义与个人主义》,《教育杂志》第 11 卷第 2 期。
④ 傅斯年:《万恶之原》,《新潮》第 1 卷第 1 期。

出了"礼教吃人"口号："孔二先生的礼教，讲到极点，就非杀人吃人不成，真是惨酷极了！"面对专制社会"人民无独立之自由"，"子女无独立之人格"的现实，吴虞宣布："到了如今，我们应该觉悟，我们不是为君主而生的！不是为圣贤而生的！也不是为纲常礼教而生的！甚么'文节公'呀，'忠烈公'呀，都是那些吃人的人设的圈套来诳骗我们的！"① 国人必须学会尊重人格，个人权利应受法律的保护；个人应有追求自由、平等的义务。

提倡个性主义，争取个人自由，是否会损害国家的自由？个人的自由如何与国家自由相调适？五四新文化派认识到，个人自由不仅不与国家民主化的目标相冲突，而且是与建构现代民主制度一致的，提倡个性主义是与国家追求民主的目标紧密相连的。在他们看来，个性主义是建立民族国家的前提，是实现社会自由的保障，是现代民主制度的坚实基础。因此，争取个人自由，并不妨碍争取国家民族的自由和独立。陈独秀指出："国家利益，社会利益，名与个人利益相冲突，实以巩固个人利益为本因也。"② 故其强调："国民政治果能实现与否，纯然以多数国民能否对于政治自觉其居于主人的主动的地位为唯一根本之条件。"③

高一涵对个人自由与国家自由的关系作了系统而深入的分析。他指出："欧洲晚近，小己主义风靡一时，虽推其流极，或不无弊害，然其文明之所以日进不息者，即人各尊重一己，发挥小己之才猷，以图人生之归宿；而其社会国家之价值，即合此小己之价值为要素所积而成。吾国数千年文明停滞之大原因，即在此小己主义不发达一点。"他解释道："社会集多数小己而成者也。小己为社会之一员，社会为小己所群集，故不谋一己之利益，即无由致社会之发达。"在他看来，没有真正的个人自由，国家自由是难以保障的："盖先有小己后国家；非先有国家，后有小己。为利

---

① 吴虞：《吃人与礼教》，《新青年》第 6 卷第 6 号。
② 陈独秀：《东西民族根本思想之差异》，《青年杂志》第 1 卷第 4 号。
③ 陈独秀：《吾人最后之觉悟》，《青年杂志》第 1 卷第 6 号。

小己而创造国家则有之矣；为利国家而创造小己，未之闻也。"① 陈独秀强调："社会是个人集成的，除去个人，便没有社会；所有个人的意志和快乐，是应该尊重的。"针对有人将个人自由与国家自由对立起来而主张放弃个人自由的言论，胡适在五四以后更明白地告诫中国青年："现在有人对你们说：'牺牲你们个人的自由，去求国家的自由！'我对你们说：'争你们个人的自由，便是为国家争自由！争你们自己的人格，便是为国家争人格！自由平等的国家不是一群奴才建造得起来的！'"②

在五四新文化派看来，没有个性主义，没有人格的独立与个人价值的确立和尊重，就不会有真实的现代民主制度，也难有国家民族的自由独立。中国要真正建立民主制度，必须提倡个性主义，尊重个性自由，实现人格独立。因此，他们极力主张在尊重个性基础上的合作。傅斯年解释发起《新潮》社动因时说："我们的结合是纯由知识的，所以我们的结合是极自由的。所以我们所发的言论是极自由而极不一致的；虽有统一的精神，而无一体的主张。"创办《新潮》社的同人"也是各人发挥个人的主张的，不是有一致的主张壁垒严整的。这可以从我们同社的性情、品质、知识、兴趣上断出。我觉得我们同社很多个性主义和智慧主义的人"。③

个性主义强调个人的价值和个人的自由，要求冲破旧社会旧制度的束缚，这是不意味着个人自由与社会自由是冲突的？是否意味着与广义上的社会主义是矛盾的？李大钊接受马克思主义之后，对这些问题做过深入思考。在个人与社会关系问题上，存在着两种学说：一是"个人主义"，极端主张发展个性权能者，尽量要求自由，减少社会及于个人的限

---

① 高一涵：《共和国家与青年之自觉》，《青年杂志》第 1 卷第 2 号。

② 胡适：《介绍我自己的思想》，胡明编选《胡适选集》，天津人民出版社 1991 年版，第 277 页。

③ 傅斯年：《〈新潮〉之回顾与前瞻》，《新潮》第 2 卷第 1 号。

制；二是"社会主义"，极端主张扩张社会权能者，极力重视秩序，限制个人在社会中的自由。从表面上看，这两种学说是不相容的，但从本质上看两者并不矛盾。李大钊认为，个人与社会，不是不能相容的二个事实，而是同一事实的两方面；不是事实的本身相反，而是人们观察事实的角度不同而产生现象。因此，李大钊对个人自由与社会主义作了精辟阐述："真正合理的个人主义，没有不顾社会秩序的；真正合理的社会主义，没有不顾个人自由的。个人是群合的原素，社会是众异的组织。真实的自由，不是扫除一切的关系，是在种种不同的安排整列中保有宽裕的选择的机会；不是完成的终极境界，是进展的向上行程。真实的秩序，不是压服一切个性的活动，是包蓄种种不同的机会使其中的各个分子可以自由选择的安排；不是死的状态，是活的机体。"因此，"真正合理的个人主义"，是个人自由与社会秩序的"真正合理"的统一。如何做到真正合理的统一？他的答案是："我们所要求的自由，是秩序中的自由；我们所顾全的秩序，是自由间的秩序。只有从秩序中得来的是自由，只有在自由上建设的是秩序。"①

青年毛泽东是提倡个性解放、赞成个性主义的。他在读书批注中写道："吾于伦理学上有二主张。一曰个人主义。一切之生活动作所以成全个人，一切之道德所以成全个人，表同情于他人，为他人谋幸福，非以为人，乃以为己。"②尽管五四以后接受马克思主义而走上了革命道路，但毛泽东并没有完全放弃个性主义。1944年8月，他致函秦邦宪讨论个性解放问题时说："解放个性，这也是民主对封建革命必然包括的。有人说我们忽视或压制个性，这是不对的。被压迫的个性如不得解放，就没有民主

---

① 李大钊：《自由与秩序》，《少年中国》第2卷第7期。
② 毛泽东：《〈伦理学原理〉批注》，中共中央文献研究室编：《毛泽东早期文稿》，湖南出版社1995年版，第203页。

主义，也没有社会主义。"① 个性不解放，人格不独立，就难以实现真正的民主主义，也不会实现真正的社会主义。这样的观点，与李大钊的见解何其相似。

张东荪指出：人类历史演进最理想的是一个民族经过充分个人主义的陶养以后，再走上社会主义或共产主义之路。"中国没有经过个人主义文化的陶养而遽然来到二十世纪，是一个遗憾。"② 正如一个人中学没有毕业而进入大学勉强读书一样，最好的补救方法，是少选一些大学的功课，而花时间补习一些中学的必修科目。五四新文化派提倡个性主义，从某种意义上就是要补"个性主义"这一课。但遗憾的是，由于国内外社会环境的恶化与救亡运动的高涨，五四启蒙运动很快让位于残酷的革命与战争，武器的批判代替了批判的武器，个性主义的社会基石并没有培植起来，从而导致了"人的独立性"的严重缺失，滞缓了中国现代新文化的建构。

作为一场影响深远的思想启蒙运动，五四运动对中国现代新文化的建构，起了重要的奠基作用。这种作用主要体现在三方面：一是国人对西方文化认识逐渐深化，确定了全面效仿西方以建构中国现代新文化的方向；二摧毁了以儒家思想为代表的中国固有文化体系，动摇了中国传统文明的核心价值观念，确定了以民主与科学作为新文化的核心价值准则；三是开辟了以个性主义为基础建立中国现代新文化的途径。

中国必须在全面输入西方文化基础上建构自己新文化的方向确定后，必然要面对这样无法回避的问题：中国所要建构的新文化的核心内容是什么？它的核心价值观念是什么？回顾近代以来文化演进的历程后会发现，由于中国近代文化转型是在西方文明冲击下被迫进行的，并在较长时间内困扰于古今、新旧、中西等纠缠不清的文化纷争中，所以，国人在追求近

---

① 毛泽东：《致秦邦宪》，中共中央文献研究室编：《毛泽东书信集》，人民出版社 1983 年版，第 239 页。

② 张东荪：《政治上的自由主义与文化上的自由主义》，《观察》第 4 卷第 1 期。

代文化发展的过程中，较长时间内并没有找到构成中国现代新文化的核心价值准则。直到五四新文化运动，以陈独秀为代表的启蒙思想家才正式提出了"科学与人权并重"，形成了民主、科学、人权、理性及个性主义等新文化准则，将"民主与科学"确定为中国现代新文化的核心。陈独秀指出："国人而欲脱蒙昧时代，羞为浅化之民也，则急起直追，当以科学与人权并重。"① 他公开宣布将德（民主）、赛（科学）两先生作为建构中国新文化的核心："西洋人因为拥护德、赛两先生，闹了多少事，流了多少血，德、赛两先生才渐渐从黑暗中把他们救出，引到光明世界。我们现在认定只有这两位先生，可以救治中国政治上道德上学术上思想上一切的黑暗。"② 民主与科学，体现了古今的今、中西的西、新旧的新，但又突破了古今、中西、新旧的框架，也超越了体用、本末、主辅之争，民主与科学就是体用并包的，同时也内含古、中、旧的有用的内容。所以，民主与科学构成了中国现代新文化的核心理念。五四新文化运动对民主与科学精神的提倡，使中国文化结构的核心价值发生了根本变化：由以纲常伦理为核心的中国文化价值观，转变为以民主与科学为核心的现代新文化的核心价值观。

中国现代新文化以民主与科学为核心进行建构，这是没有异议的，但中国现代新文化应该怎样建构？中国新文化应该建立在什么样的基础之上？五四新文化派对此进行了认真探讨。他们公开提出，要建构以民主与科学为核心的中国现代新文化，必须首先培植"健全的个人主义"社会基础。人格独立，个性自由，将国人从蒙昧主义和专制主义的束缚中解放出来，实现"人的解放"，便成为建构新文化的必然诉求。所以，中国现代新文化的建构虽然不始于五四新文化运动，但其建构目标的确立、核心价

---

① 陈独秀：《敬告青年》，《青年杂志》第 1 卷第 1 号。
② 陈独秀：《本志罪案之答辩书》，《新青年》第 6 卷第 1 号。

值观的转变及公开提出建立"个性主义"的社会基础，则是在五四新文化运动中。中国所要建构的现代新文化，显然不是儒家思想的复活，也不可能是全盘西化，而只能建立在中西文化的沟通与融合基础上。由于中国传统文化历史积淀的深厚和近代以来社会环境变迁的日益险恶，加上五四新文化运动带有明显的"西化"色彩和"形式主义"偏颇，没有妥善处理好中西文化的关系，所以，以民主与科学为核心的中国现代新文化在五四时期及之后的较长时期内没有建构起来。这是需要几代中国人不懈努力才能完成的历史任务。肩负着中华文化复兴使命的当代中国人，应该沿着五四新文化派开拓的思想轨迹，在文化理论上开拓创新，继续进行中西文化的沟通与融合工作，继续创建以民主与科学为核心的中国现代新文化。

结语

保持健全的文化心态，建设中华民族现代文明

中国是有着五千年辉煌历史的文明古国，并长期遥居世界文明发展的领先地位。处于这种文明系统中的儒家士大夫坚守"内夏外夷"的文化信念，形成了华夏中心主义的自大虚骄心理。而明清以后形成的"万邦来朝""四夷宾服"及由此而形成的宗藩秩序和朝贡制度，更加强化了国人的文化优越感和自大虚骄心理。由于对西洋文明缺乏必要的了解，故其文化优越感多半来自国人的臆想和附会，带有明显的自大的虚骄心态。

在鸦片战争中，西方列强的炮火轰开了古老中国的大门。拥有五千年文明的"天朝上国"被素来视为"夷狄"的英国所打败，对中国人的震动是空前的。中华文明在近代骤然落伍的现实，使国人的文化心态发生了畸变，产生了一种不健全的文化心态。魏源提出了"师夷长技以制夷"口号，反映了时人矛盾的心态：师夷与制夷。既仇夷，又不得不师夷；既师夷，又是为了制夷。

尽管当时中国朝野不得不承认外夷之船坚炮利，不能不师夷之长技。但多数人抱着这样的信念：中国的礼乐教化远胜于西方。在这种文化心理优势支配下，在对待西方文明冲击时，国人的自大虚骄心理首先畸变为盲目排外的抗拒心态。儒家士大夫坚持"夷夏之辨"，认为只能"以夏变夷"而未闻"以夷变夏"的文化观念，视引入西方器物文明为"以夷变夏"，拒绝引入西学。倭仁以传统的"夷夏"观、"道器"观和"义利"观振振有词地说："立国之道尚礼仪而不尚权谋，根本之图在人心不在技艺。今求一艺之末，而又奉夷人为师，无论夷人诡谲，未必传其精巧，即使教者诚教，学者诚学，所成就者不过术数之士。古今未闻有术数而能起衰振弱者也。天下之大，不患无才。如以天文算学必须讲习，博采旁求，必有精其术者。何必夷人？何必师事夷人？"①这种论述的背后包含着华夏文化中心主义的优越感和对西方近代文明的恐惧。

对西方近代文明的顽固抗拒，既难以说明近代中国落后之原因，更难以挽救晚清面临的危局。故盲目的自大虚骄心理难以持久，逐渐形成了"西学源出中国"之说。他们将西学附会为中国古已有之，"引中国古事以证西政，谓彼之所长，皆我所有。"此说有利于西学传播的一面，但同样反映出国人抱定的中学高于西学、西学来源于中学的自大心理，体现出浓厚的文化优越感。但当国人逐渐认识到西方技艺高于中国技艺之后，中国士大夫固有的自大心理情结逐渐衍生出"中国精神文明优于西方物质文明"的议论。在他们看来，东方文明是"精神文明"，西方文明是"物质文明"，西方物质文明胜于中国，但"教育文化远逊中华"。这种文化观显然体现了士大夫自大虚骄的心理。鲁迅在《热风·随感录三十八》中，对文化保守派"爱国的自大"的文化心态作了揭示。他指出，爱国的自大的意见可归纳成五种：甲云："中国地大物博，开化最早；道德天下第一。"这是夸耀中国文明的起源早。乙云："外国物质文化虽高，中国精神文明更好。"丙云："外国的东西，中国都已有过；某种科学，即某子所说的云云。"这是西学中源论，古已有之论，使中国固有文化包含西方各种有价值的事物，使中学凌驾于西学。丁云："外国也有叫化子，（或云）也有草

---

① 倭仁：《奏陈立国之道以礼义人心为本天文算学止为末艺》，《筹办夷务始末》（同治朝）卷四十八，湖南人民出版社 1982 年版，第 19 页。

舍，娼妓臭虫。"这是用西方的缺陷消抵西方的成就。戊云："中国便是野蛮的好。……你能把我们灭绝么？"这更是冥顽地拒绝外来文明。[1]

如果说儒家士大夫的自大虚骄心理来自对中华文明优越感的坚守，并主要体现为学理上的抗拒与附会的话，那么，一般社会民众的自大心理，则集中体现为对西洋文明的极端仇视和盲目排外情结。这种仇视和排外情结在义和团民众的言行中得到了集中体现。义和团公开"挑铁道，把线砍，旋再毁坏大轮船"，"先将教堂烧去，次将电杆毁尽，邮政、报馆、学堂自当一律扫净"。[2] 不加区别地一概烧教堂、杀洋人、拆铁路电线电杆等洋物，反对一切带"洋"字之器物，表现出非理性的"剿灭洋鬼"狂热和虚妄可笑的自大神话。义和团运动的失败，从某种意义上说标志着民族文化自大神话的幻灭，由此也造成了国人文化心态上的巨大失落。

自大与自卑是一对孪生兄弟，当虚骄的自大心理破灭及文化优越感动摇之后，国人的文化心态很容易趋向自卑和崇洋的文化心态："无事则嗤外国之利器为奇技淫巧，以为不必学。有事则惊外国之利器为变怪神奇，以为不能学。"自大心理导向盲目排外，自卑心理则必然滑向崇洋媚外。在对外抗拒屡遭失败，尤其是义和团运动及庚子之变后，国人的文化心态发生了逆转：从自大转向自卑，从盲目排外转向崇洋媚外。清季出现的"醉心西化"思潮，便是这种文化心态失衡之具体呈现。

庚子之后，国人逐渐将"欧化"视为中国求生存的必要手段，出现了一股"醉心欧化"思潮。欧化论者过分贬低了儒家文明的价值，对中国文明采取历史虚无主义的态度，盲目地否定一切，具有很大的文化偏颇，是一种不健全的文化观念。他们注重文化的创新性和时代性，关注于文化"无分于东西"，要吸收西方近代文明，这是应该肯定的，但其认为"万事

---

① 鲁迅：《热风·随感录三十八》，《鲁迅全集》第 1 卷，人民文学出版社 1981 年版，第 311 页。

② 陈振江等：《义和团文献辑注与研究》，天津人民出版社 1985 年版，第 20 页。

当以进化为衡"，因而忽视了东西文明各有创造，各有特点，从而抹杀了文明的传承性和民族性，带有明显的民族文化虚无主义倾向。

清季出现的这股"醉心西化"思潮，五四以后尤其是 20 世纪 30 年代，便形成了"全盘西化"思潮。胡适在《请大家来照照镜子》中撰写了这段偏激的文字："我们必须承认我们自己百事不如人，不但物质上不如人，不但机械上不如人，并且政治、社会、道德都不如人。"[1]这种偏颇的观点，带有明显的文化虚无主义倾向，流露出其民族自信心之缺失。这种对民族文化缺乏自信力的心态，同样不是健全的理性的文化心态。

因此，近代以来在对待中西文明问题上，国人存在着两种不健全的文化心态：一是自大的虚骄文化心态，具有文化保守主义和文化民族主义倾向；二是自卑的文化心态，带有明显的全盘西化和文化虚无主义倾向。文化心态上的失衡，严重影响了国人对中西文明的冷静认识和理性取舍，导致了中国现代新文明创建的复杂性及曲折性。由于西方近代文明是伴随着西方军事侵略与不平等条约传入中国的，由于中国对西方近代文明的师法与抵御西方侵略交织在一起，故处于迷局中的国人难以保持心平气和的健全文化心态。

如果说近代以来由于种种原因难以建立起理性的健全的文化心态的话，那么，在 21 世纪全球化的今天，国人有能力保持清醒的"文化自觉"，树起健全的文化心态，从容地对待中西文化问题。所谓文化自觉，就是"生活在一定文化中的人对其文化有'自知之明'，明白它的来历，形成过程，所具的特色和它发展的趋向，不带任何'文化回归'的意思，不是要'复归'，同时也不主张'全盘西化'或'全盘他化'"。这就是说，一方面反对文化自负，警惕文化保守主义，另一方面反对文化自卑，警惕文化虚

---

① 胡适：《请大家来照照镜子》，《胡适文存三集》卷一，上海亚东图书馆 1931 年版，第47 页。

无主义。所谓文化自负，就是对待自身文化态度上的自满自足和妄自尊大。这种文化自负的心态，是虚骄的文化心态，是没有底气的文化心态。没有底气的虚骄心态，是难以抵御近代以来的西方近代文明冲击的，是很容易陷入文化自卑主义的。所谓文化自卑，就是一种在对待自身文化价值上的轻视、怀疑乃至否定的态度和心理。近代以来，随着西学东渐和中国在与西方列强对抗中的一次次失败，中国人对自身文化的失望日益加重，文化自卑感越来越强。文化自卑，必然导致欧化、西化及全盘西化的情绪，必然导致民族虚无主义。

无论是文化自负还是文化自卑，都不能实现一个民族的文化自觉。不能实现文化自觉，就难以坚定文化自信，更难以实现文化自强。要完成近代以来创建中华民族现代文明的使命，必须保持清醒的"文化自觉"，树起健全的文化心态。要树立对待中西文化问题上的健全文化心态，必须对两种错误偏向保持清醒的警惕：一是食古不化、拒绝接收西方先进思想文化的"文化保守主义"及华夏中心主义。大讲"21世纪是中国文化的世纪"，是华夏中心主义在作怪，是文化上的民族主义在作怪。二是否定中国民族文化优良传统的"民族虚无主义"和全盘西化思潮。这两种倾向，都妨碍着国人对中国传统文明及其现代化的正确认识。只有树立健全的理性的文化心态，才能摆脱近代以来在所谓中西文化或传统与现代问题上的种种困惑，才能但中西文化的问题转化为中华文明与世界文明的关系，真正弄清中华文明在世界文明中的个性特点和独立地位，才能真正解决好吸收世界先进文明因素与保持中华民族文化的关系。

中华民族曾经有过辉煌的历史，创造过灿烂的文明，但近百年却备受歧视，受尽屈辱。中华文明在近代骤然落伍的现实，使国人的文化心态发生了畸变，产生了一种不健全的文化心态。从妄自尊大的华夏中心主义、封闭保守的"天朝"中心主义，到盲目排外的义和团仇外心理，再到"全盘西化"的文化虚无主义，国人的文化心态从自尊、自大到自卑、自贱的畸形变化，严重影响着对中西文化的认识和评判，都影响着中华民族现代文明的重建。保持健全的文化心态，是建设中华民族现代文明的必要条件。

兼容并包，取长补短，综合创新，是世界文明发展的必然趋势。保持信心，调整心态，守正创新，凸显特色，是建设中华民族现代文明的必然要求。

主要参考文献

一、主要征引文献

丁文江、赵丰田编：《梁启超年谱长编》，上海人民出版社 1983 年版。

丁守和主编：《辛亥革命时期期刊介绍》，人民出版社 1982—1987 年版。

丁守和编：《五四时期期刊介绍》，生活·读书·新知三联书店 1959 年版。

丁守和主编：《中国近代启蒙思潮》，社会科学文献出版社 1999 年版。

上海图书馆编：《中国近代期刊篇目汇编》，上海人民出版社 1965—1984 年版。

王韬：《弢园文录外编》，上海书店出版社 2002 年版。

王栻主编：《严复集》，中华书局 1986 年版。

王明伦选编：《反洋教书文揭帖选》，齐鲁书社 1984 年版。

王忍之等编：《辛亥革命前十年间时论选集》，生活·读书·新知三联书店 1960 年版。

中国学术讨论社编著：《中国学术讨论集》，上海群众图书公司 1927 年版。

中国文化建设协会编：《十年来的中国》，商务印书馆 1937 年版。

中国史学会主编：《戊戌变法》，上海人民出版社 1961 年版。

中国蔡元培研究会编：《蔡元培全集》，浙江教育出版社 1997 年版。

中国社会科学院近代史研究所编：《胡适来往书信选》，中华书局 1979 年版。

中国第一历史档案馆编：《清末教案》，中华书局 1996 年版。

中国第二历史档案馆编：《中华民国史档案资料汇编》第 3 辑《教育》《文化》，江苏古籍出版社 1991 年版。

中国第二历史档案馆编：《中华民国史档案资料汇编》第 5 辑《教育》《文化》，江苏古籍出版社 1994 年版。

方行、汤志钧整理：《王韬日记》，中华书局 1987 年版。

皮锡瑞：《经学历史》，中华书局 1959 年版。

庄俞等编：《最近三十五年之中国教育》，商务印书馆 1931 年版。

朱维铮编校：《梁启超论清学史二种》，复旦大学出版社 1985 年版。

朱维铮主编：《郭嵩焘等使西记六种》，生活·读书·新知三联书店 1998 年版。

冯友兰：《三松堂自序》，生活·读书·新知三联书店 1984 年版。

孙宝瑄：《忘山庐日记》，上海古籍出版社 1983 年版。

刘大鹏：《退想斋日记》，山西人民出版社 1990 年版。

朱寿朋编：《光绪朝东华录》，中华书局 1958 年版。

吴汝纶：《桐城吴先生日记》，河北教育出版社 1999 年版。

吴宓：《吴宓日记》，生活·读书·新知三联书店 1998 年版。

李慈铭：《越缦堂日记》，商务印书馆 1920 年版。

李希泌等编：《中国古代藏书与近代图书馆史料》，中华书局 1982 年版。

李国钧主编：《清代前期教育论著选》，人民教育出版社 1990 年版。

李天纲编校：《万国公报文选》，生活·读书·新知三联书店 1998 年版。

李维武编：《徐复观文集》，湖北人民出版社 2002 年版。

花之安：《自西徂东》，上海书店出版社 2002 年版。

张之洞等：《奏定学堂章程》，湖北学务处 1903 年刊印本。

《张文襄公全集》，中国书店出版社 1990 年影印本。

张东荪：《科学与哲学》，商务印书馆 1924 年版。

张东荪：《知识与文化》，商务印书馆 1946 年版。

张君劢等：《科学与人生观》，上海亚东图书馆 1923 年版。

张西平等编：《本色之探》，中国广播电视出版社 1999 年版。

张静庐辑：《中国近代出版史料初编》《中国近代出版史料二编》，中华书局 1957 年版。

《张奚若文集》，清华大学出版社 1989 年版。

张舜徽：《清人文集别录》，中华书局 1963 年版。

张其昀主编：《先"总统"蒋公全集》，（台北）中国文化大学中华学术院 1986 年编印。

沈善洪编：《黄宗羲全集》，浙江古籍出版社 1985—1994 年版。

汤志钧编：《章太炎政论选》，中华书局 1977 年版。

汤志钧编：《康有为政论选》，中华书局 1981 年版。

何高济等编：《利玛窦中国札记》，中华书局 1983 年版。

金毓黻：《静晤室日记》，辽沈书社1993年版。

胡珠生编：《宋恕集》，中华书局1993年版。

苏舆辑：《翼教丛编》，光绪二十四年武昌重印本。

沈桐生：《光绪政要》，宣统元年上海崇义堂石印本。

宓汝成编：《中国近代铁路史资料》，中华书局1984年版。

陈崧编：《五四前后东西文化问题论战文集》，中国社会科学出版社1989年版。

陈德溥编：《陈黻宸集》，中华书局1995年版。

陈步编：《陈石遗集》，福建人民出版社2001年版。

陈铮编：《黄遵宪全集》，中华书局2005年版。

陈序经：《中国文化的出路》，商务印书馆1934年版。

陈振江、程啸：《义和团文献辑注与研究》，天津人民出版社1985年版。

陈寅恪：《金明馆丛稿一编》《金明馆丛稿二编》，上海古籍出版社1980年版。

陈学恂主编：《中国近代教育史教学参考资料》，人民教育出版社1986年版。

杨深编：《走出东方——陈序经文化论著辑要》，中国广播电视大学出版社1995年版。

郑振铎编：《晚清文选》，中国社会科学出版社2002年版。

容闳：《西学东渐记》，商务印书馆1934年版。

钟天纬：《刖足集》，光绪二十七年刊刻本。

贺麟：《文化与人生》，商务印书馆1947年版。

贺长龄、魏源编：《皇朝经世文编》，图书集成局1888年刊印本。

葛士浚辑：《皇朝经世文续编》，（台北）《近代中国史料丛刊》刊印本。

陈忠琦辑：《皇朝经世文三编》，宝文书局1898年刊印本。

何良栋辑：《皇朝经世文四编》，鸿宝书局1902年刊印本。

求实斋辑：《皇朝经世文五编》，光绪壬寅（1902年）中西译书会刊印本。

邵之棠辑：《皇朝经世文统编》，上海宝善斋1901年刊印本。

麦仲华辑：《皇朝经世文新编》，上海大同译书局1898年刊本。

经世文社编：《民国经世文编》，1914年刊印本。

何启、胡礼垣：《新政真诠》，辽宁人民出版社1994年版。

赵树贵等编：《陈炽集》，中华书局1997年版。

赵清、郑城编：《吴虞集》，四川人民出版社1985年版。

罗荣渠主编：《从"西化"到现代化》，北京大学出版社1990年版。

夏东元编：《郑观应集》，上海人民出版社1982年版。

郭嵩焘：《郭嵩焘日记》，湖南人民出版社 1981—1983 年版。

梁启超：《饮冰室合集》，中华书局 1989 年影印版。

中国文化学院学术委员会编：《梁漱溟全集》，山东人民出版社 1989 年版。

梁漱溟：《中国文化要义》，香港三联书店 1987 年版。

钟叔河主编：《走向世界丛书》，岳麓书社 1984 年版。

湖南省哲学社会科学研究所编：《唐才常集》，中华书局 1980 年版。

姜义华等编：《康有为全集》，上海古籍出版社 1987—1992 年版。

姜义华主编：《胡适学术文集》，中华书局 1998 年版，

黄兴涛等译：《辜鸿铭文集》，海南出版社 1996 年版。

《章太炎全集》，上海人民出版社 1982—1986 年版。

章士钊：《甲寅杂志存稿》，商务印书馆 1924 年版。

舒新城编：《中国近代教育史资料》，人民教育出版社 1981 年版。

徐寿凯、施培毅校点：《吴汝纶尺牍》，黄山书社 1990 年版。

徐维则、顾燮光：《增补东西学书录》，光绪二十八年刊印本。

高平叔主编：《蔡元培年谱长编》，人民教育出版社 1999 年版。

翁同龢：《翁同龢日记》，中华书局 1989 年版。

胡颂平编著：《胡适之先生年谱长编初稿》，（台北）联经出版公司 1990 年版。

蔡尚思、方行编：《谭嗣同全集》（增订本），中华书局 1981 年版。

蒋梦麟：《西潮·新潮》，岳麓书社 1991 年版。

钱穆：《八十忆双亲·师友杂忆》，生活·读书·新知三联书店 1998 年版。

魏源：《海国图志》，光绪壬寅文贤阁石印本。

《魏源集》，中华书局 1976 年版。

［英］傅兰雅：《江南制造局翻译西书事略》，《格致汇编》1888 年刊印本。

《傅斯年全集》，（台北）联经出版公司 1980 年版。

渐斋主人：《新学备纂》，光绪二十八年九月天津开文书局石印。

顾燮光编：《译书经眼录》，1935 年杭州金佳石好楼刊印本。

姚淦铭等编：《王国维文集》，中国文史出版社 1997 年版。

商务印书馆编：《最近三十五年之中国教育》，商务印书馆 1931 年版。

耿云志等编：《胡适书信集（1907—1933）》，北京大学出版社 1996 年版。

耿云志主编：《胡适遗稿及秘藏书信》，黄山书社 1994 年版。

彭明主编：《中国现代史资料选辑》，中国人民大学出版社 1987—1990 年版。

熊十力：《十力语要》，中华书局 1996 年版。

蔡尚思主编:《中国现代思想史资料简编》,浙江人民出版社 1982 年版。

教育年鉴编撰委员会编:《第二次中国教育年鉴》,沈云龙主编:《近代中国史料丛刊三编》第 11 辑,(台北)文海出版社有限公司印行。

二、相关论著举要

丁伟志、陈崧:《中西体用之间》,中国社会科学出版社 1995 年版。

[美] 丁韪良:《花甲记忆——一位美国传教士眼中的晚清帝国》,广西师范大学出版社 2005 年版。

[德] 马克斯·韦伯:《儒教与道教》,洪天富译,江苏人民出版社 1995 年版。

马勇:《近代中国文化诸问题》,上海人民出版社 1992 年版。

干春松:《制度化儒家及其解体》,中国人民大学出版社 2003 年版。

王尔敏:《中国近代思想史论》,(台北)华世出版社 1977 年版。

王伯祥、周振甫:《中国学术思想演进史》,上海亚细亚书局 1935 年版。

王先明:《近代新学——中国传统学术文化的嬗变与重构》,商务印书馆 2000 年版。

王汎森:《中国近代思想与学术的系谱》,河北教育出版社 2001 年版。

方豪:《中西交通史》,岳麓书社 1987 年版。

方汉奇:《中国近代报刊史》,山西人民出版社 1981 年版。

方克立:《现代新儒家与中国现代化》,天津人民出版社 1997 年版。

史全生主编:《中华民国文化史》,吉林文史出版社 1990 年版。

史革新:《晚清理学研究》,(台北)文津出版社 1994 年版。

史华兹:《寻求富强:严复与西方》,叶凤美译,江苏人民出版社 1995 年版。

冯友兰:《三松堂全集》,河南人民出版社 2000 年版。

邓洪波:《中国书院史》,东方出版中心 2004 年版。

马云杰:《文化社会学》,山东人民出版社 1990 年版。

司马云杰:《文化价值论》,人民出版社 1988 年版。

[美] 艾尔曼:《从理学到朴学》,赵刚译,江苏人民出版社 1995 年版。

朱维铮:《音调未定的传统》,辽宁教育出版社 1995 年版。

朱维铮:《求索真文明——晚清学术史论》,上海古籍出版社 1996 年版。

朱耀垠:《科学与人生观论战及其回声》,上海科学技术文献出版社 1999 年版。

吕明灼等:《儒学与近代以来中国政治》,齐鲁书社 2004 年版。

乐正:《近代上海人社会心态》,上海人民出版社 1991 年版。

许纪霖：《智者的尊严——知识分子与近代文化》，学林出版社 1991 年版。

许纪霖：《中国知识分子十论》，复旦大学出版社 2003 年版。

刘龙心：《学术与制度：学科体制与现代中国史学的建立》，（台北）远流出版公司 2002 年版。

刘咸编：《中国科学二十年》，中国科学社 1937 年版。

何怀宏：《选举社会及其终结——秦汉至晚清历史的一种社会学阐释》，生活·读书·新知三联书店 1998 年版。

何兆武：《中西文化交流史论》，中国青年出版社 2001 年版。

［美］杜维明：《儒家传统的现代转化》，中国广播电视出版社 1993 年版。

宋仲福等：《儒学在现代中国》，中州古籍出版社 1991 年版。

［美］余英时：《中国思想传统的现代诠释》，江苏人民出版社 1989 年版。

［美］余英时：《现代儒学论》，上海人民出版社 1998 年版。

［美］余英时：《钱穆与中国文化》，上海远东出版社 1994 年版。

［美］余英时：《士与中国文化》，上海人民出版社 1987 年版。

［日］沟口雄三：《中国前近代思想之曲折与展开》，陈耀文译，上海人民出版社 1997 年版。

李双碧：《从经世到启蒙——近代变革思想的历史考察》，中国展望出版社 1992 年版。

李喜所等：《近代中国的留美教育》，天津古籍出版社 2000 年版。

李家驹：《商务印书馆与近代知识文化的传播》，商务印书馆 2005 年版。

李仁渊：《晚清的新式传播媒体与知识分子》，（台北）稻乡出版社 2005 年版。

李申：《中国儒教史》，上海人民出版社 2000 年版。

李泽厚：《中国近代思想史论》，人民出版社 1979 年版。

沈卫威：《"学衡派"谱系》，江西教育出版社 2007 年版。

吴雁南等主编：《中国近代社会思潮》，湖南教育出版社 1998 年版。

杨念群：《儒学地域化的近代形态》，生活·读书·新知三联书店 1997 年版。

杨国荣主编：《现代化过程的人文向度》，上海古籍出版社 2006 年版。

陈启天：《近代中国教育史》，中华书局 1930 年版。

陈宝泉：《中国近代学制变迁史》，北平文化书社 1928 年版。

陈翊林：《最近三十年中国教育史》，上海太平洋书店 1930 年版。

陈平原：《中国现代学术之建立——以章太炎、胡适为中心》，北京大学出版社 1998 年版。

陈祖武:《中国学案史》,(台北)文津出版社 1994 年版。

陈旭麓:《近代中国的新陈代谢》,上海人民出版社 1992 年版。

陈少明:《汉宋学术与现代思潮》,广东人民出版社 1995 年版。

陈万雄:《五四新文化的源流》,生活·读书·新知三联书店 1997 年版。

陈来:《现代中国哲学的追寻》,人民出版社 2001 年版。

陈东原:《中国科举时代之教育》,商务印书馆 1934 年版。

[美] 明恩溥:《中国人的特性》,匡雁鹏译,光明日报出版社 1998 年版。

张星烺:《欧化东渐史》,商务印书馆 1934 年版。

张岱年:《张岱年全集》,河北人民出版社 1996 年版。

张岂之主编:《中国思想史》,西北大学出版社 1989 年版。

张舜徽:《清儒学记》,齐鲁书社 1991 年版。

张立文:《中国近代新学之展开》,(台北)东大图书公司 1991 年版。

张朋园:《梁启超与清季革命》,(台北)"中央研究院"近代史所 1964 年版。

张朋园:《知识分子与近代中国的现代化》,百花洲文艺出版社 2002 年版。

张朋园:《中国现代化的区域研究:湖南省 (1860—1916)》,(台北)"中央研究院"
近代史所 1983 年版。

张玉法:《清季的立宪团体》,(台北)"中央研究院"近代史所 1971 年版。

张玉法:《民国初年的政党》,(台北)"中央研究院"近代史所 1985 年版。

张灏:《梁启超与中国思想的过渡》,江苏人民出版社 1997 年版。

张灏等:《近代中国思想人物——晚清思想》,(台北)时报文化出版事业有限公司
1980 年版。

张仲礼:《中国绅士》,上海社会科学院出版社 1991 年版。

张国刚:《从中西初识到礼仪之争——明清传教士与中西文化交流》,人民出版社
2003 年版。

汪向荣:《日本教习》,生活·读书·新知三联书店 1988 年版。

汪一驹:《中国知识分子与西方》,梅寅生译,(台北)枫城出版社 1979 年版。

汤志钧:《近代经学与政治》,中华书局 1989 年版。

汤志钧:《戊戌时期的学会和报刊》,(台北)商务印书馆 1993 年版。

汤学智、杨匡汉编:《台港暨海外学界论中国知识分子》,河南人民出版社 1994
年版。

金耀基:《从传统到现代》,中国人民大学出版社 1999 年版。

金耀基:《中国现代化与知识分子》,(台北)时报文化出版事业有限公司 1977

年版。

庞朴：《文化的民族性与时代性》，中国和平出版社 1988 年版。

林毓生：《中国意识的危机》，贵州人民出版社 1988 年版。

林毓生：《中国传统的创造性转化》，生活·读书·新知三联书店 1996 年版。

殷海光：《中国文化的展望》，上海三联书店 2002 年版。

范玉秋：《清末民初孔教运动研究》，中国海洋大学出版社 2006 年版。

赵吉惠等编：《中国儒学史》，中州古籍出版社 1991 年版。

周策纵：《五四运动：现代中国的思想革命》，江苏人民出版社 1996 年版。

柳诒徵：《中国文化史》，正中书局 1947 年版。

罗荣渠等编：《中国现代化历程的探索》，北京大学出版社 1992 年版。

罗志田：《权势转移——近代中国的思想、社会与学术》，湖北人民出版社 1999 年版。

罗志田：《国家与学术：清季民初关于"国学"的思想论争》，生活·读书·新知三联书店 2003 年版。

姜义华：《章太炎评传》，百花洲文艺出版社 1995 年版。

郑师渠：《晚清国粹派文化思想研究》，北京师范大学出版社 1997 年版。

胡逢祥：《社会变革与文化传统》，上海人民出版社 2000 年版。

侯外庐：《近代中国思想学说史》，生活书店 1947 年版。

侯外庐：《中国近世启蒙思想史》，人民出版社 1993 年版。

唐文权、罗福惠：《章太炎思想研究》，华中师范大学出版社 1986 年版。

易新鼎：《梁启超和中国学术思想史》，中州古籍出版社 1992 年版。

贺麟：《文化与人生》，商务印书馆 1947 年版。

贺麟：《近代唯心论简释》，重庆独立出版社 1943 年版。

萧公权：《近代中国与新世界——康有为变法与大同思想研究》，江苏人民出版社 1997 年版。

钟叔河：《走向世界——近代知识分子考察西方的历史》，中华书局 2000 年版。

龚书铎：《中国近代文化探索》，北京师范大学出版社 1988 年版。

龚书铎：《近代中国与文化抉择》，北京师范大学出版社 1993 年版。

钱穆：《中国近三百年学术史》，中华书局 1986 年版。

钱穆：《现代中国学术论衡》，（台北）东大图书公司 1984 年版。

钱基博：《近百年湖南学风·湘学略》，岳麓书店 1985 年版。

徐复观等：《知识分子与中国》，（台北）时报文化出版事业有限公司 1980 年版。

顾长声：《传教士与近代中国》，上海人民出版社 1981 年版。

顾卫民：《基督教与中国社会》，上海人民出版社 1996 年版。

殷海光：《中国文化的展望》，上海三联书店 2002 年版。

桑兵：《清末新知识界的社团与活动》，生活·读书·新知三联书店 1995 年版。

桑兵：《晚清民国的国学研究》，上海古籍出版社 2001 年版。

耿云志：《胡适研究论稿》，四川人民出版社 1985 年版。

袁刚等编：《杜威在华讲演集》，北京大学出版社 2004 年版。

郭湛波：《近五十年中国思想史》，北平人文出版社 1935 年版。

郭颖颖：《中国现代思想中的唯科学主义》，雷颐译，江苏人民出版社 1995 年版。

章开沅：《离异与回归——传统文化与近代化关系试析》，湖南人民出版社 1988 年版。

章开沅等主编：《中国近代史上的官绅商学》，湖北人民出版社 2000 年版。

曹锡仁：《中西文化比较导论》，中国青年出版社 1992 年版。

黄福庆：《近代日本在华文化及社会事业之研究》，（台北）"中央研究院"近代史所 1982 年版。

黄见德等：《西方哲学东渐史》，武汉出版社 1991 年版。

黄文山：《文化学体系》，（台北）中华书局 1986 年版。

黄新宪：《基督教教育与中国社会变迁》，福建教育出版社 1996 年版。

陶飞亚：《边缘的历史——基督教与近代中国》，上海古籍出版社 2005 年版。

[法] 谢和耐：《中国与基督教——中西文化的首次碰撞》，耿昇译，上海古籍出版社 2003 年版。

蔡尚思：《中国古代学术思想史论》，广东人民出版社 1990 年版。

谭汝谦：《近代中日文化关系研究》，香港日本研究所 1988 年版。

谭汝谦主编：《中国译日本书综合目录》，香港中文大学出版社 1980 年版。

[日] 实藤惠秀：《中国人留学日本史》，谭汝谦、林启彦译，生活·读书·新知三联书店 1983 年版。

潘公展主编：《五十年来的中国》，重庆胜利出版社 1945 年版。

熊月之：《西学东渐与晚清社会》，上海人民出版社 1994 年版。

樊洪业：《耶稣会士与中国科学》，中国人民大学出版社 1992 年版。

责任编辑：王世勇

图书在版编目（CIP）数据

中国近代文化史十讲／左玉河 著 . —北京：人民出版社，2024.1
ISBN 978－7－01－026187－4

I.①中⋯　II.①左⋯　III.①文化史－中国－近代　IV.①K250.3

中国国家版本馆 CIP 数据核字（2023）第 253140 号

中国近代文化史十讲
ZHONGGUO JINDAI WENHUASHI SHIJIANG

左玉河　著

人民出版社 出版发行
（100706　北京市东城区隆福寺街 99 号）

中煤（北京）印务有限公司印刷　新华书店经销

2024 年 1 月第 1 版　2024 年 1 月北京第 1 次印刷
开本：710 毫米 ×1000 毫米 1/16　印张：29.5
字数：408 千字

ISBN 978－7－01－026187－4　定价：118.00 元

邮购地址 100706　北京市东城区隆福寺街 99 号
人民东方图书销售中心　电话（010）65250042　65289539

版权所有·侵权必究
凡购买本社图书，如有印制质量问题，我社负责调换。
服务电话：（010）65250042